國家社科基金重大項目（10&ZD104）

上海師範大學古籍整理研究所編
項目首席專家、主編　戴建國
主编　朱易安　傅璇琮　周常林

国家出版基金项目
NATIONAL PUBLICATION FOUNDATION

# 全宋筆記

第十編　五

大象出版社

顧　　問　王水照　朱瑞熙　徐　規　李裕民

項目首席專家、主編　戴建國

主　　編　朱易安　傅璇琮　周常林

編纂委員會（以姓氏筆畫爲序）

王劉純　朱易安　李亞娜　周常林　俞　鋼　查清華

徐時儀　陳　新　張劍光　傅璇琮　虞雲國　戴建國

# 目録

◎真德秀撰

# 西山讀書記（五）

劉光勝　整理

# 目録

# 乙下之十六

武后聖曆元年十月，夏官侍郎姚元崇同平章事。長安元年三月，爲鳳閣侍郎。四月，往平州以北檢校諸軍兵馬。六月，兼知夏官尚書事。十一月，加相王府長史。二年十月，同三品。四年六月，罷爲相府長史。自相至罷凡七年。七月，兼知夏官尚書同三品。再入相。八月，兼知春官尚書。是月，降司僕卿，猶同三品。九月，知羣牧，兼攝右肅政大夫、靈武道行軍大總管。俄爲靈武道安撫大使、權檢校左臺大夫。薦張柬之，乃此時也。　本傳：崇少倜儻，尚氣節，長力學，下筆成章。累遷夏官郎中。契丹擾河北，兵檄叢進，崇奏決若流，武后賢之，即拜侍郎。后嘗語左右：「往周興、來俊臣等數治詔獄，朝臣相逮引，一切承反。朕意其枉，更畀近臣臨問，皆得其手牒不寃，朕無所疑，即可其奏。自俊臣等誅，遂無反者，然則向論死得無寃耶？」崇曰：「自垂拱後，被告者類自誣。當是時，以告言爲功，故天下號曰羅織，甚於漢鉤黨。雖陛下使近臣覆訊，彼尚不自保，敢一摇手以忤酷吏意哉？且被問不承，則重罹其慘，如張虔勗、李安靜等皆是也。今賴天之靈，發悟陛下，凶竪殲夷，朝廷乂安，臣以一門百口保内外官無復反者【一】，後有之，臣請坐知而不告。」后悦曰：「前宰相務順可，陷我爲淫刑主，聞公之言，乃得朕心。」賜銀千兩，同平章事。以母老納政歸侍，乃詔以相王府長史侍疾，月餘，復兼夏官同三品。崇奏：「臣事相王，而夏官本兵，臣非惜死，恐不益王。」乃復春官。張易之私有請於崇，崇不納，易之譖於后，降司僕卿，出靈武。按：崇在武氏世□□□道補益多矣，然安身賊后，終不可爲□□。

## 校勘記

【一】一門百口　「百」原作「白」，據《新唐書》卷一百二十四改。

神龍元年，張柬之謀誅二張，崇適自屯所還，遂參計議，以功封梁縣侯，俄爲亳州刺史。後五王被害，而崇獨免。已見前。

睿宗景雲元年六月，許州刺史姚元之爲兵部尚書，同三品。是月，睿宗即位，崇自出亳州，歷宋、常、越、許四州，於是歸相。七月，洛州長史宋璟檢校吏部尚書，同三品。本傳：璟耿介有大節，好學，工文辭。舉進士中第，調上黨尉，爲監察御史，遷鳳閣舍人。居官鯁正，武后高其才。張易之誣魏元忠有不臣語，引張説爲證，將廷辯，説惶遽，璟謂説曰：「名義至重，鬼神難欺，不可黨邪陷正，以求苟免。緣此受謫，芬香多矣。若有不測，吾當叩閤，與子同死。」説感其言，以實對，元忠免死。璟後遷左臺御史中丞，會飛書告張昌宗引相工觀吉凶者，璟請窮治，后曰：「易之等已自言於朕。」璟曰：「謀反無容以首原，請下吏明國法。易之等貴寵，臣言之且有禍，然激於義，雖死不悔。」后不懌，姚璹遽傳詔令出，璟曰：「今親奉德音，不煩宰相擅宣王命。」后意解，許收易之等就獄。俄詔原之，敕二張詣璟謝，璟不見，曰：「公事公言之，若私見，法無私也。」顧左右歎曰：「吾悔不先碎豎子首，而令亂國經。」會有喪，告滿入朝，公卿以次謁，通禮意，易之等後至，促步前，璟舉笏却揖唯唯，故積怨，常欲中傷，后知之，得免。然以數忤旨，詔按獄揚州，璟奏：「按州縣獄，監察御史職耳。」又詔按幽州都督屈突仲翔，辭曰：「御史中丞非大事不出使。仲翔罪止贓，今使臣往，此必有危臣者。」既而詔副李嶠使隴、蜀，璟復言：「隴右無變，臣以中丞副李嶠，非故事。」終辭。易之初冀璟出則奏誅之，計不行，乃伺璟家婚禮，將遣客刺殺之。有告璟者，璟乘庳車舍他所，刺不得發。俄二張死，乃免。神龍初，爲吏部侍郎。中宗嘉其直，令兼諫議大夫、內供奉【二】，仗下與言得失。遷黄門侍郎。武三思怙寵，數有請于璟，璟厲聲答曰：「今太后復子明辟，王宜以侯就第【三】，安得尚干朝政，獨不見産、禄事乎？」後韋月將告三思亂宫掖，三思諷有司論大逆不道，帝詔殊死【四】，璟請付獄按罪，帝怒，岸巾出側門，謂璟曰：「朕謂已誅，尚何請？」璟曰：「人言后私三思，陛下不問即斬之。臣恐有竊議，請按而後刑。」帝愈怒。璟曰：「請先誅臣，不然，終不奉詔。」帝乃

【二】令兼諫議大夫　「兼」原缺，據《新唐書》卷一百二十四補。

【三】就第　「第」原作「弟」，據《新唐書》卷一百二十四改。

【四】殊死　原作「誅死」，據《新唐書》卷一百二十四改。

流月將嶺南。會還京師，詔璟檢校并州長史，未行，又檢校貝州刺史。時河北水，歲大饑，三思使歛封租，璟拒不與，故爲所擠。歷杭、相二州，政清毅，吏下無敢犯者。遷洛州長史。睿宗立，遂相。　按：廣平在武氏世所立偉矣，然賊后非可事之君，繩之以孔門之法，未能無可憾者。

宋璟與姚元之協心革中宗弊政，進忠良，退不肖，賞罰盡公，請託不行，綱紀修舉，當時翕然，以爲復有貞觀、永徽之風。

八月，姚元之、宋璟及御史大夫畢構上言：「先朝斜封官悉宜停廢。」上從之，罷斜封官凡數千人。　按：中宗景龍二年，安樂、長寧公主及韋后妹郕國夫人、上官婕妤母鄭氏、尚宮柴氏、女巫第五英兒等，皆依勢用事，請謁受賕，雖屠沽臧獲，用錢三十萬，則别降墨敕除官，斜封付中書，時人謂之「斜封官」，其員外、同正、試、攝、檢校、判、知官凡數千人。西京、東都各置兩吏部侍郎，爲四銓，選者歲數萬人。李朝隱爲吏部員外郎，時斜封官皆不由兩省而授【五】，兩省莫敢執奏，即宣示所司。朝隱前後執破一千四百餘人，怨謗紛然，一無所顧。景雲二年，殿中侍御史崔涖、太子中允薛昭素言於上曰：「斜封官皆先帝所除，恩命已布，姚元之建議一朝盡奪之，彰先帝之過，爲陛下招怨。今衆口沸騰，偏於海内，恐生非常之變。」太平公主亦言之，上以爲然，制：「諸緣斜封别敕授官，先停任者，並量材叙用。」　胡氏曰：「彰先帝之過，爲陛下招怨，姦人之言類如此。使遇明君，惟是之從，必曰：『置先帝於過舉，豈所以爲孝？沽美譽於羣小，豈所以爲君？爾以靈帝侯我耶？』則姦言無自入矣。且以姚、宋秉政，而崔、薛得行，何也？睿宗以六居五，使太平陰疑於陽，其剛柔尚不自理，而奚是非之能辨？姚、宋若力爭之，勢將有所激矣。然則是乎？曰：當其時，事有大於此者，姑忍焉可也。」

十一月，以姚元之爲中書令。舊制，三品以上官册授，五品以上制授，六品以下敕授，皆委尚書省奏擬，文屬吏部，武屬兵部，尚書曰中銓，侍郎曰東西銓。中宗之末，嬖倖用

【五】不由兩省而授　「而」原作「不」，據《資治通鑑》卷二百九改。

事，選舉混淆，無復綱紀。至是，以宋璟爲吏部尚書，李乂、盧從愿爲侍郎，皆不畏彊禦，請謁路絶。集者萬餘人，留者三銓不過二千，人服其公。以姚元之爲兵部尚書，陸象先、盧懷慎爲侍郎，武選亦治。璟本傳先是崔湜、鄭愔典選，爲戚近干奪，至迎用二歲闕，猶不能給，更置比冬選，流品淆并。璟與侍郎李乂、盧從愿澄革之，銓總平允。

二年，太平公主與竇懷貞等結爲朋黨，欲以危太子，嘗乘輦邀宰相於光範門内，諷以易置東宫，衆皆失色。宋璟抗言曰：「東宫有大功於天下，真宗廟社稷之主，公主奈何忽有此議？」璟與姚元之密言於上曰：「宋王陛下之元子，豳王高宗之長孫，太平公主交構其間，將使東宫不安。請出宋王及豳王皆爲刺史，罷岐、薛二王左、右羽林，使爲左、右率以事太子。太平公主請與武攸暨皆於東都安置。」上曰：「朕更無兄弟，惟太平一妹，豈可遠置東都？諸王惟卿所處。」乃先下制云：「諸王、駙馬自今毋得典禁兵，見任者皆改它官。」頃之，上謂侍臣曰：「術者言五日中當有急兵入宫，卿等爲朕備之。」張説曰：「此必讒人欲離間東宫，願陛下使太子監國，則流言自息矣。」姚元之曰：「張説所言，社稷之至計也。」上説。二月，以宋王成器爲同州刺史，豳王守禮爲豳州刺史，左羽林大將軍岐王隆範爲左衛率，右羽林大將軍薛王隆業爲右衛率。太平公主蒲州安置。又命太子監國，六品以下除官及徒罪以下，並取太子處分。公主聞元之、璟之謀，大怒，以讓太子，太子懼，奏元之、璟離間姑兄，貶元之爲申州刺史，璟楚州刺史，宋王、豳王亦寢刺史之命。

以太子少保韋安石爲侍中，與李日知代姚、宋爲政，自是紀綱紊亂，復如景龍之世矣。俄以安石爲中書令，李日知守侍中。

玄宗先天元年秋七月，制傳位於太子。八月，玄宗即位，尊睿宗爲太上皇。

開元元年，即先天二年。是年十二月改元。上講武新豐。故事，天子行幸，牧守在三百里者，得詣行在。時上亦密召崇，按：崇貶申州，移徐、潞二州，遷揚州長史，政條簡肅，人爲紀德于碑，徙同州刺史。崇至，帝方獵渭濱，即召見，帝曰：「公知獵乎？」對曰：「少所習也。」帝悦，與俱馳逐，緩速如旨，帝歡甚。既罷，乃咨天下事，衮衮不知倦。帝曰：「卿宜遂相朕。」崇知帝大度，鋭于治，乃先設事以堅帝意，即陽不謝，帝怪之。崇因跪奏：「臣願以十事聞，陛下度不可行，臣敢辭。」帝曰：「試爲朕言之。」崇曰：「垂拱以來，以峻法繩下。臣願政先仁恕，可乎？按：垂拱乃武后年號，后自徐敬業反，疑天下人多圖己，又自以久行國事，且內行不正，知宗室大臣怨望，心不服，欲大誅殺以威之，乃盛開告密之門，有告密者，臣下不得問，皆給驛馬，供五品食，使詣行在；雖農夫樵人，皆得召見，廩於客館，所言或稱旨，則不次除官，無實者不問。於是四方告密者蠭起，人皆重足屏息。有胡人索元禮者，以告密被擢，令案制獄，推一人必令引数十百人，太后数召見賞賜以張其權。於是尚書都事周興、萬年人來俊臣之徒效之，紛紛繼起。興累遷至秋官侍郎，俊臣累遷至御史中丞，相與私畜無賴数百人，專以告密爲事，欲陷一人，輒令數處俱告，事狀如一。俊臣與司刑評事萬俊共撰《羅織經》数千言，教其徒網羅無辜，織成反狀，構造布置，皆有支節。太后得告密者，輒令元禮等推之，競爲訊囚酷法，作大枷，有「定百脈」、「突地吼」、「死猪愁」、「求破家」、「反是實」等名號。或以椽關手足而轉之，謂之「鳳皇曬翅」；或以物絆其腰，引枷向前，謂之「驢駒拔橛」；或以跪棒枷累甓，謂之「仙人獻果」；或使立高木之上，引枷尾向後，謂之「玉女登梯」。或倒縣石縋其首，或以醋灌鼻，或以鐵圈轂其首而加楔，至有腦裂髓出者。每得囚，輒先陳其械具以示之，皆望風自誣服。有赦令，俊臣輒令獄卒先殺重囚，然後宣示。太后以爲忠，益寵任之。中外畏此数人，甚於虎狼。正字陳子昂上疏諫，不聽。自此宗室屠滅幾盡，大臣相流誅。元之所指，蓋此也。

朝廷覆師青海，未有牽復之悔。臣願不倖邊功，可乎？高宗儀鳳元年，吐蕃犯塞，以工部尚書劉審禮等十二摠管，以討吐蕃。三年，以宰相李敬玄爲洮河道大摠管。九月，敬玄將兵十八萬，與吐蕃戰青海上，兵敗，審禮爲吐蕃所虜。敬玄按兵不救，狼狽還走。自是至武后、中宗世，屢爲邊患，或戰或和。元之所陳，蓋爲此也。

比來壬佞觸冒憲綱，皆得以寵自解。臣願法行自近，可乎？如張易之、昌宗屢爲法司所糾不行是也。

后氏臨朝，喉舌之任出閹人之口。臣願宦豎不與政，可乎？按：武后雖女主，然閹人未有大用事者，喉舌之任出於其口，則必有之。

戚里貢獻以自媚于上，公卿方鎮寖亦爲之。臣願租賦外一切絶之，可乎？外戚貴主更相用事，班序荒雜。臣願戚屬不任臺省，可乎？外戚謂諸武、諸韋。貴主謂太平、安樂之屬。

先朝褻狎大臣，虧君臣之嚴。臣願陛下接之以禮，可乎？中宗時，數與近臣、學士宴集，令效伎藝以爲樂，有舞談容娘者、舞渾脱者、舞黄麞者，或爲八風舞者。又嘗宴侍臣，使各爲《迴波詞》。又十二月晦，敕中書門下與學士、諸王、駙馬入閤守歲，置酒奏樂，酒酣以皇后乳母嫁御史大夫竇從一，上與侍臣大笑。

燕欽融、韋月將以忠被罪，自是諍臣沮折。臣願羣臣皆得批逆鱗，犯忌諱，可乎？中宗時，處士韋月將上書告武三思潛通宫掖，必爲逆亂。上大怒，命斬之。宋璟等諫不從，上乃命與杖，流嶺南，過秋分一日，廣州都督周仁軌斬之。其後許州參軍燕欽融復上言皇后淫亂，干預國政，武延秀、宗楚客圖危宗社。上召欽融面詰之【六】，欽融頓首抗言，神色不撓，上默然。宗楚客矯制令飛騎撲殺之。

武后造福先寺，上皇造金仙、

【六】面詰之　「詰」原作「誥」，據《資治通鑑》卷二百九改。

玉真二觀，費鉅百萬。臣請絶道佛營造，可乎？武后久視元年，欲造大像，狄仁傑諫曰：「今之伽藍制過宫闕，下不役鬼，必在役人；物不天降，終由地出；不損百姓，將何以求？」又曰：「游僧皆託佛法，詿誤生人。里階動有經坊，闤闠亦立精舍。化誘所急，切於官徵；法事所須，嚴於制敕。」又曰：「梁武、隋文捨施無限，及三淮沸浪，五嶺騰煙，列刹盈衢，無救危亡之禍，緇衣蔽路，豈有勤王之師？」後又税天下僧尼，作大像於白馬寺，糜費巨億。睿宗景雲中，以西城爲金仙公主，隆昌爲玉真公主，各爲之造觀，逼奪民居甚多，用功數百萬。右散騎常侍魏知古、黄門侍郎李乂諫皆不聽。右補闕辛替否上疏，以爲：「太宗皇帝官不虚授，財無枉費，不多造寺觀而有福，不多度僧尼而無災，天地垂佑，風雨時順，蠻夷率服，享國久長。陛下何不取而法之？中宗皇帝棄祖宗之業，徇女子之意，無能而禄者數千人，無功而封者百餘家，造寺不止，費財貨者數百億，度人無窮，免租庸者數十萬，所出日滋，所入日寡。奪百姓口中之食以養貪殘，剥萬人體上之衣以塗土木，於是人怨神怒，衆叛親離，享國不永，禍及其身。陛下何不懲而改之？自頃以來，水旱相繼，兼以霜蝗，人無所食，未聞賑卹，而爲二女造觀，陛下豈可不計當今之蓄積、中外之經費，而輕用百餘萬緡，以供無用之役乎？」上雖不能改，而嘉其切直。漢以禄、莽、閻、梁亂天下國家爲甚。臣願以此鑒戒爲萬代法，可乎？」此指武、韋之亂而言也。帝曰：「朕能行之。」崇乃頓首謝。翌日，拜兵部尚書、同中書門下三品，封梁國公，遷紫微令。按《通鑑考異》云：「世傳《升平源》，以爲吴兢所撰，云云。果如所言，則元崇進不以正。又當時天下之事，止此十條，須因事啓沃，豈一旦可邀？似好事者爲之，依託兢言【七】，難以盡信。今不取。」按：伊尹以割烹要湯，百里奚以食牛干秦穆公，孟子皆辨其非，司馬公之見亦然，蓋謂元崇當時賢相，因獵以媚上。此殆不然，蓋人之天資正譎不同，崇雖賢者，然其資本權譎，志在事功，因獵求合，未必無之，若宋廣平則不爲是矣。十事預陳，最切時病，《通鑑》削之，深所未安。今從新傳。

初，上欲以元之爲相，張説疾之，使御史大夫趙彦昭彈之，上不納，又使殿中監丞姜皎

【七】依託兢言　「言」《資治通鑑》卷二百一十作「名」。

言於上曰：「陛下欲擇河東總管，而難其人，臣今得之矣。」上問爲誰。皎曰：「姚元之文武全才，真【八】崇而委任之如此，其能致開元之治，不亦宜哉！　愚按：明皇之任崇是也，而以語力士，則非也。君臣之間，當推誠無隱，若於崇奏請之時，以告力士者而告崇，使展布四體，無所疑憚，豈不尤善乎？夫内侍之臣，鮮有不爲姦者，幸明皇初政清明，力士不敢欺罔，儻反其言以告崇，使之中懷疑似，則雖崇之才，將不敢自竭，豈不害政耶？左拾遺張九齡，以元之有重望，爲上所信任，奏記勸其遠諂躁，進純厚，其略曰：「任人當才，爲政大體，與之共理，無出此塗。曏之用才，非無知人之鑒，其所以失溺，在緣情之舉。」又曰：「自君侯職相國之重，持用人之權，而淺中弱植之徒，已延頸企踵而至，諂親戚以求譽，媚賓客以取容，豈不有才，所失在於無恥。」元之嘉納其言。按：九齡此言，切中上下情狀，而崇能用之，所以爲賢相也，後之當軸者，尚監兹哉！

新興王晉之誅也，僚吏皆奔散，惟司功李撝步從，不失在官之禮，仍哭其尸。姚元之聞之，曰：「欒布之儔也。」及爲相，擢爲尚書郎。新興王晉以是年與岑義、蕭至忠等，坐預太平公主逆謀，誅。　愚按：此所謂王誅行於上，私義伸於下者也。然欒布不遇高祖，不免黨叛之責；李撝不遇姚公，必陷附亂之誅。撝固賢矣，崇其尤賢者乎！

十二月，改中書省爲紫微省，門下省爲黄門省，侍中爲監。以姚元之爲紫微令，元之避開元尊號，復名崇。姚崇既爲相，紫微令張説懼，乃潛詣岐王申款。他日，崇對便殿，行蹇。上問：「有足疾乎？」對曰：「臣有腹心之疾，非足疾也。」上問其故。對曰：「岐王，

【八】文武全才真　「真」後原有缺頁。

陛下愛弟，張説爲輔臣，而密乘車入王家，恐爲所誤，故憂之。」説左遷相州刺史。按：崇之權譎類如此，後去魏知古，亦以智料明皇而中其意云。

二年，春正月，制：「京官有才識者除都督、刺史，都督、刺史有政迹者除京官，使出入常均，永爲恒式。」按：此必崇所建明，此相業之一事也。

舊制，雅俗之樂，皆隸太常。上精曉音律，以太常禮樂之司，不應典倡優雜伎，乃更置左右教坊以教俗樂，又選樂工數百人，自教法曲於梨園，謂之「皇帝梨園弟子」，又教宫女使習之【九】。禮部侍郎張廷珪、酸棗尉袁楚客皆上疏，以爲：「上春秋鼎盛，宜崇經術，邇端士，尚樸素，深以悦鄭聲、好遊獵爲戒。」上雖不能用，欲開言路，咸嘉賞之。胡氏曰：「玄宗謂太常不應典倡優雜伎，是也；乃更置坊院，盛選宫女以實之，此則煬帝所爲也。傳曰：『君以此始，必以此終。』玄宗之亡也，直坐好樂而已。廷臣獨廷珪一人進諫，又不見納。昔顔回亞聖之資，問爲邦於孔子，孔子既語四代之制，且曰『放鄭聲，遠佞人，鄭聲淫，佞人殆』。夫以顔子尚當戒此，況玄宗處富貴之極乎？大臣之責，務引其君以當道，格其非心，而防其微漸者也，姚崇於是昧其所職矣。夫鄭、衛之音，進俯退俯，姦聲以濫，溺而不止，及俳優侏儒、獶雜子女，淫於色而害於德，而使人主玩心儲神，夜以继日，雖英明剛毅或未免於移其志意，況玄宗中人之質乎？人謂姚崇爲賢相，以此一事觀之，名過其實矣。」

中宗以來，貴戚爭營佛寺，奏度人爲僧，兼以僞妄富户彊丁多削髮以避徭役。姚崇上言：「佛圖澄不能存趙，鳩摩羅什不能存秦，齊襄、梁武未免禍殃。但使蒼生安樂，即是佛身，何用妄度姦人，使壞正法？」上從之，命有司沙汰僧尼，以僞妄還俗者萬二千餘人。

【九】宫女　《資治通鑑》卷二百十一作「宫中」。

按：此十事要説之一也。　未幾，又敕自今所在毋得創建佛寺，舊寺頽壞應葺者，諸有司陳牒檢視，然後聽之。　又未幾，禁人間鑄佛寫經。

并州長史薛訥奏請擊契丹，上亦欲討之，羣臣姚崇等多諫。以訥同三品將兵擊契丹，羣臣乃不敢言。范氏曰：「姚崇等以其君討契丹爲是邪，當成之；爲非邪，當爭之：不可微諫而止也。明皇既不聽諫，又益甚之，遂相薛訥而使之將兵。崇等乃不敢言，則是人君可以威脅羣臣，而遂其非也，然則君有大過，將何以止之？夫人臣諫而不聽，則當去位。苟不能彊諫，而視其君之過舉，至於天下咸怨其臣，則曰：『非我不諫，君不能用我也。』始則擇利以處其身，終則引謗以歸於君，此不忠之大者也。使君驕其臣而輕於用武，天下不勝其弊，崇之罪也夫！」　按：此亦十事之一，崇不能力爭，何哉？是年訥盛夏出師，果大敗，唐兵死者什八九，其誰之咎邪？

薛王業之舅王仙童侵暴百姓，御史彈奏【一〇】，業爲之請，敕紫微、黄門覆按。姚崇、盧懷慎等奏「仙童罪狀明白，御史所言無所枉，不可縱捨」，上從之。由是貴戚束手。按：此亦十事之一也。　懷慎是時檢校黄門監【一一】。

二月庚寅朔，太史奏太陽應虧不虧，姚崇賀，請書之史册，從之。按：崇此舉適以啓人主之驕心，非所謂格王正事、引君當道者也。

申王成義請以其府録事閻楚珪爲府參軍，上許之。姚崇、盧懷慎上言：「量材授官，當歸有司。若緣親故之恩，得以官爵爲惠，踵習近事，實紊紀綱。」事遂寢，由是請謁不行。按：此亦十事之一也。

或告太子少保劉幽求、太子詹事鍾紹京有怨望語，下紫微省按問，幽求等不服。姚

【一〇】彈奏　原作「彊奏」，據《資治通鑑》卷二百一十一改。

【一一】懷慎　「慎」原作「謹」，據上文改。

崇、盧懷慎言於上曰：「幽求等皆功臣，乍就閑職，微有沮喪，人情或然。功業既大，榮寵亦深，一朝下獄，慮驚遠聽。」乃貶幽求爲睦州刺史，紹京果州刺史。

敕：「涪州刺史周利貞等十三人，皆天后時酷吏，比周興等情狀差輕，宜放歸草澤，終身勿齒。」按：此必崇等所建明也，然敬暉、桓彦範、袁恕己之死，周利貞實殺之，極其慘毒，而僅從廢放，毋乃失刑乎？

八月，太子賓客薛謙光獻武后製《豫州鼎銘》，其末云「上玄降鑒，方建隆基」，以爲上受命之符。姚崇表賀，且請宣示史官，頒告中外。司馬氏曰：「日食不驗，太史之過也，而君臣相賀，是誣天也。采偶然之文以爲符命，小臣之諂也，而宰相因而賀之【一二】，是侮其君也。上誣於天，下侮其君，以明皇之明，姚崇之賢，猶不免於是，豈不惜哉！」

三年，春正月，以盧懷慎檢校吏部尚書兼黄門監。姚崇嘗有子喪，謁告十餘日，政事委積，懷慎不能決，惶恐，入謝於上。上曰：「朕以天下事委姚崇，以卿坐鎮雅俗耳。」崇既出，須臾，裁決俱盡，頗有得色，顧謂紫微舍人齊澣曰：「余爲相，可比何人？」澣未對。崇曰：「何如管、晏？」澣曰：「管、晏之法雖不能施於後，猶能没身。公所爲法，隨復更之，似不及也。」崇曰：「然則竟如何？」澣曰：「公可謂救時之相耳。」崇喜，投筆曰：「救時之相，豈易得哉！」按：崇以裁決之敏自矜，以救時之相自足，亦異乎古大臣之心矣。以大禹之能而不伐，以周公之聖而不驕，豈若是其易滿哉？此功烈之所以止於斯也。

【一二】賀之　「賀」，《資治通鑑》卷二百十一作「實」。

懷慎與崇同爲相，自以才不及崇，每事推之，時人謂之「伴食宰相」。司馬氏曰：「昔鮑叔之於管仲，子皮之於子産，皆位居其上，能知其賢而下之，授以國政，孔子美之。曹參自謂不及蕭何，一遵其法，無所變更，漢業以成。夫不肖用事，爲其僚者，愛身保禄而從之，不顧國家之安危，是誠罪人也。賢智用事，爲其僚者，愚惑以亂其治，專固以分其權，媢嫉以毁其功，愎戾以竊其名，是亦罪人也。崇，唐之賢相，懷慎與之同心戮力，以濟明皇太平之政，夫何罪哉？《秦誓》曰：『如有一介臣，斷斷猗，無它技。其心休休焉，其如有容焉。』懷慎之謂矣。」

御史大夫宋璟坐監朝堂杖人杖輕，貶睦州刺史。胡氏曰：「御史大夫，古三公也。宋璟，開元第一人也，監杖人輕，小過也。以第一之人，爲古三公之官，而有小過絀，而置於數千里外之小州，何其待賢人之輕也！遂君過舉而不知諫止，姚崇之司刑罰也，戾哉！」

山東大蝗，民祭且拜，坐視食苗不敢捕。崇奏：「《詩》云：『秉彼蟊賊，付畀炎火。』漢光武詔曰：『勉順時政，勸督農桑，去彼螟蜮，以及蟊賊。』此除蝗誼也。且蝗畏人易驅，又田皆有主，使自救其地，必不憚。請夜設火，坎其旁，且焚且瘞，蝗乃可盡。若有討除不盡者，特人不用命耳。」乃出御史爲捕蝗使，分道殺蝗。汴州刺史倪若水上言：「除天災者，當以德。昔劉聰除蝗不克而害愈甚。」拒御史，不應命。崇移書誚之曰：「聰僞主，德不勝妖，今妖不勝德。古者良守，蝗避其境，謂脩德可免，彼將無德致然乎？今坐視食苗，忍而不救，因以無年，刺史其謂何？」若水懼，乃縱捕，得蝗十四萬石。時議者喧譁，帝疑，復以問崇，對曰：「庸儒泥文不知變，事固有違經而合道，反道而適權者。昔魏世山東蝗，小忍不除，至人相食。討蝗雖不能盡，不愈於養以遺患乎？」帝然之。盧懷慎曰：「凡天災，安可以人力制也？且殺蟲多，必戾和氣。願公思之。」崇曰：「昔楚王吞蛭厥疾瘳，叔敖斷蛇福乃降。今蝗幸可驅，若縱之，穀且盡，如百姓何？殺蟲救人，禍歸於崇，不以諉公也。」蝗害訖息。按：此事《新傳》所載，比《通鑑》爲詳。今從傳。姚、盧二相持議不同，愚以爲脩德以格天，君相事也；殺蟲以救人，有司事也。崇知蝗之當捕，而不知假王正事之誼，是以一有司自諉也。使崇因此力進忠言，勸明皇以增修德政，如大戊之「桑穀」、高宗之「鳴雉」、宣王之「雲漢」，凜然兢惕，如對上帝，而崇亦引咎自言，丐還宰柄，然後俾有司者舉捕瘞之，政如此，則本末兼舉矣。徒知以力去災，而不知所以致災之故，所謂「本之則無如之何」者也。若盧相之議，得其本矣；至欲視其薦食良苗而不之問，則亦未能無失也。蓋崇知求之人而不求之天，懷慎求之天而不求之人，雖均失之偏，而懷慎之言，要爲知本，不可以崇能去災，而遂以懷慎爲闊於事也。若夫違經而合道，反道適權之説，則失之尤者也。夫經者，天下之常理；道者，天下之正路：名雖二，實則一而已矣。故違經則背道，未有能適道者也。權者，所以稱物輕重而適其平，事有不可以常理處者，則必以權濟之，而求其惟是之歸，歸乎是，則亦道而已耳。故用權者，所以求合乎道，又安有反道適權之理？或後世以權字爲權譎之權，而不知本由稱物而得名。雖崇之賢，而昧乎此，故其平時率以權譎濟事，由學不明理之過也。愚不得以不辯。

秋七月，上謂宰相曰：「朕每讀書有所疑滯，無從質問。可選儒學之士，日使入内侍讀。」盧懷慎薦太常卿馬懷素。九月，以懷素爲左散騎常侍，使與右散騎常侍褚無量更日侍讀，每至閤門，令乘肩輿以進，待以師傅之禮。

十一月，以左羽林大將軍郭虔瓘兼安西大都護、四鎮經略大使。虔瓘請募關中兵萬人，詣安西討擊，許之。將作大匠韋湊上疏，以爲：「今西域服從，雖或有小盜竊，舊鎮兵足以制之。關中常宜充實，以彊幹弱枝。昔唐堯之代，兼愛夷、夏，中外乂安；漢武窮兵遠征，雖多克捷，而中國疲耗。今論帝王之盛德者，皆歸唐堯，不歸漢武，況邀功不成者，復何足比議乎！」時姚崇亦以虔瓘之策爲不然，既而虔瓘卒無功。崇不以爲然，而未聞力言，何也？是年監察御史張孝嵩使廓州還，陳磧西利害，請往察其形勢。上許之，聽以便宜從事。拔汗那者【一三】，古烏孫也，内附歲久。吐蕃與大食共立阿了達爲王，發兵攻之，拔汗那王兵敗，奔安西求救。孝嵩帥戎落兵萬餘人，出龜茲西數千里，下數百城，長驅而進，攻阿了達于連城，俘斬千餘級，阿了達與數騎逃入山谷。孝嵩傳檄諸國，威振西域，大食、康居、大宛、罽賓等八国皆遣使請降。勒石紀功而還。明皇鋭意邊功已見於此。時崇之要説至此才三年爾，已不能守其約，崇亦不復力爭，惜哉！

或上言：「按察使煩擾公私，請精簡刺史、縣令，停按察使。」上命召尚書省官議之。姚崇以爲：「今止擇十使，猶恐未盡得人，況天下三百餘州，縣多數倍，安得刺史、縣令皆稱其職乎？」乃止。范氏曰：「姚崇之辯，雖能折議者之言，然亦未爲得也。夫天子者，擇一相而任之；一相者，擇十使而使之；十使者，擇刺史、縣令而置之。賢者薦之，不肖者去之，則君不勞而天下治矣。故有一相，則有十使矣；有十使，則有刺史、縣令矣，何患不得其人哉？任相者，天子之事也；選使者，相之職也；察吏者，使之責也；郡縣之廣，守令之衆，焉得人人而擇之？苟相得其人，則委之擇十使而已矣；使非其人，則是相之不才也，退之而已矣。崇不論此，乃以爲刺史、縣令不可偏擇，豈宰相之體乎？」

尚書左丞韋玢奏：「郎官多不舉職，請沙汰，改授它官。」玢尋出爲刺史，宰相奏舉擬冀州，敕改小州。姚崇奏言：「臺郎寬怠及不稱職，玢稱沙汰，乃是奉公。臺郎甫爾改

【一三】拔汗那　「拔」原作「枝」，據《資治通鑑》卷二百一十一改。下同。

官，玢即貶黜於外，議者皆謂郎官謗傷。臣恐後來左右丞指以爲戒，則省事何從而舉？伏望詳察，使當官者無所疑懼。」乃除冀州刺史。

四年六月，上皇崩，以上女萬安公主爲女官，欲以追福。按：此何異金仙、玉貞之事，而崇不之諫，何也？

十一月，黄門監盧懷慎疾亟，上表薦宋璟等並明時重器，所坐者小，所棄者大，望垂矜錄。以尚書左丞源乾曜爲黄門侍郎、同平章事。姚崇無居第，寓居罔極寺，以病謁告。上遣使問飲食起居狀，日數十輩。乾曜奏事或稱旨，上輒曰：「此必崇之謀也。」或不稱旨，輒曰：「何不與姚崇議之？」乾曜常謝實然。每有大事，上常令乾曜就寺問崇。乾曜請遷崇於四方館，仍聽家人入侍疾【一四】。上許之，崇辭。上曰：「設四方館，爲官吏也；使卿居之，爲社稷也。恨不可使卿居禁中耳，此何足辭！」本傳云：「於是帝方躬萬機，朝夕詢逮，它宰相畏帝威決，皆謙憚，唯獨崇佐裁決，故得專任。崇病痁移告，帝欲崇自近，詔寓四方館。崇以館局華大，不敢居。」崇子光禄少卿彝、宗正少卿异，廣通賓客，頗受饋遺，爲時所譏。主書趙誨爲崇所親信，受胡人賂，事覺，上親鞫問，下獄當死，崇復營救，上由是不説。會曲赦京城，敕特標誨名，杖之一百，流嶺南。崇由是憂懼，數請避相位，薦廣州都督宋璟自代。按：張九齡奏記所謂「諂親戚以求譽，媚賓客以取容」，崇嘗嘉納之矣，而乃使子弟、親吏得以廣受賂遺，何聽言之易而行其言之難！何慮外者周而閑於内之略也！嗚呼！後之爲相者，其可不監于玆？又按《齊澣傳》：澣數諷崇年老，宜避位。時宋璟在廣州，

【一四】家人入侍疾　「入」原無，據《資治通鑑》卷二百一十一補。

因勸崇舉自代，崇用其謀。澣之忠於知己固賢矣，崇能用其忠言，尤賢矣哉！

十二月，以璟爲刑部尚書、西京留守，令馳驛詣闕，遣内侍、將軍楊思勗迎之。璟風度凝遠，人莫測其際，在塗竟不與思勗交言。思勗素貴幸，歸，自訴於上，上嗟歎良久，益重璟。范氏曰：「昔申棖以慾不得爲剛，宋璟所以能剛，其惟無慾乎？明皇以此重之，可謂能知賢矣。」愚按：廣平之待思勗，與孟子之待王驩同。

閏月，姚崇罷爲開府儀同三司，源乾曜亦罷。以宋璟守吏部尚書，兼黄門監，紫微侍郎蘇頲同平章事。璟爲相，務在擇人，隨材授任，使百官各稱其職；刑賞無私，敢犯顔正諫。上甚敬憚之，雖不合意，亦曲從之。按：此數語足以盡廣平公之相業矣。突厥默啜自則天世爲中國患，朝廷旰食，傾天下之力不能克。郝靈荃得其首【一五】，自謂不世之功。璟以天子好武功，恐好事者競生心僥幸，痛抑其賞，逾年始授郎將，靈荃慟哭而死。范氏曰：「宋璟可謂賢相矣，見其始而知其終，沮其勝而憂其敗，懲人主之好武，爲天下慮患之深也。其後明皇卒以黷武至於大亂，何其智之明歟！其可謂賢相矣。」蘇頲與璟同當國，璟剛正，多所裁決，頲能推其長，在帝前敷奏，璟有未及，或少屈，頲輒助成之，有不會意，頲能申璟所執，故帝未嘗不從，二人相得歡甚。璟嘗曰：「吾與蘇氏父子同爲宰相，僕射寬厚，誠爲國器；若獻可替否，事至即斷，盡公不顧私，則今丞相爲過之。」姚、宋相繼爲相，二人志操不同，然協心輔佐，使賦役寬平，刑罰清省，百姓富庶。唐世賢相前稱房、杜，後稱姚、宋，它人莫得比焉。元稹《連昌宫詞》

【一五】郝靈荃　「荃」原作「佺」，據《資治通鑑》卷二百一十一改。下同。

曰：「姚崇、宋璟作相公，勸諫上皇言語切。燮理陰陽禾黍豐，調和中外無兵戎。長宫清平太守好，揀選皆言由相公。」玩此數語，亦足以知姚、宋之相業矣。二人每進見，上輒爲之起，去則臨軒送之。及李林甫爲相，寵任過於二人，然禮遇殊卑薄矣。范氏曰：「三公坐而論道，天子所與共天位，治天職者也，故其禮不可不尊，其任不可不重。自堯、舜至于三代，尊禮輔相，《詩》《書》著矣。漢承秦弊，崇君卑臣，然猶宰相進見天子，御坐爲起，在輿爲下，所以體皃大臣而風厲其節也。開元之初，明皇勵精政治，優禮故老，姚、宋是師；天寶以後，宴安驕侈，倦求賢俊，委政羣下。彼小人者唯利是就，不顧國體，巧言令色，以求親昵；人主甘之，薄於禮而厚於情，是以林甫得容其姦。故人君不體皃大臣，則賢者日退而小人日進矣。」紫微舍人高仲舒博通典籍，齊澣練習時務，姚、宋每坐二人以質所疑，既而歎曰：「欲知古，問高君；欲知今，問齊君：可以無缺政矣。」按：姚、宋可謂知宰相之體矣，使忌賢嫉能、專己自足者居之，則必曰博古通今，人孰我若，何必諮諸人乎？而二公不然，古事問仲舒，今事問澣，己居其間，若無所能者。後世論開元之治，必曰姚、宋，而不曰高、齊，二公於是乎知宰相之體矣。

五年春正月，太廟四室壞，上素服避正殿。時上將幸東都，以問宋璟、蘇頲，對曰：「陛下三年之制未終，遽爾行幸，恐未契天心，故災異爲戒。願且停車駕。」又問姚崇，對曰：「太廟屋材皆苻堅時物，歲久朽腐而壞，適與行期相會，何足異也！《新傳》云：「但壞與行會，不緣行而壞。」且王者以四海爲家，陛下以關中不稔幸東都，百司供擬已備，不可失信【一六】。但應遷神主於太極殿，更脩太廟，如期自行耳。」上大喜，從之，賜崇絹二百匹。命崇五日一朝，仍入閤供奉，恩禮更厚，有大政輒訪焉。常侍褚無量上言：「隋文帝富有天下，豈取苻氏舊材以立太廟乎？此特諛臣之言耳。願陛下克謹天戒，納忠諫，遠諂

【一六】不可失信　「失」原作「先」，據《資治通鑑》卷二百一十一改。

諛。」上弗聽。胡氏曰：「孟子曰：『長君之惡，其罪小；逢君之惡，其罪大。』姚崇於是其逢也，甚矣！其言曰『陛下以關中不稔故幸東都』，然以史考之，去年無水旱之變，獨山東有蝗耳。是設爲不稔之名，以成巡幸之事，豈非逢君之惡乎？正使歲飢，宰相之職量入爲出，以制國用，何至使人主移蹕而就食也？夫災有輕重，異有大小，史不書飢，而崇以巡幸爲是；太廟四室壞，異孰大焉，而崇以不足異爲言。大臣以道事君，固如是耶？魯文公時，世室屋壞，《春秋》書之，以自正月不雨至於秋七月，無壞道故也。今唐廟非有雨霖震動，而四室壞，其爲宗廟隳毀之徵，著見明甚，而君臣以諂相蒙，不知戒焉。因是見唐有天下，不自建太廟，而因隋故屋，非禮亦大矣。太宗營繕甚衆，而忽於所當先，賢於王珪能幾何哉？」　呂氏曰：「玄宗在藩，俠氣已蓋諸王，手鋤逆韋、太平之難，肇履大位，雋逸英毅，若太阿出柙，莫之敢干。所慮者，輕視天下而不自抑畏也。厖臣碩輔政，當厲之以畏天之誠，啓之以尊儒重道之實，左右規矩猶懼或肆。崇復以水濟水，投棄準繩，略無齟齬於其間，日食歷差，而以不虧班賀，太室自壞，而以材朽獻諛。畏天之説，典謨訓誥誓命之書，異篇而同指者也，崇矯誣上天，一旦破其扃鐍而芟夷之，使其君蕩然無所顧忌，馴致漁陽之變，撤其防而導其侈者實崇也。度崇始意不過容悦迎逢耳，亦不自知其禍之至此。末流汎濫，雖崇尚存，亦非捧土所能塞矣。莫大於天而猶不畏焉，於一崇乎何有？自有書契，嚴畏天之説以相儆者，豈以人君尊無與敵，復借天以壓之哉！兢業祗懼，是乃天心之所存，而堯、舜、禹、湯、文、武所傳之大原也。上帝臨女，無貳爾心。貳之以適莫偏詖之私，則作於心，害於事，凶於而家，而國矣。崇學不足以與此，而遽敢慢之，此崇之大失一也。崇之捕蝗也，議者方譁，玄宗問焉，崇以庸儒泥文而不知變對。除蝗之法，列于古訓，雜然而議者，信庸儒也。然玄宗尊儒重道之意，本自不篤，崇又以泥文不知變之語入其心，使益加姗侮，繼自今以往，雖先王之典訓不便於己者，亦可以是語斷之矣。自張九齡、韓休之去，儒者盡絀，坐於朝，議於堂，扞於邊，皆便捷輕鋭，知變而不泥文者也。其效今可睹矣。崇徒見所謂庸儒者拘攣固滯，遂槩厭薄之，亦嘗循其本而思之乎？以一人而制六合，下至衆而上至寡也，羣天下之所樂，萃天下之所貴，而集有之，雖悍彊狠暴，屈首尊戴、無敢不馴者，以君臣之典叙於天，而儒者實品節扶持之也。今惡庸儒而并廢其品節扶持者，是理既泯，萬目睽睽，見利則逝，見便則奪，上之人其危哉！儒者舌弊唇腐，本爲誰計，而輕欲銷廢之乎？此崇之大失二也。」上行幸東都，過崤谷，道隘不治，欲免河南尹及知頓使官。宋璟諫曰：「陛下方事巡幸，今以此罪二臣，臣恐將來民受其弊。」上遽命釋之。璟曰：「陛下罪之，以臣言而免之，是臣代陛下受德也。請令待罪朝堂而後赦之。」上從焉。

五月，初，上微時，與太常卿姜皎親善。及誅竇懷貞等，皎預有功，由是寵遇，羣臣莫及，常出入卧内，與后妃聯榻宴飲，賞賜不可勝紀。弟晦，亦以皎故累遷吏部侍郎。宋璟言皎兄弟權寵太盛，非所以安之【一七】，上亦以爲然。秋七月，以晦爲宗正卿，因下制曰：「西漢諸將，以權貴不全；南陽故人，以優閑自保。皎宜放歸田里，散官、勳、封皆如故。」

九月，中書、門下省及侍中皆復舊名。初，貞觀之制，中書、門下及三品官入奏事，必使諫官、史官隨之，有失則匡正，美惡必記之。諸司皆於正衙奏事，御史彈百官，服豸冠，對仗讀彈文。故大臣不得專君，而小臣不得爲讒慝。及許敬宗、李義府用事，政多私僻，奏事官多俟仗下，於御座前屏左右密奏，監奏御史及待制官遠立以俟其退。諫官、史官皆隨仗出，仗下後事，不復預聞。武后以法制羣下，諫官、御史得以風聞言事，自御史大夫至監察得互相彈奏，率以險詖相傾覆。及宋璟爲相，欲復貞觀之政、制：「自今事非的須祕密者，皆令對仗奏聞，史官自依故事。」胡氏曰：「嗚呼，貞觀之制，其致承平之藥石乎！許敬宗、李義府所

【一七】非所以安之　「所」原作「听」，據《資治通鑑》卷二百一十一改。

行，其亂朝廷、敗天下之酖毒乎！武氏使諫官、御史以風聞言事，其興姦慝，來讒譖，害忠良，傷公道之符契乎？爲天子者，謹守貞觀之制，而盡革許、李、武氏之所爲，而朝廷不清，政事不美，天下不治者，未之有也。許、李令諫官隨仗出，而言必曰幾事不密則害成，許、李不足言矣。然凡事之始，皆幾也，恐其不善，故諫官諫而史官記之，於是莫敢不善。且漏洩省中語，固有常刑，豈可爲是而廢令典乎？至於風聞言事，尤所不可。朝廷者，衆正之原，是非所仰以決，譖愬所望以明，毀譽所待以公，人心服與不服，一在是焉。彼風聞者，得於道聽塗説，或兩怒溢惡，豈皆真實？遽然按之，以施刑罰，其差失多矣。言者既以風聞，初不審諦；被言者，又泯默被罪，不得申理，而冤結無告，傷平明之政，亦甚矣。故曰謹守貞觀之制，盡革許、李、武氏之所爲，則朝廷清、天下治矣。」　愚按：廣平爲相，欲復貞觀之政，美矣。然復之而不盡復，必事非祕密者然後對杖，則欲爲讒慝者，孰不自託於祕密以欺上下乎？愚故曰：惜其復之而不盡復也。

冬十月，上命宋璟、蘇頲爲諸皇子制名及國邑之號，又令別制一佳名及佳號進之。璟等上言：「七子均養，著於《國風》。今臣等所制名號各三十餘，輒混同以進，以彰陛下覆燾無偏之德。」上甚善之。本傳云：「七子均養，詩人之所稱。今若同等別封，或母寵子愛，恐傷『鳲鳩』之平。昔袁盎引却慎夫人席，文帝納之，夫人亦不爲嫌，以其得長久計也。臣不敢別封。」

六年春正月，廣州吏民爲宋璟立遺愛碑。璟上言：「臣在州無它異跡，今以臣光寵，成彼諂諛。欲革此風，望自臣始，請敕下禁止。」上從之。於是它州皆不敢立。

敕禁惡錢，重二銖四分以上乃得行。斂人間惡錢鎔之，更鑄如式錢【一八】。於是京城紛然，賣買殆絶。宋璟、蘇頲請出太府錢二萬緡置南北市，以平價買百姓不售之物可充官用者，及聽兩京百官豫假俸錢，庶使良錢流布人間。從之。明年二月，敕太府及府縣出粟十萬石糶

【一八】更鑄如式錢　「如式錢」三字原脱，據《資治通鑑》卷二百一十二補。

之，以斂人間惡錢，送少府銷毀。

有薦山人范知璿文學者，并獻其所爲文，宋璟判之曰：「觀其《良宰論》，頗涉佞諛，山人當極言讜議，豈宜偷合苟容？文章若高，自宜從選舉求試，不可別奏。」

冬十一月，吐蕃奉表請和，乞舅甥親署誓文，又令彼此宰相皆著名於其上【一九】。

宋璟奏：「括州員外司馬李邕【二〇】、儀州司馬鄭勉，並有才略文詞，但性多異端，好是非改變。若全引進，則咎悔必至；若長棄捐，則才用可惜。請除渝、峽二州刺史。」又奏：「大理卿元行冲素稱才行，初用之時，實允僉議；當事之後，頗非稱職，請復以爲左散騎常侍【二一】，以李朝隱代之。陸象先閑於政體，寬不容非，請以爲河南尹。」從之。按：宋璟於是得用人之道矣。知邕、勉之才不可以終棄，而又不可驟用，則姑處以遠郡，徐觀其來效，可則進之，否則置之，非惟惜官，所以惜才也。以行冲可用，則處之大理，及居職不稱，則又還之散騎。夫何心之有？使怙權諱過者處此，必曰行冲吾所用也，今以不稱職言於上，是彰己之失也。雖公論不予猶不肯易，況未嘗有言者乎？廣平之用心於是乎可法矣。

七年夏四月，開府儀同三司王仁皎薨。按：仁皎，皇后父也。其子請用竇孝諶例，築墳高五丈二尺【二二】。許之。宋璟、蘇頲固爭，以爲：「準令，一品墳高一丈九尺，其陪陵者高出三丈而已。竇太尉墳，議者頗譏其高大，當時無人極言其失，豈可今日復踵而爲之？昔太宗嫁女，資送過於長公主。魏徵進諫，太宗既用其言，文德皇后亦賞之。豈若韋庶人崇其父墳，號曰酆陵，以自速其禍乎？夫以后父之尊，欲高大其墳，何足爲難？而臣等

【一九】又令彼此宰相皆著名於其上　「又」原作「及」，「名」原無，據《資治通鑑》卷二百一十二改補。

【二〇】員外司馬　「員外」，原無，據《資治通鑑》卷二百一十二補。

【二一】左散騎常侍　「常侍」原無，據《資治通鑑》卷二百一十二補。

【二二】二尺　原作「一尺」，據《資治通鑑》卷二百一十二改。

再三進言者，蓋欲成中宫之美耳。況今日所爲，當傳無窮，永以爲法，可不慎乎！」上悦曰：「朕每欲正身率下，況於妻子，何敢私之？然此乃人所難言，卿能固守典禮，以成朕美，垂法將來，誠所望也。」賜璟、頲帛四百匹。

五月，己丑朔，日有食之。上素服以俟變，徹樂減膳，命中書、門下察繫囚，賑饑乏，勸農功。宋璟等奏曰：「陛下勤恤人隱，此誠蒼生之福。然臣聞日食修德，月食修刑。親君子，遠小人，絶女謁，除讒慝，所謂修德也。君子恥言浮於行，苟推至誠以行之，不必數下制書也。」

十一月，上以岐山令王仁琛藩邸故吏，令與五品官。宋璟奏：「故舊恩私，則有大例，除官資歷，非無公道。仁琛曏緣舊恩，已獲優改，今若再蒙超獎，遂於諸人不類。又是后族，須杜輿言。乞下吏部檢勘，苟無負犯，於格應留，請依資稍優注擬【二三】。」從之。寧王憲奏選人薛嗣先請授微官，事下中書、門下。璟奏：「嗣先兩選齋郎，雖非灼然應留，以懿親之故，固應微假官資。在景龍年中，常有墨敕處分，謂之斜封。自大明臨御，兹事杜絶，行一賞，命一官，必是緣功與才，皆歷中書、門下。至公之道，惟聖能行。嗣先幸預姻戚，不爲屈法，許臣等商量，望付吏部知，不出正敕。」從之。先是，朝集使往往齎貨入京師，及春將還，多遷官。宋璟奏一切勒還，以革其弊。

八年春正月，侍中宋璟疾負罪而妄訴不已者，悉付御史臺治之。謂中丞李謹度曰：

【二三】稍優注擬　「優」原缺，據《資治通鑑》卷二百一十二補。

「服不更訴者出之，尚訴未已者繫。」由是人多怨者。會天旱有魃【二四】，優人作魃狀戲於上前，問魃：「何爲出？」對曰：「奉相公處分。」又問：「何故？」魃曰：「負冤者三百餘人，相公悉以繫獄抑之，故魃不得不出。」上心以爲然。時璟與蘇頲建議嚴禁惡錢，江淮間惡錢尤甚，璟以監察御史蕭隱之充使括惡錢。隱之嚴急煩擾，怨嗟盈路，上於是貶隱之官，罷璟爲開府儀同三司，頲爲禮部尚書。以京兆尹源乾曜爲黄門侍郎，并州長史張嘉貞爲中書侍郎，并同平章事。於是弛錢禁，惡錢復行矣。胡氏曰：「惡錢爲貨泉之害，不可不革，其失在所遣使人嚴急煩擾，而以之罷宰相，何也？玄宗外雖重璟，心實厭之。正藩吏之墨敕，抑寧王之斜封，勒還朝集使之以貨求官者，治負罪而妄訴不已者，是皆上心不悦，羣口沸騰者也。雖然，優人魃戲中傷尤甚，安知非楊思勗之徒懷宿憾於心而使爲之乎？姚崇、張説善於迎合，故罷而復用；宋璟、韓休介然守正，故一斥不復。甚哉，君子之難合也！史稱唐之賢相曰前有房、杜，後有姚、宋，夫姚非宋比也，安得齊名？必也張九齡乎，乃可與璟同日而語矣。」

九年九月，梁文獻公姚崇薨，遺令曰：「佛以清淨慈悲爲本，而愚者寫經造像，冀以求福。昔周、齊分據天下，周則毁經像而修甲兵，齊則崇塔廟而弛刑政，一朝合戰，齊滅周興。近者諸武、諸韋，造寺度人，不可勝紀，無救滅亡。汝曹勿效兒女子追薦冥福。道士見僧獲利，效其所爲，尤不可延之於家。永爲後法。」

十年，以開府儀同三司宋璟爲西京留守。本傳：二十二年，東巡太山，璟復爲留守，帝將發，謂曰：「卿，國元老，別方歷時，宜有嘉謀以遺朕。」璟因一二極言。手制答曰：「所進當書之坐右，出入觀省，以誡終身。」賜賚優渥，進兼吏部尚書。

【二四】有魃　「有魃」原無，據《資治通鑑》卷二百一十二補。

十三年，王毛仲有寵於上，百官附之者輻湊。毛仲嫁女，上問：「何須？」毛仲頓首對曰：「臣萬事已備，但未得客。」上曰：「張説、源乾曜輩豈不可呼邪？」對曰：「此則得之。」上曰：「知汝所不能致者一人耳，必宋璟也。」對曰：「然。」上笑曰：「朕明日爲汝召客。」明日上謂宰相：「朕奴毛仲有昏事，卿等宜與諸達官悉詣其第。」既而日中，衆客未敢舉筯，待璟。久之，方至，先執酒西向拜謝，飲不盡巵，遽稱腹痛而歸。璟之剛直，老而彌篤。胡氏曰：「爲天下國家有九經，其二曰尊賢也，其四曰敬大臣也，尊賢則不惑，敬大臣則不眩。聖帝明王，何莫由斯道也？豈有德冠在庭，貴爲宰相，而屈使與奴爲席客，慢侮孰甚焉！夫貴貴，爲其近於君也。宰相，君之股肱耳目也，何近如之而屈使與奴爲敵體，廉不太無陛乎？慢人而自侮，不太迫乎？昔淮南王謀反於漢庭，獨憚汲黯，視説、公孫弘等，如發蒙振落耳。王毛仲意横無所畏忌，蓋已蔑視冠冕，玄宗又使二人率達官而往，以成毛仲僭越之勢，無敢規正者，獨廣平公以義起禮，從容中節，可以警發上心，而沮抑不遜，不有君子，其能國乎？」南軒張氏曰：「璟於是可謂正矣，然毛仲，君之廝役也，往赴其集，義何居乎？若璟聞命而引義以陳，則爲盡善矣。」愚按：玄宗知張説、源乾曜之可呼，知宋璟之不可致，賢否正邪之辨，可謂瞭然於胸中矣。然張、源則置諸相位，宋璟則屏諸閒處，毋乃柔順者易親，剛鯁者難合，故寧舍此而用彼歟？

十七年，遷尚書右丞相，而張説爲左丞相，源乾曜爲太子少傅，同日拜。有詔：太官設饌，太常奏樂，會百官尚書省東堂。帝賦《三傑詩》以賜。按：尚書左右僕射，後改爲左右丞相，雖名爲相，實閒職也。

十八年，夏四月，以裴光庭兼吏部尚書。先是，選司注官，惟視其人之能否，或不次超遷，或老於下位，有出身二十餘年不得禄者。又，州縣亦無等級，或自大入小，或初近後遠，皆無定制。光庭始奏用循資格，各以罷官若干選而集，官高者選少，卑者選多，無問能否，選滿則注，限年躡級，毋得踰越，非負譴者，皆有升無降。其庸愚沈滯者皆喜，謂之「聖書」，而才俊之士無不怨歎。宋璟爭之不能得。按：璟是時兼吏部尚書也。

二十一年，左丞相宋璟致仕，歸東都。本傳作二十年。二十五年，冬十月，開府儀同三司廣平文貞公宋璟薨。按：璟以八年罷相，明年宇文融以言利進，而括田之事興，天下大擾。内侍楊思勗出討安南，又討黔中，宦者握兵，自是而始。王皇后色衰愛弛，武惠妃陰懷傾奪之志，后以廢死。王君㚟破吐蕃青海西，大有克捷，上自是益事邊功。王毛仲賜死，宦官益盛，此數事者皆亂之基也。其事雖熾於天寶，其牙櫱已兆於開元中。説、乾曜、嘉貞輩雖各有所長，然而剛正得大臣體，皆非廣平之比，故政日以衰。璟之罷也凡十四年，而後致仕，又四年而薨，雖嘗再爲留守，一爲右丞相，十七八年之間，卒不復使踐樞衡，正人之難合也如此。廣平之用不究，故開元之治不終，後世所宜深鑒也。張嘉貞後爲相，閱堂案，見其危言切議，未嘗不失聲歎息。

天寶十四載【二五】，安禄山反，上幸蜀，至咸陽望賢宫，有老父郭從謹進言曰：「禄山包藏禍心，固非一日，亦有詣闕告其謀者，陛下往往誅之，使得逞其姦逆，致陛下播越。是以先王務延訪忠良以廣聰明，蓋爲此也。臣猶記宋璟爲相，數進直言，天下賴以安平。自頃以來，在庭之臣以言爲諱，惟阿諛取容，是以闕門之外，陛下皆不得而知。草野之臣必知有今日，久矣，但九重嚴邃，區區之心，無路上達。事不至此，臣何由得覩陛下之面而訴

【二五】天寶十四載　「四」原作「三」，據《資治通鑑》卷二百一十七改。

之乎？」上曰：「此朕之不明，悔無所及！」

帝之幸蜀也，給事中裴士淹以辯學得幸。時肅宗在鳳翔，每命宰相，必啓聞。及房琯爲將，帝曰：「此非破賊才也。若姚崇在，賊不足滅。」至宋璟，曰：「彼賣直以取名耳。」因歷評十餘人，皆當。至李林甫，曰：「是子妬賢疾能，無與比者。」士淹曰：「陛下誠知之，何任之久耶？」帝嘿然。按：明皇之評姚崇是矣，至璟乃以爲賣直取名，宜其一棄而不復用也。身播國屯，親聆老父之言而不知悔，唐祚之不亡也，幸哉！

穆宗問：「貞觀、開元中治道最盛，何致而然？」平章事崔植對曰：「太宗資上聖，興民間，又以房玄齡、杜如晦、魏徵、王珪爲之佐，聖賢相扶，治致升平，固其宜也。玄宗在天后時，身踐憂患，既即位，得姚崇、宋璟，此二人蚤夜孜孜，納君於道。璟嘗手寫《尚書・無逸》，爲圖以獻，勸帝出入觀省以自戒。其後朽暗，乃代以山水圖，稍怠于勤，左右不復箴規，姦臣日用事，以至于敗。今願陛下以《無逸》爲元龜，則天下幸甚！」愚按：納君於道，惟璟可以當之，植以姚、宋並言，非也。

史臣贊曰：「姚崇以十事要說天子而後輔政，顧不偉哉，而舊史不傳。觀開元初皆已施行，信不誣已。宋璟剛正又過於崇，玄宗素所尊憚，常屈意聽納。故唐史臣稱崇善應變以成天下之務，璟善守文以持天下之正。二人道不同，同歸于治，此天所以佐唐使中興也。嗚呼！崇勸天子不求邊功，璟不肯賞邊臣，而天寶之禍，卒蹈其害，可謂先見矣。唐三百年，輔弼者不爲少，獨前稱房、杜，後稱姚、宋，何哉？君臣之遇合，蓋難矣夫！」愚按：姚、宋並相睿宗，未期而免，至開元元年崇復相四年而罷，薦璟自代。璟復相五年而罷，其在位歲月雖淺，而功烈卓然矣。以四事考之，二公謀國用人，皆有可法，而正己格君，則姚之視宋深有愧焉。夫重器不能以獨任，大功不可以獨成。漢之名相，前稱蕭、曹者，以規隨之相繼也；後稱丙、魏者，以寬嚴之相濟也。唐之賢相，前稱房、杜者，以善謀能斷之相成也；後稱姚、宋者，以應變守文之相資也。漢、唐數百年，獨此八人爲稱首，豈才能學術舉無其比？蓋以同心輔政，鮮若是其班也。然則任國柄者，其可以專己爲功哉？惟姦邪如李林甫輩，則惟恐同列之分其權、軋其勢，此賢愚治亂之所由分也。崇之剛正，雖不逮璟，然其去也，能舉以自代，則開元十餘年之治效，崇始之，璟成之，璟之功是亦崇之功也。此其所以並稱歟？嗚呼！廣平之去相十七八年而後薨，使明皇之於璟，能如太宗之於玄齡，以堂堂一大老揔政柄於朝，而張説之文學，杜暹、李元紘之清儉，韓休、張九齡之骨鯁，更進而迭助之。以璟之賢，必能如玄齡之容新進，使忠賢之類常勝，諫爭之言日開，則驕怠之志不敢萌，宦女之禍無自啓，而林甫、國忠之姦，亦何從而獲售耶？昔人謂開元二十四年罷九齡，相林甫，而治亂分。愚謂開元八年罷宋璟，相源乾曜輩，即異時罷張相李之階漸也。治亂之分，豈一朝夕之積乎？

開元四年閏十二月，紫微侍郎蘇頲同平章事。時，紫微令姚元之罷，宋璟爲吏部尚書兼黄門監。

本傳：頲，瓌子。中宗時同中書門下三品，封許國公。帝南郊，國子祭酒祝欽明建白皇后爲亞獻，安樂公主爲終獻。瓌以爲非禮【二六】，帝前折愧之。帝不能從。時大臣初拜官，獻食天子，名曰「燒尾」，瓌獨不進。及侍宴，宗晉卿嘲之，帝默然。瓌自解於帝曰：「宰相燮和陰陽，代天治物。今粒食踴貴，百姓不足，衛兵至三日不食。臣誠不稱職，不敢燒尾。」帝崩，遺詔皇太后臨朝，相王以太尉輔政【二七】。后召宰相韋安石、宗楚客及瓌等議禁中。楚客猥曰：「太后臨朝，相王有不通問之嫌，不宜輔政。」瓌正色曰：「遺制乃先帝意，安得輒改？」楚客等怒，卒削相王輔政事，瓌稱疾不朝。

【二六】瓌以爲非禮　「禮」原脱，據《新唐書》卷一百二十五補。

【二七】以太尉輔政　「政」原脱，據《新唐書》卷一百二十五補。

是日，韋氏敗，睿宗即位，進左僕射。景雲元年，老病，罷爲太子少傅。瓌爲相，陳當世利病甚多。頲少敏悟，一覽千言。長安中，選監察御史，詔覆來俊臣冤獄，驗發其誣，多從洗宥，拜中書舍人。時瓌同中書門下三品，父子同在禁筦，朝廷榮之。玄宗平内難，書詔填委，獨頲在太極後閤，口所占授，功狀百緒，輕重無所差。書史白曰：「丐公徐之，不然，手腕脱矣。」中書令李嶠曰：「舍人思若涌泉，吾所不及。」遭父喪，起爲工部侍郎，辭不拜，終制乃就職。帝問宰相：「有自工部侍郎得中書侍郎乎？」對曰：「陛下任賢惟所命，何資之計？」乃詔以頲爲中書侍郎，辭不拜，終制明日加知制誥，給政事食。時李乂對掌書命，帝曰：「前世李嶠、蘇味道文擅當時，號『蘇李』，今朕得頲及乂，何愧前人哉！」襲封許國公。吐蕃盜邊，諸將數敗，虜益張，秣騎内侵。帝怒，欲自將兵討之，頲諫，不見省，又上言云云，會薛訥大破吐蕃，帝遂止。進平章事，與宋璟同當國。八年罷，後薨，謚文憲。　按：頲當國，雖無赫赫可稱，而能與廣平同心輔政，此其所以爲賢相也。其獻替事已見璟篇中。

景雲二年正月，中書侍郎張説同平章事。此説始相之年月也，後拜罷隨事見本傳。永昌中，武后策賢良方正，説第一，擢鳳閣舍人。張易之誣陷魏元忠也，援説爲助，説廷對「元忠無不順言」，忤后旨，流欽州。中宗立，累遷工部、兵部二侍郎，以母喪免。既朞，詔起爲黄門侍郎，固請終制。時禮俗衰薄，士以奪服爲榮，而説獨以禮終，天下高之。除喪，復爲兵部。睿宗即位，擢中書侍郎兼雍州長史。譙王重福死，東都支黨數百人，獄久不決，詔説往按，一決而罪人得【二八】，乃誅張靈均、鄭愔，餘詿誤悉原。帝嘉其不枉直，不漏惡，慰勞之。

玄宗爲太子，説與褚無量侍讀，尤見親禮，踰年，進同平章事。帝謂侍臣曰：「術家言五日内有急兵入宫，爲我備之。」左右莫對，説進曰：「此讒人謀動東宫耳，陛下若以太子監國，則名分定，姦膽破，蜚禍塞矣。」帝悟，下制如説言。按：説此言大有功於唐之宗社者也。明年，太子即位，太平公主引蕭至忠、崔湜等爲宰相，以説不附己，授尚書左丞，罷政事。

【二八】一決而罪人　「決」，《新唐書卷》一百二十五作「昔」。

二年十月。說知太平等懷逆，乃因使以佩刀獻玄宗，請先決策，帝納之。至忠等及誅，召爲中書令，封燕國公。素與姚崇不平，罷爲相州刺史。胡氏曰：「人臣之義無私交，況以宰相而通於有寵之藩王，將何爲乎？得非求其援己乎？正使岐王之累，說號有智，於是大愚矣。進退常事也，姚崇既相，說亦何懼，而爲此紛紛，故曰『不知命，無以爲君子也』。」坐累，徙岳州。說既失執政意，内自懼，雅與蘇瓌善，時瓌子頲爲相，因作《五君詠》獻頲，其一紀瓌也，候瓌忌日致之。頲覽詩嗚咽，未幾，見帝陳說忠謇有勳，不宜棄外，遂遷荆州長史。俄檢校并州長史、天兵軍大使，脩國史，敕齎藁即軍中論譔。按：說以私請岐王而貶，又以求媚蘇頲而用，名爲賢者，而昧於義命如此，由其習文藝而不知學故也。

九年，秋七月，朔方軍大使王晙誅河曲降虜阿布思也，九姓同羅拔野固等皆疑懼。說持節從輕騎二十，直詣其部，宿帳下，召見酋豪慰安之。副使李憲以虜難信，不宜涉不測。說曰：「吾肉非黄羊，不畏其食；血非野馬，不畏其刺。士當見危致命，亦吾效死秋也。」由是九姓遂安。按：說於是忠且勇矣。

時党項連兵攻銀城，說將步騎萬人出合河關掩擊，大破之。說招納党項，使復故處。副使阿史那獻請盡誅之，說不從，奏置麟州以安羌衆。《通鑑》云：「阿史那獻以党項翻覆，請并誅之，說曰：『王者之師，伐叛柔服而已，豈可殺已降邪？』因奏置麟州，以鎮撫党項餘衆。」按：說於是可謂知大體、有遠慮矣。

九月，召拜兵部尚書同三品。時源乾曜、張嘉貞相。

十年，兼知朔方軍節度大使，親行五城，督士馬。時慶州方渠降胡康願子反，自稱可汗，掠牧馬，西涉河出塞。説進討，禽之。乃議徙河曲六州殘胡五萬於唐、鄧、仙、豫間，空河南朔方地。故時，邊鎮兵贏六十萬，説以時平無所事，請罷二十萬還農。天子以爲疑，説曰：「邊兵雖廣，諸將自衛、營私爾，所以制敵不在衆也。以陛下之明，四夷畏威，不慮減兵而招寇，臣請以闔門百口爲保。」帝乃可。《通鑑》云：「説以時無彊寇，奏罷二十餘萬，使還農。上以爲疑，説曰：『臣久在疆埸，具知其情，云云。』」按：説以久諳軍情，故有此請，不然，則一旦減邊兵三之一，豈細事邪？

初，諸衛府兵自成丁從軍，六十而免，其家不免雜徭，浸以貧弱，逃亡略盡，百姓苦之。張説建議請召募壯士充宿衛，不問色役，優爲之制，逋逃者必爭出應募。上從之。旬日，得精兵十三萬，分隸諸衛，更番上下。兵農之分，自此始矣。按：府、衛之法，行之歲久，不能無弊，補苴其罅漏可也。一旦更張，使兵農遂分，不可復合，豈不可惜也哉！

前廣州都督裴伷先下獄，伷先，炎子。上與宰相議其罪。張嘉貞請杖之，張説曰：「臣聞刑不上大夫，爲其近於君，且所以養廉恥也。故士可殺不可辱。臣曏巡北邊，聞杖姜皎於朝堂。皎官登三品，亦有微功，有罪應死則死，應流則流，奈何輕加笞辱，以皁隸待之？姜皎事往不可復追，伷先據狀當流，豈可復蹈前轍？」上深然之。嘉貞不悦，退謂説曰：「何論事之深也？」説曰：「宰相，時來則爲之。若國之大臣皆可笞辱，但恐行及吾輩。吾此言非爲佃先，乃爲天下士君子也。」嘉貞無以應。按：燕公此言，一以全士大夫廉恥之節，二以嚴朝廷堂陛之分，三以養人主謹刑之心，真所謂仁人之言，其利豈不博哉！使每事如此，當與宋廣平匹矣。近世范文正公議晁仲約事，不欲使人主手滑，其事蓋與此類。中興初，欲復杖黥舊法以繩贓吏，而廷臣亦爭之，謂承平之久，此法久不行，故蔡京用事，不得以此加於天下之善士，不然，則元祐名臣無得免者。吁，斯言也，其亦得於燕公之遺意乎？

帝幸并州，説請謁脽上后土祠，爲三農祈穀。十一年二月，進兼中書令。時嘉貞貶，乾曜在相位。説又倡封禪議，受詔與諸儒草儀，多所裁正。

上置麗正書院，聚文學之士，祕書監徐堅、會稽賀知章、監察御史趙冬曦等，或修書，或侍講，以張説爲修書使以總之，有司供給優厚。中書舍人陸堅以爲此屬無益於國，徒爲糜費，欲悉奏罷之。説曰：「自古帝王於國家無事之時，莫不崇宫室，廣聲色，今天子獨延禮文儒，發揮典籍，所益者大，所損者微。陸子之言，何不達也！」上聞之，重説而薄堅。本傳云：「帝好文辭，有所爲必使視草。善用人之長，多引天下知名士，以佐佑王化，粉澤典章，爲一王法；天子尊尚經術，開館置學士，脩太宗之政，皆説倡之。」愚按：説當承平之時，導人主以尊經崇儒，其意美矣。然人主之學，其要在於誠意正心、脩身齊家，以爲出治之本，非徒琱鎪詞藝，破析章句，爲書生之末技而已。明皇天才儁發，所少不在辭章，獨患其無敬天畏民之誠，時於脩己治人之要耳。爲輔相者，正當引之當道，使志於仁，其所薦拔以勸講左右者，必皆孝悌博聞有道術之士，庶幾德性尊而心志定，習貫如自然，强立而不反，雖聲色游觀之娱無得而惑，然後爲道問學之功。今説之所謂發揮典籍者，不過區區誦説之末，而所引徐堅輩亦皆文藝之流，又安有就將緝熙之益哉？故

【一九】人主　原作「人王」，據文意徑改。

【二九】

武妃寵而王后廢，已見於説在位之時，未幾驕侈日滋，窮天下之樂不足以滿其欲，卒於危亂而後已。然則以名觀之，陸生固可鄙，以實求之，説亦深可罪也。

是歲，張説奏改政事堂曰中書門下，列五房於其後，分掌庶政。

十二年，上以山東旱，命選臺閣名臣以補刺史。黄門侍郎王丘、中書侍郎崔沔、禮部侍郎韓休等五人出爲刺史【三〇】。初，張説引崔沔爲中書侍郎。故事，承宣制皆出宰相，侍郎署位而已。沔曰：「設官分職，上下相維，各申所見，事乃無失。侍郎，令之貳也，豈得拱默而已？」由是遇事多所異同，説不悦，故因是出之。按：論事異同，乃其職也。説乃借選侯之名而去守職之士，此姦臣之所爲，而説亦爲之，其不及姚、宋遠矣。羣臣屢上表請封禪，閏十一月，制以明年十一月有事于太山。時張説首建封禪之議，而源乾曜不欲爲之，由是與不平。按：封禪者，人主之侈心也。乾曜人品本不逮説，至封禪之議，説首倡之，而乾曜不欲，則説反不逮乾曜矣。

十三年，張説草封禪儀，上之。夏四月，上與中書門下及禮官學士宴於集仙殿，上曰：「仙者憑虚之論，朕所不取；賢者濟理之具，朕今與卿曹合宴，宜更名曰集賢殿。」以張説爲學士，徐堅副之。上欲以説爲大學士，説固辭而止。説以大駕東巡，恐突厥乘間入寇，議加兵守邊，召兵部郎中裴光庭謀之。光庭曰：「封禪者，告成功也。今將升中于天，而戎狄是懼，非所以昭盛德也。」説曰：「如之何？」光庭曰：「四夷之中，突厥爲大，比屢求和親，而朝廷羈縻，未決許也。今遣一使，徵其大臣從封泰山，彼必欣然承命。突

【三〇】王丘　「丘」原作「立」，據《資治通鑑》卷二百一十二改。

厥來，則戎狄君長無不皆來，可以偃旗卧鼓，高枕有餘矣。」說曰：「善。吾所不及。」即奏行之。上遣使諭突厥，乃遣大臣阿史德頡利發入貢，因扈從東巡。按：光庭善謀，而封禪本人主之侈心，招致遠夷，尤非長策。光庭之謀，特善於遂人主之欲而已，恐未足稱也。説善聽，使説每事如此，則爲開元名相之冠矣。

秋八月，張説議封禪儀，請以睿宗配皇地祇。胡氏曰：「聞祀南郊，以受命之祖配天者矣。聞祀明堂，以父配上帝者矣。是見于經，以義類制禮，非苟然者，至唐則升侑紛然，或行或止，且以睿宗配地祇，何所稽據？私意妄議，名欲尊崇祖考，實所以輕瀆之耳。」

十一月，上至泰山，行封禪禮。張説多引兩省吏及以所親攝官登山。禮畢推恩，往往加階超入五品，而不及百官。中書舍人張九齡諫，不聽。又扈從士卒，但加勳而無賜物，由是中外怨之。

十四年，上召河南尹崔隱甫，欲用之。中書令張説薄其無文，奏擬金吾大將軍；前殿中監崔日知素與説善，説薦爲御史大夫【三一】。上不從。以日知爲羽林大將軍，隱甫爲御史大夫。隱甫由是與説有隙。説有才智而好賄，百官白事有不合者，多面折之，至於叱罵。惡御史中丞宇文融之爲人【三二】，且患其權重，融所建白，多抑之。張九齡言於説曰：「宇文融承恩用事，辯給多權數，不可不備。」説曰：「鼠輩何能爲？」夏四月，隱甫、融及中丞李林甫共奏彈説：「引術士占星，徇私僭侈，受納賄賂。」敕源乾曜及隱甫等同

【三一】説薦爲御史大夫　「説」原無，據《資治通鑑》卷二一一十三補。

【三二】御史中丞　「中丞」原作「大夫」，據《資治通鑑》卷二百一十三改。

鞫之，事頗有狀。上使高力士視説，力士還，奏：「説蓬首垢面，席藁【三三】，食以瓦器，惶懼待罪。」上意憐之。力士因言説有功於國，上以爲然，但罷説中書令，餘如故。按：説之失有數端，用人不惟其才而惟其文，一失也；不惟其公而惟其私，二失也；有才智而不以德自將，乃惟貨賂是好，三失也；百官論事有不合者，從違在我，豈可失待士之禮而至於慢罵，四失也；惡言利之臣爲國害，當引大義以告其君，使知聚斂之禍甚於盜臣，乃徒抑其奏請，五失也；方與小人爲敵，而不知嚴其周身之防，乃引術士占問，六失也。身爲輔臣，有此六失，其獲免於禍，幸矣。宇文融輩不足責，愚獨爲説惜之，後來者其可不戒！

上欲以武惠妃爲皇后，或上言：「武氏乃不共戴天之讎，豈可以爲國母？人間盛言張説欲取立后之功，更圖入相之計。但太子非妃所生，妃自有子，若登宸極，太子必危。」上乃止。然宫中禮秩，一如皇后。按：人間所云，蓋意其如此，然以理揣之，未必無有，蓋説非能忘情於富貴者也。方身在危難，賴高力士一言而免，既得宦侍之助矣，又求助於后妃以求復相，理之所有也，故外議及之。嗚呼！士大夫之所立，其可以不謹乎！

十五年，春，正月，涼州都督王君㚟破吐蕃於青海西。初，吐蕃自恃其彊，致書用敵國禮，詞旨悖慢，上意常怒之。返自東封，張説言於上曰：「吐蕃無禮，誠宜誅夷，但連兵十餘年，甘、凉、河、鄯，不勝其弊，雖師屢捷，所得不償所亡。聞其悔過求和，願聽其欵服，以紓邊人。」上曰：「俟吾與王君㚟議之。」説退，謂源乾曜曰：「君㚟勇而無謀，常思僥幸，若二國和親，何以爲功？吾言必不用矣。」及君㚟入朝，果請深入討之。大破其軍，獲輜重、羊馬萬計而還，君㚟以功遷左羽林大將軍。上由是益重邊功。本傳云：「説策君㚟且敗，因上

【三三】席藁　原作「席藁」，據文意改。

巂州鬭羊於帝，以申諷諭，曰：『使羊能言，必將曰鬭而不解，立有死者。所願至仁無殘，量力取歡焉。』帝識其意，納之。是年九月，吐蕃攻陷瓜州，君㚟死之。」按：説之事君多爲容悦，獨於邊功，則堅守正議，不肯苟徇小人之謀，其亦可謂忠也矣。

崔隱甫等恐右丞相張説復用，數奏毁之，各爲朋黨。上惡之，二月，制説致仕，隱甫免官，融出爲魏州刺史。十六年二月，以張説兼集賢院學士。説雖罷政事，專文史之任，朝廷每有大事，上常遣中使訪之。

八月，上以生日宴百官於花萼樓下，左丞相乾曜、右丞相説帥百官上表，請以八月五日爲千秋節，布於天下，咸令宴樂，尋又移社就千秋節。范氏曰：「太宗不以生日宴樂，以爲父母劬勞之日也。乾曜等以人主生日爲節，又移社以就之。夫節者，陰陽氣至之候，不可爲也。社者，國之大祀，不可移也。明皇享國既久，驕心漫生，乾曜、説不能以義正君，每爲諂首以逢迎之，後世猶謂説等爲名臣，不亦異乎？」

十八年五月，以忠王浚領河北道行軍元帥，帥十八摠管討奚、契丹【三四】。命浚與百官相見於光順門。張説退，謂學士孫逖、韋述曰：「吾嘗觀太宗畫像，雅類忠王，此社稷之福也。」按：浚乃肅宗舊名。

燕文貞公張説薨。説敦氣節，重然諾，喜推薦後進，於君臣朋友大義甚篤。帝在東宫，所與祕謀密計甚衆，後卒爲宗臣，朝廷大述作多出其手。開元後宰相不以姓著者，曰「燕公」云。史臣贊曰：「説於玄宗最有德，及太平用事，納忠惓惓，又圖封禪，發明典章，開元文物彬彬，説力居多。中爲姦人排擯，幾不免。自古功名始終亦幾希，何獨説哉！」

【三四】帥十八摠管　「十八」原有「萬」，據《資治通鑑》卷二百一十三删。

按：開元輔佐有魏知古者，以景雲二年相。開元初，爲紫微令，與姚元崇不協，罷，在位凡四年。既卒，宋璟歎曰：「叔向古遺直，子産古遺愛，兼之者其魏公乎！」璟，正人也，其稱知古必不誣矣。然見於傳者，在睿宗時諫金仙、玉真之役，在明皇初發竇懷貞等之逆謀而已，它無可考也。有盧懷慎者，開元元年相，在位逾三年。清儉不營産，服器無金玉文綺之飾，雖貴而妻子猶寒飢，所得禄賜，於故人親戚無所計惜，隨散輒盡。赴東都掌選，奉身之具止一布囊。既屬疾，宋璟、盧從愿候之，見敝簀單籍，門不施箔，風雨至，舉席自鄣；日晏設食，蒸豆兩器、菜數杯而已。臨别，執二人手曰：「上求治切，然享國久，稍倦于勤，將有憸人乘間而進矣。公第志之！」及治喪，家亡留儲。餘事見姚崇篇中。按：懷慎忠清可尚，然其儉幾於不中禮者。有源乾曜者，開元四年相，逾月罷，八年再相，建言：「大臣子併求京職，俊乂率在外官，非平施之道。臣三息俱任京師，請出二息補外，以示自近始。」詔曰：「乾曜身率庶寮以讓，既請外其子，又復下遷。傳不云乎：『范宣子讓，其下皆讓，晉國之人於是大和。』道之或行，仁豈遠哉？其令文武官父子昆弟三人在京師者，分任于外。」由是公卿子弟皆出補。乾曜性謹重，歷官以清慎恪敏得名，爲相十年，與張嘉貞、張説、李元紘、杜暹同秉政，居中未嘗廷議可否事，晚節唯唯聯署，務爲寬平惇大，故鮮咎悔。姜皎爲嘉貞所排，雖得罪，訖不申救，君子譏焉。有張嘉貞者，開元八年相，與乾曜並命，明皇初，爲天兵使。入朝，有告其反者，按無狀，帝令坐告者，嘉貞曰：「國之重兵利器皆在邊，今告者一不當即罪之，臣恐塞言路【三五】，且爲未來之患。」遂得減死。天子以爲忠，且許以相。及宋璟等罷，帝欲用嘉貞而忘其名，夜詔中書侍郎韋抗曰：「朕常記其風操，今爲北方大將，張姓而複名，卿爲我思之。」抗曰：「非張齊丘乎？」帝即使作詔。夜半，閲大臣表疏，舉一則嘉貞，遂得其名，即以爲平章事。居位善傳奏，敏於裁遣，然彊躁，論者恨其不裕。姜皎得罪，嘉貞希權幸意，詣加杖，已而皎死。裴伷先得罪，帝問法如何，嘉貞又援皎比，張説曰：「不然。」已見前。初，嘉貞在兵部，而説已爲侍郎。及偕相，説位其下，議論無所讓，故説不平。未幾，弟嘉祐拜金吾將軍，兄弟要近，人頗憚媢。俄嘉祐以贓聞，説訹嘉貞素服待罪，不謁，遂出爲豳州刺史。居位凡四年，雖貴不立田園，有勸之者，答曰：「吾嘗相國矣，未死，豈有飢寒憂？若以譴去，雖富田産，不能有也。近世士大夫務廣田宅，爲不

【三五】塞言路　「路」原脱，據《新唐書》卷一百二十七補。

肖子酒色費，我無是也。」有李元紘者，開元十四年相，當國務峻崖，檢抑奔競，夸進者憚之。後與杜暹不協，數辨爭帝前，帝不懌，皆罷。在位凡四年，當國累年，未嘗改治第宅，僮馬敝弱，家無留儲。宋璟嘗歎曰：「季文子之德，何以加之！」杜暹者，後元紘數月相，在位四年，與元紘不相得，罷。其爲人少學術，故在朝議論，時失淺薄，然能以公清勤約自將云。史臣贊曰：「開元之盛，所置輔佐，多得賢才，不者若張、源等，猶惓惓事職，其建明有足稱道。朝多君子，信太平基歟！」然以愚考之，是數人者，雖各有所長，然皆非姚、宋之匹，惟曲江公庶幾焉，韓休次之，今繫于後云。

開元二十一年，三月，尚書右丞韓休爲黄門侍郎、同平章事。本傳：休舉賢良，玄宗在東宮，令條對國政，中乙科，進禮部侍郎，出爲虢州刺史。虢於東、西京爲近州，乘輿所至，常税厩芻，休請均賦它郡。中書令張説曰：「免虢而與它州，此守臣爲私惠耳。」休復執論，吏白恐忤宰相意，休曰：「刺史幸知民之敝而不救，豈爲政哉？雖得罪，所甘心焉。」訖如休請。

侍中裴光庭薨。上問蕭嵩可以代光庭者。嵩與右散騎常侍王丘善，將薦之。丘聞之，固讓之於右丞韓休。嵩言休於上。以休爲同平章事。休爲人峭直，不干榮利，及爲相，甚允時望。始，嵩以休恬和，謂其易制，故引之；及與共事，休守正不阿，嵩漸惡之。宋璟歎曰：「不意韓休乃能如是，仁者之勇也！」上或宫中宴樂及後苑遊獵，小有過差，輒謂左右曰：「韓休知否？」言終，諫疏已至。上嘗臨鏡默然不樂，左右曰：「韓休爲相，陛下無一日歡，何不逐之？」上歎曰：「吾雖瘠，天下肥矣。蕭嵩奏事常順指，既退，吾寢不安。韓休嘗力爭，既退，吾寢乃安。吾用韓休，爲社稷耳，非爲身也。」

萬年尉李美玉有罪，帝將放嶺南，休曰：「尉小官，犯非大惡。今朝廷有大姦，請得先治。金吾大將軍程伯獻恃恩而貪，室宅輿馬僭法度，臣請先伯獻，後美玉。」帝不許，休固爭曰：「罪細且不容，巨猾乃置不問，陛下不出伯獻，臣不敢奉詔。」帝不能奪，大率堅正類此。

冬十月，韓休數與蕭嵩爭論上前，上頗不説，遂罷嵩爲左丞相，休爲工部尚書。胡氏曰：「正士之難合，佞人之易親也，悲夫！玄宗非不知韓休之正，蕭嵩之佞，今乃兩罷之，何也？休雖以數諫受知，然忤旨拂意，而上蓄怒亦多矣，其罷之也，猶罷宋璟也。休面折嵩，而帝不悦，何也？必嵩順指，帝謂其輕己，猶德宗之於蕭復也。嵩以悲辭涕泣動上而傾休，是妾婦之道也。正色立朝，於上不諂，於下不比，乃宰相之高致，而明皇惡之，它日君子必益疎，小人必益親，而李林甫得以二十年安于位矣。」

開元二十二年，十二月，前中書侍郎張九齡起復同平章事。本傳：七歲知屬文，十三以書干廣州刺史王方慶，歎曰：「是必致遠。」居父喪哀毁，庭中木連理。擢進士，以道侔伊吕科策高第，爲左拾遺。時玄宗即位，未郊見，九齡言：「陛下紹休聖緒，于今五載，而未行大報，恐不可以訓。」又言：「欲治之本，莫若重守令，守令既重，則能者可行。宜遂科定其資：凡不歷都督、刺史，雖有高第，不得任侍郎、列卿；不歷縣令，雖有善政，不得任臺郎、給舍；都督、守令雖遠者，使無十年任外。」俄遷左補闕。九齡有才鑒，吏部試拔萃，與舉者考次，號稱詳平。改司勳員外郎。時張説爲相，親重之，與通譜系。會帝封太山，説多引兩省録事主書及所親攝官升山，超階至五品。九齡爲中書舍人，當草詔，謂説曰：「官爵者，天下之公器，先德望，後勞舊。今登封告成，千載之絶典，而清流隔於殊恩，胥史乃濫章韍，恐制出，四方失望。公宜審計。」説曰：「事已決矣，悠悠之言不足慮。」既而果得謗，出爲冀州，改洪、徙桂。始説知集賢院，嘗薦九齡可備顧問。説卒，天子思其言，召爲集賢院學士、知院事。會賜渤海詔，而書命無足爲者，乃召九齡爲之，被詔輒成，遷工部侍郎。數乞歸養，不許。以其弟九皋、九章爲嶺南刺史，歲時聽給驛省家。遷中書侍郎，以母喪解，毀不勝哀，有紫芝産坐側，白鳩巢庭木。是歲奪哀，拜同平章事。

二十二年，春，正月，張九齡自韶州入見，求終喪，不許。胡氏曰：「宰相師表百僚，其進必以禮，退必以義，然後人心服而政教行。當是時，朝廷非有金革危急之事，而起九齡于衰服之中；九齡非有無所避焉之義，而釋齊麻於巖廊之上：上下交失也，而在九齡則尤甚。辭而不起，當身居苫次，今不遠數千里，自韶至洛，則非其地，陳情之節且又不力，九齡於是乎失正矣。」

二月，張九齡請不禁鑄錢，敕百官議之。裴耀卿等皆曰：「一啓此門，恐小人棄農逐利，而濫惡更甚。」祕書監崔沔、左監門録事參軍劉秩皆以爲不可，上乃止。按：九齡秉政之始，未有建明，而首議放鑄，未爲得也。然以宰相主議，同列非之可也，而近臣敢非之；近臣非之可也，而一參軍敢非之，初不聞九齡以爲忤也。使負才怙勢者居之，鼻息所鄉，其孰敢違邪？夫欲諫其君者，必先能受人之諫，儻在己則知盡言以諫君，而於人則不欲盡言以諫我，是以善責君，而未嘗以善責己也，其可乎哉？故爲大臣，必以羣下有言爲救己之過，而不以爲形己之短；以爲愛己，而不以爲輕己；以爲助己，而不以爲異己，然後可稱宰相之度矣。若於人言而忿嫉之，甚者中傷之，此李林甫、盧杞輩之所爲，仰視曲江公，真可愧死！故記于此以爲來者之戒云耳。

吏部侍郎李林甫，柔佞多狡數，深結宦官及妃嬪家，伺候上動静，無不知之。由是每奏對，常稱旨，上説之。時武惠妃寵幸傾後宫，生壽王瑁【三六】，諸子莫得爲比，太子浸疎薄。林甫乃因宦官言於惠妃，願盡力保護壽王。惠妃德之，陰爲内助，由是擢黄門侍郎。五月，以裴耀卿爲侍中，張九齡爲中書令，林甫爲禮部尚書。按：君子、小人不並立，九齡之相才幾時，而林甫已與之同列，安得究其用哉？

【三六】生壽王瑁　「王」原作「三」，據《資治通鑑》卷二百一十四改。「瑁」《資治通鑑》作「清」。

二十三年，上美張守珪，欲以爲相。張九齡諫曰：「宰相者，代天理物，非賞功之官也。」上曰：「假以其名，而不使任其職，可乎？」對曰：「不可。惟名與器不可以假人，君之所司也。且守珪纔破契丹，陛下即以爲宰相，若盡滅奚、厥，將以何官賞之？」上乃止。

二十四年，張守珪使平盧討擊使、左驍衛將軍安禄山討奚、契丹叛者，禄山恃勇輕進，爲虜所敗。守珪奏請斬之，禄山臨刑呼曰：「大夫不欲滅奚、契丹邪？奈何殺禄山？」守珪亦惜其驍勇，欲活之，乃更執送京師。張九齡批曰：「昔穰苴誅莊賈，孫武斬宫嬪。守珪軍令若行，禄山不宜免死。」上惜其才，敕令免官，以白衣將領。九齡固爭曰：「禄山失律喪師，於法不可不誅。且臣觀其貌有反相，不殺必爲後患。」上曰：「卿勿以王夷甫識石勒，枉害忠良。」竟赦之。胡氏曰：「禍福若有定數，若由人事。今置毒於前，食則死，不食則生，生死係乎食與不食，則人事爲近矣。故古之聖人必修人事，其於天命，曰：『我不敢知。』使明皇帝任賢相，如宋璟、韓休、張九齡，内無楊太真之蠱惑，外無安禄山之姦狡，則焉攸亂？禄山敗軍，其罪應誅，九齡直以軍法爭論，其理自勝，乃言未來之事，斷其後患，是故玄宗拒之。蘇子曰：『齊桓公不殺敬仲，楚成王不殺重耳，漢高不殺劉濞，晉武不殺劉淵，苻堅不殺慕容垂，明皇不殺安禄山，此盛德事也。』愚以謂彼五人者，皆賢而無罪，何名而殺？禄山則有死罪矣，明皇不能按法行辟，反以王夷甫識石勒之事而沮九齡，是謂保養姦邪，愎違忠諫，安得爲盛德哉？」

秋，八月千秋節，羣臣皆獻寶鏡，張九齡以爲以鏡自照見形容，以人自照見吉凶，乃述前世興廢之源，爲書五卷，謂之《千秋金鏡録》，上之。上賜書褒美。

冬，十月，戊申，車駕發東都。先是，敕以來年二月二日行幸西京，會宫中有怪，明日，上召宰相，即議西還。裴耀卿、張九齡曰：「今農收未畢，請俟仲冬。」李林甫潛知上指，二相退，林甫獨留，言於上曰：「長安、洛陽，陛下東西宫耳，往來行幸，何更擇時？借使妨於農收，但應蠲所過租税而已。臣請宣示百司，即日西行。」上悦，從之。朔方節度使牛仙客，前在河西，能節用度，勤職業，倉庫充實，器械精利。上聞而嘉之，欲加尚書，張九齡曰：「不可。尚書，古之納言，唐興以來，惟舊相及揚歷中外有德望者乃爲之。仙客本河湟使典，今驟居清要，恐羞朝廷。」上曰：「然則但加實封可乎？」對曰：「不可。封爵所以勸有功也。邊將實倉庫，修器械，乃常務耳，不足爲功。陛下賞其勤，賜之金帛可也。裂土封之，恐非其宜。」上默然。李林甫言於上曰：「仙客，宰相才也，何有於尚書？九齡書生，不達大體。」上悦。明日，復以仙客實封爲言，九齡固執如初。上怒，變色曰：「事皆由卿邪？」九齡頓首謝曰：「陛下不知臣愚，使待罪宰相，事有未允，臣不敢不盡言。」上曰：「卿嫌仙客寒微，如卿有何閥閲？」九齡曰：「臣嶺海孤賤，不如仙客生於中華。然臣出入臺閣，典司誥命有年矣。仙客邊隅小吏，目不知書，若大任之，恐不愜衆望。」林甫退而言曰：「苟有才識，何必辭學？天子用人，何有不可？」十一月賜仙客爵隴西縣公，食實封三百户。胡氏曰：「玄宗方相張九齡，而肆辯摧折之如此者，九齡非有可輕也，直緣釋服居位，人主疑其重利禄而好貴勢，可以制指耳。是故古之君子，不苟就，不俯從，使去就從違之重在我而不在人，在義而不在利，庶乎招不來，麾不去，足以取信於其上也。」

九齡既戾帝旨，因内懼，恐遂爲林甫所危，因帝賜白羽扇，乃獻賦自況，其末曰：「苟效用之得所，雖殺身而何忌！」又曰：「縱秋氣之移奪，終感恩於篋中。」上雖優答，然卒罷政事。

初，上欲以李林甫爲相，問於中書令張九齡，對曰：「宰相繫國安危，陛下相林甫，臣恐異日爲廟社之憂。」上不從。胡氏曰：「宰相莫大乎知人，曲江公以安禄山必爲後日之患，李林甫必貽宗社之憂，雖蓍龜不過也，可謂大臣矣。林甫欺君蔽主，揔權柄，饕富貴，垂二十年。九齡一斥不復，竟死于外。自一時觀之，九齡爲辱，林甫爲榮；九齡爲負，林甫爲勝。然而天地之化一息不留，二十年雖久，何啻如飛電之過目也。其氣焰威力與其朽骨既已化爲浮塵，蕩爲冷風；而其姦心邪迹，與九齡之忠規正道並存于史書，而人之好惡、良心未忘也。則聞九齡之風者，孰不聳然興起，願爲執鞭；而於林甫，雖匹夫匹婦，亦羞道焉。或曰進賢退不肖，宰相職也，九齡不能去安、李，徒伐以口舌，何也？曰：忠賢之於事，有所不可，亦陳其二理，開悟君心而已，聽否雖仲尼、孟子不能必其説之行也。苟必其説之行，將用智任術，與小人無異矣，故曰『若夫成功，則天也』。」

時九齡方以文學爲上所重，林甫雖恨，猶曲意事之。侍中裴耀卿與九齡善，林甫并疾之。是時，上在位歲久，漸肆奢欲，怠於政事，而九齡遇事無細大皆力爭，林甫巧伺上意，日思所以中傷之。本傳曰：「九齡爲相，諤諤有大臣節。帝在位久，稍怠於政，故九齡議論必極言得失，所推引皆正人。」胡氏曰：「忠愛其君者，必思納諸無過之地，而不計一身之安危；不忠不愛者，惟其身之營，使君荒怠昏亂而不恤也。孔子曰：『知爲君之難，則一言興邦，亦不遠矣。』九齡之於明皇，用是道也。又曰：『予無樂乎爲君，惟其言而莫予違也。則一言喪邦，亦不遠矣。』林甫之於明皇，用是道也。夫以違拂對順從，則有恭與不恭之似；以恣肆對儆戒，則有樂與不樂之殊。惟聰明睿智之君，則知違拂之爲恭，而順從之爲大不恭也；知儆戒之可樂，而恣肆之有大不樂也。是時，天下若無事，人君若可以適意舒情矣，人臣若可以有聽從、無諫諍矣。而九齡遇事無大小必力爭，使明皇稍有持盈守成、恐及危溢之心，則九齡一人常立于朝，不必置欹器，不必設盤銘，不必書之座右，不必親之圖書，而放心必收，禍亂必弭。嗚呼，九齡可謂古之大臣矣！」

上之爲臨淄王也，趙麗妃生太子瑛，皇甫德儀生鄂王瑶，劉才人生光王琚。及即位，幸武惠妃，麗妃等愛皆弛。惠妃生壽王瑁，寵冠諸子。太子與瑶、琚會於内第，各以母失職有怨望語。駙馬都尉楊洄與咸宜公主，常伺三子過失以告惠妃。惠妃泣訴於上曰：「太子陰結黨與，將害妾母子，亦指斥至尊。」上大怒，以語宰相，欲皆廢之。九齡曰：「陛下踐祚垂三十年，太子諸王不離深宫，日受聖訓，天下之人皆慶陛下享國久長，子孫蕃昌。今三子皆已成人，不聞大過，陛下奈何一旦以無根之語，喜怒之際，盡廢之乎？且太子天下本，不可輕摇。昔晉獻公聽驪妃之讒殺申生，三世大亂。漢武帝信江充之誣罪戾太子，京城流血。晉惠帝用賈后之譖廢愍懷太子，中原塗炭。隋文帝納獨孤后之言黜太子勇，立煬帝，遂失天下。由此觀之，不可不慎。陛下必欲爲此，臣不敢奉詔。」上不悦。林甫初無所言，退而私謂宦官之貴幸者曰：「此主上家事，何必問外人？」上猶豫未決。惠妃密使宦奴牛貴兒謂九齡曰：「有廢必有興，公爲之援，宰相可長處。」九齡叱之，以其語白上，上爲之動色，訖九齡罷相，太子得無動。范氏曰：「明皇三子之廢，繫於李林甫之一言。其得未廢，繫於張九齡之未罷。相賢則父子得以相保，相佞則天性滅爲仇讎，置相可不慎哉！」林甫日夜短九齡於上，上浸疎之。林甫引蕭炅爲户部侍郎，素不學，嘗對中書侍郎嚴挺之讀「伏臘」爲「伏獵」，挺之言於九齡曰：「省中豈容有伏獵侍郎？」由是出炅爲岐州刺史，故林甫怨挺之。九齡與挺之善，欲引以爲相，嘗謂之曰：「李尚書方承恩，足下宜一造門，與之欵暱。」挺之素負氣，薄林甫爲人，竟不之詣，林甫恨之益深。此曲江失言，挺之不從是也。挺之先娶妻，出之，更嫁蔚州刺史王元琰，元琰坐贓罪下三司按鞫【三七】，挺之爲之營解。林甫因左右使於禁中白上。上謂宰相曰：「挺之爲罪人請屬所由。」九齡曰：「此乃挺之出妻，不宜有情。」上曰：「雖離乃復有私。」於是上積前事，以耀卿、九齡爲阿黨。壬寅，以耀卿爲左丞相，九齡爲右丞相，並罷政事。以林甫兼中書令。仙客爲工部尚書、同中書門下三品，領朔方節度如故。嚴挺之貶洺州刺史，王元琰流嶺南。上即位以來，所用之相，姚崇尚通，宋璟尚法，張嘉貞尚吏，張説尚文，李元紘、杜暹尚儉，韓休、張九齡尚直，各其所長也。九齡既得罪，自是朝廷之士，皆容身保位，無復敢言。

二十五年，夏，四月辛酉，監察御史周子諒彈牛仙客非才，引讖書爲證。上怒甚，命左右揲於殿庭，絶而復蘇，仍杖之朝堂，流瀼州，至藍田而死。李林甫言：「子諒，張九齡所薦也。」甲子，貶九齡荆州長史。本傳云：「雖以直道黜，不戚戚嬰望，惟文史自娱，朝野許其勝流。」

二十八年，荆州長史張九齡卒。上雖以九齡忤旨逐之，然終愛重其人，每宰相薦士，

【三七】按鞫　原作「按鞠」，據《資治通鑑》卷二百一十四改。

輒問曰：「風度得如九齡不？」後在蜀，思其忠，爲泣下，遣中使至曲江祭之，厚恤其家。開元後，天下稱曰「曲江公」而不名云。建中元年，德宗賢其風烈，復贈司徒。

憲宗時，宰相崔羣言於帝曰：「人謂天寶十三年安禄山反爲治亂分【三八】，臣謂開元二十四年罷張九齡，相李林甫，則治亂已分矣。」九齡之罷，林甫爲相三年矣，非至是始相也。蓋九齡罷中書令，而林甫代之，自是軍國之權始悉歸林甫，故指以爲治亂之分也。至天寶十一年而林甫死，國忠相，又三年而禄山反，距九齡罷凡二十歲云。

史臣贊曰：「觀玄宗開元時，厲精求治，元老魁舊，動所尊憚，故姚元崇、宋璟言聽計行，力不難而功已成。及太平久，左右大臣皆帝自識擢，狎而易之，志滿意驕，而張九齡爭愈切，言益不聽。夫志滿則忽其所謀，意驕則樂軟熟、憎鯁切，較力雖多，課所效不及姚、宋遠矣。終之胡雛亂華，身播邊陬，非曰天運，亦人事有致而然。」愚按：曲江公在相位凡四年，忠言直道，不減宋廣平，而成效絶異者，璟當玄宗清明之時，九齡值帝意荒之後，其難一也。璟之同列皆君子，九齡並處皆小人，其難二也。合此二難，故君臣之間，有齟齬而無契合；廟堂之上，有排沮而無叶助，其能成功也，難矣！然以道事君，無媿大臣之節，千載而下猶凛凛有生氣。吁，可敬哉！又肅宗中興，輔臣之可稱者房琯，其次曰張鎬。琯以天寶十五載相明皇于蜀，俄奉册靈武見肅宗，具言上皇所以傳付意，因道當時利病，帝爲改容。琯既有重名，帝傾意待之，機務一與參決，諸將相莫望。於是，第五琦言財利幸，爲江淮租庸使。琯諫曰：「往楊國忠聚斂，産怨天下。陛下即位，人未見德，今又寵琦，是一國忠死，一國忠生，無以示遠方。」帝曰：「六軍之命方急，無財則散，卿惡琦可也，何所取財？」琯不得對。北海太守賀蘭進明攝御史大夫、嶺南節度使，入謝。帝曰：「朕語琯除正大夫，何爲攝邪？」進明因

【三八】天寶十三年「三」，《資治通鑑》卷二百四十一作「四」。

曰：「陛下知晉亂乎？惟以尚虛名，任王衍爲宰相，祖尚浮華，不事事，故敗。方唐中興，當用實材，而琯性疏闊，大言無當，非宰相器。陛下待之厚，然孰肯爲陛下用乎？」帝曰：「何哉？」對曰：「陛下頃爲皇太子，太子出曰撫軍，入曰監國，而琯爲上皇建議遣諸王爲都統節度，乃謂陛下爲元子，而付以朔方、河東、河北空虛之地，永王、豐王乃統四節度。此於上皇似忠，於陛下非忠也【三九】。」帝入其語，始惡琯。會琯請自將平賊，帝猶倚以成功，乃詔琯持節招討西京、防禦蒲、潼兩關兵馬、節度等使，得自擇參佐。遇賊陳濤斜，戰不利。琯欲持重有所伺，中人邢延恩促戰，故敗。率南軍復戰，遂大敗。初琯用春秋時戰法，以車二千乘繚營，騎步夾之。既戰，賊乘風譟，牛悉髀栗，賊投芻而火之，人畜焚燒，殺卒四萬，血丹野，殘衆數千，不能軍。琯還走行在，見帝，肉袒謝罪，帝宥之，使哀夷散，復圖進取。琯雅自負，以天下爲己任，然用兵本非所長；其佐李揖、劉秩等皆儒生，未嘗更軍旅，琯每詑曰：「彼曳落河雖多，能當我劉秩乎？」琴工董廷蘭出入琯所，藉勢招賕謝，爲有司劾治，罷爲太子少師。琯有遠器，好談老子、浮屠法，喜賓客，高談有餘而不切事。時天下多故，急於計略攻取，帝以吏事繩下，而琯遽欲從容鎮靜以輔治之。又知人不明，以取撓敗，故功名隳損云。按：史之評琯當矣，然進明之譏，謂帝太子也而置之朔方、河北、河東空虛之地，則未然也。朔方、河北，天下勁兵處，厥後收復兩京，卒賴朔方士馬力，琯之謀其可謂不忠哉？進明小人，奪顏真卿軍權，坐視張巡急，不肯救，其言何足深信？唐末司空圖謂琯建請以諸王爲都統節度，安禄山聞之大驚，語雖不見於史，圖言必有稽據。蓋當艱危之時，以宗藩近屬，分布外鎮，使之股肱王室，統繫人心，自是長策。肅宗果復大業，我朝靖康亦以親王爲大元帥，賴以中興。此蓋琯謀之驗，未可例以迂闊目之也。鎬以至德二年相，時引内浮屠數百居禁中，號「内道場」，鎬諫曰：「天子之福，要在養人，未聞區區佛法而致太平。」帝然之，尋詔兼河南節度使，都統淮南諸軍。賊圍宋州，張巡告急，鎬倍道進，檄濠州刺史閭丘曉趣救，曉逗撓不進，比鎬至淮口，巡已陷，鎬怒，杖殺曉。史思明提范陽獻欵，鎬揣其僞，密奏曰：「思明勢窮而服【四〇】，包藏不測，可以計取，難以義招，不宜以威權假之。」又言：「滑州防禦使許叔冀狡獪，臨難必變，宜追還宿

【三九】於陛下非忠也　「於」原作「非」，據《新唐書》卷一百三十九改。

【四〇】勢窮而服　「服」原作「復」，據《新唐書》卷一百三十九改。

衛。」書奏不省。時宦官絡繹出鎬境，未嘗降情結納，使還者皆言思明、叔冀忠，而毁鎬無經略才。帝以鎬不切事機，遂罷相。思明、叔冀後果叛，如鎬言。鎬起布衣，二朞至宰相，居身廉，不殖貲産，善待士，性簡重，論議有體，在位雖淺，而天下之人推爲舊德云。

校勘記

# 乙下之十七

代宗大曆十二年夏，四月，太常卿楊綰爲中書侍郎同平章事。本傳：少孤，家素貧，事母謹甚。性沉靖，獨處一室，左右圖史，凝塵滿席，澹如也。不好立名，有所論著，未嘗示人。第進士，補太子正字，又中制舉，擢右拾遺。天寶亂，肅宗即位，綰脱身见行朝，拜起居舍人，遷中书舍人。故事，舍人久次者爲阁老，其公廨雜料獨取五之四，至綰，悉均給之。歷禮部侍郎，建復古孝廉、力田等科，俄遷吏部，品裁清允，人服其公。是時，元載秉政，忌綰望高，疏薄之，建言太學當得天下名儒汰其選，拜綰國子祭酒，外示尊重，而實以散地處之。載日貪冒，天下士議益歸綰，帝亦知之，自擢爲太常卿，充禮儀使。載得罪，拜平章事。綰性清簡儉素，制下之日，朝野相賀。郭子儀方宴客，聞之，減坐中聲樂五分之四。京兆尹黎幹，騶從甚盛，即日省之，止存十騎。中丞崔寬，第舍宏侈，亟毀撤之。本傳云：「它聞風靡然自化者，不可勝紀。世以比楊震、山濤、謝安云。」

范氏曰：「上之化下，如風靡草。楊綰以清名儉德爲相，而天下從之如此，況人君能正己以先海内，其有不率者乎？」

胡氏曰：「郭公、黎尹、崔中丞事類情殊，子儀成人之美者也，幹與寬則畏之者也。謂幹、寬有仰德服化之心者，非也；謂子儀有楊威蹴踖之態者，亦非也。嗟夫！躬行之效如此，楊綰獨以清儉一行，已足以丕變侈靡之俗，若使成德之士而佐有道之君，所謂立之斯立，道之斯行，綏之斯來，動之斯和者，豈虚語哉！」

楊綰等薦潮州刺史顔真卿，上即日召還，以爲刑部尚書。

元載以仕進者多樂京師，惡其逼己，乃制俸禄，厚外官而薄京官，京官不能自給，常從外官乞貸。楊綰、常衮奏京官俸太薄，詔加京官俸，歲約十五萬六千餘緡。五月，詔自都團練使外，悉罷諸州團練、守捉使；又令諸使非軍事要急，無得擅召刺史及停其職務，差人權攝。本傳云：時諸州悉帶團練使，綰奏：「刺史自有持節諸軍事以掌軍旅；司馬，古司武，所以副軍，即今副使；司兵參軍，今團練判官。官號重複，可罷天下團練、守捉使。」詔可。又減諸道觀察判官員之半。復言：「舊制，刺史被代若别追，皆降魚書，乃得去。開元時，置諸道採訪使，得專停刺史，威柄外移，漸不可久。其刺史不稱職若贓負，本道使具條以聞，不得擅追及停，而刺史亦不得輒去州詣使所。如其故闕，使司無署攝，聽上佐代領。」帝善其謀，於是高選州上佐，定上、中、下州，差置兵員，詔郎官、御史分道巡覆。又定諸州兵，皆有常數，其召募給家糧、春冬衣者，謂之「官健」；差點土人，春夏歸農，秋冬追集，給身糧醬菜者，謂之「團結」。自兵興以來，州縣官俸給不一，重以元載、王縉隨情徇私，刺史月給或至千緡、或數十緡，至是，始定節度使以下至主簿、尉俸禄，掊多益寡，上下有叙，法制粗立。本傳云：又定府、州官月廪，使優狹相均。始，天下兵興，從權宜，官品同而禄例差。及四方粗定，元載、王縉當國，偷以爲利，因不改，故江淮大州至月千緡，而山劍貧儉，雖上州刺史止數十緡。及此始復太平舊制。

上方倚楊綰，使革弊政，會綰有疾，秋七月薨。上悼惜之甚，謂羣臣曰：「天不欲朕致太平，何奪我楊綰之速！」本傳云：綰素痼疾，居旬日浸劇，有詔就中書療治，每對延英殿，許挾扶。于時釐補穿敝，唯綰是恃，云云。即日詔贈司徒，遣使者册授，欲及其未斂也。太常謚文貞，比部郎中蘇端，憸人也，持異議，宰相常衮陰助之，帝以其言醜險不實，貶端巴州員外司馬，賜謚文簡。綰儉約，未嘗問生事，禄廪分姻舊，隨多寡輒盡。造之者，清談終晷，而不及榮利，欲干以私，聞其言，必内愧止；經誥微趣，學家疑晦者，一見即詣其極。

史臣贊曰：「楊綰以德服人，而人自化，其論議渾大，雖古王佐無以加。」愚按：綰之爲相，實代元載。載自肅宗末年，李輔國用事，輔國妻，載宗女也，因相締昵，以寶應元年相。代宗立，輔國勢愈重，數稱其才，進中書侍郎。盜殺李輔國，載陰與其謀，乃復結中人董秀，厚啖以金，使刺取密旨，帝有所屬，必先知之，探微揣端，無不諧契，故帝任不疑。魚朝恩驕横震天下，與載不叶，憚之，雖帝亦銜恚，乃乘間奏誅朝恩，帝畏有變，載結其愛將爲助。朝恩已誅，載得意甚，益矜肆。智略開果，久得君，以爲文武才略莫己若。外委主書卓英倩等，内劫婦言，縱諸子關通貨賄。京師要司及方面，皆擠遣忠良，進貪猥。凡仕進干請，不結子弟，則謁主書。城中開南北二第，室宇奢廣，爲當時冠；近郊作觀榭，帳帝什器不徙而供；膏腴别墅，疆畛相望，且數十區；名姝異妓，雖禁中不逮。帝盡得其狀。載嘗獨見，帝深戒之，謷然不悛。客有賦《都盧尋橦篇》諷其危，不知悟。會李少良上書詆其醜狀，載怒，奏殺少良，道路目語，不敢復議。帝積怒，大曆十二年三月，仗下，帝御延英，遣左金吾大將軍吴湊收載及王縉，下獄。詔賜載自盡，妻王氏及三子皆賜死，發其祖、父冢，斲棺棄尸。王氏悍驕戾沓，諸子聚斂無涯藝，及死，行路無嗟隱者。籍其家，鐘乳五百兩，胡椒至八百石，它物稱是。載爲相十六年，坐貪縱專横誅死，而綰以清儉繼之，宜其事半而功倍也。然同日而命者常衮，衮之爲人，豈綰匹哉？史稱綰長厚通可，而衮苛細自賢，帝内重綰而顓任之，衮以爲恨。及綰卒，衮當國，騁私崇怨，無所不至。政事堂北門，異時宰相過舍人院咨逮政事，至衮乃塞之，以示尊大。懲元載敗，窒賣官之路，然非文詞者皆擯不用，世謂之「黯伯」，謂其黯黯無賢不肖之辨云。使綰久與之處，未必不爲所傾，議謚之事，蓋可見矣。代宗自初即位，政柄即付非人，十有六年之間，紀綱大紊，載誅綰相，此將治之機也。而任賢不專，復以衮参之，綰亡而衮肆，自是迄于末年【一】，朝廷無復佳政，皆失於考謹之故也。然則與綰並相，其誰宜？曰顔真卿爲最，李泌次之，崔祐甫亦其人也，而代宗不之用，吁，可歎哉！

【一】迄于末年　「于」原作「丁」，據文意改。

大曆十四年，河南少尹崔祐甫爲門下侍郎、同平章事。按：是月代宗崩，德宗即位。本傳云：沔之子，世以禮法爲聞家，第進士，累遷起居、中書舍人，性剛直，遇事不回。時侍郎闕，祐甫攝省事，數與宰相常衮爭議不平，衮怒，使知吏部選，每擬官，衮輒駮異，祐甫不爲下。廣德中，隴右節度使朱泚獻猫鼠同乳不相害者，以爲瑞，常衮帥百官稱賀，祐甫獨不賀，曰：「物反常爲妖，猫捕鼠，乃其職也，今同乳，妖也，何乃賀爲？宜戒法吏之不察奸、邊將之不禦寇者，以承天意。」上嘉之。常衮性剛急，爲政苛細，不合衆心。時羣臣朝夕臨，衮哭委頓，從吏或扶之。祐甫指以示衆曰：「臣哭君前，有扶禮乎？」衮聞，益恨之。會議羣臣喪服，衮以「禮，臣爲君斬衰三年。漢文帝權制，猶三十六日。高宗以來，皆遵漢制。及玄宗、肅宗之喪，始服二十七日。今遺詔云：『天下吏人，三日釋服。』古者卿大夫從君而服，皇帝二十七日而除，在朝羣臣亦當如之」。祐甫以爲：「遺詔無朝臣庶人之别。朝野中外莫非天下，凡百執事，孰非吏人？皆應三日釋服。」相與力爭，聲色陵厲。衮不能堪，乃奏祐甫率情變禮，請貶潮州刺史。上以爲太重，閏月，貶祐甫爲河南少尹。胡氏曰：「方喪三年，短爲二十七日矣。崔祐甫猶以爲多，祐甫非不忠不孝者，特狃於遺詔，而又通吏人於百執事，則過矣。宰相而下自古未有以爲吏人者，此强辯也。遺詔從薄，臣子從厚，不亦可乎？迹其所以，祐甫素惡常衮，是故立異；設若衮初爲祐甫之説，則祐甫拒之，必如衮議。蓋徒以虚氣加衮而不核義理之當也。使其所守可行，則既相之後，可以行矣，而卒從衮議，豈非理有難奪乎？故商論不能降心屈意，從善審是，而紛然曉曉，但欲求勝者，此廷臣之通患，惟克己君子斯不然矣。」初，肅宗之際【二】，天下務殷，宰相常有數人，更直決事，或休沐各歸私第，詔直事者代署其名而奏之，自是踵爲故事。時郭子儀、朱泚雖以軍功爲宰相，皆不預朝政，衮獨居政事堂，代二人署名奏祐甫。祐甫既貶，二人表言其非罪，上問：「卿曏言可貶，今云非罪，何也？」二人對，初不知。上初即位，以衮爲欺罔，大駭。甲戌，百官衰絰，序立於月華門，有制，貶衮爲潮州刺史，以祐甫爲門下侍郎、同平章事，聞

【二】肅宗之際　「際」，《資治通鑑》卷二百二十五作「世」。

者震悚。祐甫至昭應而還。既而羣臣喪服竟用衮議【三】。

上時居諒陰，庶政皆委於祐甫，所言無不允。初，至德以後，天下用兵，諸將競論功賞，故官爵不能無濫。及永泰以來，天下稍平，而元載、王縉秉政，四方以賄求官者相屬於門【四】，大者出於載、縉，小者出於卓英倩等，皆如所欲而去。及常衮爲相，思革其弊，杜絶僥倖，四方奏請，一切不與，無所甄别，賢愚同滯。崔祐甫代之，欲收時望，推薦引拔，常無虚日，作相未二百日，除官八百人，前後相矯，終不得其適。上嘗謂祐甫曰：「人或謗卿，所用多涉親故，何也？」對曰：「臣爲陛下選擇百官，不敢不詳慎，苟平生未之識，何以諳其才行而用之【五】？」上以爲然。司馬氏曰：「用人者無親疎新故之殊，惟賢不肖之爲察。其人未必賢也，以親故而取之，固非公也；苟賢以親故而捨之，亦非公也。夫天下之賢，固非一人所能盡也，若必待素識熟其才行而用之，所遺亦多矣。古之爲相者則不然，舉之以衆，取之以公。衆曰賢矣，己雖不知其詳，姑用之，待其無功然後退之，有功則進之；所舉得其人則賞之，非其人則罰之：進退賞罰，皆衆人所共然也，己不置毫髮之私於其間。苟推是心以行之，又何遺賢曠官之足病哉？」

六月甲子，以神策都知兵馬使王駕鶴者，典衛兵久，權震中外，帝將代之，懼其變，以問祐甫。祐甫曰：「是無足慮。」即召駕鶴留語移時，而代者白志貞已入其軍中矣。按：祐甫之去駕鶴得矣，然禁衛之寄當擇其人，而乃付之志貞，異時禁兵東征死亡者，志貞皆隱不以聞，但受市井富兒賂而補之，名在軍籍受給賜，而身居市廛爲販鬻。至涇卒之變，上召禁兵禦賊，竟無一人至者，遂有奉天之幸。擇將非人，其禍至此，祐甫豈得而辭其責哉！

【三】初肅宗……竟用衮議　此段原作小字，今據《資治通鑑》卷二百二十五改爲正文。

【四】以賄求官者相屬於門　「求」原作「得」，「相」原無，據《資治通鑑》卷二百二十五改補。

【五】諳其才行　「諳」原作「謂」，據《資治通鑑》卷二百二十五改。

李正己畏上威名，表獻錢三十萬緡。上欲受之，恐其見欺，却之則無辭。崔祐甫請遣使慰勞淄青將士，因以正己所獻錢賜之，使將士人人戴上恩；又諸道聞之，知朝廷不重貨財。上悅，從之。正己大慙服。天下以爲太平之治，庶幾可望焉。本傳曰：「『若正己奉承詔書，是陛下恩洽士心；若不用，彼自斂怨。』議者韙其謀謨，謂可復貞觀、開元之治。」

八月，上方厲精求治，不次用人，卜相於崔祐甫。祐甫薦楊炎器業，上素聞其名，故自遷謫中用之。

十二月，崔祐甫有疾，上令肩輿入中書，或休假在第，大事令中使咨决。

建中元年，崔祐甫以疾，多不視事。楊炎獨任大事，專以復恩讎爲事。六月祐甫薨。

上初即位，崔祐甫爲相，務崇寬大，故當時政聲藹然，以爲有貞觀之風。及盧杞爲相，知上性多忌，因以疑似離間羣臣，始勸上以嚴刻御下，上下失望。愚按：祐甫在德宗初號稱賢相，然前失於用志貞，後失於薦楊炎，其爲相業之累大矣，惜哉！

肅宗至德元載，九月，以山人李泌爲侍謀軍國元帥府行軍長史。按：是月上即位於靈武。本傳：七歲知爲文。開元十六年，悉召能言佛、道、孔子者，相答難禁中。有員俶者，九歲升坐，詞辯注射，坐人皆屈。帝異之，因問：「童子豈有類若者？」俶奏：「臣舅子李泌【六】。」帝即馳召之。泌至，帝方與張説觀弈，令賦「方圓動靜」，泌曰：「願聞其略【七】。」説曰：「方若棋局，圓若棋子，動若棋生，靜若棋死。」泌答曰【八】：「方若行義，圓若用智，動若騁材，靜若得意。」説賀帝得奇童。帝大悅曰：「是子精神，要大於身。」賜束帛，敕其家曰：「善視養之。」張九齡

【六】臣舅子李泌　「舅」原作「勇」，據《新唐書》卷一百三十九改。

【七】願聞其略　「聞」原作「間」，據《新唐書》卷一百三十九改。

【八】泌答曰　「泌」原作「必」，據《新唐書》卷一百三十九改。

尤所奬愛，常引至卧内。九齡與嚴挺之、蕭誠善，挺之惡誠佞，勸九齡謝绝之，九齡忽獨念曰：「嚴太苦勁，蕭軟美可喜。」泌在旁，帥爾曰：「公起布衣，以直道至宰相，而喜軟美者乎？」九齡驚，改容謝之，因呼「小友」。玄宗使與忠王遊，忠王爲太子，泌已長，上書言事。玄宗欲官之，不可；使與太子爲布衣交，太子常謂之先生。楊國忠惡之，奏徙蘄春，後得歸隱，居潁陽。上自馬嵬北行，遣使召之，謁見於靈武，上大喜，出則聯轡，寢則對榻，如爲太子時，事無大小皆咨之，言無不從，至於進退將相亦與之議。上欲以泌爲右相，泌固辭曰【九】：「陛下待以賓友，爲貴於宰相矣，何必屈其志？」上乃止。按：泌自入見靈武，雖辭相位，然所參者，皆軍國大謀，故爲長史以後，凡建明事悉書，不同例。

建寧王倓上第二子也。長子廣平王俶，即代宗也。性英果，有才略，從上自馬嵬北行，兵衆寡弱，屢逢寇盜，倓自選驍勇居上前後，血戰以衛上。上或過時未食，倓悲泣不自勝。軍中皆屬目向之，上欲以倓爲天下兵馬元帥，使統諸將東征。李泌曰：「建寧誠元帥才，然廣平，兄也，若建寧功成，豈可使廣平爲吴太伯乎？」上曰：「廣平，冢嗣也，何必以元帥爲重？」泌曰：「廣平未正位東宫。今天下艱難，衆心所屬，在於元帥。若建寧大功既成，陛下雖欲不以爲儲副，同立功者其肯已乎？太宗、上皇即其事也。」上乃以廣平王俶爲天下兵馬元帥，諸將皆以屬焉。倓聞之，謝泌曰：「此固倓之心也。」上與泌出行，軍士指之，竊言曰：「衣黄者，聖人也。衣白者，山人也。」上聞之，以告泌，曰：「艱難之際，不敢相屈以官，且衣紫袍以絶羣疑。」泌不得已，受而服之，入謝，上笑曰：「既服此，豈可無名稱？」出懷中敕，以泌爲侍謀軍國、元帥府行軍長史。泌固辭，上曰：「朕非敢相臣，以濟艱難耳。俟賊平，任行高志。」泌乃受之。置元帥府於禁中，俶入則泌在府，泌入俶亦如

【九】泌固辭曰　「曰」原作「白」，據《資治通鑑》卷二百一十八改。

之。泌又言於上曰：「諸將畏憚天威，在陛下前敷陳軍事，或不能盡所懷，萬一小差，爲害甚大。乞先令與臣及廣平熟議，臣與廣平從容奏聞，可者行之，不可者已之。」上許之。時軍旅務繁，四方奏報自昏至曉無虚刻，上悉使送府，泌先開視，有急切者及烽火，重封，隔門通進，餘則待明。禁門鑰契，悉委俶與泌掌之。

上皇賜張良娣七寶鞍，李泌言於上曰：「今四海分崩，當以儉約示人，良娣不宜乘此。請撤其珠玉付庫吏【一〇】，以俟有戰功者賞之。」良娣自閤中言曰：「鄰里之舊，何至如是！」上曰：「先生爲社稷計也。」遽命撤之。建寧王倓泣於廡下，聲聞于上。上驚，召問之，對曰：「臣比憂禍亂未已，今陛下從諫如流，不日當見陛下迎上皇還長安，是以喜極而悲耳。」良娣由是惡泌及倓。上嘗從容與泌語及李林甫，欲敕諸將克長安，發其冢，焚骨揚灰。泌曰：「陛下方定天下，奈何讎死者？彼枯骨何知，徒示吾德之不弘耳。且方今從賊者皆陛下之讎也，若聞此舉，恐阻其自新之心。」上不悦曰：「此賊昔日百方危朕，當是時，朕不保朝夕。朕之全，特天幸耳。林甫亦惡卿，但未及害卿而死耳，奈何矜之？」對曰：「臣豈不知？所以言者，上皇有天下向五十年，太平娱樂，一朝失意，遠處巴蜀。南方地惡，上皇春秋高，聞陛下此敕，必以爲用韋妃之故，内慙不懌。萬一感憤成疾，是陛下以天下之大，不能安君親。」言未畢，上流涕被面，降階，仰天拜曰：「朕不及此，是天使先生言之也。」遂抱泌頸泣不已。它夕，上又謂泌曰：「良娣祖母，昭成太后之

【一〇】請撤其珠玉　「請」原無，據《資治通鑑》卷二百一十八補。

妹也，上皇所念。朕欲使正位中宫，以慰上皇心，何如？」對曰：「陛下在靈武，以羣臣望尺寸之功，故踐大位，非私己也。至於家事，宜待上皇之命，不過晚歲月之間耳。」上從之。按：天寶五載，初太子之立，非李林甫意。林甫恐異日爲己禍，常有動揺東宫之意。江淮租庸使韋堅，又太子之妃兄也。隴右節度使皇甫惟明，時破吐蕃，入獻捷，見林甫專權，意頗不平。因見上，乘間微勸上去林甫，林甫知之，使楊慎矜密伺其所爲。時堅罷使爲刑部尚書，正月望夜，太子出遊，與堅相見，堅又與惟明會於景龍觀道士之室。慎矜發其事，以爲堅戚里，不應與邊將狎昵。林甫因譖堅與惟明結謀，欲立太子，堅、惟明下獄，不顯其罪，下制責堅干進不已，貶縉雲太守，惟明以離間君臣，貶播川太守。堅弟蘭、芝爲其兄訟冤，且引太子爲言，上益怒，太子懼，表請與妃離昏，乞不以親廢法。再貶堅江夏别駕，蘭、芝皆貶嶺南。然上素知太子孝謹，故譴怒不及。泌所謂以韋妃之故，蓋此事也。

上問李泌：「今敵彊如此，何時可定？」對曰：「臣觀賊所獲子女金帛，皆輸之范陽，此豈有雄據四海之志邪？今獨虜將或爲之用，中國之人惟高尚等數人，自餘皆脅從耳。以臣料之，不過二年，天下無寇矣。」上曰：「何故？」對曰：「賊之驍將，不過史思明、安守忠、田乾真、張忠志、阿史那承慶等數人而已。今若令李光弼自太原出井陘，郭子儀自馮翊入河東，則史思明、忠志不敢離范陽、常山，守忠、田乾真不敢離長安，是以兩軍縶其四將也。從禄山者，獨阿史那承慶耳。願敕子儀勿取華陰，使兩京之道常通，陛下以所徵之兵軍於扶風，與子儀、光弼迭出擊之，彼救首則擊其尾，救尾則擊其首，使賊往來數千里，疲於奔命，我常以逸待勞，賊至則避其鋒，去則乘其弊，不攻城，不遏路。來春復命建寧爲范陽節度大使，並塞北出，與光弼南北掎角以取范陽，覆其巢穴。賊退則無所歸，留則不獲安，然後大軍四合而攻之，必成擒矣。」上悦。

時張良娣與李輔國相表裏，皆惡泌。建寧王倓謂泌曰：「先生舉倓於上，得展臣子之效，無以報德，請爲先生除害。」泌曰：「何也？」倓以良娣爲言。泌曰：「此非人子所言，願王姑置之，勿以爲先。」倓不從。

二載，上從容謂李泌曰：「廣平爲元帥踰年，今欲命建寧專征，又恐勢分。立廣平爲太子，何如？」對曰：「臣固嘗言之矣，戎事交切，須即區處，至於家事，當俟上皇。不然，後代何以辨陛下靈武即位之意邪？此必有人欲令臣與廣平有隙耳，臣請以語廣平，廣平亦必未敢當。」泌出，以告廣平王俶，俶曰：「此先生深知其心，欲曲成其美也。」乃入，固辭，曰：「陛下猶未奉晨昏，臣何心敢當儲副？願俟上皇還宮，臣之幸也。」上賞慰之。李輔國本飛龍小兒，粗閒書記【一二】，給事太子宫，上委信之。輔國外恭謹寡言而内狡險，見張良娣有寵，陰附會之，與相表裏。建寧王倓數於上前詆訐二人罪惡，二人譖之於上曰：「倓恨不得爲元帥，謀害廣平王。」上怒，賜倓死。於是廣平王俶及李泌皆内懼。俶謀去輔國及良娣，泌曰：「不可，王不見建寧之禍乎？」俶曰：「竊爲先生憂之。」泌曰：「泌與主上有約矣。平京師，則告還山，庶免於患。」俶曰：「先生去，則俶益危矣。」泌曰：「王但盡人子之孝，良娣婦人，王委曲順之，亦何能爲？」

上謂泌曰：「今郭子儀、李光弼已爲宰相，若克兩京，平四海，則無官以賞之，奈

【一二】粗閒書記　《資治通鑑》卷二百一十九作「粗閑書計」。

何？」對曰：「古者官以任能，爵以酬功，漢、魏以來，雖以郡縣治民，然有功則錫以茅土，傳之子孫，至于周、隋皆然。唐初，未得關東，故封爵皆設虚名，其食實封者，給繒布而已。貞觀中，太宗欲復古制，大臣議論不同而止。由是賞功者多以官。夫以官賞功有二害，非才則廢事，權重則難制。是以功臣居大官者，皆不爲子孫之遠圖，務乘一時之權以邀利，無所不爲。嚮使禄山有百里之國，則亦惜之以傳子孫，不反矣。爲今之計，俟天下既平，莫若疏爵土以賞功臣，則雖大國不過二三百里，可比今之小郡，豈難制哉？於人臣乃萬世之利也。」上曰：「善。」

二月，上至鳳翔，郭子儀自洛交引兵趨河東【一二】，分兵取馮翊，遂平河東。上至鳳翔旬日，隴右、河西、安西、西域之兵皆會，江、淮庸調亦至。長安人聞車駕至，從賊中自拔而來者日夜不絶。西師憩息既定，李泌請遣安西及西域之衆，如前策並塞東北，自歸、檀南取范陽。上曰：「今大衆已集，庸調亦至，當乘兵鋒擣其腹心，而更引兵東北數千里，先取范陽，不亦迂乎？」對曰：「今以此衆直取兩京，必得之。然賊必再彊，我必又困，非久安之策。」上曰：「何也？」對曰：「今所恃者，皆西北守塞諸胡之兵，性耐寒而畏暑，若乘其新至之鋭，攻禄山已老之師，其勢必克。兩京春氣已深，賊收其餘衆，遁歸巢穴，關東地熱，官軍必困而思歸，不可留也。賊休兵秣馬，伺官軍之去，必復南來，然則征戰之勢未有涯也。不若先用之於寒鄉，除其巢穴，則賊無所歸，根本永絶矣。」上曰：「朕切於晨昏之

【一二】洛交　原作「洛京」，據《資治通鑑》二百一十九改。

戀，不能待此決矣。」

九月，廣平王俶入長安城，留三日，引大軍東出。捷書至鳳翔，百僚入賀。上召李泌於長安，既至，上曰：「朕已表請上皇東歸，朕當還東宮復修人子之職。」泌曰：「表可追乎？」上曰：「已遠矣。」泌曰：「上皇不來矣。」上驚，問故。泌曰：「理勢自然。」上曰：「爲之奈何？」泌曰：「今請更爲羣臣賀表，言自馬嵬請留，靈武勸進，及今成功，主上思戀晨昏，請速還京以就孝養之意，則可矣。」上即使泌草表。上讀之，泣曰：「朕始以至誠願歸萬機。今聞先生之言，乃寤其失。」立命中使奉表入蜀，因就泌飲酒，同榻而寢。而李輔國請取契鑰付泌，泌請使輔國掌之。上許之。

泌曰：「臣今報德足矣，復爲閑人，何樂如之！」又曰：「臣遇陛下太早，陛下任臣太重，寵臣太深，臣功太高，迹太奇，此其所以不可留也。」上曰：「且眠矣，異日議之。」對曰：「陛下今就臣榻臥，猶不得請【一三】，況異日香案之前乎？陛下不許臣去，是殺臣也。」上曰：「不意卿疑朕如此，豈有如朕而辦殺卿邪？是直以朕爲句踐也？」對曰：「陛下不辦殺臣，故臣求歸；若其既辦，臣安敢復言【一四】？且殺臣者，非陛下，乃五不可也。陛下曏日待臣如此，臣於事猶有不敢言者，況天下既安，臣敢言乎？」上良久曰：「卿以朕不從卿北伐之謀乎？」對曰：「非也，所不敢言者，乃建寧耳。」上曰：「建寧，朕之愛子，性英果，艱難時有功，朕豈不知之？但因此爲小人所教，欲害其兄，圖繼嗣，朕以

【一三】猶不得請　「請」原無，據《資治通鑑》卷二百二十補。

【一四】安敢　原作「安得」，據《資治通鑑》卷二百二十改。

社稷大計，不得已而除之。卿不細知其故邪？」對曰：「若有此心，廣平當怨之。廣平每與臣言其冤，輒流涕嗚咽。臣今必辭陛下去，始敢言之耳。」上曰：「渠嘗夜捫廣平，意欲加害。」對曰：「此皆出讒人之口，豈有建寧之孝友聰明，肯爲此乎？且陛下昔用建寧爲元帥，臣請用廣平。建寧若有此心，當深憾於臣，而以臣爲忠，益相親善。陛下以此，可察其心矣。」上乃泣下曰：「先生言是也。既往不咎，朕不欲聞之。」泌曰：「臣所以言之者，非咎既往，乃欲陛下慎將來耳。昔天后有四子，長曰太子弘，天后方圖稱制，惡其聰明，酖殺之，立次子雍王賢。賢内憂懼，作《黄臺瓜辭》，冀以感悟天后。天后不聽，賢卒死於黔中。其辭曰：『種瓜黄臺下，瓜熟子離離。一摘使瓜好，再摘使瓜稀，三摘猶爲可，四摘抱蔓歸。』今陛下已一摘矣，慎無再摘！」上愕然曰：「安有是哉？卿録是辭，朕當書紳。」對曰：「陛下但識於心，何必形於外也？」是時廣平王有大功，良娣忌之，潛構流言，故泌言及之。泌復固請歸山，上曰：「俟將發此議之。」

成都使還，上皇誥曰：「當與我劒南一道自奉，不復來矣。」上憂懼，不知所爲。數日後，使者至，言：「上皇初得上請歸東宫表，彷徨不能食，欲不歸。及羣臣表至，乃大喜，命食作樂，下誥定行日。」上召李泌告之，曰：「皆卿力也。」泌求歸山不已，上固留之，不能得，乃聽歸衡山。敕郡縣爲之築室於山中，給三品料。

代宗大曆三年，初，上遣中使徵李泌於衡山，既至，復賜金紫，爲之作書院於蓬萊殿側，上時躡屩過之，自給、舍以上及方鎮除拜、軍國大事，皆與之議。上欲以泌爲門下侍郎、同平章事，泌固辭。上曰：「機務之煩，不得晨夕相見，誠不若且居密近，何必署敕爲宰相邪？」本傳云：「代宗立，召至，舍蓬萊殿書閣。初，泌無妻，不食肉，帝乃賜光福里第【一五】，强詔食肉，爲娶李暐甥，昏日，敕北軍供帳。」

上與泌語及齊王倓，欲厚加褒贈，泌請用岐、薛故事贈太子，上泣曰：「吾弟首建靈武之議，成中興之業，岐、薛豈有此功乎？竭誠忠孝，乃爲讒人所害。鄉使尚存，朕必以爲太弟。今當崇以帝號，成吾夙志。」乙卯制：追謚曰承天皇帝，葬順陵。

五年，元載以李泌有寵於上，忌之，與其黨攻之不已。會江西觀察使魏少遊求參佐，上謂泌曰：「元載不容卿，朕今匿卿於少遊所，俟朕決意除載，當有信報卿，可束裝來。」乃以泌爲江西判官，且屬少遊善待之。

十二年春，三月，元載誅。明年十二月，上召江西判官李泌入見，語以元載事，曰：「與卿別八年，乃能除此賊。賴太子發其陰謀，不然，幾不見卿。」對曰：「臣昔日固嘗言之，陛下知羣臣有不善，則去之。含容太過，故至於此。」上曰：「事亦應十全，不可輕發。」常衮言於上曰：「陛下久欲用李泌，昔漢宣帝欲用人爲公卿，必先試理人，請且以爲刺史，使周知人間利病，俟報政而用之【一六】。」

十四年春，正月，以李泌爲澧州刺史。本傳云：「徙杭州，皆有風績。」

【一五】光福里第　「第」原作「弟」，據《資治通鑑》卷二百二十四改。

【一六】俟報政而用之　「俟」原無，據《資治通鑑》卷二百二十五補。

德宗興元元年，初，肅宗在靈武，上爲奉節王，學文於李泌。代宗之世，泌居蓬萊書院，上爲太子，亦與之遊。及上在興元，泌爲杭州刺史，上急詔徵之，以爲左散騎常侍，日直西省以候對，朝野皆屬目附之。上問泌：「河中密邇京城，朔方兵素稱精鋭，如達奚小俊等皆萬人敵，朕晝夕憂之，奈何？」對曰：「天下事甚有可憂者，若惟河中，不足憂也。夫料敵者，料將不料兵。今懷光，將也；小俊之徒乃兵耳，不足爲意。懷光既解奉天之圍，視朱泚垂亡之虜不能取，乃與之連和，使李晟得取以爲功。今陛下已還宫闕，懷光不東身歸罪，乃虐殺使臣，鼠伏河中，如夢魘之人耳。但恐不日爲帳下所梟，使諸將無以藉手也。」

初，上發吐蕃以討朱泚，許成功以伊西、北庭之地與之。及泚誅，吐蕃來求地，上欲與之。李泌曰：「安西、北庭，人性驍悍，控制西域五十七國及十姓突厥【一七】，又分吐蕃之勢，使不得併力東侵，奈何拱手與之？且兩鎮之人，勢孤地遠，盡忠竭力，爲國家固守近二十年，一旦棄之，以與戎狄，彼其心必深怨中國，它日從吐蕃入寇，如報私讎矣。况日者吐蕃觀望不進，陰持兩端，大掠武功，受賂而去，何功之有？」衆議亦以爲然，上遂不與。冬十月，李勉累表乞自貶，詔罷勉，都統節度使、檢校司徒、平章事如故。勉至長安，素服待罪。議者多以「勉失守大梁，不應尚爲相」。李泌言於上曰：「李勉公忠雅正，而用兵非其所長。及大梁不守，將士棄妻子而從之者殆二萬人，足以見其得衆心矣。且劉洽出

【一七】五十七國　「五」原無，據《資治通鑑》卷二百三十一補。

勉麾下，勉至睢陽，悉舉其衆以授之，卒平大梁，亦勉之功也。」上乃命勉復其位。按：建中四年十一月，李希烈攻李勉於汴州，勉城守累月，外救不至，將其衆萬餘人奔宋州，希烈陷大梁。興元元年，孔巢父宣諭河中，爲懷光左右所殺。議者又言：「韓滉聞鑾輿在外，聚兵修石頭城，陰蓄異志。」上疑之，以問李泌，對曰：「滉公忠清儉，自車駕在外，滉貢獻不絕。且鎮撫江東十五州，盜賊不起，皆滉之力也。所以修石頭城者，滉見中原板蕩，謂陛下將有永嘉之行，爲迎扈之備耳。此乃人臣忠篤之慮，奈何更以爲罪乎？滉性剛嚴，不附權貴，故多謗毁，願陛下察之，臣敢保其無他。」上曰：「外議洶洶，章奏如麻，卿弗聞乎？」對曰：「臣固聞之。其子皋爲考功員外郎，今不敢歸省其親，正以謗語沸騰故也。」上曰：「其子猶懼如此，卿奈何保之？」對曰：「滉之用心，臣知之至熟。願上章明其無它，乞宣示中書，使朝衆皆知之。」上曰：「朕方欲用卿，人亦何易可保？慎勿違衆，恐并爲卿累。」泌退，遂上章，請以百口保滉。它日，上謂泌曰：「卿竟上章，已爲卿留中。雖知卿與滉親舊，豈得不自愛其身乎？」對曰：「臣豈肯私於親舊以負陛下？顧滉實無異心，臣之上章，以爲朝廷，非爲身也。」上曰：「如何其爲朝廷？」對曰：「今天下旱、蝗，關中米斗千錢，倉廪耗竭，而江東豐稔。願陛下早下臣章以解朝衆之惑，面諭韓皋使之歸覲，令滉感激無自疑之心，速運糧儲，豈非爲朝廷邪？」上曰：「善。朕深諭之矣。」即下泌章，令韓皋謁告歸覲，面賜緋衣，諭以「卿父比有謗言，朕今知其所以，釋然不復信矣」。因言「關中乏糧，歸語卿父，宜速致之」。臯至潤州，滉感悦流涕，即日，自臨水濱發米百萬斛，聽臯留五日即還朝。臯别其母，啼聲聞於外，滉怒，召出，撻之，自送至江上，冒風濤而遣之。既而陳少遊聞滉貢米，亦貢二十萬斛。上謂李泌曰：「韓滉乃能化陳少遊亦貢米矣！」對曰：「豈惟少遊，諸道將爭入貢矣。」胡氏曰：「人君左右，豈可無通達謀慮之臣哉？韓滉受疑，謂有異志，若非李泌力爲申辨，至于四五，則主猜已成，滉無以自白而江東之亂起矣。縱滉守節不貳，亦必喑嗚而死，所損不亦多乎！」

貞元元年正月，新州司馬盧杞遇赦，移吉州長史。未幾，用爲饒州刺史。給事中袁高不草制，諫官亦上疏論，袁高復正衙論奏。上謂宰相：「與杞小州刺史，可乎？」李勉曰：「陛下欲與之，雖大州亦可，其如天下失望何？」遂以杞爲澧州別駕【一八】。又謂李泌曰：「朕已可袁高所奏。」泌曰：「累日外人竊議，比陛下於桓、靈，今承德音，乃堯、舜之不逮也。」上悦，杞竟卒於澧州。

陝虢都知兵馬使達奚抱暉鴆殺節度使張勸，代摠軍務，邀求旌節，且陰召李懷光將達奚小俊爲援。上謂李泌曰：「若蒲、陝連衡，則猝不可制。且抱暉據陝，則水陸之運皆絶矣。不得不煩卿一往。」以泌爲陝虢都防禦水陸運使。上欲以神策軍送泌之官，問：「須幾何人？」對曰：「陝城三面懸絶，攻之未可以歲月下也，臣請以單騎入。」上曰：「單騎如何入？」對曰：「陝城之人，不貫逆命，此特抱暉爲惡耳。若以大兵臨之，彼閉壁定矣。臣今單騎抵其近郊，彼舉大兵則非敵【一九】，若遣小校來殺臣，未必不更爲臣用。且今河

【一八】澧州　原作「禮州」，據《資治通鑑》卷二百三十一改。

【一九】彼舉大兵　「彼」原無，據《資治通鑑》卷二百三十一補。

東全軍屯安邑，馬燧入朝，願敕燧與臣同辭偕行，使陝人欲加害於臣，則畏河東移軍討之，此亦一勢也。」上曰：「雖然，朕方大用卿，寧失陝州，不可失卿，當更使它人往耳。」對曰：「它人必不能入。今事變之初，衆心未定，故可出其不意，奪其姦謀。它人猶豫遷延，彼既成謀【二〇】，則不得前矣。」上許之。泌見陝州進奏官及將吏在長安者，語之曰：「主上以陝、虢饑，故不授泌節而領運使，欲令督江、淮米以賑之耳。陝州行營在夏縣，若抱暉可用，當使將之；有功，則賜旌節矣。」抱暉覘者馳告之，抱暉稍自安。泌具以語白上曰：「欲使其士卒思米，抱暉思節，必不害臣矣。」上曰：「善。」泌與馬燧俱辭行。加泌陝虢觀察使。泌出潼關，鄜坊節度使唐朝臣以步騎三千布於關外，曰：「奉密詔送公至陝。」泌曰：「辭日奉進止，以便宜從事。此一人不可相躡而來，來則吾不得入陝矣。」朝臣以受詔不敢去，泌寫宣以却之，因疾驅而前。抱暉不使將佐出迎，惟偵者相繼。泌宿曲沃，將佐不俟抱暉之命來迎，泌笑曰：「吾事濟矣！」去城十五里，抱暉亦出謁。泌稱其攝事保完城隍之功，曰：「軍中煩言，不足介意。公等職事皆按堵如故。」抱暉出而喜。泌既入城視事，賓佐有請屏人白事者。泌曰：「易帥之際，軍中煩言，乃其常理，泌到，自妥貼矣，不願聞也。」由是反仄者皆自安。泌但索簿書，治糧儲。明日，召抱暉至宅，語之曰：「吾非愛汝而不誅，恐自今有危疑之地，朝廷所命將帥皆不能入，故丐汝餘生。汝爲我齎版、幣祭前使【二一】，慎無入關，自擇安處，潛來取家，保無它也。」泌之辭行也，上籍陝

【二〇】彼既成謀　「既」原無，據《資治通鑑》卷二百三十一補。

【二一】前使　原作「節使」，據《資治通鑑》卷二百三十一改。

將預於亂者七十五人授泌，使誅之。泌既遣抱暉，日中，宣慰使至。泌奏：「已遣抱暉，餘不足問。」上復遣中使詣陝，必使誅之。泌不得已，械兵馬使林滔等五人送京師，懇請赦之。詔謫戍天德。歲餘，竟殺之。而抱暉遂亡命，不知所之。達奚小俊引兵至境，聞泌已入陝而還。

初，李懷光解奉天之圍，上以其子璀爲監察御史。及懷光屯咸陽不進，璀密言於上曰：「臣父必負陛下，願早爲之備。」本文曲折多，今止撮其略。及李泌赴陝，上謂之曰：「朕所以再三欲全懷光，誠惜璀也。卿至陝，試爲朕招之。」對曰：「陛下未幸梁、洋，懷光猶可降也。今則不然，豈有人臣迫逐其君，而可復立於朝乎？縱彼顔厚無慙，陛下每視朝，何心見之！臣得入陝，借使懷光請降，臣不敢受，况招之乎？李璀固賢者，必與父俱死矣；若其不死，亦不足貴也。」及懷光死，璀先殺其二弟，乃自殺。本傳云：「懷光叛，歲又蝗旱。議者欲赦懷光。帝博問羣臣，泌破一桐葉附使以進，曰：『陛下與懷光，君臣之分不可復合，如此葉矣。』由是不赦。」

二年，初，上與李泌議復府兵，泌因爲上歷叙府兵自西魏以來興廢之由，且言：「府兵平日皆安居田畝，每府有折衝領之，折衝以農隙教習戰陳。國家有事徵發，則以符契下其州及府，參驗發之，至所期處，將帥按閲，有教習不精者，罪其折衝，甚者罪及刺史。軍還，則賜勳加賞，便道罷之。行者近不踰時，遠不經歲。高宗以劉仁軌爲洮河鎮守使以圖吐蕃，於是始有久戍之役。武后以來，承平日久，府兵浸墮，爲人所賤，百姓耻之，至蒸熨手足以避其役。又，牛仙客以積財得宰相，邊將效之。山東戍卒多齎繒帛自隨【二二】，邊將誘之寄於府庫，晝則苦役，夜縶地牢，利其死而没入其財。故自天寶以後，山東戍卒還者什無二三，其殘虐如此。然未嘗有外叛内侮，殺帥自擅者，誠以顧戀田園，恐累宗族故也。自開元之末，張説始募長征兵，謂之彍騎，其後益爲六軍。及李林甫爲相，奏諸軍皆募人爲之。兵不土著，又無宗族，不自重惜，忘身徇利，禍亂遂生，至今爲梗。向使府兵之法常存不廢，安有如此下陵上替之患哉？陛下思復府兵，此乃社稷之福，太平有日矣。」上曰：「俟平河中，當與卿等議之。」

三年六月，以陝虢觀察使李泌爲中書侍郎、同平章事，初視事，與李晟、馬燧、柳渾俱入見，上謂泌曰：「卿昔在靈武，已應爲此官，卿自退讓。朕今用卿，欲與卿有約，卿慎勿報仇，有恩者朕當爲卿報之。」對曰：「臣素不與人爲仇，李輔國、元載皆害臣者，今自斃矣；素所善及有恩者，率已顯達，或多零落，臣無可報也。」上曰：「雖然，有小恩者，亦當報之。」對曰：「臣今日亦願與陛下爲約，可乎？」上曰：「何不可？」泌曰：「願陛下勿害功臣。臣受陛下厚恩，固無形迹。李晟、馬燧有大功於國，聞有讒之者，雖陛下必不聽，然臣今日對二人言之，欲其不自疑耳。陛下萬一害之，則宿衛之士，方鎮之臣，無不憤惋而反側，恐中外之憂不日復生也。人臣苟蒙人主愛信則幸矣，官於何有？臣在靈武之日，未嘗有官，而將相皆受臣指畫。陛下以李懷光爲太尉，而懷光愈懼，遂至於叛。此皆

【二二】繒帛　原作「綿帛」，據《資治通鑑》卷二百三十二改。

陛下所親見也。今晟、燧富貴已足，苟陛下坦然待之，使其自保無虞，國家有事則出從征伐，無事則入奉朝請，何樂如之！故臣願陛下勿以二臣功大而忌之，二臣勿以位高而自疑，則天下永無事矣。」上曰：「朕始聞卿言，聳然不知所謂，及聽剖析，乃知社稷之至計也。朕謹當書紳，二大臣亦當共保之。」晟、燧皆起，泣謝。

上謂泌曰：「自今凡軍旅糧儲事，卿主之，吏、禮委延賞，刑法委渾。」按：張延賞、柳渾是時同爲相。泌曰：「不可。陛下不以臣不才，使待罪宰相。宰相之職，不可分也，非如給事則有吏過、兵過，舍人則有六押，至於宰相，天下之事咸共平章。若各有所主，是乃有司，非宰相也。」上笑曰：「朕適失辭，卿言是也。」范氏曰：「古之王者，惟任一相以治天下。唐、虞有百揆，夏、商官可知也。周之冢宰，實總六卿，自司徒以下分職以聽焉。詔王廢置者，宰也，是以治出於一，政有所統，相得其職，君得其道，恭己無爲而治，蓋以此也。後世多疑於人，宰相之職分而不一，君以爲權在於己，臣亦以爲政在於君，國之治亂、民之休戚無所任責，故賢者不得行其所學，不肖者得以苟容於其間，由官不正、任不專也。其有功烈見於世，稱爲賢相者，必其得君之專，任職之久，言行計從，出於一人者也。古者名與實稱，而後事成功立焉；後世不能正名，而其實必合於古，然後能有成功。如欲稽古以建官，必以一相統天下，始可以言治矣。」

泌請復所減州、縣官，上曰：「置吏以爲人也，今户口減於承平時三分之二，而吏員更增，可乎？」對曰：「户口雖減，而事多於承平且十倍，吏得無增乎？且所減皆有職事而冗官不減，此所以未爲當也。至德以來置額外官，敵正官三分之一，此可罷也。若聽使計日得資然後停，加兩選授同類正員官。如此，則不惟不怨，兼使之喜矣。」又請諸王未出閤者不除府官，上皆從之。

乙卯，詔先所減官，並宜復故。按：《家傳》云：「泌曰：『臣自陝州來，見累路選人，携家赴任，遇減員，不知所適，至有投水自縊者，感傷和氣，所不可也。』又曰：『陛下以户口減耗，省併州縣則可，而官員不可減。』又曰：『減員敕云：以軍功奏授者，不在減限，則是因軍功方任之理人，諸黜陟考課之法廢矣。因請罷天下額外官，又請罷近年新加朝官冗員，若常侍賓客本四員，今各至十員，贊善本左右共十員，今加三十員，并王府官。臣請諸王出閤並不復除，則所得多於減宜矣。』」

初，張延賞在西川，與東川節度使李叔明有隙。上入駱谷，值霖雨，道途險滑，衛士多亡歸朱泚。叔明之子昇等六人，恐有奸人危乘輿，相與齧臂爲盟，更鞚上馬以至梁州。及還長安，上皆以爲禁衛將軍，寵遇甚厚。張延賞知昇私出入郜國大長公主第，密以白上。上謂李泌曰：「郜國已老，昇年少，何爲如是？殆必有故，卿宜察之。」泌曰：「此必有欲動摇東宫者。誰爲陛下言之？」上曰：「卿勿問，第爲朕察之。」泌曰：「必延賞也。」上曰：「何以知之？」泌具爲上言二人之隙，且曰：「昇承恩顧，典禁兵，延賞無以中傷，而郜國乃太子蕭妃之母也，故欲以此陷之耳。」上笑曰：「是也。」泌固請除昇它官，勿令宿衛以遠嫌。秋，七月，以昇爲詹事。郜國，肅宗之女也。

時關東防秋兵大集，國用不充。李泌奏：「自變兩税法以來，藩鎮、州、縣多違法厚斂。繼以朱泚之亂，爭榷率、徵罰以爲軍資，點募自防。泚既平，自懼違法，匿不敢言。請遣使以詔旨赦其罪，但令革正，自非於法應留使、留州之外【二三】，悉輸京師。其官典逋負，可徵者徵之，難徵者釋之，以示寬大；敢有隱没者，重設告賞之科而罪之【二四】。」上喜曰：「卿策甚長，然立法太寬，恐所得無幾。」對曰：「兹事臣固熟思之，寬則獲多而速，急則獲少而遲。蓋以寬則人喜於免罪而樂輸，急則競爲蔽匿，非推鞫不能得其實，財不足濟今日之急，而皆入於姦吏矣。」上曰：「善。」以度支員外郎元友直爲河南、江、淮南句勘兩税錢帛使。初，河、隴既没於吐蕃，自天寶以來，安西、北庭奏事及西域使人在長安者，歸路既絶，人馬皆仰給於鴻臚。禮賓委府、縣供之，於度支受直。度支不時付直，長安市肆不勝其弊。李泌知胡客留長安久者，或四十餘年，皆有妻子，買田宅，舉質取利，安居不欲歸，命檢括胡客有田宅者停其給。凡得四千人，將停其給。胡客皆詣政府訴之，泌曰：「此皆從來宰相之過，豈有外國朝貢使者留京師數十年不聽歸乎？今當假道於回紇，或自海道各遣歸國，有不願者，當令鴻臚自陳，授以職位，給俸禄爲唐臣。人生當乘時展用，豈可終身客死邪？」於是胡客無一人願歸者，泌皆分隸神策兩軍【二五】，王子、使者爲散兵馬使或押衙，餘皆爲卒，禁旅益壯。鴻臚所給胡客纔十餘人，歲省度支錢五十萬緡，市人皆喜。

上復問泌以府兵之策，對曰：「今歲徵關東卒戍京西者十七萬人，計歲食粟二百四萬斛。今粟斗直錢百五十，爲錢三百六萬緡，國家比遭饑亂，經費不充，就使有錢，亦無粟可糴，未暇議復府兵也。」上曰：「然將奈何？亟減戍卒歸之，何如？」對曰：「陛下誠能

【二三】於法應留使留州　「於」、「留使」原無，據《資治通鑑》卷二百三十二補。

【二四】重設告賞之科　「設」原無，據《資治通鑑》卷二百三十二補。

【二五】分隸神策兩軍　「隸」原作「領」，據《資治通鑑》卷二百三十二改。

用臣之言，可以不減戍卒，不擾百姓，糧食皆足，粟麥日賤，府兵亦成。」上曰：「果能如是，何爲不用？」對曰：「此須急爲之，過旬月則不及矣。今吐蕃久居原、蘭之間，以牛運糧，糧盡，牛無所用，請發左藏惡繒染爲綵纈，因党項以市之，每頭不過二三匹，計十八萬匹，可致六萬餘頭。又命諸治鑄農器，糴麥種，分賜緣邊軍鎮，募戍卒，耕荒田而種之，約明年麥熟倍償其種，其餘據時價五分增一，官爲糴之。來春種禾亦如之。關中土沃而久荒，所收必厚。戍卒獲利，耕者浸多。邊地居人至少，軍士月食官糧，粟麥無以售，其價必賤，名爲增價，實比今歲所減多矣。」上曰：「善。」即命行之。泌又言：「邊地官多闕，請募人入粟以補之，可足今歲之糧。」上亦從之，因問曰：「卿言府兵亦集，如何？」對曰：「戍卒因屯田致富，則安於其土，不復思歸。舊制，戍卒三年而代，及其將滿，下令有願留者，即以所開田爲永業。家人願來者，本貫給長牒續食而遣之【二六】。據應募之數，移報本道，雖河朔諸帥得免更代之煩，亦喜聞矣。不過數番，則戍卒皆土著【二七】，乃悉以府兵之法理之，是變關中之疲弊爲富强也。」上喜曰：「如此天下無復事矣。」泌曰：「未也。臣能不用中國之兵使吐蕃自困。」上曰：「計將安出？」對曰：「臣未敢言之，俟麥禾有效，然後可議也。」上固問，不對。泌意欲結回紇、大食、雲南與共圖吐蕃【二八】，令吐蕃所備者多，知上素恨回紇，恐聞之不悦，并屯田之議不行，故不肯言。既而戍卒應募，願耕屯田者什五六。

【二六】續食而遣之　「遣」原作「遺」，據《資治通鑑》卷二百三十二改。

【二七】戍卒　「戍」字原脱，據《資治通鑑》卷二百三十二補「戍」。

【二八】共圖　「共」字原脱，據《資治通鑑》卷二百三十二補「共」。

貞元三年，初，郜國大長公主適駙馬都尉蕭升，升，復之從兄弟也。公主不謹，詹事李昪等出入主第。主女爲太子妃，或告主淫亂，且爲厭禱。上大怒，幽主於禁中，切責太子。太子不知所對，請與蕭妃離昏。上召李泌告之，且曰：「舒王近已長立，孝友溫仁。」泌曰：「陛下惟有一子，奈何一旦疑之，欲廢之而立姪，得無失計乎？」上怒曰：「卿何得間人父子？誰語卿舒王爲姪者？」對曰：「陛下自言之。大歷初，陛下語臣：『今日得數子。』臣請其故，陛下言：『昭靖諸子，主上令吾子之。』今陛下所生之子猶疑之，何有於姪？舒王雖孝，自今陛下宜努力，勿復望其孝矣！」本傳云：「陛下有一子而疑之，乃欲立弟之子，臣不敢以古事爭。且十宅諸叔，陛下奉之若何？」上曰：「卿何不愛家族乎？」對曰：「臣爲愛家族，故不敢不盡言。若畏陛下盛怒而爲曲從，陛下明日悔之，必尤臣云：『吾獨任汝爲相，不力諫，使至此。』必復殺臣子【二九】。臣老矣，餘年不足惜，若冤殺臣子，使臣以姪爲嗣，臣未知得歆其祀乎？」因嗚咽流涕。上亦泣曰：「事已如此，使朕如何而可？」對曰：「此大事，願陛下審圖之。臣始謂陛下聖德，當使海外蠻夷皆戴之如父母，豈謂自有子而疑之至此乎？臣今盡言，不敢避忌諱。自古父子相疑，未有不亡國覆家者。陛下記昔在彭原，建寧何故而誅？」上曰：「建寧叔實冤，肅宗性急，譖之者深耳。」泌曰：「臣昔者以建寧之故，固辭官爵，誓不近天子左右。不幸今日復爲陛下相，又覩茲事。臣在彭原，承恩無比，竟不敢言建寧之冤，及臨辭乃言之，肅宗亦悔而泣。先帝自建寧之死，常懷危懼，臣亦

【二九】必復殺臣子　「臣」，《資治通鑑》卷二百三十三作「而」，《新唐書》卷一百三十九《李泌傳》作「爾」。

爲先帝誦《黄臺瓜辭》，以防讒構之端。」上曰：「朕固知之。」意色稍解，乃曰：「貞觀、開元皆易太子，何故不亡？」對曰：「臣方欲言之。昔承乾屡嘗監國，託附者衆，東宮甲士甚多，與宰相侯君集謀反，事覺，太宗使其舅長孫無忌與朝臣數十人鞫之，事狀顯白，然後集百官而議之。當時言者猶云：『願陛下不失爲慈父，使太子得終天年。』太宗從之，并廢魏王泰。陛下既知肅宗性急，以建寧爲冤，臣不勝慶。幸願陛下戒覆車之失，從容三日，究其端緒而思之，陛下必釋然知太子必無它矣。若果有其迹，當召大臣知義理者二三人【三〇】，與臣鞫其左右，必有實狀，願陛下如貞觀之法行之，廢舒王而立皇孫，則百代之後，有天下者猶陛下子孫也。至於開元之時，武惠妃譖太子瑛兄弟殺之，海内冤憤，此乃百代所當戒，又可法乎？且陛下昔嘗令太子見臣於蓬萊池，觀其容表，非有蠭目豺聲商臣之相也，正恐失於柔仁耳。又太子自貞元以來常居少陽院，在寢殿之側，未嘗接外人，預外事，安有異謀乎？彼譖人者，巧詐百端，雖有手書如晉愍懷，衷甲如太子瑛【三一】，猶未可信，況但以妻母有罪爲累乎？幸賴陛下語臣，臣敢以宗族保太子必不知謀。嚮使楊素、許敬宗、李林甫之徒承此旨，已就舒王圖定策之功矣。」上曰：「此朕家事，何豫於卿而力爭如此？」對曰：「天子以四海爲家，臣今獨任宰相之重，四海之内，一物失所，責歸於臣。況坐視太子冤横而不言，臣罪大矣！」上曰：「爲卿遷延至明日思之。」泌抽笏扣頭而泣曰：「如此，臣知陛下父子慈孝如初矣。然陛下還宮，當自審思，勿露此意於左

【三〇】知義理者二三人　「三」，《資治通鑑》卷二百三十三作「十」。

【三一】衷甲　「甲」原作「由」，據《資治通鑑》卷二百三十三改。

右;露之,則彼皆欲樹功於舒王,太子危矣。」上曰:「具曉卿意。」泌歸謂子弟曰:「吾本不樂富貴,而命與願違,今累汝曹矣。」太子遣人謝泌曰:「若必不可救,欲先自仰藥,何如?」泌曰:「必無此慮。願太子起敬起孝,苟泌身不存,則事不可知耳。」間一日,上開延英殿獨召泌,流涕闌干,撫其背曰:「非卿切言,朕今日悔無及矣!皆如卿言,太子仁孝,實無它也。自今軍國及朕家事,皆當謀於卿矣。」泌拜賀,因曰:「陛下聖明,察太子無罪,臣報國畢矣。臣前日驚悸亡魂,不可復用,願乞骸骨。」上曰:「朕父子賴卿得全,方屬子孫,使卿代代富貴以報德,何爲出此言乎!」詔李昪等及公主五子,皆流嶺南及遠州。范氏曰:「李泌善處父子兄弟之間,故能以其直誠正言感悟人主,卒使父子如初,可謂忠矣。諂諛之人,助君之決者,必曰家事非他人所預,陷君於惡,率由此言。泌以爲天子以四海爲家,則莫非家事,以君之子爲己任,其知相之職業哉!」胡氏曰:「正術、邪論兩各有宗,以宫内爲家事,自君臣始,唐姦人宗之,李勣以是誤高宗,林甫以是誤明皇。夫天子之事,孰有大於廢后、廢子?宰相曰:『此非所當預,乃陛下家事也。』人主曰:『此固我家事,豈外廷所宜預哉?』由是大臣徇主欲,人主肆邪心,而亂亡起矣。齊桓公葵丘之會,令諸侯曰:『無以妾爲妻,無易樹子。』進以備天子之明禁而宰相所當輔弼於君者也。故狄懷英曰:『王者以四海爲家,四海之内,孰非家事?元首股肱,義同一體,臣位宰相,得不預乎?』而李長源宗述此意,以啓德宗。狄、李二公爲唐賢相,皆得聖人之意者。」

上謂李泌曰:「每歲諸道貢獻,共直錢五十萬緡,今歲僅得三十萬緡。言此誠知失體,然宫中用度殊不足。」泌曰:「古者天子不私求財【三二】,今請歲供宫中錢百萬緡,願陛下不受諸道貢獻及罷宣索。凡有所須,請降敕折税,不使姦吏因緣誅剥。」上從之。按:

【三二】古者天子不私求財　「天子」原缺,據《資治通鑑》卷二百三十三補。

古者不私求財，泌之論善矣。然不知所謂百萬緡者，果何從出也？取之常賦邪？經用之餘，安得若是其夥？若賦外巧取而供之，其害甚於貢獻也。泌豈未之思邪？

回紇合骨咄禄可汗屢求和親，且請昏，未之許。會邊將告乏馬，無以給之，李泌言於上曰：「陛下誠用臣策，數年之後，馬賤於今十倍矣。」上曰：「何故？」對曰：「願陛下推至公之心，屈己徇社稷大計【三三】，臣乃敢言。」上曰：「卿何自疑若是？」對曰：「臣願陛下北和回紇，南通雲南，西結大食、天竺，如此則吐蕃自困，馬亦易致矣。」上曰：「三國當如卿言，至於回紇，則不可。」泌曰：「臣固知陛下如此，所以不敢早言。爲今之計，當以回紇爲先，三國差緩耳。」上曰：「唯回紇卿勿言。」泌曰：「臣備位宰相，事可否在陛下，何至不許臣言？」上曰：「朕於卿言皆聽之矣，至於和回紇，宜待子孫。於朕之時，則固不可。」泌曰：「豈非以陜州之恥邪？」上曰：「然。韋少華等以朕之故受辱而死，朕豈忘之？屬國家多難，未暇報之，和則決不可。卿勿更言！」泌曰：「害少華等乃牟羽可汗，陛下即位，舉兵入寇，未出其境，今合骨咄禄可汗殺之。然則今可汗乃有功於陛下，宜受封賞，又何怨耶？其後張光晟殺突董等九百餘人，合骨咄禄竟不敢殺朝廷使者，然則合骨咄禄固無罪矣。」上曰：「卿以和回紇爲是，則朕固非邪？」對曰：「臣爲社稷計而言，若苟合取容，何以見肅宗、代宗於天上【三四】？」上曰：「容朕徐思之。」自是泌凡十五餘對，未嘗不論回紇事，上終不許。泌曰：「陛下既不許回紇和親，願賜臣骸骨。」上曰：

【三三】屈己徇社稷　「徇」，《資治通鑑》卷二百三十三作「徇人爲」。

【三四】代宗　原無，據《資治通鑑》卷二百三十三補。

「朕非拒諫，但欲與卿較理耳，何至遽欲去朕邪？」對曰：「陛下許臣言理，此固天下之福也。」上曰：「朕不惜屈己與之和，但不能不負少華輩【三五】。」對曰：「以臣觀之，少華輩負陛下，非陛下負之也。」上曰：「何故？」對曰：「昔回紇葉護將兵助討安慶緒，肅宗但令臣宴勞之於元帥府【三六】，先帝未嘗見也。葉護固邀臣至其營，肅宗猶不許。及大軍將發，先帝始與相見，所以然者，彼戎狄豺狼也，舉兵入中國之腹，不得不過爲之防也。陛下在陝，富於春秋，少華輩不能深慮，以萬乘元子徑造其營，又不先與之議相見之儀，使彼得肆其桀驁，豈非少華輩負陛下邪？死不足償責矣。且香積之捷，葉護欲引兵掠長安，先帝親拜之於馬前以止之，葉護遂不敢入城。當時觀者十萬餘人，皆歎息曰：『廣平王真華、夷主也！』然則先帝所屈者少，所伸者多矣。葉護乃牟羽之叔父也。牟羽身爲可汗，舉全國之兵赴中原之難，故其志意驕矜，敢責禮於陛下。陛下天資神武，不爲之屈。當是之時，臣不敢言其它，若可汗留陛下於營中，歡飲五日【三七】，天下豈得不寒心哉！而天威所臨，豺狼馴服，牟羽母捧陛下於貂裘，叱命左右，親送陛下乘馬而歸。陛下以香積之事觀之，則屈己爲是乎？不屈爲是乎？陛下屈於牟羽乎？牟羽屈於陛下乎？」上謂李晟、馬燧曰：「故舊不宜相逢。朕素怨回紇，今聞泌言香積之事，朕自覺少理。卿二人以爲何如？」對曰：「果如泌所言，則回紇似可恕。」上曰：「卿二人復不與朕，朕當奈何？」泌曰：「臣以爲回紇不足怨，曏來宰相乃可怨耳。今回紇可汗殺牟羽，其國人有復

【三五】但不能不負少華輩　《資治通鑑》卷二百三十三作「但不能負少華輩」。

【三六】令臣　「臣」原缺，據《資治通鑑》卷二百三十三補。

【三七】歡飲五日　「五」，《資治通鑑》卷二百三十三作「十」。

京城之勳，夫何罪乎？吐蕃幸國之災，陷河、隴數千里之地，又引兵入京城，使先帝蒙塵於陝，此乃百代必報之讎，況其贊普至今尚存，宰相不爲陛下別白言此，乃欲和吐蕃以攻回紇，此爲可怨耳。」上曰：「朕與之爲怨已久，又聞吐蕃劫盟，今往與之和，得無復拒我，爲夷狄之笑乎？」對曰：「不然。臣曩在彭原，今可汗爲胡禄都督，與今國相白婆帝皆從葉護而來，臣待之頗親厚，故聞臣爲相而求和，安有復相拒乎？臣今請以書與之約：稱臣，爲陛下子，每使來不過二百人，印馬不過千匹【三八】，無得攜中國人及商胡出塞。五者皆能如約，則主上必許和親。如此，威加北荒，旁讋吐蕃，足以快陛下平昔之心矣。」上曰：「自至德以來，與爲兄弟之國，今一旦欲臣之，彼安肯和乎？」對曰：「彼思與中國和親久矣，其可汗、國相素信臣言，若其未諧，但應再發一書耳。」上從之。既而回紇可汗遣使上表稱兒及臣，凡泌所與約五事，一皆聽命。上大喜，謂泌曰：「回紇何畏服卿如此？」對曰：「此乃陛下威靈，臣何力焉？」 胡氏曰：「事功出於臣下，效智謀、輸才力，及其有成，必曰『此君之德，非臣所能也』，君亦安然受之，不幾於僞乎？曰：道固當然，非僞也。在《易·坤》之六三曰：『含章可貞，或從王事，無成有終。』謂有功善，則隱晦其美，而歸之於君，不敢當其成，然後下得恭順之道，而上無忌惡之心也。在《師》之九二曰：『在師中吉，承天寵也。』爲衆之主，專制其事，所以能吉者，以受委於君，非己無因而致者也。是故智如良、平，不侍帷幄爲謀主，則滅秦梟羽之事何以效？略如英、衛，不授鈇鉞制閫外，則征伐四克之績何以著？故自古有成功而知此道者，必謙虛退讓，沖然而若無。不然，既非所以蓄德，又非所以全身也。夫矜伐生於氣盈，貪戀生於氣歉，所以然者，爲利祿耳。有大勳勞於天下，孰若周公？使周公以勳勞自居，既以剪商受賞，又以東征受賞，又以踐奄

【三八】印馬 「印」原作「市」，據《資治通鑑》卷二百三十三改。

受賞，又以滅國五十受賞，又以制禮樂、頒度量受賞，必見於《詩》、《書》。今可考者，爲太師，位冢宰，開國曲阜，以侯伯禽而已，不聞賞而又賞也。太師、冢宰，其所當爲也。俾侯于東，衆建親賢，非私於周公也，然則周公有大勲勞而未嘗取賞明矣。故曰：以周公之才之美，使驕且吝，其餘不足觀也已。驕吝者，盈而歉之謂歟？」

上曰：「回紇則既和矣，所以招雲南、大食、天竺，奈何？」對曰：「回紇和，則吐蕃已不敢輕犯塞矣。次招雲南，則是斷吐蕃右臂也。雲南自漢以來臣屬中國，楊國忠無故擾之使叛，臣於吐蕃，苦於吐蕃賦役重，未嘗一日不思復爲唐臣也。大食在西域爲最彊，自葱嶺盡西海，地幾半天下，與天竺皆慕中國，代與吐蕃爲仇，臣故知其可招也。」遂遣回紇使者合闕將軍歸，許以成安公主妻可汗，歸其馬價絹五萬疋【三九】。按：寶應元年，以雍王适爲天下兵馬元帥。适，德宗名也。以兼中丞藥子昂、魏琚爲左右廂兵馬使，中書舍人韋少華爲判官，會諸道節度使及回紇于陝州，進討史朝義。适至陝州，回紇可汗屯於河北，适與僚屬從數十騎往見之。可汗責适不拜舞，子昂對此以禮不當然。回紇將車鼻曰：「唐天子與可汗約爲兄弟，可汗於雍王，叔父也，何得不拜舞？」子昂力爭久之，車鼻遂引子昂等各鞭一百，以适年少未諳事，遣歸營。琚、少華一夕死。德宗所憾，乃此事也。觀泌從容陳説，訖回上意，成和親之功，豈不偉哉！

妖僧李軟奴自言「本皇族，見嶽瀆神命已爲天子」，結殿前射生將韓欽緒等謀作亂。其黨告之，上命捕送内侍省推之。李晟聞之，遽仆於地曰：「晟族滅矣！」泌問其故，晟曰：「晟新罹謗毁，中外有家人千餘，若有一人在其黨中，則兄亦不能救矣。」泌乃密奏：「大獄一起，所連引必多，外間人情恟懼，請出付臺推。」上從之。欽緒，遊瓌子也。尋斬軟奴等八人，北軍之士坐死者八百餘人，而朝廷之臣無連及者。遊瓌委軍詣闕謝，上遣使

【三九】絹五萬疋　「絹」原缺，據《資治通鑑》卷二百三十三補。

止之，委任如故。遊瓌又械送欽緒二子，上亦宥之【四〇】。取諸此耶【四一】？非德宗自悟而罷之，其爲天下禍可勝既邪？泌之爲人，非以言利悅主意者，直由負恃其才，有斡旋闔闢之妙，遂至於此。來者可不戒哉！

咸陽人或上言：「臣見白起，令臣奏云【四二】：『請爲國家扞禦西陲。正月，吐蕃必大下，當爲朝廷破之以取信。』」既而吐蕃入寇，邊將敗之，不能深入。上以爲信然，欲於京城立廟，贈司徒，李泌曰：「臣聞：『國將興，聽於人。』今將帥立功而陛下褒賞白起，臣恐邊臣解體矣。若立廟京城，盛爲祈禱，流聞四方，將長巫風。今杜郵有舊祠，請敕府縣葺之，則不至驚人耳目矣。且白起列國之將，贈三公太重，請贈兵部尚書可矣。」上笑曰：「卿於白起亦惜官乎？」對曰：「人神一也。陛下儻不之惜，則神亦不以爲榮矣【四三】。」上從之。

上從容與泌論即位以來宰相，曰：「盧杞忠清彊介，人言杞姦邪，朕殊不覺其然。」泌曰：「人言杞姦邪，而陛下獨不覺其姦邪，此乃杞之所以爲姦邪也。儻陛下覺之，豈有建中之亂乎？杞以私隙殺楊炎，擠顔真卿於死地，激李懷光使叛，賴陛下聖明竄逐之，人心頓喜，天亦悔禍。不然，亂何由弭？」上曰：「楊炎以童子視朕，每論事，朕可其奏則悅，與之往復問難，即怒而辭位。觀其意，以朕爲不足與言故也。以是忿不可忍，初非由杞。建中之亂，術士預請城奉天，此蓋天命，非杞所能致也。」泌曰：「天命，他人皆可以言之，惟君相不可言。蓋君相所以造命也。若言命，則禮樂政刑皆無所用矣。紂曰：『我生不

【四〇】遊瓌又……上亦宥之　「遊瓌又」下原缺頁。「械送」二句據《資治通鑑》卷二百三十三補。

【四一】取諸此耶　案：此前原爲缺頁。

【四二】臣見白起令臣奏云　二「臣」字原無，據《資治通鑑》卷二百三十三補。

【四三】以爲　「以」字原脱，據《資治通鑑》卷二百三十三補。

有命在天。』此商之所以亡也。」范氏曰：「《易》曰：『窮理盡性，以至於命。』自君臣而言之，爲君盡君道，爲臣盡臣道，此窮理也。理窮則性盡，性盡則至於命矣。孟子曰：『莫非命也，順受其正。』夫順受其正者，人事也。人事極矣，而後可以言命，故知命者，不立嚴墻之下，立嚴墻之下而死者，人之所取也，非天之所爲也。順其道而死者，天之所爲，非人之所取也，故曰『命』。□大建中之亂，有以取之乎？無以取之乎？若無以取之，則不窮兵，不暴斂，不相盧杞而致亂，乃可謂命也。若有以取之而曰命，豈異於紂乎？夫爲人君不知相之姦邪，不省己之闕失，而歸之術者之言以爲命，宜其德之不建，政之不修也。李泌之論不亦正乎？」上曰：「朕好與人較量理體。崔祐甫性褊躁，朕難之，則應對失次，朕常知其短而護之。楊炎論事亦有可采，而氣色粗傲，難之輒勃然怒，無復君臣之禮，所以每見令人忿發。餘人則不敢復言。盧杞小心，朕所言無不從，又無學，不能與朕往復，故朕所懷常不盡也。」對曰：「杞言無不從，豈忠臣乎？夫言而莫予違，此孔子所謂『一言喪邦』者也。」上曰：「惟卿則異彼三人者。朕言當，卿常有喜色；不當，常有憂色。雖時有逆耳之言，如曏來紂及喪邦之類，朕細思之，皆卿先事而言，如此則理安，如彼則危亂，言雖深切而氣色和順，無楊炎之陵傲。朕問難往復，卿辭理不屈，又無好勝之志，直使朕中懷已盡而屈服，不能不從，此朕所以私喜於得卿也。」按：泌言深切而氣和順，此人臣事君之法也，非平時所養者厚，不能及此，故德宗雖强愎，亦爲之屈服，學者宜深體之。夏縣人陽城以學行著聞，隱居柳谷之北，李泌薦之。六月，徵拜諫議大夫。

李泌言於上曰：「江、淮漕運，自淮入汴，以甬橋爲咽喉，地屬徐州，鄰於李納，刺史高明應年少不習事，若李納一旦復有異圖，竊據徐州，是失江、淮也，國用何從而致？請徙壽、廬、濠都團練使張建封鎮徐州，割濠、泗以隸之，復以廬、壽歸淮南，則淄青惕息而運路常通，江、淮安矣。及今明應幼騃可代，宜徵爲金吾將軍。萬一使它人得之，則不可復制矣！」上從之。以建封爲徐、泗、濠節度使。建封爲政寬厚而有綱紀，不貸人以法，故其下畏而悦。按：泌於是可謂善於防患、明於知人者矣，此真宰相之業也。

五年春，二月，李泌屢乞更命相，上欲用户部侍郎班宏。泌言宏雖清彊而性多凝滯，乃薦竇參通敏，可兼度支鹽鐵；董晉鯁正，可處門下：上皆以爲不可。參，時爲御史中丞兼户部侍郎，晉爲太常卿。至是泌疾甚，復薦二人。庚子，以董晉爲門下侍郎，竇參爲中書侍郎兼度支轉運使，並同平章事；以班宏爲尚書，依前度支轉運副使。參爲人剛果刻峭，無學術，多權數，每奏事，諸相出，參獨居後，以奏度支事爲辭，實專大政，多引親黨置要地，使爲耳目。董晉充位而已，然晉爲人重慎，所言於上前者未嘗泄於人，子弟或問之，晉曰：「欲知宰相能否，視天下安危。所謀議於上前者，不足道也。」三月，泌薨。胡氏曰：「宰相莫大乎薦賢，然知人其難哉！以魏文貞精慎，猶失之侯君集，況餘人乎？李鄴侯知慮過人，而以竇、董自代，豈固擇不如己者，以自顯乎？抑誠不知也。當是時，忠言深計，焯焯著見，孰居陸贄之先？舍贄而引參，何也？晉在位五年，君德國政猶前日耳，其言以天下安危視宰相賢否則是，而以謀議於君前爲不足道則非，謀議固安危之本也。」

泌出入禁中，事四君，數爲權倖所疾，常以智免；好縱横大言，時時讜議，能寤移人主；然常持黄老鬼神説，故爲人所譏切。柳玭稱兩京復，泌謀居多，其功大於魯連、范蠡云。《新傳》。

史臣贊曰：「泌之爲人也，異哉！其謀事近忠，其輕去近高，其自全近智，卒而建上宰，近立功立名者。觀肅宗披榛莽，立朝廷，單言暫謀有所悟合，皆付以政。當是時，泌於獻納不爲少，又佐代宗收兩京，獨不見録，寧二主不以宰相器之耶？德宗晚好鬼神，乃獲用。蓋以怪自置而爲之助也。繁爲家傳，言泌本居鬼谷，而史臣謬言好鬼道，以自解釋。既又著泌數與靈仙接，言舉不經，則知當時議者切而不與，有爲而然。繁言多浮侈，不可信；至勸帝先事范陽，明太子無罪，亦不可誣也。」《傳》云：「桑道茂城奉天事驗【四四】，始尚時日拘忌【四五】，因進用泌【四六】。」愚按：鄴侯之居相位，僅越二年，然其歷事三朝，凡所建畫，多繫天下安危，不待秉鈞當軸，然後爲相也。其謀事也，料成敗如龜卜；其輕去也，視爵位如敝屣。高風遠韵，庶幾乎子房之流亞，而史臣以似忠似智目之，是豈知侯者哉！肅宗嘗欲相之矣，以建寧之事自引而去；代宗又欲相之矣，以元載之忌，託之外藩。非二君不以宰相器之也。又言德宗晚好鬼神，乃始用泌。觀侯在人主之前，切劘規諷，莫非正論，曰「君相不當言命」也，曰「國將興，聽於人」也，是豈溺於巫鬼怪神者邪？迹其本志，蓋超然世俗之表，非有羡慕富貴之心，迫於人主之知，不得已而當大任。其謀謨計慮可謂偉矣，然不免世俗之譏者，由其所學本雜於浮屠、老子之間，故早慕神仙，晚參禪悦，未免獲罪於聖門。以此議之，必有不得而辭者；若曰以鬼道媚人主取宰相，則誣之甚矣。愚於史氏，蓋不能無憾云。

【四四】城奉天事驗　「事」原脱，據《新唐書》卷一百三十九補。

【四五】始尚時日拘忌　「始」原作「殆」，據《新唐書》卷一百三十九改。

【四六】因進用泌　「因」原作「用」，據《新唐書》卷一百三十九改。

校勘記

# 乙下之十八

德宗建中四年，初，上在東宮，聞監察御史陸贄名，即位，召爲翰林學士。本傳：贄年十八第進士，中博學宏辭，調鄭尉，罷歸。壽州刺史張鎰有重名，贄往見，語三日，奇之，請爲忘年交。既行，餉錢百萬，曰：「請爲母夫人一日費。」贄不納，止受茶一串，曰：「敢不承公之賜！」以書判拔萃補渭南尉。德宗立，遣黜陟使庾何等十一人行天下，贄説使者，請以五術省風俗，八計聽吏治，三科登儁乂，四賦經財實，六德保罷瘵，五要簡官事。五術曰：「聽謠誦審其哀樂，納市賈觀其好惡，訊簿書考其爭訟，覽車服等其儉奢，省作業察其趣舍。」八計曰：「視户口豐耗以稽撫字，視墾田贏縮以稽本末，視賦役薄厚以稽廉冒，視案籍煩簡以稽聽斷，視囚繫盈虚以稽決滯，視姦盜有無以稽禁禦，視選舉衆寡以稽風化，視學校興廢以稽教導。」三科曰：「茂異，賢良，幹蠱。」四賦曰：「閱稼以奠税，度産以衰征，料丁壯以計庸，占商賈以均利。」六德曰：「敬老，慈幼，救疾，恤孤，賑貧窮，任失業。」五要曰：「廢兵之冗食，蠲法之撓人，省官之不急，去物之無用，罷事之非要。」時皆韙其言。遷監察御史。按：贄自久翰林，凡所建明，皆天下大計，故悉書之。《通鑑》、《新史》詳略不同，今取《奏議集》，庶不失其實云。

會馬燧討賊河北，久不決，請濟師。李希烈寇襄城，詔問策安出。《集》云：「内侍朱冀寧奉宣詔旨，具利害封進。」贄言：「臣本書生，不習戎事。竊惟霍去病，漢將之良者也，每言行軍用師之道，顧方略何如耳，不在學古兵法。是知兵法無他，人情而已，見其情，通其變，則得失可辨，成敗可知。古人所以坐籌樽俎之間，制勝千里之外者，得此道也。臣才不逮古人，而頗窺其意。伏以尅敵之要，在乎將得其人；馭將之方，在乎操得其柄。將非其人者，兵雖衆，不足恃；操失其柄者，將雖材，不爲用。兵不可恃，與無兵同。將不爲用，與無將同。將不能使兵，國不能馭將，非止費財玩寇之弊，亦有不戢自焚之災。自昔禍亂之興，何嘗不由於此？今兩河、淮西爲叛亂之帥者，獨四五凶人，尚恐其中或有傍遭詿誤，内蓄危疑，蒼黄失圖，勢不得止，亦未必皆是處心積慮，果爲姦逆者也；況其餘衆，蓋並脅從，苟知全生，豈願爲惡？若招攜以德，悔禍以誠，使來者必安，安者必久，斯道積著，人誰不懷？縱有野心難馴，臣知其從化者必過半矣。假使四五兇渠俱禀梟鴟之性，其下同惡，復有十百相從，是皆卒伍庸流，其志好不過聲色財貨之樂，約從締交，則迭相侮詐以爲智，御衆使人，則例質妻孥以爲術，斯乃盜竊偷安之伍，非有姦雄特異之資。以陛下英神，志期平壹，君臣之勢不類，逆順之理不侔，形勢之大小不倫，師徒之衆寡不敵，然尚曠歲持久，師老費財，加筭不止於舟車，徵卒殆窮於閭濮，笞肉捶骨，呻吟里閭，送父别夫，號呼道路，杼軸已甚【一】，興發已殫，而將帥者尚曰財不足，兵不多，此微臣所以千慮百思，而不悟其理也。田悦唱亂之始，氣盛力全，恒、趙、青、齊迭爲唇齒。陛下特詔馬燧，委之專征，抱真、李芃聲勢相援。于時士吏畏法，將帥感恩，俱藴勝殘盡敵之誠，未有爭功邀利之釁，故能累摧堅陣，深抵窮巢，元惡幸脱於俘囚，兇徒幾盡於鋒刃。臣故曰尅敵之要，在乎將得其人；馭將之方，在乎操得其柄：此其明效也。田悦既敗，力屈勢窮，且皆離心，

【一】杼軸已甚　「甚」，《全唐文》卷四百六十七作「空」。

莫有固志，乘我師勝捷之氣，躡亡虜傷夷之餘，比於前功，難易百倍。既而大軍遂駐，遺孽復安，其後餽運日增，師徒日益，于兹再稔，竟不交鋒。量兵力，則前者寡而今者多；議軍資，則前者薄而今者厚；論氣勢，則前者新集而今者乘勝；度攻具，則前者草創而今者繕完；計兇黨，則前者盛而今者殘；揣敵情，則前者鋭而今者挫。然而勢因時變，事與理乖，當易而反難，當進而中止，本末殊趣，前後易方，順理之常，必不如此。臣故曰：將非其人者，兵雖衆不可恃；操失其柄者，將雖材不爲用。此在陛下熟察而亟救之，固不在益兵以生事，加賦以殄人，無紓目前之虞，或興意外之患。人者，邦之本也；財者，人之心也；兵者，財之蠹也。其心傷，則其本傷；其本傷，則枝幹顛瘁，而根柢蹷拔矣。惟陛下重之，惜之！今師興三年，可謂久矣。税及百物，可謂繁矣。而寇亂有益，翦滅無期，人摇不寧，事變難測。是以兵貴拙速，不尚巧遲，速則乘機，遲則生變，此兵法之要，深切之誠也。勞心於服遠者，莫若修近，而其遠自來；多方以救失者，莫若改行，而其失自去。若不靖於本，而務救於末，則救之所爲，乃禍之所起也。修近之道，改行之方，易於舉毛，但在陛下然之與否耳。儻或重難易制，姑務持危，則當校禍患之重輕，辨攻守之緩急。臣謂幽、燕、恒、魏之寇，勢緩而禍輕；汝、洛、滎、汴之虞，勢急而禍重。緩者，宜圖之以計，今失於屯戍太多；急者，宜備之以嚴，今失於守禦不足。自胡羯稱亂，首起薊門，中興以來，未暇芟蕩，因其降將，即而撫之，朝廷置河朔於度外，殆三十年矣，非一朝一夕之所急也。田悦累經覆敗，氣沮勢羸，偷全餘生，無復遠略。武俊蕃種，有勇無謀；朱滔卒材，多疑少決。皆受田悦誘陷，遂爲猖狂出師，事起無名，衆情不附，進退惶惑，内外防虞。所以纔至魏郊，遽又退歸巢穴，意在自保，勢無他圖。加以洪河、太行禦其衝，并、汾、洺、潞壓其腹，雖欲放肆，亦何能爲？又此羣兇，互相劫制，急則合力，退則背憎，是皆苟且之徒，必無越軼之患，此臣所謂幽、燕、恒、魏之寇，勢緩而禍輕。希烈忍於傷殘，果於吞噬，據蔡、許富全之地，益鄧、襄鹵獲之資，意殊無猒，兵且未衄，東寇則轉輸將阻，北窺則都城或驚，此臣所謂汝、洛、滎、汴之虞，勢急而禍重。代、朔、邠、靈之騎士，自昔之精騎也；上黨、盟津之步卒，當今之練卒也。悉此彊勁，委之山東，勢分於將多，財屈於兵廣，以攻則曠歲不進，以守則數倍有餘，各懷顧瞻，遞欲推倚，此臣所謂緩者宜圖之以計，今失於屯戍太多。李勉以文吏之材，當浚郊奔突之會；哥舒曜以烏合之衆，扞襄野豺狼之羣。陛下雖連發禁軍，以爲繼援，累勑諸鎮，務使協同，睿旨殷憂，人思自效。但恐本非素習，令不適從，奔鯨觸羅，倉卒難制，首鼠應敵，因循莫前。此臣所謂急者宜備之以嚴，今失於守禦不足。陛下若察其緩急，審其重輕，使懷光帥師救襄城之圍，李芃還鎮爲東都之援，汝、洛既固，梁、宋亦安，是乃取有餘，救不足。罷關右賦車籍馬之擾，減山東飛芻輓粟之勞，無擾則禍亂不生，息勞則物力可濟，非止排難於變切，亦將防患於未然。徵發既停，守備且固，足得徐觀事勢，更選良圖，此於紓亂解紛，抑亦計之次也。議者若曰『河朔羣盗，尚前歲伐叛之初，唯馬燧、抱真、李艽三師而已，以攻必尅，以戰必彊，是則力非不足明矣。洎遲留不進，乃請益師，於是選神策鋭卒以繼之，而李晟往矣，猶曰未足，復請益師，於是徵朔方全軍以赴之，而懷光往矣。幾遺加半之戍，竟無分寸之功，是則師不在衆又明矣。然而可託以爲解者，必曰『王師雖益，賊黨亦增，曩獨田悦、寶臣，今兼朱滔、武俊』，臣請再詰以塞其辭。曩之田悦、寶臣，皆蓄鋭養謀，劇賊之方彊者也。尋而田悦喪敗，寶臣殲夷，雖復朱滔、武俊加於前，亦有孝忠、日知乘其後，是則賊勢不滋於曩日，王師有益於昔時又明矣。曩以太原、澤潞、河陽三將之衆，當田悦、朱滔、武俊三寇之兵。今朱滔遁歸，武俊退縮，唯此田悦，假息危城。設使我師悉歸，彼亦纔能自守，況留抱真、馬燧，足得觀釁討除，是則減兵東征勢必無患又明矣。留之則彼爲冗食，徙之則此得長城，化危爲安，息費從省，舉一而兼數利，陛下圖之！」

按：建中二年，成德節度使李寶臣卒，寶臣子惟岳求繼襲，上不許。初，寶臣與平盧李正己、魏博田承嗣、襄州梁崇義相結，約期以土地傳之子孫。故承嗣之死，寶臣力爲之請以節授田悦，代宗從之。悦初襲位，事朝廷禮甚恭，河東節度使馬燧表其必反，請先爲備。至是田悦屢爲惟岳請繼襲，上欲革前弊，不許。悦乃與李正己各遣使詣惟岳，潛謀勒兵拒命。會城汴州，正己懼，發兵屯曹州，田悦亦完聚爲備，與崇義、惟岳遞相應助。悦將步騎五千，北助惟岳，命淮寧節度使李希烈督諸道兵討梁崇義，楊炎諫不聽。希烈遷延不進，上以盧杞言，免炎相以悦之。河東馬燧、昭義李抱真、神策兵馬使李晟大破田悦於臨洺，悦引兵遁。時李正己已卒，子納祕之，擅領軍務。悦求救於納及李惟岳，三人皆遣兵救之。悦收合散卒，與淄青、成德首尾相應。燧奏求河陽軍自助，詔河陽節度使李艽將兵會之。李納奏請襲父位，上不許。李希烈大破梁崇義兵，崇義赴井死，傳首京師。希烈既得襄陽，遂據爲己有。三年，馬燧等大破田悦，悦收餘兵千餘人處魏州。燧與李抱真不協，頓兵不進，悦嬰城據守，軍勢復振。悦入城旬餘，燧等諸軍始至城下，攻之不克。初，范陽節度使朱滔薦張孝忠爲成德節度使，與共討惟岳，至是破之於束鹿。成德兵馬使王武俊爲左右所構，惟岳疑之，武俊殺惟岳，傳首京師。時河北略定，惟魏州未下；河南諸軍攻李納於濮州，納勢日蹙。朝廷謂天下不日可平，以張孝忠爲易、定、滄節度使，王武俊爲恒、冀都團練觀察使，康日知爲深、趙都團練觀察使，以德、棣二州隸朱滔，令還鎮。滔固請深州，不許，由是怨望。王武俊自以手誅李惟岳，但爲都團練，亦不悦。田悦聞之，遣人説朱滔，許以貝州賂之。滔素有異志，大喜。悦又使人説王武俊，約三鎮連兵相救，武俊亦許諾。滔使人説張孝忠，不從。滔欲發兵救魏州，衆不從者再殺二百餘人，乃復舉兵而南。田悦以援兵將至，遣將與馬燧戰，大敗而還。時兩河用兵，月費百餘萬緡，府庫不支數月。太常博士韋都賓、陳京建議，以爲「貨利所聚，皆在富商，請括富商錢，出萬緡者，借其餘以供軍計」。上從之，令度支大索長安中商賈所有貨，意其不實，輒加榜箠，人不勝苦，有縊死者，長安囂然如被盜，計所得，纔八十餘萬緡，又括僦質錢，皆借四分之一，封其櫃窖。百姓爲之罷市，相率遮宰相馬自訴者以千萬，盧杞始慰諭之，勢不可遏，乃疾驅自他道歸。計并借商所得，纔二百萬緡，人已竭矣。初，李抱真爲澤潞節度使，馬燧領河陽三城，抱真欲殺懷州刺史楊鉥，鉥奔燧，燧納之【一】，且奏其無罪，抱真怒，及同討田悦，数以事相恨望，二人怨隙遂深。由是諸軍逗撓，久無成功。及王武俊逼趙州，抱真分麾下三千戍邢州【二】，燧大怒，欲引兵歸，李晟説燧云云，燧乃單騎造抱真壘，相與釋憾結歡。滔、武俊南救魏州，詔朔方節度使李懷光將朔方及神策步騎萬五千人討田悦，且拒滔等。滔、武俊軍至魏州，田悦出迎。是日，李懷光軍亦至，燧等盛軍容逆之。滔以爲襲己，遽出陳。懷光欲乘其營壘未就擊之，燧請且休將士，觀釁而動。懷光不從，遂擊，滔軍崩沮。懷光有喜色，士卒爭取寶貨。王武俊引騎横衝懷光軍，軍分爲二，滔引兵繼之，官軍大敗。馬燧等各收軍保壘，遣使卑辭謝滔，求與諸節度歸本道，奏天子，請以河北事委五郎處分。滔欲許之，武俊不可，滔不從，武俊由是恨滔。以淮寧節度使李希烈兼平盧等節度討李納，田悦德朱滔之救，與王武俊議奉滔爲主，稱臣事之，滔不

【一】燧納之　「燧」原脱，據《資治通鑑》卷二百二十七補。

【二】麾下三千　「三」，《資治通鑑》卷二百二十七作「二」。

可。於是幽州判官李子千等議與鄆州李大夫爲四國，俱稱王，築壇同盟，滔等皆以爲然。滔稱冀王，悦魏王，武俊趙王，仍請納稱齊王，滔爲盟主。李希烈遣所親詣李納，與謀共襲汴州，又密與朱滔等交通，尋自稱天下大元帥、建興王。時滔等與官軍相拒累月，專仰給於田悦，客主日益困弊。聞希烈軍盛，乃相與謀遣使詣許州，勸希烈稱帝。四年，希烈遣將陷汝州。以左龍武大將軍哥舒曜爲東都、汝州節度使，將鳳翔等兵萬餘人討希烈。舒曜克汝州，加永平、宣武、河陽都統李勉淮西招討使，哥舒曜副之。李抱真使參謀賈林詣王武俊壁詐降，武俊見之，林曰：「林來奉詔，非降也。」因説武俊云云。武俊使林還報抱真，陰相約結。初行税間架、除陌錢法。時河東、澤潞等諸軍環淮寧之境。舊制，諸道軍出境，則仰給度支。上優恤士卒，每出境，加給酒肉，本道糧仍給其家，一人兼三人之給【四】，故將士利之。各出軍纔逾境而止，月費錢百三十餘萬緡，常賦不能供。判度支趙贊乃奏行二法，於是愁怨之聲盈於遠近。李希烈將兵二萬圍哥舒曜於襄城【五】，詔李勉等救之。上以問贊，贊以兵窮民困，恐别生内變，云云。

贄又論關中事宜，曰：「君人有大柄，立國有大權，得之必彊，失之必弱。夫君人之柄，在明其德威；立國之權，在審其輕重。德與威不可偏廢也，輕與重不可倒持也。蓄威以昭德，偏廢則危；居重以馭輕，倒持則悖。恃威則德喪於身，取敗之道也；失重則輕移諸己，啓禍之門也。陛下天錫勇智，志期削平，忿兹昏迷，整旅奮伐，此誠不得已而用之。然威武四加，非謂蓄矣。所可兢兢保惜，慎守而不失者，唯居重馭輕之權耳。陛下又果於成務，急於應機，竭國以奉軍，傾中以資外，倒持之勢，今又似焉。臣是以疚心如狂，不覺妄發，惟陛下留聽焉。臣聞國家之立也，本大而末小，是以能固。又聞理天下者，若身之使臂，臂之使指。身所以能使臂者，身大於臂故也；臂所以能使指者，臂大於指故

【四】三人之給　「人」原無，據《資治通鑑》卷二百二十八補。

【五】將兵二萬　「二」《資治通鑑》卷二百二十八作「三」。

也。王畿者，四方之本也；京邑者，又王畿之本也。其勢當令京邑如身，王畿如臂，四方如指，故用即不悖，處則不危，斯乃居重馭輕，天子之大權也。是以前代之制，轉天下租税，委之京師；徙郡縣豪傑，處之陵邑；選四方壯勇，實之邊城。其賦役則輕近而重遠也，其惠化則悦近以來遠也。太宗列置府兵，分隸禁衛，大凡諸府八百餘所，而在關中者殆五百焉。舉天下不敵關中，則居重馭輕之意明矣。承平漸久，武備浸微，雖府衛具存，而卒乘罕習。故禄山竊倒持之柄，乘外重之資，一舉滔天，兩京不守。尚賴經制，頗存典刑，彊本之意則忘，緣邊之備猶在，加以諸牧有馬，每州有糧，故肅宗得以爲資，中復興運。乾元之後，大憝初夷，繼有外虞，悉師東討，邊備既弛，禁戎亦空【六】。吐蕃乘虚，深入爲寇，故先皇帝莫與爲禦，避之東遊。是皆失居重馭輕之權，忘深根固柢之慮。内寇則崤函失險，外侵則汧渭爲戎【七】，于斯之時，朝市離析，事變可慮，須臾萬端。雖有四方之師，寧救一朝之患？陛下追想及此，豈不爲之寒心哉！先皇帝還自陝郛，懲艾往事，稍益禁衛，漸修邊防。是時關中有朔方、涇原、隴右三師，以扞西戎；河東有太原全軍，以控北虜。此四軍者，皆聲勢雄盛，士馬精强，又發諸道戍兵，每歲乘秋備塞，尚不能保固封守，遏其奔衝，京師戒嚴，比比而有。戎狄貪詐，乃其常情，苟有便利可窺，豈肯端然自守？今朔方、太原之衆，遠在山東，神策六軍之兵，繼出關外，儻有賊臣啗寇，黠虜窺邊，伺隙乘虚，微犯亭障，此愚臣所竊爲憂者也，未審陛下其何以禦之？側聞伐叛之初，議者多易其

【六】禁戎亦空　「戎」原作「成」，據《資治通鑑》卷二百二十八改。

【七】外侵　原作「外寇」，據《資治通鑑》卷二百二十八改。

事，僉謂有征無戰，役不逾時。曾不料兵連禍拏，變故難測，日引月長，漸乖始圖。故前志以兵爲凶器，戰爲危事，至戒至慎，不敢輕用之者，蓋爲此也。當勝而反敗，當安而倒危，變亡而爲存，化小而成大，在覆掌之間耳，何可不畏而重之乎？近事甚明，足以爲鑒。往歲爲天下所患，咸謂除之則可致昇平者，李正己、李寶臣、梁崇義、田悦是也；往歲爲國家所信，咸謂任之則可除禍亂者，朱滔、李希烈是也。既而正己死，李納繼之；寶臣死，惟岳繼之【八】；崇義卒，希烈叛；惟岳戮，朱滔携。然則往歲之所患者，四去其三矣，而患竟不衰；往歲之所信者，今則自叛矣，而餘又難保。是知立國之安危在勢，任事之濟否在人。勢苟安，則異類同心也；勢苟危，則舟中敵國也。陛下豈可不追鑒往事，惟新令圖，循偏廢之柄以靖人【九】，復倒持之權以固國，而乃徇無已之求，望難必之效，其爲宗社自重之計，恐未至焉。自頃將師徂征，久未盡敵，苟以藉口，則請濟師。陛下乃爲之輟邊軍，缺環衛，虚内廐之馬，竭武庫之兵，占將家之子以益師，賦私養之畜以增騎。猶且未戰，則曰乏財。陛下又爲之筭室廬，貸商賈，傾司府之幣，設請榷之科。關輔之間，徵發已甚；宫苑之内，備衛不全。萬一將帥之中，又如朱滔、希烈，或負固邊壘，誘致豺狼，或竊發郊畿，驚犯城闕，此亦愚臣所竊爲憂者也，未審陛下復何以備之？今之關中，即古之郊畿千里之地也，王業根本，於是在焉。豪勇之在關中者，與籍於營衛不殊；車乘之在關中者，與列於厩牧不殊；財用之在關中者，與貯於帑藏不殊：有急而須，一朝可聚。

【八】惟岳繼之　「惟」原作「帷」，據《資治通鑑》卷二百二十八改。

【九】循偏廢之柄　「循」，《資治通鑑》卷二百二十八作「修」。

今執事者先拔其本，棄重取輕，所謂倒持太阿，授人以柄。議制置，則彊幹弱枝之術反；語綏懷，則悦近來遠之道乖。求諸通方，無適而可，臣竊爲陛下惜之。往者不可追，來者猶可補。陛下儻過聽愚計，使李艽援東洛，懷光救襄城，希烈兇徒，勢必退衄，則所遣神策六軍士馬及點召節將子弟東行應援者，悉可追還。河北既有馬燧、抱真，固亦無藉李晟，亦令旋旆，完復禁軍。明勑涇、隴、邠、寧，但令嚴備封守，仍云更不徵發，使知各保安居。又降德音，勞徠畿甸，具言京輦之下，百役寔繁，且又萬方會同，諸道朝奏，卹勤懷遠，理合優容。其京城及畿縣所税間架、搉酒、抽貫、貸商、點召等，諸如此類，一切停罷，則冀已輸者弭怨，見處者獲寧，人心不摇，邦本自固，禍亂無從而作，朝廷由是益尊。端本整棼，無易於此。」本傳云：「帝不納，後涇師急變，贄言皆效。」按：是年九月，上發涇原等諸道兵救襄城。冬十月，涇原節度使姚令言將兵五千至京師，軍士冒雨寒甚，多攜子弟而來，冀得厚賜遺其家，既至，一無所賜。詔京兆尹王翃犒師，遺糲食菜餤。衆怒，蹴而覆之，因揚言曰：「吾輩將死於敵，而食且不飽，安能以微命拒白刃耶？聞瓊林、大盈二庫，金帛盈溢，不如相與取之。」乃擐甲張旗鼓譟，還趍京城。上遽命賜帛，人二疋，衆益怒，射中使。又命中使宣慰，賊已至通化門外，中使出門，賊殺之。又命出金帛二十車賜之，賊已入城，喧聲浩浩，不復可遏。百姓狼狽駭走，賊大呼告之，曰：「汝曹勿恐，不奪汝商貨僦質矣！不税汝間架陌錢矣！」初，神策軍使白志貞掌召募禁兵東征，死亡者志貞皆隱不以聞，但受市井富兒賂而補之，名在軍籍受給賜，而身居市廛爲販鬻。司農卿段秀實上言：「禁兵不精，其數全少，卒有患難，將何待之？」不聽。至是，上召禁兵以禦賊，竟無一人至者。范氏曰：「賢者之知國，如良醫之知疾，察其形色，視其脈理，而知死生之變，不待其顛仆而後以爲病也。陸贄論用兵之亂，如蓍龜之先見，何其智哉！夫豈如瞽史之知天道哉？亦觀其事而知之也。非獨如贄之賢者能知之，意天下之凡民，亦必有知之者，惟人君不能覺也。天下之患，莫大於人莫敢言，而君不得知，言之而不聽，則末如之何也？必亂而已矣。」

上以涇卒之變，自苑北門出，夜至咸陽。盧杞、白志貞、陸贄等追及上於咸陽，上思桑道茂之言，自咸陽幸奉天縣。是月，哥舒曜食盡，棄城奔洛陽，李希烈陷襄城。上遣中使告難於魏縣行營，諸將相與慟哭。李懷光帥衆赴長安，馬燧、李芃各領兵歸鎮，李抱真退屯臨洺。上與陸贄語及亂，故深自克責。贄曰：「致今日之患，皆羣臣之罪也。」上曰：「此亦天命，非由人事。」贄退，上疏：「自胡羯稱亂，遺患未除，朝廷因循，久務容養。陛下神武，將壹區宇，乃命將帥，四征不庭。兵連禍結，行及三年。徵師四方，無遠不暨，父子訣別，夫妻分離，一人征行，十室資奉，居者有餽送之苦，行者有鋒刃之憂，去留騷然，而閭里不寧矣！聚兵日衆，供費日多，常賦不充，復命加徵。加徵既殫，又使別配，別配不足，於是権筭之科設，率貸之法興。禁防滋章，條目纖碎，吏不堪命，人無聊生。農桑廢於徵呼，膏血竭於笞捶，兆庶嗷然，而郡邑不寧矣！邊陲之戍，用保封疆，禁衛之師，以備巡警，二者或闕，則生戎心，國之大防，莫重於此。陛下急於靖難，累遣東征，邊備空虛，親軍寡弱，尋又搜閱私牧以取馬，簿責將家以出兵。凡有私牧者，例元勳貴戚之門；所謂將家者，皆統帥岳牧之後。是乃嘗蒙親委，或著忠勞，復除征徭，固有常典，今忽奪其畜牧，事其子孫，有乞假以給資裝，有破産以營卒乘，道路悽憫，部曲感傷，貴位崇勳，孰不解體？加以聚斂之法，轂下尤嚴，邸第侯王，咸輸屋稅，稗販夫婦，畢筭緡錢。貴而不見優，近而不見異，其爲憤慼，又甚諸方。誅求轉繁，庶類恐懼，興發無已，羣情動摇，朝野囂然，而京邑關畿不寧矣！陛下又以百度弛廢，志期肅清，持義以掩恩，任法以成理。神斷失於太速，睿察傷於太精。斷速則寡恕於人，而疑似之間不容辯也；察精則多猜於物，而臆度之際未必然也。寡恕則重臣懼禍，反側之釁易生；多猜則羣下防嫌，苟且之風漸扇。是以叛亂繼起，怨讟並興，非常之虞，億兆同慮。惟陛下穆然凝邃，獨不得聞，至使凶卒鼓行，白晝犯闕，重門無結草之禦，環衛無誰何之人。自古禍變之興，未有若斯之易，豈不以乘我間隙，因人攜離哉！陛下有股肱之臣，有耳目之任，有諫諍之列，有備衛之司，見危不能竭其誠，臨難不能效其死，所謂致今日之患，是羣臣之罪者，豈徒言歟？聖旨又以家國興衰，皆有天命者。臣聞《書》曰：『天視自我人視，天聽自我人聽。』又曰：『德惟一，動罔不吉。德二三，動罔不凶。惟吉凶不僭在人，惟天降災祥在德。』此則天所視聽，皆因於人；天降災祥，皆考其德，非於人事之外別有天命也。故祖伊責紂之辭曰：『我生不有命在天。』武王數紂之罪，曰：『吾有命，罔懲侮。』此又捨人事而推天命必不可之理也。《易》曰：『視履考祥。』又曰：『吉凶者，得失之象。』此乃天命由人，其義明矣。《禮記》引《詩》而釋之曰：『《大雅》云：殷之未喪師，克配上帝，儀監于殷，峻命不易。言得衆則得國，失衆則失國也。』又引《書》而釋之曰：『《康誥》云：惟命不于常，言善則得之，不善則失之。』此則聖哲之意，六經會通，皆爲禍福由人，不言盛衰有命。人事理而天命降亂者，未之有也；人事亂而天命降康者，亦未之有也。自頃征討頗頻，刑網稍密，物力竭耗，人心驚疑，如居風濤，洶洶靡定。上自朝列，下達烝黎，日夕族黨聚謀，咸憂必有變故。旋屬涇原叛卒，果如衆庶所虞。京師之人，動逾億計，固非悉知筭術，皆曉占書，則明致寇之由，未必盡關天命。臣聞理或生亂，亂或資理，有以無難而失守，有因多難而興邦。理或生亂者，恃理而不修也；亂或資理者，遭亂而能懼也。無難失守者，忽萬機之重而忘憂懼也；多難興邦者，涉庶事之艱而知敇恨也。今生亂失守之事，則既往不可復追矣。其資理興邦之業，在陛下勉勵而謹脩之。惟陛下勤思熟計焉，捨己以從衆，違欲以遵道，遠憸佞而親忠直，推至誠而去逆詐，杜讒沮之路，廣諫諍之門，掃求利之法，務息人之術。録片善片能，以盡羣材；忘小瑕小怨，俾無棄物。斯道甚易知，甚易行。伏願悔前禍以答天戒，新聖化以承天休。勿謂時鍾厄運而自疑，勿謂事不由人而自解，勤勵不息，足致昇平，豈止蕩滌祆氛，旋復宮闕而已。」本傳云：「從狩奉天，機務填總，遠近調發，奏請報下，書詔日數百，贄初若不經意，及文成，皆周盡事情，衍繹熟復，人人可曉。旁吏承寫不給，它學士筆閣不得下，而贄沛然有餘。上語及變故，每自尅責。贄曰：『陛下引咎，堯、舜意也；然致寇者，乃羣臣罪。』贄意指盧杞等。帝曰：『卿不忍歸過朕，有是言哉！然自興衰，亦有天命，今之厄運，恐不在人也。』贄退云云。」

上問陸贄以當今切務，時李懷光赴難，朱泚遁歸長安。贄以曏日致亂，由上下之情不通，勸上接下從諫，乃上疏：「臣謂當今急務，在於審察羣情。羣情之所甚欲者，陛下先行之；羣情之所甚惡者，陛下先去之。欲惡與天下同，而天下不歸者，自古及今，未之有也。夫理亂之本，繫於人心，況乎當變故動揺之時，在危疑向背之際，人之所歸則植，人之所去則傾，陛下安可不審察羣情，同其欲惡，使億兆歸趣，以靖邦家乎？此誠當今之所急也。今陛下將平禍亂，拯恤黎烝，唯當違欲以行己所難，布誠以除人所病。頃者竊聞輿議，頗究羣情，四方則患於中外意乖，百辟又患於君臣道隔，郡國之志，不達於朝廷，朝廷之誠，不升於軒陛。上澤闕於下布，下情壅於上聞，實事不必知，知事不必實，上下否隔於其際，真僞雜糅於其間，聚怨囂囂，騰謗籍籍，欲無疑阻，其可得乎？臣謂宜因文武羣官入參之日，陛下特加延揖，親與敘言，備詢禍亂之由，明示咎悔之意，各使極言得失，仍令一一面陳。軍務之謀，到即引對，不拘時限，用表憂勤。言切而理愜者，必賞導以盡其情；識寡而辭拙者，亦容恕以嘉其意。匹夫片善，採録不遺。是乃摠天下之智以助聰明，順天下之心以施教令，則君臣同志，何有不從？遠邇歸心，孰與爲亂？慮有愚而近道，事有要而似迂，冀垂睿思，反覆詳覽。」疏奏旬日，上無所施行，亦不詰問。贄又上疏曰：「臣聞立國之本，在乎得衆；得衆之要，在乎見情。故仲尼謂人情者聖王之田，言理道所由生也。是則時之否泰，事之損益，萬化所繫，必因人情。情有通塞，故否泰生；情有薄厚，故損益生。通天下之情者，莫智於聖人；盡聖人之心者，莫深於《易》象。其别卦也，乾下坤上則曰泰，坤下乾上則曰否。其取象也，損上益下則曰益，損下益上則爲損。乾爲天爲君，坤爲地爲臣。天在下而地處上，於位乖矣，而反謂之泰者，上下交故也。君在上而臣處下，於義順矣，而反謂之否者，上下不交故也。氣不交則庶物不育，情不交則萬邦不和。天氣下降，地氣上騰，然後歲功成；君澤下流，臣誠上達，然後理道立。損益之義，亦由是焉。上約己而裕於人，人必悅而奉上矣，豈不謂之益乎？上蔑人而肆諸己，人必怨而叛上矣，豈不謂之損乎？然則上下交而泰，不交而否，自損者人益，自益者人損，情之得失，豈容易哉？故喻君爲舟，喻人爲水，水能載舟，亦能覆舟，舟即君道，水即人情。舟順水之道乃浮，違則沒；君得人之情乃固，失則危。是以古先聖王之居人上也，必以其心從天下之心，而不敢以天下之人從其欲。乃至兢兢業業，一日二日萬幾。夫幾者，事之微也，以聖人之德，天子之尊，且猶慎事之微，乃至一日萬慮，豈不以居上接下，懼失其情歟？自昔王業盛衰，君道得失，史册盡在，粲然可徵。與衆同欲靡不興，違衆自用靡不廢，從善納諫靡不固，遠賢恥過靡不危。故《詩》、《書》稱堯德，則曰『稽于衆，捨己從人』，數舜之功，則曰『明四目，達四聰』，言務同欲也；序禹之所由興，則曰『益贊于禹』，『禹拜昌言』，述湯之所以王，則曰『用人惟己，改過不吝』，言能納諫也；歌文王作周，則曰『濟濟多士，文王以寧』，美武王尅殷，則曰『亂臣十人，同心同德』，言皆從善也。太宗文皇帝武定禍亂，文致太平，威行如雷霆，明照侔日月，然猶兢兢畏慎，懼失人心。每戒臣下獻規，恒以危亡爲慮。夙興聽理，日旰忘勞，公卿迭趨，庭奏庶務，評議得失，與衆共之。退朝之暇，宴接侍臣，諮訪謀猷，詢求過闕，或論往古成敗，或問人間事情。每言及暗主亂朝，則省懼自戒；言及賢君理代，則企竦思齊；言及稼穡艱難，則上下相匡，務遵勤儉；言及閭閻疾苦，則君臣同慮，議息征徭。懋德懲違，觸類滋長，尚恐過言謬舉，既往難追。每召宰相平章，必遣諫官俱入，小有頗失，隨即箴規，得一善必遽命甄昇，聽一諫必明加褒錫。又引文學之流，更直宿於内署，或講求典禮，或諷誦詩書，每至夜分，情忘厭倦。夫以太宗之德美，貞觀之理安，且猶務得人心，其勤若此。高宗始年，亦親聽納故，當時歸美，以爲有貞觀之風，數十年間，天下無事。承平之業滋久，倦勤之意頗彰，燕居益深，接下彌簡，卒有嗣聖臨朝，天授革命。豈不以經邦之道闕，疇咨於大猷；宴安之懷溺，偏信於近狎？馴致禍變，幾將傾邦，雖亂匪自他，然其失一也。玄宗躬定大難，開懷納忠，剋己從諫，尊用舊老，大臣不敢壅下情，私昵不敢干公議，朝清道泰，垂三十年。謂化已行，謂安可保，貪權竊柄者則曰『德如堯、舜矣，焉用勞神』；承意趨媚者則曰『時已太平矣，胡不爲樂』。有深謀遠慮者，謂之迂誕驚衆；有讜言切諫者，謂之誹謗邀名。至尊收視於穆清，上宰養威於廊廟，議曹以頌美爲奉職，法吏以識旨爲當官，司府以厚斂爲公忠，權門以多賂爲聞望。大盜一興，至今爲梗，豈不以忽於戎備，逸於居安，憚忠骾之咈心，甘諛詐之從欲，漸漬不聞其失，以至於大失者乎？陛下以明威照臨，以嚴法制斷，流弊日久，浚恒太深。遠者驚疑而阻命，逃死之亂作；近者畏懾而偷容，避罪之態生。君臣意乖，上下情隔。睿誠不布於羣物，物情不達於睿聰。臣於往年，曾任御史，獲奉朝謁，僅欲半年。陛下嚴邃高居，未嘗降旨臨問，羣臣跼蹐趨退，亦不列事奏陳。軒墀之間，且未相諭，宇宙之廣，何由自通？雖復例對使臣，别延宰輔，既殊師錫，且異公言。未行者則戒以樞密勿論，已行者又謂之遂事不諫，漸生拘礙，動涉猜嫌。由是人各隱情，以言爲諱。至於變亂將起，億兆同憂，獨陛下恬然不知，方謂太平可致。陛下以今日之所覩，驗往時之所聞，孰真孰虚，何得何失，則事之通塞，備詳之矣，人之情僞，盡知之矣。列聖升降之效，歷歷如彼；當今理亂之由，昭昭如此。未有不興於得衆，殆於失人，裕於僉諧，蔽於偏信。濟美因乎納諫，虧德由乎自賢。將欲悔禍徼福，去危從安，若不循太宗創業之規鑒，天寶致亂之所以，懲今者遷幸之所由，則何以孚聖懷，彰令聞，新遠邇之聽，歸反側之心乎？」上乃遣使諭之，曰：「朕本性甚好推誠，亦能納諫。將謂君臣一體，全不隄防，緣推誠信不疑，多被姦人賣弄。今所致患害，朕思亦無它，其失反在推誠。又諫官論事，少能慎密，例自矜衒，歸過於朕以自取名。朕從即位以來，見奏對論事甚多，大抵皆是雷同，道聽塗説，試加質問，遽即辭窮。若有奇才異能，在朕豈惜拔擢？朕見從前以來，事祇如此，所以近來不多取次對人，亦非倦於接納。卿宜悉此意。」贄上疏曰：「臣竊謂天子之道，與天同功。天不以地有惡木而廢發生，天子不以時有小人而廢聽納。帝王之盛，莫盛於堯，雖四凶在朝，而僉議靡輟。昔人有因噎而廢食者，又有懼溺而自沉者，其爲矯枉防患之慮，豈不過哉！願陛下取鑒於兹，勿以小虞而妨大道。臣聞人之所助在乎信，信之所立由乎誠，循誠於中，然後俾衆無惑；存信於己，可以教人不欺。惟信與誠，有補無失。一不誠則心莫之保，一不信則言莫之行。故聖人重焉，以爲食可去，而信不可失。又曰：『誠者物之終始，不誠無物。』王者賴人之誠以自固，而可不誠於人乎？陛下所謂失於誠信以致患害者，臣竊以爲過矣。衆庶者至愚而神，故馭之以智則詐，示之以疑則偷。接不以禮，則徇義之意輕；撫不以恩，則效忠之情薄。上行之，則下從之；上施之，則下報之。若不盡於己，而望盡於人，衆必怠而不從矣；不誠於前，而曰誠於後，衆必疑而不信矣。今方岳有不誠於國者，陛下則興師以伐之；臣庶有虧信於上者，陛下則出令以誅之。蓋以陛下之所有，責彼之所無故也。向若陛下不誠於物，不信於人，人將有辭，何以致討？是知誠信之道，不可斯須去身。願陛下慎守而行之有加，恐非所以爲悔者也。臣聞仲虺述成湯之德曰『用人惟己，改過不吝』；《周詩》吉甫美宣王之功曰『衮職有闕，惟仲山甫補之』。成湯，聖君也。仲虺，聖輔也。以聖輔而贊揚聖君，不稱其無過，而稱其改過。周宣，中興之賢主也。吉甫，文武之賢臣也。以賢臣而歌誦賢主，不美其無闕，而美其補闕。是則聖賢之意較然著明，唯以改過爲貴，蓋爲人之行己，必有過差，上智下愚，俱所不免。智者改過而遷善，愚者恥過而遂非。遷善則其德日新，是爲君子；

遂非則其惡彌積，斯謂小人。故聞義能徙者，常情之所難；從諫勿咈者，聖人之所尚。太宗文皇帝以虛受爲理本，以直言爲國華。有面折廷爭者，必爲霽雷霆之威，而明言獎納；有上封獻議者，必爲黜心意之欲，而手勑褒揚。故得有過必知，知而必改。且以太宗休烈，可謂盛矣，然而人到于今稱詠，以爲道冠前古，澤被無窮者，則從諫改過爲其首焉。是知諫而能從，過而能改，帝王之美，莫大於斯。陛下所謂『諫官論事，少能慎密，例自矜衒，歸過於朕』者，臣以爲不密自矜，信非忠厚，其於聖德，固亦無虧。陛下若納諫不違，則傳之適足增美。陛下若違諫不納，又安能禁之勿傳？願以貞觀故事爲楷模，不可謂此爲歸過，而絕直言之路也。臣聞聖賢爲理，務詢衆心，侈言無驗不必用，質言當理不必違，辭拙而效速者不必愚，言甘而利重者不必智。是皆考之以實，慮之以終，其用無他，唯善所在，則可以盡天下之理，見天下之心。陛下所謂『比見奏對論事，皆是雷同，道聽塗說』者，臣竊以衆多之議，足見人情，必有可行，亦有可畏，恐不宜一槩輕侮，而莫之省納也。陛下又謂『試加質問，即便辭窮』者，臣恐陛下雖窮其辭，而未盡其理，能服其口，而未服其心。臣每讀史書，見亂多理少，因懷感歎，竊謂爲下者莫不願忠，爲上者莫不求理，然而下每苦上之不理，上每苦下之不忠，若是者何？兩情不通故也。下之情莫不願達於上，上之情莫不求知於下，然而下恒苦上之難達，上恒苦下之難知，若是者何？九弊不去故也。所謂九弊者，上有其六而下有其三：好勝人，恥聞過，騁辯給，眩聰明，厲威嚴，恣彊愎，此六者，君上之弊也。諂諛，顧望，畏懦，此三者，臣下之弊也。上好勝必甘於佞辭，上恥過必忌於直諫，如是則下之諂諛者順旨而忠實之語不聞矣。上騁辯必勦説而折人以言，上眩明必臆度而虞人以詐，如是則下之顧望者自便而切磨之辭不盡矣。上厲威必不能降情以接物，上恣愎必不能引咎以受規，如是則下之畏懦者避辜而情理之説不申矣。夫以區域之大，生靈之多，宫闕之重深，高卑之限隔，自黎獻而上，獲覩至尊者，踰億兆而無一焉。就獲覩之中，得接言議者，又千萬不一。幸而得接者，猶有九弊居其間，則上下之情所通鮮矣。上情不通於下則人惑，下情不通於上則君疑。疑則不納其誠，惑則不從其令。誠而不見納，則應之以悖；令而不見從，則加之以刑。下悖上刑，不敗何待？昔趙武吶吶而爲晉賢臣，絳侯木訥而爲漢元輔。口給者事或非信，辭屈者理或未窮。人之難知，堯、舜所病，胡可以一疇一詰而謂盡其能哉！以此察天下之情，固多失實；以此輕天下之士，必有遺才。臣是以竊慮陛下雖窮其辭，而未窮其理；能服其口，而未服其心也。古之王者，明四目，達四聰，蓋欲幽抑之必通，且求聞己之過也。垂旒於前，黈纊於側，蓋惡視聽之太察，唯恐彰人之非也。降及末代，則反於斯，聰明不務通物情，視聽祇以伺罪釁，與衆違欲，與道乖方，於是相尚以言，相示以智，相冒以詐，而君臣之義薄矣。夫欲理天下，而不務於得人心，則天下固不可理矣。務得人心，而不勤於接下，則人心固不可得矣。務勤接下，而不辨君子、小人，則下固不可接矣。務辨君子、小人，而惡其言過，悦其順己，則君子、小人固不可辨矣。趣和求媚，人之甚利存焉；犯顔取怨，人之甚害存焉。居上者易其害，而以美利利之，猶懼忠告之不莪，況有踈隔而勿接，又有猜忌而加損者乎！伏願廣接下之道，開奬善之門，弘納諫之懷，勵推誠之美。其接下也，虚心以盡其言，端意以詳其理，不禦人以給，不自眩以明。如權衡之懸，不作輕重，故輕重自辨【一〇】；如水鏡之設，無意妍蚩，而妍蚩自彰。如此，則接下之要備矣。其奬善也，求之若不及，用之懼不周。如梓之任材，曲直當分；如海之歸水，洪涓必容。不忌怨，不避親，不抉瑕【一一】，不求備，不以人廢舉，不以己格人，如此，則奬善之道得矣。其納諫也，以補過爲心，以來過爲急，以能改其過爲善，以得聞其過爲明。故諫者多，表我之能好；諫者直，示我之能賢；諫者之狂誣，明我之能恕；諫者之漏泄，彰我之能從。有一于斯，皆爲盛德。是則人君之與諫者交相益之道也。諫者有失中，而君無不美，如此，則納諫之德光矣。其推誠也，在彰信，在任人。彰信不務於盡言，所貴乎出言則可復；任人不可以無擇，所貴乎已擇則不疑。言而必誠，然後可以求人之聽命；任而勿貳，然後可以責人之成功。誠信一虧，則百事無不紕繆；疑貳一起，則羣下莫不憂虞。是故言或乖宜，可引過以改其言，而不可苟也；任或乖當，可求賢以代其任，而不可疑也。如此，則推誠之義乎矣。惟陛下詳省所闕，亟行所宜，臣之願也，億兆之福也。」上頗采用其言。范氏曰：「德宗播遷幾於亡國，不能反求諸己，而以爲失在推誠；既過而不改，又諫而不從，乃疑臣下之揚其惡，

【一〇】故輕重自辨　「重」原作「車」，據《歷代名臣奏議》卷二百一改。

【一一】不抉瑕　「瑕」原作「暇」，據《歷代名臣奏議》卷二百一改。

而掠其美，固不復以聽納爲事。甚矣，其無人君之德也！陸贄之言，曲盡其情，考其聽從，曾無一二。臣故剟其大略，以見德宗之性與其行事，以爲戒焉。」是時，李懷光以數千里赴難，盧杞等沮之，使不得入見天子，頓兵不進，數上表暴揚杞等過惡，衆論喧騰，亦咎杞等。十二月，貶杞新州司馬，白志貞恩州司馬，趙贊播州司馬。

以翰林學士祠部員外郎陸贄爲考功郎中。贄上奏，辭以：「初到奉天，扈從將吏例加兩階，今翰林獨遷官。夫行罰先貴近而後卑遠，則令不犯；行賞先卑遠而後貴近，則功不遺。望先録大勞，次徧羣品，則臣亦不敢獨辭。」上不許。

陸贄言於上曰：「今盗遍天下，輿駕播遷，陛下宜痛自引過以感人心。昔成湯以罪己勃興，楚昭以善言復國。陛下誠能不吝改過，以言謝天下，使書詔無所避忌，臣雖愚陋，可以仰副聖情，庶令反側之徒革心向化。」上然之，故奉天所下書詔，雖驕將悍卒聞之無不感激揮涕。術者上言：「國家厄運，宜有變更以應時數。」羣臣請更加尊號一二字。上以問陸贄，贄上奏，以爲不可，其略曰：「尊號之興，本非古制。行於安泰之日，已累謙冲；襲乎喪亂之時，尤傷事體。」又曰：「嬴秦德衰，兼皇與帝，始總稱之。流及後代，昏僻之君，乃有聖劉、天元之號。是知人主輕重，不在名稱。損之有謙光稽古之善，崇之獲矜能納諂之譏。」又曰：「必也俯稽術數，須有變更，與其增美稱而失人心，不若黜舊號以祗天戒。」上納其言，但改年號而已。上又以中書所撰赦文示贄，贄上言，以爲：「動人以言，所感已淺，言又不切，人誰肯懷？今兹德音，悔過之意不得不深，引咎之辭不得不盡，洗刷疵垢，宣暢鬱堙，使人人各得所欲，則何有不從者乎？應須改革事條，謹具别狀同進，捨此之外，尚有所虞。竊以知過非難，改過爲難；言善非難，行善爲難。假使赦文至精，止於知過言善，猶願聖慮更思所難。」上然之。

興元元年，春，正月，癸酉朔，赦天下，改元。制曰：「致理興化，必在推誠；忘己濟人，不吝改過。朕嗣服丕構，君臨萬邦，失守宗祧，越在草莽。不念率德，誠莫追於既往；永言思咎，期在復於將來。明徵其義，以示天下。小子懼德不嗣，罔敢怠荒。然以長于深宫之中，暗於經國之務，積習易溺，居安忘危，不知稼穡之艱難，不恤征戍之勞苦，澤靡下究，情未上通，事既擁隔，人懷疑阻。猶昧省己，遂用興戎，徵師四方，轉餉千里，賦車籍馬，遠近騷然，行齎居送，衆庶勞止。或一日屢交鋒刃，或連年不解甲冑，祀奠乏主，室家靡依，死生流離，怨氣凝結，力役不息，田萊多荒。暴令峻於誅求，疲甿空於杼軸，轉死溝壑，離去鄉閭，邑里丘墟，人煙斷絶。天譴於上，而朕不悟；人怨於下，而朕不知。馴致亂階，變興都邑，萬品失序，九廟震驚，上累于祖宗，下負于蒸庶。痛心靦貌，罪實在予。永言愧悼，若墜泉谷。自今中外所上書奏，不得更言『聖神文武』之號。李希烈、田悦、王武俊、李納等，咸以勳舊，各守藩維，朕撫馭乖方，致其疑懼，皆由上失其道而下罹其災，朕實不君，人則何罪？宜并所管將吏等一切待之如初。朱滔雖緣朱泚連坐，路遠必不同謀，念其舊勳，務在弘貸，如能效順，亦與惟新。朱泚反易天常，盗竊名器，暴犯陵寢，所不忍言，獲罪祖宗，朕不敢赦。其脅從將吏百姓等，但官軍未到京城以前，去逆效順並散歸本道、本軍者，並從赦例。諸軍、諸道應赴奉天及進收京城將士，並賜名奉天定難功臣。其所加墊陌錢、税間架、竹、木、茶、漆、榷鐵之類，悉宜停罷。」赦下，四方人心大悦。及上還長安明年，李抱真入朝爲上言：「山東宣布赦書，士卒皆感泣。臣見人情如此，知賊不足平也！」命兵部員外郎李充爲恒冀宣慰使。王武俊、田悦、李納見赦令，皆去王號，上表謝罪。惟李希烈自恃兵彊財富，遂謀稱帝。時朱泚更國號漢。

上於行宫廡下貯諸道貢獻之物，榜曰「瓊林大盈庫」。陸贄上疏諫曰：「臣聞作法於凉，其弊猶貪；作法於貪，弊將安救？示人以義，其患猶私；示人以私，患必難弭。故聖人之立教也，賤貨而尊禮，遠利而尚廉。天子不問有無，諸侯不言多少，百乘之室，不蓄聚歛之臣。夫豈皆能忘其欲賄之心哉！誠懼賄之生人心而開禍端，傷風教而亂邦家耳。是以務鳩歛而厚其帑櫝之積者，匹夫之富也；務散發而收其兆庶之心者，天子之富也。天子所作，與天同方，生之長之，而不恃其爲；成之收之，而不私其有。付物以道，混然忘情，取之不爲貪，散之不爲費，以言乎體則博大，以言乎術則精微。亦何必撓廢公方，崇聚私貨，降至尊而代有司之守，辱萬乘以效匹夫之藏？虧法失人，誘姦聚怨，以斯制事，豈不過哉！今之瓊林、大盈，自古悉無其制，傳諸耆舊之説，皆云創自開元。貴臣貪權，飾巧求媚，乃言：『郡邑貢賦所用，盍各區分：税賦當委之有司，以給經用；貢獻宜歸乎天子，以奉私求。』玄宗悦之，新是二庫，蕩心侈欲，萌柢於兹，迨乎失邦，終以餌寇。《記》曰『貨悖而入，必悖而出』，豈其明效歟？陛下嗣位之初，務遵理道，敦行約儉，斥遠貪饕，雖内庫舊藏，未歸太府，而諸方曲獻，不入禁闈，清風肅然，海内丕變。近以寇逆亂常，鑾輿外幸，既屬憂危之運，宜增儆勵之誠。臣昨奉使軍營，出由行殿，忽覩右廊之下，牓列二庫之名，懼然若驚，不識所以，何則？天衢尚梗，師旅方殷，瘡痛呻吟之聲，噢咻未息，忠勤戰守之效，賞賚未行。而諸道貢珍，遽私别庫，萬目所視，孰能忘懷？竊揣軍情，或生觖望，吒俗昏鄙，識昧高卑，不可以尊極臨，而可以誠義感。頃者，六師初降，百物無儲，外扞凶徒，内防危堞，晝夜不息，迨將五旬，凍餒交侵，死傷相枕，畢命同力，竟夷大艱。良以陛下不厚其身，不私其欲，絶甘以同卒伍，輟食以啗功勞。無猛制而人不攜，懷所感也；無厚賞而人不怨，悉所無也。今者攻圍已解，衣食已豐，而謡讟方興，軍情稍阻，豈不以勇夫恒性，嗜貨矜功？其患難既與之同憂，而好樂不與之同利，苟異恬默，能無怨咨？此理之常，固不足怪。《記》曰：『財散則人聚，財聚則人散。』豈其殷鑒歟？衆怒難任，蓄怨終泄，其患豈徒人散而已，亦將慮有締姦鼓亂、干紀而强取者焉。夫國家作事，以公共爲心者，人必樂而從之；以私奉爲心者，人必咈而叛之。故燕昭築金臺，天下稱其賢；殷紂作玉杯，百代傳其惡：蓋爲人與爲己殊也。周文之囿百里，時患其尚小；齊宣之囿四十里，時病其太大：蓋同利與專利異也。爲人上者，當辨察兹理【一二】，洒濯

【一二】當辨察兹理　「察」原作「蔡」，據《歷代名臣奏議》卷二百六十二改。

其心，奉三無私，以壹有衆，人或不率，於是用刑，然則宣其利而禁其私，天子所恃以理天下之具也。捨此不務，而壅利行私，欲人無貪，不可得已。今兹二庫，珍幣所歸，不領度支，是行私也；不給經費，非宣利也。物情離怨，不亦宜乎！陛下誠能近想重圍之隱憂，追戒平居之專欲，器用取給，不在過豐，衣食所安，必以分下。凡在二庫貨賄，盡令出賜有功，坦然布懷，與衆同欲。是後納貢，必歸有司，每獲珍幣，先給軍賞。瓌異纖麗，一無上供，推赤心於腹中，降殊恩於望外。將卒慕陛下必信之賞，人思建功；兆庶悦陛下改過之誠，孰不歸德？如此，則亂必靖，賊必平，徐駕六龍，旋復都邑，興行墜典，整緝棼綱，乘輿有舊儀，郡國有恒賦，天子之貴，豈當憂貧！是乃散其小儲而成其大儲，損其小寶而固其大寶也。」上即命去其榜。

蕭復嘗言於上曰：「宦官自艱難以來，多爲監軍，恃恩縱横。此屬但應掌宫掖之事，不宜委以兵權國政。」上不悦。又嘗言：「陛下踐阼之初，聖德光被，自用楊炎、盧杞，黷亂朝政。今日陛下誠能變更睿志，臣敢不竭力？儻使臣依阿苟免，臣實不能。」又嘗與盧杞同奏事，杞順上旨，復正色曰：「盧杞言不正。」上愕然，退謂左右曰：「蕭復輕朕。」戊子，命復充山南東、西，荆湖，淮南，江西，鄂岳，浙江東、西，福建，嶺南等道宣慰、安撫使，實疎之也。既而劉從一及朝士往往奏留復，上謂陸贄曰：「朕思遷幸以來，江、淮遠方，或傳聞過實，欲遣重臣宣慰，謀於宰相及朝士，僉謂宜然。今乃反覆如是，朕爲之悵恨累日。意復悔行，使之論奏邪？卿知蕭復何如人【一三】，其不欲行，意趣安在？」贄上奏，以爲：「復痛自脩勵，慕爲清貞，用雖不周，行則可保。至於輕詐如此，復必不爲。借使復欲逗留，從一安肯附會？今所言矛楯，願陛下明加辨詰。若蕭復有所請求，則從一何容爲隱？若從一自有回互，則蕭復不當受疑。陛下何憚而不辨明，乃直爲此悵恨也？夫明則罔惑，辨則罔冤。惑莫甚於逆詐而不與明，冤莫痛於見疑而不與辨，是使情僞相糅，忠邪靡分。兹實居上御下之要樞，惟陛下留意！」上亦竟不復辨也。

二月，李懷光既脅朝廷逐盧杞等，内不自安，遂有異志；又惡李晟獨當一面，恐其成功，奏請與晟合軍。詔許之。晟與懷光會于咸陽西陳濤斜，築壘未畢，泚衆大至，晟謂懷光曰：「賊若固守宮苑，或曠日持久，未易攻取。今去其巢穴，敢出求戰，此天以賊賜明公，不可失也。」懷光曰：「軍適至，馬未秣，士未飯，豈可遽戰邪？」晟不得已乃就壁。晟每與懷光同出軍，懷光軍士多掠人牛馬，晟軍秋毫不犯，懷光軍士惡其異己，分所獲與之，晟軍終不敢受。懷光屯咸陽累月，逗留不進，上屢遣中使趣之，辭以士卒疲弊，且當休息觀釁。諸將數勸之攻長安，懷光不從，密與朱泚通謀，事迹頗露。李晟屢奏，恐其有變，爲所併，請移軍東渭橋。上猶冀懷光革心，收其力用，寢晟奏不下。懷光欲緩戰期，且激怒諸軍，奏言：「諸軍糧賜薄【一四】，神策獨厚，厚薄不均，難以進戰。」上以財用方窘，若糧賜皆比神策，則無以給之；不然，又逆懷光意，恐諸軍觖望。乃遣陸贄詣懷光營宣慰，因

【一三】何如人　原作「如何人」，據《資治通鑑》卷二百二十九改。

【一四】奏言諸軍糧賜薄　「奏言諸軍」四字原脱，據《資治通鑑》卷二百三十補。

召李晟參議其事。懷光意欲晟自乞減損，使失士心，沮敗其功，乃曰：「將士戰鬭同而糧賜異，何以使之協力？」贄未有言，數顧晟。晟曰：「公爲元帥，得專號令。晟將一軍，受指縱而已。至於增減衣食，公當裁之。」懷光默然，又不欲自減之，遂止。時上遣崔漢衡詣吐蕃發兵，吐蕃相尚結贊言：「蕃法：發兵，以主兵大臣爲信。今制書無懷光署名，故不敢進。」上命陸贄諭懷光，懷光固執以爲不可，曰：「若克京城【一五】，吐蕃必縱兵焚掠，誰能遏之？此一害也。前有敕旨，募士卒克城者人賞百緡，彼發兵五萬，若援敕求賞，五百萬緡何從可得？此二害也。虜騎雖來，必不先進，勒兵自固，觀我兵勢，勝則從而分功，敗則從而圖變，譎詐多端，不可親信，此三害也。」竟不肯署敕，尚結贊亦不進軍。陸贄自咸陽還，上言：「賊泚稽誅，保聚宮苑，勢窮援絶，引日偷生。懷光揔仗順之師，乘制勝之氣，鼓行芟翦，易若摧枯，而乃寇奔不追，師老不用，諸帥每欲進取，懷光輒沮其謀，據茲事情，殊不可解，陛下意在全護，委曲聽從，觀其所爲，亦未知感。若不別務規略，漸思制持，唯以姑息求安，終恐變故難測。此誠事機危迫之秋也，固不可以尋常容易處之。今李晟奏請移軍，適遇臣銜命宣慰【一六】，懷光偶論此事，臣遂汎問所宜。懷光乃云：『李晟既欲別行，某亦都不要藉。』臣猶慮有翻覆，因美其軍盛彊。懷光大自矜誇，轉有輕晟之意。臣又從容問云：『回日，或聖旨顧問事之可否，決定何如？』懷光已肆輕言，不可中變，遂云：『恩命許去，事亦無妨。』要約再三，非不詳審，雖欲追悔，固難爲辭。伏望即以

【一五】若克京城　「若」原脱，據《資治通鑑》卷二百三十補。

【一六】銜命　「銜」原作「御」，據《資治通鑑》卷二百三十改。

李晟表出付中書，敕下依奏，别賜懷光手詔，示以移軍事由。其手詔大意云：『昨得李晟奏，請移軍城東以分賊勢。朕本欲委卿商量，適會陸贄迴奏，云見卿語及於此，仍言許去事亦無妨，遂敕本軍允其所請。』如此，則詞婉而直，理順而明，雖蓄異端，何由起怨？」上從之。晟自咸陽結陳而行，歸東渭橋。時鄜坊節度使李建徽、神策行營節度使楊惠元猶與懷光聯營，陸贄復上奏曰：「懷光當管師徒，足以獨制凶寇，逗留未進，抑有他由。所患太彊，不資傍助。比者又遣李晟、李建徽、楊惠元三節度之衆附麗其營，無益成功，祇足生事。何則？四軍接壘，羣帥異心，論勢力則懸絶高卑，據職名則不相統屬。懷光輕晟等兵微位下，而忿其制不從心；晟等疑懷光養寇蓄姦，而怨其事多陵己。端居則互防飛謗，欲戰則遞恐分功，齟齬不和，嫌釁遂構，俾之同處，必不兩全。彊者惡積而後亡，弱者勢危而先覆。覆亡之禍，翹足可期。舊寇未平，新患方起，憂歎所切，實堪疚心！太上消慝於未萌，其次救失於始兆，况乎事情已露，禍難垂成，妥而不謀，何以寧亂？李晟見機慮變，先請移軍就東，建徽、惠元勢轉孤弱，爲其吞噬，理在必然，他日雖有良圖，亦恐不能自拔，拯其危急，唯在此時。今因李晟願行，便遣合軍同往，託言晟兵素少，慮爲賊泚所邀，藉此兩軍迭爲掎角，仍先諭旨，密使促裝，詔書至營，即日進路，懷光意雖不欲，然亦計無所施。是謂先人有奪人之心，疾雷不及掩耳者也。解鬬不可以不離，救焚不可以不疾，理盡於此，惟陛下圖之！」上曰：「卿所料極善。然李晟移軍，懷光不免悵望，若更遣建徽、惠元就東，恐因此生辭，轉難調息，且更俟旬時。」時李晟以爲：「懷光反狀已明，緩急宜有備，蜀、漢之路不可壅，請以裨將趙光銑等爲洋、利、劍三州刺史，各將兵五百以防未然。」上疑未決，欲親揔禁兵幸咸陽，以慰撫爲名，趣諸將進討。或謂懷光曰：「此漢祖遊雲夢之策也。」懷光大懼，反謀益甚。又加懷光太尉，賜鐵券。懷光投鐵券於地，辭氣甚悖。未幾，夜遣人襲奪李建徽、楊惠元軍。建徽走免，惠元將奔奉天，懷光遣兵道殺之。按：贊言移軍之計，可謂明於蓍蔡，而德宗不能盡從，遂使兩軍覆没，賊勢愈彊，不明之君可與言哉？

上幸梁州，時懷光遣將入奉天，驚脅乘輿，渾瑊請決幸梁州。在道，民有獻瓜果者，上欲以散試官授之，訪於陸贄，贄上奏，以爲：「爵位恒宜慎惜，不可輕用。起端雖微，流弊必大。獻瓜果者，止可賜之錢帛，不當酬以官。」上曰：「試官虚名，無損於事。」贄又上奏，其略曰：「自兵興以來，財賦不足以供賜，而官職之賞興焉，青朱雜沓於胥徒，金紫普施於輿皂。當今所病，方在爵輕，設法貴之，猶恐不重，若又自棄，將何勸人？夫誘人之方，惟名與利，名近虚而於教爲重，利近實而於德爲輕。專實利而不濟之以虚，則耗匱而物力不給；專虚名而不副之以實，則誕謾而人情不趨。故國家命秩之制，有職事官，有散官，有勳官，有爵號，然掌務而授俸者，唯繫職事之一官，此所謂施實利而寓虚名者也。其勳、散、爵號，三者所繫，大抵止於服色、資蔭而已，此所謂假虚名以佐實利者也。今之員外、試官，頗同勳、散、爵號，雖則授無費禄，受不占員，然而突銛鋒、排患難者，則以是賞之，竭筋力、展勳效者，又以是酬之。若獻瓜果者亦授試官，則彼必相謂曰：『吾以忘軀命而獲官，此以進瓜果而獲官，是乃國家以吾之軀命同於瓜果矣。』視人如草木，誰復爲用哉？今陛下既未有實利以敦勸，又不重虚名而濫施，人無藉焉，而後之立功者，將曷用爲賞哉？」

初，奉天圍既解，李楚琳遣使入貢，上不得已除鳳翔節度使，而心惡之。議者言楚琳凶逆反覆，若不隄防，恐生窺伺。由是楚琳使者數輩至，上皆不引見，留之不遣。甫至漢中，欲以渾瑊代楚琳鎮鳳翔，陸贄上奏，以爲：「楚琳殺帥助賊，其罪固大，但以乘輿未復，大憝猶存，勤王之師悉在畿内，急宣速告，晷刻是爭。商嶺則道迂且遥【一七】，駱谷復爲盗所扼，僅通王命，唯在褒斜，此路若又阻艱，南北遂將夐絶。以諸鎮危疑之勢，居二逆誘脅之中，汹汹羣情，各懷向背。儻或楚琳發憾，公肆猖狂，南塞要衝，東延巨猾，則我咽喉梗而心膂分矣。今楚琳能兩端顧望，乃是天誘其衷，故通歸塗，將濟大業。陛下誠宜深以爲念，厚加撫循，得其持疑【一八】，便足集事。必欲精求素行，追抉宿疵，則是改過不足以補愆，自新不足以贖罪。凡今將吏，豈得盡無疵瑕？人皆省思，孰免疑畏？又况阻命之輩，脅從之流，自知負恩，安敢歸化？斯釁非小，所宜速圖。伏願陛下思英主大略，勿以小不忍虧撓興復之業也【一九】。」上釋然開寤，善待楚琳使者，優詔存慰之。

上欲爲唐安公主造塔，厚葬之。按：公主，上長女也。諫議大夫、同平章事姜公輔表諫，以爲：「山南非久安之地，公主之葬，會歸上都，此宜儉薄，以副軍須之急。」上使謂陸贄曰：「唐安造塔，其費甚微，非宰相所宜論。公輔正欲指朕過失，自求名耳。相負如此，

【一七】則道迂且遥　「且」原作「日」，據《資治通鑑》卷二百三十改。

【一八】持疑　「持」，《資治通鑑》卷二百三十作「遲」。

【一九】小不忍　「小」原無，據《資治通鑑》卷二百三十補。

當如何處之？」贄上奏，以爲公輔任居宰相，遇事論諫，不當罪之，其略曰：「公輔頃與臣同在翰林，臣今據理辨直，則涉於私黨之嫌；希旨順成，則違於匡輔之義。涉嫌止貽於身患，違義實玷於君恩。徇身忘君，臣之恥也。」又曰：「惟闇惑之主，則怨讟溢於下國而耳不欲聞，腥德達于上天而心不求寤，迨乎顛覆，猶未知非。」又曰：「當問理之是非，豈論事之大小？《虞書》曰：『兢兢業業，一日二日萬幾【二〇】。』唐、虞之際，主聖臣賢，慮事之微，日至萬數。然則微之不可不重也如此，陛下又安可忽而勿念乎？」又曰：「若以諫爭爲指過，則剖心之主不宜見罪於哲王；以諫諍爲取名，則匪躬之臣不應垂訓於聖典。」又曰：「假有意將指過，諫以取名，但能聞善而遷，見諫不逆，則所指者適足以彰陛下莫大之善，所取者適足以資陛下無疆之休，因而利焉，所獲多矣。儻或怒其指過而不改，則陛下招惡直之譏，黜其取名而不容，則陛下被違諫之謗，是乃掩己過而過彌著，損彼名而名益彰。果而行之，所失大矣！」上意猶怒，罷公輔爲左庶子。

上問陸贄：「近有卑官自山北來者，率非良士。有邢建者，論説賊勢，語最張皇，察其事情，頗似窺覘，今已於一所安置。如此之類，更有數人，若不追尋，恐成姦計。卿試思之，如何爲便？」贄上奏，以爲今盜據宮闕，有冒涉險遠來赴行在者，當量加恩賞，豈得復猜慮拘囚？其略曰：「以一人之聽覽而欲窮宇宙之變態，以一人之防慮而欲勝億兆之姦欺，役智彌精，失道彌遠。項籍納秦降卒二十萬，慮其懷詐復叛，一舉而盡阬之，其於防

【二〇】萬幾　「幾」原作「機」，據《資治通鑑》卷二百三十及《尚書·皋陶謨》改。

虞，亦已甚矣！漢高豁達大度，天下之士至者，納用不疑，其於備慮，可謂疏矣！然而項氏以滅，劉氏以昌，蓄疑之與推誠，其效固不同也。秦皇嚴肅雄猜，而荆軻奮其陰計；光武寬容博厚，而馬援輸其款誠。豈不以虚懷待人，人亦思附；任數御物，物終不親？情思附則感而悦之，雖寇讎化爲心膂矣；意不親則懼而阻之，雖骨肉結爲仇慝矣。」又曰：「陛下智出庶物，有輕待人臣之心；思周萬機，有獨馭區寓之意；謀吞衆略，有過慎之防；明照羣情，有先事之察；嚴束百辟，有任刑致理之規；威制四方，有以力勝殘之志。由是才能者怨於不任，忠藎者憂於見疑，著勳業者懼於不容，懷反側者迫於攻討，馴致離叛，構成禍災。天子所作，天下式瞻，小猶慎之，矧又非小！願陛下以覆車之轍爲戒，實宗社無疆之休！」范氏曰：「德宗好察而不明，是以致亂而不自知。其非陸贄欲正其心術，故必原其禍之所起而極論之，使之懲既往之失，防未來之悔也。《詩》曰：『猶之未遠，是用大諫。』陸贄有焉。」

時曲環所領將士，悉無離叛，贄上疏請優奬之，其略曰：「曲環所領一軍，悉朱泚部曲。今之元兇，乃其舊帥，岐下則楚琳助亂，薊門則朱滔黨姦。獨此一軍，漂然河上，其營幕則寄于他土，其家屬則陷於匪人。又屬汴路艱虞，浚城陷覆，糧餉屢絶，資裝久殫，士卒常情，固難安處，是宜潰歸舊管，否則散適樂郊。而曲環撫之，悉無離叛，孤軍自守，亦不苟從。處危能安，問難輒赴，甚推齊肅，累著功勳，將帥之中，罕有環比。考其才節，絶有過人，但緣羈寓多時，窮匱轉甚，繼陳章奏，言極酸辛。告急朝廷，則力未能救；求哀郡府，則人莫見憂。覽其辭情，可爲流涕。若失於應接，則終以危亡，良將義徒，實在深惜。因賜劉洽手詔，亦委加意保持，若得自存，必有成績。」

時蕭復勸上幸江陵，上以復表示贄，以謂：「表狀之中張皇頗甚，卿宜審觀其意，斟酌奏陳。」贄言：「伏覩其表，兼揣其情，蓋以遠路傳聞，事多失實。大臣獻納，務且竭誠，雖有過當之虞、失中之策，但宜勿用，不足爲尤，何則？駐蹕奉天，迍難已甚，況又不駐，艱危可知。復備位樞衡，奉使宣撫，忽聞變故，寧免驚憂？梁、岷之間，窮隘特甚，輦輓攸止，資奉實難。凡在戀主之誠，各懷徯后之志，是以延賞奉迎於西蜀，韓滉望幸於東吴。此乃臣子之常情，古今之通理。蕭復所請，亦類於斯。事雖非宜，意則可恕。」

上遣中使諭贄：「假使復無他意，終是不識事宜。今欲除爲福建觀察使，去就亦應得所。」贄奏：「頃以盜興都邑，駕適郊畿，陛下悔征賦之繁，念黎元之困，特遣大臣，普詢疾苦。本期還報，將議優蠲，衆情顒顒，日望上達。今若未終前命，遽授遠藩，則是膏澤將布而復收，涣汗已發而中廢，事既失望，人何以觀！儻慮處事乖方，不欲淹留在外，則當諭以詔旨，趣其歸程。遠郡巡歷未周，但令副使分往。待其復命，親訪物情，革弊垂恩，用符德號。使務既畢，能否益彰，徐擇所宜，以圖進退。庶於事體，允得厥中。」

初，上使諭吐蕃遣兵同收京城，吐蕃聽命。五月，渾瑊奏：「吐蕃尚結贊屢遣人約刻日共取長安，既而不至，聞其衆今春大疫，近已引兵去。」上以李晟、渾瑊兵少，欲倚吐蕃以復京城，聞其去，甚憂之，以問陸贄。贄以爲吐蕃貪狡，有害無益，得其引去，實可欣賀。乃上奏，其略曰：「吐蕃遷延觀望，翻覆多端，深入郊畿，陰受賊使，致令羣帥進退憂虞，欲捨之獨前，則慮其懷怨乘躡；欲待之合勢，則苦其失信稽延。戎若未歸，寇終不滅。」又曰：「將帥意陛下不見信任，且患蕃戎之奪其功；士卒恐陛下不恤舊勞，而畏蕃戎之專其利；賊黨懼蕃戎之勝，不死則悉遺之擒；百姓畏蕃戎之來，有財必盡爲所掠。是以順於王化者，其心不得不怠；陷於寇境者，其勢不得不堅。」又曰：「今懷光別保蒲、絳，吐蕃遠避封疆，形勢既分，腹背無患，瑊、晟諸帥，才力得伸。」又曰：「但願陛下慎於撫接，勤於砥礪，中興大業，旬月可期，不宜尚眷眷於犬羊之羣，以失將士之情也。」上復使謂贄曰：「卿言吐蕃形勢甚善，然瑊、晟諸軍當議規畫，令其進取。朕欲遣使宣慰，卿宜審細條疏以聞。」贄以爲：「賢君選將，委任責成，故能有功。況今秦、梁千里，兵勢無常，遥爲規畫，未必合宜。彼違命則失君威，從命則害軍事，進退羈礙，難以成功。不若假以便宜之權，待以殊常之賞，則將帥感悦，智勇得伸。」乃上奏，其略曰：「鋒鏑交於原野而決策於九重之中，機會變於斯須而定計於千里之外，用捨相礙，否臧皆凶。上有掣肘之譏，下無死綏之志。」又曰：「傳聞與指實不同，懸筭與臨事有異。」又曰：「設使其中或有肆情于命者，陛下能於此時戮其違詔之罪乎？是則違命者既不果行罰，從命者又未必合宜，徒費空言，祇勞睿慮，匪唯無益，其損實多。」又曰：「君上之權，特異臣下，惟不自用，乃能用人。」范氏曰：「《易·師》之六五曰：『長子帥師，弟子輿尸。正凶。』六五爲師之主，制師之命者也。長子人之帥也，故行師則吉；弟子聽於人者也，故雖正而凶。然則師之道，在擇人而委任之，不可以牽制也，而人君常欲權出於己，或不欲功歸於人，將在外而以君命制之，兵從中御，未有能成功者也。」

六月，上問陸贄：「今望鳳翔有迎駕諸軍【一二一】，形勢甚盛，欲因此遣人代李楚琳，何如？」贄上奏，以爲：「如此則事同脅執，以言乎除亂則不武，以言乎務理則不誠，用是時巡，後將安入？議者或謂之權【一二二】，臣竊未諭其理。夫權之爲義，取類權衡，今輦路所經，首行脅奪，易一帥而虧萬乘之義，得一方而結四海之疑，乃是重其所輕而輕其所重，謂之權也，不亦反乎？以反道爲權，以任數爲智，君上行之必失衆，臣下用之必陷身，歷代之所以多喪亂而長姦邪，由此誤也。不如俟奠枕京邑，徵授一官，彼喜於恩宥，將奔走不暇，安敢輒有旅拒，復勞誅鉏哉！」是時，李晟已獲長安，車駕將發漢中。胡氏曰：「孔子曰『可與立，未可與權』，此句絶也。『唐棣之華，偏其反而，豈不爾思？室是遠而。』其義不與上相承，仲尼舉《詩》以明『未之思也，何遠』之意耳。訓詁家乃貫之爲一，謂唐棣之華，一反一正，以喻用權者當反經以合道，於是權之義不明於天下，而變詐術數之事行矣。『湯伐桀，升自陑』，道所當從也，先儒乃曰『出其不意』。文王脱羑里，固自若也，先儒乃曰『陰脩德政』。武王見紂不悛，誓衆往伐，非觀兵也，先儒乃曰『退而示弱』。至如孔子與蒲人盟，不適衛而卒適衛，佛肸召，既欲往而卒不往，若此之類，皆以反經合道斷之，由誤讀《論語》也。其流之失，至於弒君篡國者，以爲逆取而順守之。陸贄之師承不可考，然所學甚正，觀其陳輕重之義，破反道之説，此固鄒、魯正傳，秦、漢諸儒不能及者，宜其操守堅固，議論端實，

【一二一】今望鳳翔　「望」，《資治通鑑》卷二百三十一作「至」。

【一二二】或謂之權　「權」後原衍「宜」字，據《資治通鑑》卷二百三十一删。

猷爲通達而不畔於道也。使遇唐太宗，其效不在魏文貞之下矣。」

帝欲以内外從官普號「定難元從功臣」。贄曰：「宫官具僚，恪居奔走，勞則有之，何功之云？難則當之，何定之云？今與奮命者齒，恐沮戰士之心，結勳臣之憤。」帝乃止。

京師已平，帝欲詔渾瑊訪奔亡宫人，給裝使赴行在。贄諫曰：「大難始平，而百役疲瘵之甿、重傷殘廢之卒，皆忍死扶杖【一二三】，想聞聽音。蓋事有先後，義有輕重，重者宜先，輕者宜後。昔武王克殷，有未及下車而爲之者，有下車而爲之者。當今所務，謂宜以大臣馳傳，迎復神主，脩飭郊壇，展禋享之禮，申告謝之意。恤死義，犒有功，崇進忠直，優問耆耋；定反側，寬脅從，官失職，復廢業：是宜先不可後也。葺宫室，治服玩，耳目之娱，巾櫛之侍，皆宜後不可先也。且内人當離潰之後，或爲將士所私。昔人掩絶纓、飲盜馬者，豈忘其愛耶？知爲君之體然也。天下固多褻人，何必獨此？」帝不復下詔，猶遣使諭瑊資遣。

貞元元年八月，馬燧等既平河中。按：是月，懷光將徐庭光守長春宫，馬燧諭降之。燧與諸軍至河西，懷光縊死，河中平。上問贄以處置之宜，贄奏：「臣聞禍或生福，福亦生禍，喪有得之理，得有喪之端。故晉勝鄢陵，范燮祈死；吴克勁越，夫差啓殃。是知福不可以屢徼幸【一二四】，得不可以常覬覦。居福而慮禍，則其福可保；見得而忘喪，則其喪必臻。臣竊懼諂諛希旨之徒，險躁生事之輩，幸凶醜覆亡之會，揣英主削平之心，必將競效甘言，誘開利欲，謂

【一二三】皆忍死扶杖　「杖」，《新唐書》卷一百五十七作「疾」。

【一二四】知福不可以屢徼幸　「屢」，《全唐文》卷四百七十二作「久」。

王師所向莫敵，謂餘孽指顧可平，請迴蒲坂之戈，復起淮沂之役。斯議一啓，必爲亂階。故微臣姑以生禍爲憂，而未敢以獲福爲賀也。何則？建中之難，其事可徵。始以蓄憾而隘於含容，惑於亟勝而輕於戰伐，故文喜之討，涇上之瘡痛未平；崇義之征，漢南之芟夷繼起。人不見恤，惟戮是聞，有辜無辜，不敢自保。是以抱釁反側者，懼鈇鉞之次加；畏禍危疑者，慮猜譖之交及。遂乃盇結以拒討，狼顧以背恩。于時海内大摇，物情幾去，天命莫保於寸晷，王威不出於一城。然陛下懷悔過之深誠，降非常之大號，知黷武窮兵之長亂，知急征重斂之勦財，知殘人肆欲之取危，知違衆率心之稔慝，知烝庶困極之興怨，知上下鬱堙之失情。德音涣然，與之更始，所在宣敭之際，聞者莫不涕流。懷梟鵰以好音，消祲沴爲和氣，由是姦回易慮，黎獻歸心。假王叛涣之夫，削僞號以請罪。德澤將竭而重霈，君臣已絶而更交，天下之情翕然一變。曩討之而愈叛，今釋之而畢來；曩以百萬之師而力殫，今以咫尺之詔而化洽。是則聖王之敷理道，服暴人，任德而不任兵明矣。羣帥之悖臣禮，拒天誅，圖活而不圖亡又明矣。懷生畏死，蠢動之大情；慮危求安，品物之恒性。有天下而子百姓者，以天下之欲爲欲，以百姓之心爲心，固當遂其所懷，去其所畏，給其所求，使家家自寧，人人自遂。家苟寧矣，國亦同焉；人苟遂矣，君亦泰焉。是則好生以及物者，乃自生之方；施安以及物者，乃自安之術。擠彼於死地，而求此之久生也，從古及今，未之有焉；措彼於危地，而求此之久安也，從古及今，亦未之有焉。是以昔之聖王，知生者人之所樂，而己亦樂之，故與人同其生，則上下之樂兼得矣；知安者人之所利，而己亦利之，故與人共其安，則公私之利兩全矣。其有反易常理，昏迷不恭，則當外察崛强之由，内省撫馭之失，脩近以來遠，檢身而率人。故《書》曰『惟干戈省厥躬』，又曰『舞干羽于兩階，七旬有苗格』，孔子曰『遠人不服，則修文德以來之，既來之，則安之』，此其證也。如或昧於懷柔，務在攻取，不思教化之未至，不疵誠感之未孚，惟峻威是臨，惟忿心是肆。叛者不賓，則命致討；討者不克，則將議刑。是使負釁者懼必死之誅，奉辭者慮無功之責，編甿以困於杼軸而思變，士卒以憚於死喪而念歸，萬情相攻，亂豈有定？一夫不率，闔境罹殃；一境不寧，普天致擾。兵拏禍結，變起百端。故孔子曰：『遠人不服而不能來也，邦分崩離析而不能守也，而謀動干戈於邦内，吾恐季孫之憂，不在顓臾，而在蕭牆之内矣。』此蓋必然之常理，至當之格言，足以为明鑑元龜，貫百王而不易者也。事乃反覆，得無懼乎？頃以東北孽徒，職貢廢闕，陛下忿其違命，大舉甲兵，至令逆泚誘姦，乘釁而動。所備之寇，猶遠介於河山；不虞之戒，已竊發於都輦。蕭牆之戒，不其信歟！前典垂訓既如彼，近事明驗又如此，所以德音叙哀痛之情，悔征伐之事，引衆慝以咎己，布明信以示人。由是億兆汙人，四三叛帥，感陛下自新之旨，悦陛下盛德之言，革面易辭，具脩臣禮，其於深心密議【二五】，固亦未盡坦然。必當聚黨而謀，傾耳而聽，觀陛下所行之事，考陛下所誓之言。若言與事符，則遷善之心漸固；儻事與言背，則慮禍之態復興。

【二五】深心密議　「心」，《歷代名臣奏議》卷八十作「言」。

自京邑底寧，乘輿旋返，屬懷光繼亂，天討又行，息兵之言，我則未復。山東羣帥，所以未敢生辭者，蓋爲河中之地，密近王城，迫於朝夕之虞，不得不剪除之爾。今若改轅移旆，復指淮西，則淮西元凶，必將誑脅其同惡之徒，間説於新附之帥，謂之曰『奉天息兵之旨，乃因窘急而言，朝廷稍安，必復誅伐』。彼之蓄素疑而懷宿負者，能不爲之動心哉！凡將圖終，必在慎始，禍機一發，難可復追。夫君之大柄，在惠與威，二者兼行，廢一不可。惠而罔威則不畏，威而罔惠則不懷。善爲國者，宣惠以養威，蓄威以尊惠，威而能養則不挫，惠而見尊則有恩，是以惠與威交相蓄也，威與惠互相行也。今皇運中興，天禍將悔，逆泚、懷光【二六】，相次梟殄，實衆慝驚心之日，羣生改觀之時。威則已行，惠猶未洽。誠宜上副天眷，下收物情，布恤人之惠以濟威，乘滅賊之威以行惠。宥河中染汚之黨，悉無所問；赦淮右僭逆之罪，咸與惟新。蠲貸疲甿，休罷戰士，符往歲息兵之令以彰信，丕大君含垢之德以布仁。凡危疑懼討者必將曰：『淮右僭逆之罪且赦矣，吾屬何患焉？』凡在脅從同惡者必將曰：『河中染汚之黨且宥矣，吾獨何病焉？』凡在倦苦思安者必將曰：『吾君有戰勝之師，抑而不驕，信乎其罷征矣。』凡在凋殘望理者必將曰：『吾君有嫉亂之憤，忍而不攄，信乎其恤隱矣。』天下之心若此，而禍亂不息、理道不行者無之。臣所未敢保其必從，唯希烈一人而已。縱未順命，斯爲獨夫，內則無辭以起兵，外則無類以求助，其計不過厚撫部曲，偷容歲時，心雖陸梁，勢必不敢。陛下但勑諸鎮，各守封疆，彼既氣奪算

【二六】逆泚懷光　此句《資治通鑑》卷二百三十二作「以逆泚之」。

窮，是乃狴牢之虜，不有人禍，則當鬼誅。古所謂『不戰屈人之兵』者【二七】，斯之謂歟！今若不顧機宜，復興戎役，瀆威而蔑惠，捨易而即難，是棄明信而務忿心，假敵辭而資寇援，窮者不暇恤，勞者不得居，國之安危，或未可保。願陛下難之慎之！」按：贄自是無復論奏，胡氏以爲李泌既用，贄以爲三朝舊人，故遜之。當考。

贄在翰林，爲上所親信，居艱難中，雖有宰相，大小之事上必與贄謀之，故當時謂之内相。然贄數直諫，迕上意，盧杞雖貶官，上心庇之。贄極言杞姦邪致亂，上雖貌從，心頗不悦，故劉從一、姜公輔皆自下陳登用，贄恩遇雖隆，未得爲相。《新史》云：「初，劉從一、姜公輔等材下，不逮贄遠甚，徒以單言暫謀偶有合，由下位建臺宰。而贄孤立一意，爲左右權倖沮短，又言無所回諱，陰失帝意，久之不得宰相。還京，但爲中書舍人。母韋猶在江東，帝遣中人迎還京師。俄以喪解官，客東都。諸方賵遺一不取，惟韋臯以布衣交，先以聞，故所致稱詔受之。又詔中人護父柩至自吳會，葬洛陽。服除，以權知兵部侍郎復召爲學士。入謝，伏地鯁泣，帝改容慰撫。眷遇彌渥【二八】，天下屬以爲相，而竇參素不平，忌之。贄亦數言參罪失。罷學士，以兵部侍郎知貢舉。明年，參黜，乃相贄。」胡氏曰：「陸公言盧杞姦邪，在杞貶後，杞在位時，固不敢言也。視杞姦邪致亂而不言，可謂忠乎？曰：贄之言力矣，但不斥其姓名耳。初，朱泚圍奉天，上語及亂，故深自克責，贄對以『皆羣臣之罪也』，而以股肱耳目爲首。泚既退止，又問當今切務，贄曰：『羣臣所甚欲者先行之，所甚惡者先去之。百辟所患在於君臣之道隔，知事未必實，實事未必知，人各隱情以言爲諱。昔趙武呐呐而爲晉賢臣，絳侯木呐而爲漢元輔。然則口給者，事或非信，以此察天下之情，固多失矣。』凡此皆指盧杞也。贄疏既上，懷光表至，於是逐杞，蓋贄之説明辨有理，帝亦無以拒之故也。方諸詆訐毀詈者【二九】，其效優矣。贄在翰林，帝在危厄，所言十用六七；帝歸長安，贄登

【二七】屈人之兵者 「之兵」原脱，據《全唐文》卷四百七十二補。

【二八】眷遇彌渥 「彌渥」原脱，據《新唐書》卷一百五十七補。

【二九】詆訐 「訐」原誤作「許」，據文意徑改。

相位，所言十用三四。而前史乃歎贄以直言迕上，未得爲相，何其陋哉！事君言聽計行可矣，豈係於相與不相？若贄之賢，固當任輔佐；若贄之心，夫豈愛鐘鼎？自人觀之，則可云爾。使致身宰相而阿諛苟合，一無規正，又豈若淹留翰林，論思獻納之有小補也？」

# 乙下之十九

七年，夏四月，兵部侍郎陸贄爲中書侍郎、同中書門下平章事。與尚書左丞趙憬同相。陸贄請令臺省長官各舉其屬，著其名於詔書，異日考其殿最，并以升黜舉者。五月，詔行贄議。未幾，或言於上曰：「諸司所舉皆有情故，或受貨賂，不得實才。」上密諭贄：「自今除改，卿宜自擇，勿任諸司。」贄上奏，其略曰：「國朝五品以上，制敕命之，蓋宰相商議奏可者也。六品以下則旨授，蓋吏部銓材署職，詔旨畫聞而不可否者也。開元中，起居、遺、補、御史等官，猶並列於選曹。其後倖臣專朝，捨僉議而重己權，廢公舉而行私惠，是使周行庶品，苟不出時宰之意，則莫致也。」又曰：「宣行以來，纔舉十數，議其資望，既不愧於班行，考其行能，又未聞於闕敗，而議者遽以騰口上煩聖聰，道之難行，亦可知矣。請使所言之人指陳其狀，某人受賄，某舉有情，付之有司，覈其虛實。謬舉者必行其罰，誣善者亦反其辜。何必貸其姦贓，不加辨詰，私其公議，不出主名，使無辜見疑，有罪獲縱，枉直同貫，人何賴焉？又宰相不過數人，豈能徧諳多士？若令悉命羣官，理須展轉詢訪，是則變公舉爲私薦，易明敭以闇投，失人之弊，必又益甚。所以承前命官，罕不涉謗，雖則秉鈞不一，或自行情，亦由私訪所親，轉爲所賣。其弊非遠，聖鑒明知。」又曰：「今之宰相則往日臺省長官，今之臺省長官乃將來之宰相，但是職名暫異，固非行舉頓殊【一】。豈有爲長官之時，則不能舉一二屬吏；居宰相之位，則可擇千百具僚？物議悠悠，其惑斯甚。蓋尊者領其要，卑者任其詳，是以人主擇輔臣，輔臣擇庶長，庶長擇佐僚，將務得人，無易於此。夫求才貴廣，考課貴精。往者則天欲收人心，進用不次，非但人得薦士，亦得自舉其才。然而課責既嚴，進退皆速，是以當代謂知人之明，累朝賴多士之用。」又曰：「則天舉用之法，傷易而得人；陛下慎簡之規，太精而失士。」上竟追前詔不行。

六月，嶺南節度使奏：「近日海舶珍異，多就安南市易，欲遣判官就安南收市，乞命中使一人與俱【二】。」上欲從之，陸贄上言，以爲：「遠國商販，惟利是求，綏之斯來，擾之則去。廣州素爲衆舶所湊，今忽改就安南，若非侵刻過深，則必招攜失所，曾不内訟，更蕩上心。況嶺南、安南【三】，莫非王土，中使、外使，悉是王臣，豈必信嶺南而絶安南，重中使以輕外使？所奏望寢不行。」

秋，七月，户部尚書判度支班宏薨。陸贄請以前湖南觀察使李巽權判度支，上許之。既而復欲用司農少卿裴延齡，贄上言，以爲：「今之度支，準平萬貨，刻吝則生患，寬假則容姦。延齡誕妄小人，用之交駭物聽。尸禄之責，固宜及於微臣；知人之明，亦恐傷於聖覽。」上不從，以延齡判度支事。胡氏曰：「經制國用，量入爲出，宰相職也，户部度支，特行其事耳。德宗與邪棄正，惡直而喜讒，好佞而説欺，多疑而信誕。裴延齡兼是四惡，故得入其説。惜乎，陸相論之之不詳，去之之不力

【一】行舉　原作「行業」，據《資治通鑑》卷二百三十四改。

【二】一人與俱　「人」原作「使」，據《資治通鑑》卷二百三十四改。

【三】況嶺南安南　「況」原作「信」，據《資治通鑑》卷二百三十四改。

也。過是則姤陰日進，陽道將剥，不可遏矣！論之詳，去之力，而猶下行焉；奉身而亦愈於他日，譖疾之深，禍釁之大，而贄猶隱忍以居位，是再失之也。」

河南、北、江、淮、荆、襄、陳、許等四十餘州大水，溺死者二萬餘人，陸贄請遣使賑撫。上曰：「聞所損殊少，即議優恤【四】，恐生姦欺。」贄上奏，其略曰：「流俗之弊，多徇謟諛，揣所悦意則侈其言，度所惡聞則小其事，制備失所，恒病於斯。」又曰：「所費者財用，所收者人心，苟不失人【五】，何憂乏用？」上許爲遣使，而曰：「淮西貢賦既闕，不必遣使。」贄復上奏，以爲【六】：「陛下息師含垢，宥彼渠魁，惟兹下人，所宜矜恤【七】。昔秦、晉饑敵，穆公猶救其饑，況帝王柔萬邦，惟德與義？寧人負我，無我負人！」八月，遣中書舍人京兆奚陟等宣撫諸道水災。胡氏曰：「自漢初，有『寧我負人，无人負我』之説，凡尚詐謀、爭功利者，率用之，終亦自蹈其患。人之所以異於夷狄禽獸者，以其有仁義之心也。禽獸者，飲食搏噬而已。夷狄尚力，而有知焉，故幾於人；既人矣，則當以仁存心，以義行事，全其所以爲人者。今曰『寧我負人，无人負我』，此夷狄猶或不爲也，然英雄姦傑圖非所圖，而虞人害己，周身之計鮮不出此，則未有知反其失如陸相之言者。嗟乎！無我負人，推而盡也，忠恕之道也；寧人負我，守而固也，知命之事也。敬輿之學，愚既於其論權而得之矣，今又以此見之，其真洙泗之徒歟！是故可爲君子道，難與克伐怨欲者言也。」

陸贄上言，以邊儲不贍，由措置失當，蓄斂乖宜，其略曰：「所謂措置失當者，戍卒不隷於守臣，守臣不摠於元帥。至有一城之將，一旅之兵，各降中使監臨，皆承别詔委任。分鎮亘千里之地，莫相率從；緣邊列十萬之師，不設謀主。每有寇至，方馳書奏，比蒙徵

【四】即議優恤　「優」原作「擾」，據《資治通鑑》卷二百三十四改。

【五】苟不失人　「人」原脱，據《資治通鑑》卷二百三十四補。

【六】以爲　「爲」原脱，據《資治通鑑》卷二百三十四補。

【七】矜恤　「矜」原作「務」，據《資治通鑑》卷二百三十四改。

發救援，寇已獲勝罷歸。吐蕃之比於中國，衆寡不敵，工拙不侔，然而彼攻有餘，我守不足。蓋彼之號令由將，而我之節制在朝；彼之兵衆合并，而我之部分離析故也。所謂蓄斂乖宜者，陛下頃設就軍、和糴之法以省運，制與人加倍之價以勸農，此令初行，人皆悦慕，而有司競爲苟且，專事纖嗇，歲稔則不時斂藏，艱食則抑使收糴。遂使豪家、貪吏，反操利權，賤取於人，以俟公私之乏。又有勢要、近親、羈遊之士，委賤糴於軍城，取高價於京邑。又多支絺紵充直，窮邊寒沍，不任衣裘，絶野蕭條，無所貨鬻。上既無信於下，下亦以僞應之，度支物估轉高，軍城穀價轉貴。度支以苟售滯貨爲功利，軍司以所得加價爲羨餘。雖設巡院，轉成囊橐，至有空申簿帳，僞指囷倉，計其數則億萬有餘，考其實則百十不足。」又曰：「舊制，以關中用度之多，歲運東方租米，至有斗錢運斗米之言。習聞見而不達時宜者，則曰：『國家大事，不計費損，雖知勞煩，不可廢也。』習近利而不防遠患者，則曰：『每至秋成之時，但令畿内和糴【八】，既易集事，又足勸農。』臣以兩家之論，互有長短，將制國用，須權重輕。食不足而財有餘，則弛於積財而務實倉廩；食有餘而財不足，則緩於積食而嗇用貨泉。近歲關輔屢豐，公儲委積，足給數年；今夏江、淮水潦，米貴加倍，人多流庸。關輔以穀賤傷農，宜加價以糴而無錢；江、淮以穀貴人困，宜減價以糴而無米。而又運彼所乏，益此所餘，斯所謂習見聞而不達時宜者也。今江、淮斗米直百五十錢，運至東渭橋，僦直又約二百，米糙且陳，尤爲京邑所賤。據市司月估，斗糴三十七錢。

【八】但令　「但」原作「俱」，據《資治通鑑》卷二百三十四改。

耗其九而存其一，餒彼人而傷此農，制事若斯，可謂深失矣。頃者每年自江、湖、淮、浙運米百一十萬斛，至河陰留四十萬斛，貯河陰倉，至陝州又留三十萬斛，貯太原倉，餘四十萬斛輸東渭橋。今河陰、太原倉見米猶有三百二十餘萬斛，京兆諸縣斗米不過直錢七十，請令來年江、淮止運三十萬斛至河陰，河陰、陝州以次運至東渭橋，其江、淮所停運米八十萬斛，委轉運使每斗取八十錢，於水災州縣糴之，以救貧乏。計得錢六十四萬緡，減僦直六十九萬緡。請令户部先以二十萬緡付京兆，令糴米以補渭橋倉之缺數，斗用百錢以利農人。以一百二萬六千緡付邊鎮，使糴十萬人一年之糧，餘十萬四千緡以充來年和糴之價。其江、淮米錢、僦直，並委轉運使折市綾、絹、絁、綿，以輸上都，償先貸户部錢。」九月，詔西北邊貴糴以實倉儲，邊備浸充。

右庶子姜公輔久不遷官【九】，詣陸贄求遷。贄密語之曰：「聞竇相屢奏擬【一〇】，上不允，有怒公之言。」公輔懼，請爲道士。上問其故，公輔不敢泄贄語，以聞參言爲對。上怒參歸怨於君，己巳，貶公輔爲吉州别駕，又遣中使責參。

九年二月，上使人諭陸贄，以「要重之事勿對趙憬陳論，當密封手疏以聞」；又「苗粲以父晉卿往年攝政【一一】，有不臣之言，諸子皆與古帝王同名，今不欲明行斥逐，兄弟亦各除外官【一二】，勿使近屯兵之地」；又「卿清慎太過，諸道饋遺，一皆拒絶，恐事情不通，如鞭靴之類，受亦無傷」。贄上奏，其略曰：「昨者臣所奏事，惟有趙憬得聞，陛下已

【九】右庶子　「右」，《資治通鑑》卷二百三十四作「左」。

【一〇】竇相　據《資治通鑑》卷二百三十四，「竇相」指竇參。

【一一】以父　「以」原缺，據《資治通鑑》卷二百三十四補。

【一二】兄弟亦各除外官　「亦」原作「宜」，據《資治通鑑》卷二百三十四改。

至勞神，委曲防護。是於心膂之内，尚有形迹之拘，職同事殊【一三】，鮮克以濟。恐爽無私之德，且傷不吝之明。苗粲少以門子，早登朝班，詳其器能，堪處近侍。陛下以粲先父，常有過言，名子之方，又乖義類，不忍明加斥黜，但令改授外官。伏以爵人於朝，刑人於市，惟恐衆之不覩，事之不彰。君上行之無愧心，兆庶聽之無疑議，受賞安之無怍色，當刑居之無怨言，此聖王所以宣明典章，與天下公共者也。獎而不言其善，斯謂曲貸；罰而不書其惡，斯謂中傷。曲貸則授受不明，而恩倖之門啓；中傷則枉直莫辨，而讒間之道行。此柄一虧，爲害滋大。凡是譖愬之輩，多非信實之言，利於中傷，懼於公辯。或云歲月已久，不可究尋；或云事體有妨，須爲隱忍；或云惡跡未露，宜假他事爲名；或云但棄其人，何必明言責辱。詞皆近於情理，意實包於譎誑，傷善售姦，莫斯爲甚。陛下若以晉卿跡實姦邪，粲等法應坐累，則當公議典憲，豈令陰受播遷？陛下若察晉卿見誣，又知粲等非罪，則合隨才獎用，不宜降意猜防。今忽不示端由，但加斥逐，謂之掄材則失事，謂之行罰則無名。徒使粲等受錮於聖朝，晉卿銜憤於幽壤【一四】。以臣蔽滯，未見其宜。夫聽訟辨讒，貴於明恕，明者在驗之以跡，恕者在求之以情。跡可責而情可矜，聖王懼疑似之陷非辜，不之責也。情可責而跡可宥，聖王懼逆詐之濫無罪，不之責也。惟情見迹具，詞服理窮者，然後加刑罰焉。是以下無冤人，上無謬聽，苛慝不作，教化以興。晉卿起自文儒，致位台輔，能以謙柔自處，故爲三朝所推，當諒闇之辰，攝冢宰之任，是將備禮，豈足擅

【一三】職同事殊　「職」，《資治通鑑》卷二百三十四作「迹」。

【一四】銜憤　「銜」原作「御」，據文意徑改。

權？安肯露不臣之言，招覆族之釁？雖甚狂險，猶應不爲，矧伊老臣，寧忍及此？求之以情既無端，驗之以跡又無兆，宜蒙昭恕，理在不疑。又自陛下御極已來，粲及兄丕皆歷清近，若以舊事爲累，豈復含容至今？恐有無良之徒，憎嫉丕、粲兄弟，構成飛語，務欲挫傷。願留睿思，特加省察。高祖、太宗著法垂制，監臨受賄，盈尺有刑。陛下每發德音，敷宥下土，大辟之屬，皆蒙滌除，唯於犯贓，往往不赦。豈不以貪饕爲弊，殘蠹最深？至於士吏之微，尚當嚴禁，矧居風化之首，反可通行？凡上之所爲，以導下也；上所不爲，以檢下也。上所不爲，而下或爲之，然後可以設峻防，寘明辟。若上爲之，而下亦爲之，固其理也，又可禁乎？今吏有受監臨之賄者，則以爲罪不可容，朝廷之制，四方所監臨也，而宰司公受其賄，是亦無耻而不恕者歟！孔子曰：『大臣不可不敬也，是人之表也。邇臣不可不慎也，是人之道也。』表傾則影曲，道僻則行邪。若大臣邇臣可以受財，則庶長宗寮孰爲不可？朝廷取之於方鎮，方鎮復取之於州，州取之於縣，縣取之於鄉，鄉將安取哉？是皆出於疲人之肝腦筋髓耳。夫貨賄上行，則賞罰之柄失；貪求下布，則廉耻之道衰。何者？善惡不分，功過無辨，以貨賄之多少，爲課績之重輕，守道闕供，或時致怨招累，求得當欲，可以釋罪賈榮。忍行刻剥者，見謂公忠；巧飾玩好者，獲稱才智：此謂賞罰之柄失也。上好利則下思聚斂，上求賄則下肆侵蟊，不懷愧心，但逞私欲，遞相企効，習以成風，閭閻日殘，紀綱日壞，不可以禮義勸，不可以刑法懲，此由廉耻之道衰也。作法於涼，其弊猶貪，作法於貪，其弊斯亂。賄門一開，展轉滋甚，鞭靴不已，必及衣裘；衣裘不已，必及幣帛；幣帛不已，必及車輿；車輿不已，必及金璧。目見可欲，何能自窒于心？已與交私，固難中絶其意。是以涓流不止，谿壑成災；毫末既差，丘山聚釁。臣竊料郡府之不願行賄於朝廷，猶鄉閭之不願輸貨於郡府也。但以行之者有利，不行者有虞，故爲安身保位之謀，不得不行耳，夫豈樂而行之哉？假如四方俱賂於朝廷，朝廷受其三而却其一，有所受，有所卻，二端相反，則遇却者，或有意疑乎見拒而不通焉。四方俱賂於朝廷，朝廷俱辭而不受，則咸知不受者，乃朝廷之常理耳，適所以服其心而誘其善，復何嫌阻之有乎？陛下若謂問遺可以通物情，絜矩不足敦理化，則自建中以來，股肱耳目之間，蓋常有交利行私者矣，乃其所也，陛下何尤焉？《春秋傳》曰：『在上位者洒濯其心以待人，而後可以理人。』言私曲之不可以莅衆庶也。又曰：『國家之敗，由官邪也。官之失德，寵賂彰也。』言賄利之不可以化百官也。又曰：『長國家者，非無賄之難，無令名之難。諸侯之賄聚於公室，則諸侯貳。』言貪欲之不可以懷諸侯也。古之懷諸侯者，蓋有其道矣。惟不務賄，然後得之。故《禮記》曰：『天子微，諸侯僭，於是相覿以貨，相賂以利，而天下之禮亂矣。』是知傷風害禮，莫甚於私；暴物殘人，莫大於賂。君臣之間，不可以語及於私賄，況又躬行乎？」愚按：三代之世，已有貪賄之戒。「無揔貨寶」見於《盤庚》之誥，「惟貨其克」見於《吕刑》之書，「擇三有事，亶侯多藏」形於《周詩》之刺。春秋迄于秦、漢，以賄敗國者不可勝數，此宣公所以深言之也，如曰「賄道一開，展轉滋甚」，豈獨爲國者當絶之於微，士大夫以窒欲爲心，尤不可不深以自警也。按：是年正月，初稅茶，從鹽鐵使張滂請也。贄不言，何哉？當考。

初，竇參惡左司郎中李巽，出爲常州刺史。及參貶郴州，巽爲湖南觀察使。汴州節度使劉士寧遺參絹五十匹，巽奏參交結藩鎮。上大怒，欲殺參。陸贄以爲參罪不至死，上乃止。既而復遣中使謂贄曰：「參交結中外，其意難測，社稷事重，卿速進文書處分。」贄上言：「參朝廷大臣，誅之不可無名。昔劉晏之死，罪不明白，至使衆議爲之憤邑，叛臣得以爲辭。參貪縱之罪，天下共知；至於潛懷異圖，事跡曖昧。若不推鞫，遽加重辟，駭動不細。竇參於臣無分【一五】，陛下所知，豈欲營救其人？蓋惜典刑有濫【一六】。」三月，更貶參驩州司馬，男女皆配流。上又命理其親黨，贄奏：「罪有首從，法有重輕，參既蒙宥，親黨亦應末減。況參得罪之初，私黨並已連坐，人心久定，請更不問。」從之。上又欲籍其家貲，贄曰：「在法，反逆者盡没其財，贓污者止徵所犯，皆須結正施刑，然後收籍。今罪法未詳，陛下已存惠貸，若簿録其家，恐以財傷義。」時宦官左右恨參尤深，謗毁不已。參未至驩州，竟賜死於路。竇申杖殺，貨財、奴婢悉傳送京師。胡氏曰：「世傳陸敬輿有憾於竇參，擠而陷之，其説甚怪。此以小人之腹，度君子之心者也。言雖不足以盡人，善聽言，則得之矣。陸公所言於德宗者，反覆致詳而無失言，其行事亦無過舉，而謂以左遷宿怨，是豈知敬輿者哉！德宗欲殺參，贄辨而生之；又欲理其親黨，贄諫而釋之；又欲籍其家貲，贄論而止之，審有憾焉，而肯爲是耶？或問孔子：『以德報怨，何如？』子曰：『何以報德？當以德報德，以直報怨。』贄於參非以德報怨也，以直行事耳。使參有死罪，贄佐天子用刑賞，稱物平施可也，貪不

【一五】於臣無分　「無」原作「素」，據《資治通鑑》卷二百三十四作改。

【一六】有濫　「有」，《資治通鑑》卷二百三十四作「不」。

報之名，取忘怨之美，宜死而生之，又安得爲直乎？」

五月，以中書侍郎趙憬爲門下侍郎、同平章事，義成節度使賈耽爲右僕射，右丞盧邁守本官，並同平章事。憬疑陸贄恃恩，欲專大政，排己置之門下，多稱疾不豫事，由是與贄有隙。胡氏曰：「以《趙憬傳》考之，有小善，無大過，不可以非君子目之也。嘗獻《審官六議》，一曰議相臣：『中外知其賢者用之，責才之備則不可得其言』，豈不當乎！當其時，中外所謂賢者，非陸贄而誰？憬能言之，而不能行之，有疑於贄而與之有隙，何也？德宗之用贄也，私命之曰：『要重事勿對憬陳論。』贄不可，曰：『臣所奏事，惟憬得知，陛下勞心委曲，防護是非，無私之德也。』由是觀之，贄豈擅權而排憬者哉！由中書過門下，而自恨猜阻，疑贄外己耳。然則能言之而不能行之，蓋聞此理而口言之，筆書之，未嘗反求諸心也。心與理二，未有見不而不疾，見功而不忌，見賢而思齊，見不善而能改者也。」

舊制：吏部選以歲集。乾元後，天下兵興，率三年一調，吏員稽壅，則案牒叢淆，僞冒蒙真，吏緣爲姦，廢置無綱，至十年不被調者，缺員或累歲不補。贄乃請以內外員三分之，每歲計闕集人，檢柅吏姦，天下便之。詳見《丙記》。

陸贄上奏，論備邊六失，其略以爲：「措置乖方，課責虧度，財匱於兵衆，力分於將多，怨生於不均，機失於遙制。臣聞工欲善事，必先利器；武欲勝敵，必先練兵。練兵之中，所用復異：用之於救急，則權以紓難；用之於禦敵，則緩以應機。故事有便宜，而不拘常制；謀有奇詭，而不徇衆情。進退死生，唯將所命，此所謂攻討之兵也。用之於屯戍，則事資可久，勢異從權，非物理所愜不寧，非人情所欲不固。夫人情者，利焉則勸，習焉則安，保親戚則樂生，顧家業則忘死，故可以理術馭，不可以法制驅，此所謂鎮守之兵也。夫欲備封疆禦戎狄，非一朝一夕之事，固當選鎮守之兵以置焉。古之善選置者，必量其性習，辨其土宜，察其技能，知其欲惡，而又類其部伍，安其室家，然後能使之樂其居，定其志。撫之以惠，則感而不驕；臨之以威，則肅而不怨。靡督課而人自爲用，弛禁防而衆自不攜，故出則足兵，居則足食，守則固，戰則强。其術無他，便於人情而已矣。今者散徵士卒，分戍邊陲，更代往來，以爲守備，是則不量性習，不辨土宜，邀其所不能，强其所不欲，何者？窮邊之地，千里蕭條，寒風裂膚，驚沙慘目，與豺狼爲鄰伍，以戰鬭爲嬉遊，晝則荷戈而耕，夜則倚烽而覘，日有剽害之慮，永無休暇之娱，地惡人勤，於斯爲甚。自非生於其域，習於其風，罕能寧居而狎敵也。關東之地，百物阜殷，從軍之徒，尤被優養，慣於温飽，狎於歡康，比諸邊隅，若異天壤。聞絶塞之苦則動容，聆强蕃之名則奪氣，而乃使之去親族，舍園廬，甘其所辛酸，抗其所懾駭，將冀爲用，不亦踈乎？矧又有休代之期，無統帥之馭，資奉若驕子，姑息如倩人，進不邀之以成功，退不處之以嚴憲。其來也，咸負德色，其止也，莫有固心，屈指計歸，張頤待飼。平居則殫耗資儲，以奉浮冗之衆；臨難則拔棄城鎮，以摇遠近之心。復有抵犯刑禁，謫徙軍城，意欲增户實邊，兼令展効自贖。既是無良之類，且加懷土之情，思亂幸災，又甚戍卒。復有擁旄之帥，足不臨邊，但分偏師，俾守疆埸。大抵軍中壯鋭，元戎例選自隨，委其疲羸，乃配諸鎮。寇戎每至，力勢不支，比及都府聞知，虜已剋獲旋返。且安邊之本，所切在兵，理兵若斯，可謂措置乖方矣。自頃權移於下，柄失於朝，將之號令既鮮克行之於軍；國之典常又不能施之於將，務相尊養，苟度歲時。欲賞一有功，翻慮無功者反側；欲罰一有罪，復慮同惡者憂虞。罪以隱忍而不彰，功以嫌疑而不賞，姑息之道，乃至於斯。故使忘身効節者獲誚於等夷，率衆先登者取怨於士卒，僨軍蹙國者不懷於愧畏，緩救失期者自以爲智能。此義士所以痛心，勇夫所以解體也。又有遇敵而所守不固，陳謀而其效靡成，將帥則以資糧不足爲詞，有司復以供給無闕爲解。既相執證，理合辨明，朝廷每爲含糊，未嘗窮究曲直，措理者吞聲而靡訴，誣善者罔上而不慙，馭衆若斯，可謂課責虧度矣。課責虧度，措置乖方，將不得竭其才，卒不得盡其力，屯集雖衆，戰陣莫前。虜每越境橫行，若涉無人之地，遞相推倚，無敢誰何。虛張賊勢上聞，則曰兵少不敵，朝廷莫之省察，惟務徵發益師，無禆備禦之功，重增供億之弊。閭井日耗，徵求日繁，以編户傾家破産之資，兼有司榷鹽税酒之利，揔其所入，半以事邊，制用若斯，可謂財匱於兵衆矣。今四夷之最强盛爲中國甚患者，莫大於吐蕃，舉國勝兵之徒，纔當中國十數大郡而已，動則中國懼其衆而不敢抗，靜則中國憚其强而不敢侵，厥理何哉？良以中國之節制多門，蕃醜之統帥專一故也。夫統帥專一，則人心不分；人心不分，則號令不貳；號令不貳，則進退可齊；進退可齊，則疾徐如意；疾徐如意，則機會靡愆；機會靡愆，則氣勢自壯。斯乃以少爲衆，以弱爲强，變化翕闢在於反掌之内，是猶臂之使指、心之制形，若所任得人，則何敵之有？夫節制多門則人心不一，人心不一則號令不行，號令不行則進退難必，進退難必則疾徐失宜，疾徐失宜則機會不及，機會不及則氣勢自衰。斯乃勇廢爲尫，衆散爲弱，逗撓離析，兆乎戰陣之前，是猶一國三公、十羊九牧、欲令齊肅，其可得乎？開元、天寶之間，控禦西北兩蕃，唯朔方、河西、隴右三節度而已，猶慮權分勢散，或使兼而領之。中興已來，未遑外討，僑隸四鎮於安定，權附隴右於扶風，所當西北兩蕃，亦朔方、涇原、隴右、河東四節度而已。關東戍卒，至則屬焉，雖委任未盡得人，而措置尚存典制。自頃逆泚誘涇隴之衆，叛懷光汙朔方之軍，割裂誅鋤，所餘無幾。而又分朔方之地，建牙擁節者凡三使焉。其餘鎮軍，數且四十，皆承特詔委寄，各降中貴監臨，人得抗衡，莫相稟屬。每候邊書告急，方令計會用兵，既無軍法下臨，唯以客禮相待。是乃從容拯溺，揖讓救焚，冀無阽危，固亦難矣。夫兵，以氣勢爲用者也，氣聚則盛，散則消；勢合則威，析則弱。今之邊備，勢弱氣消，建軍若斯，可謂力分於將多矣。理戎之要，在中練覈優劣之科，以爲衣食等級之制，使能者企及，否者息心，雖有薄厚之殊，而無觖望之釁。蓋所謂日省月試，餼廩稱事，如權量之無情於物，萬人莫不安其分，而服其平也。今者窮邊之地，長鎮之兵，皆百戰傷夷之餘，終年勤苦之劇，角其所能則練習，度其所處則孤危，考其服役則勞，察其臨敵則勇，然衣糧所給，唯止當身，例爲妻子所分，常有凍餒之色。而關東戍卒歲月踐更，不安危城，不習戎備，怯於應敵，懈於服勞，然衣糧所須，厚踰數等，繼以茶藥之饋，益以蔬醬之資，豐約相形，懸絶斯甚。又有素非禁旅，本是邊軍將校，詭爲媚詞，因請遥隸神策，不離舊所，唯改虚名，其於廩賜之饒，遂有三倍之益。事業未異而給養有殊，此人情不能甘也。況矯佞行而廩賜厚，績藝劣而衣食優，苟未忘懷，孰能無愠？不爲戎首，則已可嘉，而欲使其協力同心，以攘寇難，雖有韓、白、孫、吴之將，臣知其必不能焉。養士若斯，可謂怨生於不均矣。凡欲選任將帥，必先考察行能，然後指以所授之方，語以所委之事，令其自揣可否，自陳規模，須某色甲兵，藉某人參佐，要若干士馬，用若干資糧，某處置營，某時成績，始終要領，悉俾經綸。於是觀其計謀，校其聲實，若謂材無足取，言不可行，則當退之於初，不宜貽慮於後也。若謂志氣足任，方略可施，則當要之於終，不宜掣肘於其間也。夫如是，則疑者不使，使者不疑，勞神於選才，端拱於委任。是以古之遣將帥者，君親推轂而命之曰『自閫以外，將軍裁之』；又賜鈇鉞，示令專斷。誠謂機宜不可以遠決，號令不可以兩從，未有委任不專而望其克敵成功者也。自頃邊軍去就，裁斷多出宸衷，選置戎臣，先求易制，多其部以分其力，輕其任以弱其心，雖有所懲，亦有所失。遂令分閫責成之義廢，死綏任咎之志衰，一則聽命，二亦聽命，爽於軍情亦聽命，乖於事宜亦聽命。夫兩疆相接，兩軍相持，事機之來，間不容息，蓄謀而俟，猶恐失之，臨時始謀，固已踈矣。況乎千里之遠，九重之深，陳述之難明，聽覽之不一，欲其事無遺策，雖聖者亦有所不能焉。設使謀慮能周，其如權變無及，戎虜馳突，迅如風飈，馹書上聞，旬月方報。守土者以兵寡不敢抗敵，分鎮者以無詔不肯出師，逗留之間，寇已奔逼。託於救援未至，各且閉壘自全，雖詔諸鎮發兵，唯以虛聲應援，互相瞻顧，莫敢遮邀。賊既縱掠退歸，此乃陳功告捷，其敗喪則減百而爲一，其捃獲則張百而成千。將帥既幸於總制在朝，不憂罪累；陛下又以爲大權由己，不究事情。用師若斯，可謂機失於遥制矣。理兵而措置乖方，馭將而賞罰虧度，制用而財匱，建軍而力分，養士而怨生，用師而機失，此六者，疆埸之蟊賊、軍旅之膏肓也。臣愚謂宜罷諸將士番替防秋之制，率因舊數而三分之：其一分，委本道節度使募少壯願住邊城者以徙焉；其一分，則本道但供衣糧，委關内河東諸軍州募蕃漢子弟願傳邊軍者以給焉；又一分，亦令本道但出衣糧，加給應募之人，以資新徙之業。此與鼂侯之策大略多同。又令度支散於諸道和市耕牛，雇召工人，就諸軍城繕造器具，募人至者，每家給耕牛一頭。又給田農水火之器，皆令充備，初到之歲，與家口二人糧，并賜種子，勸之播殖，待經一稔，俾自給家，若有餘糧，官爲收糴，各酬倍價，務獎營田，既息踐更徵發之煩，且無幸災苟免之弊，寇至則人自爲戰，時至則家自力農。是乃兵不得不强，食不得不足，與夫倏來忽往，豈可同等而論哉！又宜擇文武能臣一人爲隴右元帥，應涇隴、鳳翔、長武城、山南西道等節度管内兵馬，悉以屬焉。又擇一人爲朔方元帥，應鄜坊、邠寧、靈夏等節度管内兵馬，悉以屬焉。又擇一人爲河東元帥，河東、振武等節度管内兵馬，悉以屬焉。三帥各選臨邊要會之州以爲理所，見置節度有非要者，隨所便近而併之，唯元帥得置統軍，餘並停罷。其三師部内太原、鳳翔等府，及諸郡户口稍多者，慎揀良吏，以爲尹守，外奉師律，内課農桑，俾爲軍糧，以壯戎府。理兵之宜既得，選帥之道既明，然後減姦濫虚浮之費以豐財，定衣糧等級之制以和衆，弘委任之道以宣其用，懸賞罰之典以考其成。如是而戎狄不威懷、疆埸不寧謐者，未之有也。」范氏曰：「明君用人而不自用，故恭己而成功。多疑之君自用而不用人，故勞心而敗事。自古征伐，或勝或負，多由於此二者矣。傳曰：『師在制命而已，稟命則不威。』且戎事在邊，而人主自將行兵於千里之外，決策於九重之中，雖有方叔、召虎之臣，不得自便，此非敵國之所敗，乃人主自敗其師也。」按：陸相之論六失，可謂深切著明矣。德宗能重其言，而不進用，此孔子所謂「説而不繹，從而不改，吾未如之何」者也【一七】。不明之君，可與言哉？

賈耽、陸贄、趙璟、盧邁爲相，百官白事，更讓不言。秋，七月，請依至德故事，宰相迭秉筆以處政事，旬日一易。詔從之。其後日一易之。胡氏曰：「成周之盛，聖賢輩出，亦不使召、畢、毛、芮並爲冢宰，必於其中，擇一相以統百官。唐乃用四五人爲之，權鈞勢一，迭相推避，賢者不得有所施，不賢者得有所容，夫豈治國之良計乎！」按：奏議有《請還田緒所寄撰碑文馬絹狀》，云：「臣先奉恩旨，令撰碑文，于今半年，竟未綴緝。良以勸戒之道，忠義攸先，褒貶之詞，《春秋》所重。爵位有僥倖而致，名稱非詐力可求。將使循軌轍者，畏昭憲而莫渝；怙姦妄者，顧清議而知耻。田承嗣阻兵犯命，靡惡不爲，竟逭天誅，全歸土壤。此乃先朝所愧恨，義士所怨嗟。今田緒尚于宸嚴，請頌遺愛，微臣隘踾，實憤于心。謬承恩光，備位台輔，既未能滌除姦慝，匡益大猷，而又飾其愧詞，以贊兇德，納彼重賂，以襲貪風，情所未安，事固難彊。是以屢執翰簡，不能措詞，輒投所操，太息而止。緣承聖誨，姑務懷柔。昨見田緒使人，臣亦婉爲報答，但告云『所爲碑頌，皆奉德音，既異私情，難承厚貺【一八】，候稍休暇，續當

【一七】吾未如之何　「未」原作「末」，據文意徑改。

【一八】難承厚貺　「貺」原作「賂」，據《全唐文》卷四百七十五改。

撰成』。既無拒絶之言，計亦不至疑阻。其來書謹封進，所送馬及絹等，却迴訖，不敢不奏。」又《請依京兆所請折納事狀》云：「京兆府先奏：『當管蟲食豌豆，全然不收，請據數折納大豆。』奉勑宜依。度支續奏稱：『據時估豌豆每斗七十價已上，大豆每斗三十價已下，京兆府所請將大豆替豌豆，望令各據時估計錢數折約，則冀免損官司者。』求瘼救災，國之令典。求瘼在知其所患，救災在恤其所無。只如螟蝛爲殃，豌豆全損，檢覆若非虚謬，地税固合免徵，直道而行，大體斯在。府司折納充數，已爲剋下從權；度支準估計錢，乃是幸災窺利。所得無幾，其傷實多；傷風得財，非謂理道。望依前勑處分。」二事雖於公爲細，然亦可以爲法，故附於此。

十一月，劉士寧既爲宣武節度使，諸將多不服。按：貞元八年四月，宣武劉玄佐薨，將佐匿之，稱疾請代，上遣使即軍中問：「以陝虢觀察使吴湊爲代可乎？」監軍孟介等皆以爲便，將士擁玄佐之子士寧自爲留後。士寧以財賞將士，劫監軍以請於朝。上以問宰相竇參曰：「今汴人指李納以邀制命，不許，將合於納。」遂以士寧爲節度使。士寧淫亂殘忍，出畋輒數日不返，軍中苦之。都知兵馬使李萬榮得衆心，士寧疑之，奪其兵權，令攝汴州事。十二月，士寧率衆畋于野，萬榮分兵閉城，使馳白士寧曰：「敕徵大夫入朝，宜速即路。」上聞之，使問陸贄，贄奏：「梁、宋之間，地當要害，鎮壓齊、魯，控引江、淮，得其人則安彊，失其人則危弱。今士寧見逐，雖是衆情，萬榮摠軍，且非朝旨，此安危彊弱之機也。望且選一朝臣，馳往宣勞，更淹旬日，徐察事情，見情後圖，冀免差失。」上又遣人諭贄，除一親王爲節度使，且令萬榮充留後。贄奏：「臣性習懦鈍，待罪宰司。雖服戎角力諒匪克堪，而經武伐謀或有所見。夫制置之安危由勢，付授之濟否由才。勢如器焉，唯在所置，置之險地則覆，致之夷地則平；材如負焉，唯在所授，授踰其力則踣，授當其力則行。萬榮所奏，頗涉張皇，但露徼求之情，殊無退讓之禮，據茲鄙躁，殊異純良【一九】。又聞本是滑人，偏厚當州將士，與之相得，纔止三千，諸營之兵已甚懷怨。據此頗僻，亦非將材，且邀君而力取其位不忠，逐帥而謀代其權不義，犯此二者，而加之非材，得志驕盈，不悖則敗。悖謂犯上，敗謂僨軍，俱爲厲階，莫見其可。今雖遽加寵命，務饜貪求，曲示保持，冀消凶慝，然其所行不遜，所得無名，縱之則反側而益疑，奪之則觖望而肆惡【二〇】。夫善始而克終者猶寡，況始於不善，而求能以義自全者乎？又緣嘗自蓄謀，以危主將，及居人上，恒恐見圖，必於部校之間，多有疑阻之釁，上下猜貳，何能久安？縱未干紀亂常，亦必喪師蹙境。所以承前方鎮之任，選建才德，而不副所委者，則有矣；其不由才德而授，終能殿邦固節者，未之有也。是猶置器欲安，而不擇可安之勢；負重欲濟，而不量可濟之材：處非所宜，不敗何待！陛下若謂臣説迂闊，有異軍機，請指陳汴、宋一管近代成敗之迹，皆陛下所經見者，以爲殷鑒，惟陛下覽而察之。往者田神功作鎮河南，領汴、宋、徐、泗、兖、鄆、曹、濮八州之地，兵食兼足，職貢備修。左肅青、齊，右弭滑、魏，南控淮、浙，北輔滎、瀍，殷如長城，不震不聳，此由制置得可安之地，付授得可濟之材，其爲利宜，斯謂大矣。及神功入覲，遘厲不還，先皇帝貪因循之便，知神玉才不勝任，排衆議而授之。既而維御無方，經略失制，權歸豪將，勢散列城，禍機一興，内叛外破。此由制置於必危之地，付授於必躓之才，其爲敗傷，亦已甚矣。近者劉玄佐驅攘巨猾，底復

【一九】純良　《資治通鑑》卷二百三十四作「循良」。

【二〇】奪之　「奪」原作「善」，據《全唐文》卷四百七十五改。

大梁，即鎮於兹，幾將十載。雖不能勤身節用，畢力竭誠，然尚號令由己，部屬畏威，制持東方，猶有所倚。及玄佐殂没，朝廷命吴湊代之，士寧凶頑，輒敢眦睚，素非得衆，且甚不才，緩之旬時，必自離沮，隨機制馭，指顧可平。陛下深念黎元，姑務容養，適使姦徒得計，庸豎作狂，但肆醜厲之詞，豈懷任置之惠？運路幾絶，生人重殘，殷然垣翰之軍，鞠爲汙染之俗，追思致患之本，豈不失於苟且哉！今若又授萬榮，則與士寧何異？負力而取，誰曰不然？邀取而除，孰爲非據？苟邀則不順，苟允則不誠，君臣之間，勢必嫌阻，與其圖之於滋蔓，不若絶之於萌芽。且爲國之道，以義訓人，將教事君，先令順長，用能弭爭奪之禍，絶窺覬之心。假使士寧爲將，慢上虐人，萬榮棄而違之，斯可矣，討而逐之，亦可矣；謀其帥而篡其位，則不可焉。何者？方鎮之臣，事多專制，欲加之罪，誰則無辭？若使傾奪之徒，便得代居其任，利之所在，人各有心，此源潛滋，禍必難救，非獨長亂之道，亦開謀逆之端。四方諸侯誰不解體？得一夫而喪羣帥，其何利之有焉？矧兹一夫，猶未可保，徒亂風教，以生人心。昨者所逐士寧，蓋起於倉卒，諸郡守將，固非連謀，一城師人，亦未協志，况又待之不壹，撫之不均，黨助萬榮，其能有幾？仍各計度於成敗之勢，迴遑於逆順之名，安肯捐軀，與之同惡？今所以未即變者，皆爲萬榮所誘，許其賞給貨財，且相服從，以候制旨。陛下但於文武羣臣之内，選一和惠寬敏，素爲軍旅所愛信者，命爲節度，仍降優詔，慰勞彼軍。奬萬榮以撫定之功，别加寵任；褒將士以輯睦之義，厚賜資裝。衆知保安，人且懷惠，舍此不務，更將何求？揆其大情，理必寧息，萬榮縱欲跋扈，勢何能爲？三軍既自離心，列城又不爲援，緣其迫逐主將，諸道心復憎嫌。邇無所親，遠無所與，不勞天討，必自殲夷。陛下何所爲虞，而欲受其邀致？臣雖孱怯，竊有未安。謹復密啓以聞，如蒙聖恩察納，臣即與趙憬等商量應須處置事宜，具作條件聞奏。儻後事有愆素，臣請受敗撓之罪。」上不從。以通王諶爲宣武節度大使，萬榮爲留後。

十年春，正月，陸贄上言：「郊禮赦下已近半年，而竄謫者尚未霑恩。」乃爲三狀擬進。上使謂之曰：「故事，左降官準赦量移，不過三五百里。今所擬稍似超越，又多近兵馬及當路州縣，事恐非便。」贄復上言，以爲：「罰宜從輕，赦宜從重，所以昭仁恕、廣德澤也。陛下躬行盛禮，涣發德音，念謫居之荒遐，哀負累之沉棄，俾移近處，將合新恩。赦令初行，室家相慶，竊料竄逐窮僻，喜聞霈澤降臨，固必破産以飭行裝，計日而俟休命。荏苒淹卹，復經半年，儻又所移之官，還與舊任鄰近，竊恐乖陛下垂愍之意，虧制書行慶之恩，口惠重而事實輕，非所以揚鴻休而布大信也。謹按承前格令，左降官非元敕令長任者，每至考滿，即申所司，量其舊資，便與改叙，縱或未有遷轉，亦即任其歸還。逮于開元末，李林甫固權專恣，凡所斥黜，類多非辜，慮其却迴，或復寃訴，遂奏左降官考滿未別改轉者，且給俸料，不須即停，外示優矜，實欲羈係。從此已後，遂爲恒規，一經貶官，便同長往，迴望舊里，永無還期。縱遇非常之恩，許令移遠就近，雖名改轉，不越幽遐，或自西徂東，或從大適小，時俗之語，謂之橫移。馴致忌刻之風，積成天寶之亂，展轉流弊，以至于今。天下咸病此法深苛，而不能改從舊典者，良以猜嫌之慮，易惑上心，將謂負譴之人，悉包樂禍之意，已經黜責，遂欲隄防。故高論則痛嫉林甫之陰邪，而密網則習行林甫之弊法，憸邪爲蠹，乃至於斯。然則左降永絶於歸還，量移不離於僻遠，蓋是姦臣詭計，殊非國典舊章。且貶黜之中，情狀各異，犯有輕重，責有淺深，固非盡是回邪，皆須備慮。王者之道，待人以誠：有責怒而無猜嫌，有懲沮而無怨忌；斥遠以儆其不恪【二一】，甄恕以勉其自新。不儆則浸及威刑，不勉則復加黜削。雖屢進退，俱非愛憎，行法乃暫使左遷，念材而漸加進叙，人知復用，誰不增脩？何憂乎亂常，何患乎蓄憾？如或以其貶黜，便謂姦兇，恒處防閑之中，長從擯棄之例，則是悔過者無由自補，藴才者終不見伸。凡人之情，窮則思變，含悽貪亂，或起於茲。雖則何惡能爲【二二】，亦足感傷和氣，誠非帝王開懷含垢之大體，聖哲誘人遷善之良圖也。臣等昨進擬商度非不精詳，既審事宜，亦尋舊例，參求折衷，兼務齊平。大約所擬之官，各移近地一道，郡邑稍優於舊任，官資序進於本銜，並無降差，亦不超越。其有累經移改，已至關畿，則但易以大州，增其常秩，所冀人皆受賜，施不失平，上副鴻恩，下塞延望，纔將得所，殊匪爲優。今若裁限所移不過三五百里，則有改職而疆域不離於本道，遷居而風土反惡於舊州，徒有徙家之勞，是增移配之擾。又當今郡府，多有軍兵，所在封疆，少無館驛，應合量移之例，約有二百許人，道路須計其遠邇之差，州縣則

【二一】斥遠以儆　「斥」原作「月」，據《全唐文》卷四百七十五改。

【二二】何惡能爲　「惡」，《歷代名臣奏議》卷二百十八作「患」。

校其高下之等。若必選非當路，復不近兵，則恐類例失倫，署置偏併，示人疑慮，體又非弘。幸希聖聰，更賜裁審。」

贄又以朝官闕員，上奏曰：「臣聞《經》曰『濟濟多士，文王以寧』，又曰『無曠庶官，天工人其代之』，蓋謂士不可不多，官不可不備。夫聖人之於愛才，不惟仄席求思而已，乃復引進以崇其術業，歷試以發其器能，旌善以重其言，優禄以全其操。歲月積久，聲實並豐，列之於朝，則王室尊，分之於土，則藩鎮重。故《詩》序太平之君子，能長育人才；《書》比梓人之理材，既勤樸斲，惟施丹雘；《禮》著造士，《易》尚養賢。蓋以人皆含靈，惟所誘致，如玉之在璞，抵擲則瓦石，追琢則圭璋；如水之發源，壅閼則污泥，疏濬則沼沚。人之才性，與時升降，好之則至，獎之則崇，抑之則衰，斥之則絶。臣竊惟朝之乏人，其患有七：不澄源而防末流，一也；不考實而務博訪，二也；求精太過，三也；嫉惡太甚，四也；程試乖方，五也；取舍違理，六也；循故事而不擇可否，七也。頃以除吏多少，準量宰相重輕。宰相承寵私，則援引雖濫而必進；宰相見疏忌，則擬議雖當而罕俞。是使羣材任進之窮通，惟繫輔臣恩澤之薄厚，求諸理道，未謂合宜。夫與奪者，人主之利權；名位者，天下之公器。不以公器徇喜心，不以利權肆忿志，不以寡妨衆，不以人廢官。或其阻執事而擁羣材，所謂不澄源而防末流之患也。進賢援能，諒君子之事；遏惡揚善，非小人所能。君子以愛才爲心，宵人以傷善爲利；愛而引之則近黨，傷而沮之則似公；近黨則不辨而遽疑，似公則不覆而懸信：是以大道每隳於横議，良才常困於中傷。失士啓讒，多由於此，所謂不考實而務博訪之患也。頃之輔臣，鮮克勝任，過蒙容養，苟備職員，致勞睿思，巨細經慮。每有闕官須補，或緣將命藉才，宰司慎擇上聞，必極當時妙選。聖情未愜，復命别求，執奏既不見從，則又降擇其次。如是至于再，至于三，所選漸高，所得轉下。或斷於獨見，罔徇僉諧；或擢自旁求，不稽公議。權衡失柄，進取多門，等差不倫，聲實相反，此所謂求精太過之患也。齊桓不以射鈎而致嫌，故能成九合之功；秦穆不以一眚而掩德，故能復九敗之辱。前史序項籍之所以失天下，曰『於人之功無所記，於人之過無所遺』。管仲論鮑叔牙不可屬國，曰『聞人之過，終身不忘』。然則棄瑕録用者，霸王之道；記過遺才者，衰亂之源。夫登進以懋庸，黜退以懲過，二者迭用，理如循環，進而有過則示懲，懲而改脩則復進，既不廢法，亦無棄人。雖纖芥必懲，而才用不匱，故能使黜退者克勵以求復，登進者警飭以恪居，上無滯疑，下無蓄怨。陛下英聖統天，威莊肅物，好善既切，計過亦深，一抵譴責之中，永居嫌忌之地。夫以天下士人，皆求官名，獲登朝班，千百無一，其於脩身勵行，聚學樹官，非數十年間，勢不能致。而以一言忤犯，一事過差，遂從棄捐，没代不復，則人才不能不乏，風俗不能不偷，此所謂嫉惡太甚之患也。臣聞君子約言，小人先言。呐呐寡言者未必愚，喋喋利口者未必智；鄙樸忤逆者未必悖，承順愜可者未必忠。故明王不以辭盡人，不以意選士。凡制爵禄，與衆共之，先論其材，乃授以職，所舉必試之以事，所言必考之於成，然後苟妄不行，而貞實在位矣。如或好善而不擇所用，悦言而不驗所行，進退隨愛憎之情，離合繫異同之趣，是由捨繩墨而意裁曲直，棄權衡而手揣重輕，雖甚精微，不能無謬，此所謂程試乖方之患也。天之生物，爲用罕兼，性有所長，必有所短，材有所合，亦有所暌，曲成則品物不遺，求備則觸類皆棄。中人以上，迭有所長，苟區別得宜，付授當器，各適其性，各宣其能，及乎合以成功，亦與全才無異。帝王之盛，莫盛唐、虞，然猶各任所能，不務兼備；及其失也，使人不量其器，與人不由其誠。以一言稱愜爲能，而不核虛實；以一事違忤爲咎，而不考忠邪。其稱愜則付任逾涯，不思其所不及；其違忤則責望過當，不恕其所不能。是以職司之内無成功，君臣之際無定分，此所謂取舍違理之患也。今之議者多曰『内外庶官，久於其任』，又曰『官無其人則闕之』，是皆誦常談，而不推時變，守舊典而不本事情。古者民風既朴，官號未多，但別愚賢，匪論資序，不責人以朝夕之効，不計事於尺寸之差，不以小善而褒升，不以一眚而罪斥。故《虞書》『三載考績，三考黜陟幽明』，是則必俟九年，方有進退。然其所進者，或自仄微，而納于百揆，雖久於任，復何病哉？漢制：部刺史秩六百石，郡守秩二千石，刺史高第者即遷爲郡守，郡守高第者即入爲九卿，從九卿即遷爲亞相、相國。是乃從六百石吏而至台輔，其間所歷者三四轉耳，久在其任，亦未失宜。近代建官漸多，列級踰密，若依唐、虞故事，咸以九載爲期，是宜高位常苦於乏人，下寮每嗟於白首。至如鯀陻洪水，績用靡成，猶終九年，然後殛竄。後代設有如鯀者，豈復能九年而始行罰乎？臣固知其必不能也。行罰欲速，而進官欲遲，以此爲稽古之方，是猶却行而求及前人也。頃者臣因奏事，論及内外序遷，陛下乃言『舊例居官歲月皆久』，董晉將順奏云『臣於大曆中，曾任祠部、司勳二郎中，各經六考』，陛下頗爲宜，然以臣蠢愚，實有偏見。凡徵舊例，須辯是非，是者不必渝，非者不必守。先聖之初，權臣用事，其於除授，類多徇情，有一月屢遷，有積年不轉。迨至中歲，君臣嫌妬，姑務優柔，百事凝滯，其於選授，尤所艱難。是皆可懲，曷足爲法？夫覈才馭吏，有三術焉：一曰拔擢以旌其異能，二曰黜罷以糾其失職，三曰序進以謹其守常。如此則高課者驟升，無庸者亟退，其餘績非出類，守不敗官，則循以常資，約以定限。故得殊才不滯，庶品有倫，參酌古今，此爲中道。而議者一概曰『宜久其任』，得非誦常談而不推時變者乎？夫列位分官，緝熙帝載，匪唯應務，兼以養才。是以職事雖有小大閑劇之殊，而俱不可曠缺者，蓋備於時而用耳，故《記》曰：『天子以騶虞爲節，樂官備也。』唯經邦贊國之任，則非有盛德不可以居，故《記》曰：『設四輔及三公，不必備，惟其人。』議者昧於明徵，一概曰『官無其人則闕』，得非守舊典而不本事情者乎【一三三】？今内外羣官，考深合轉，陛下或言其已有次第，須且借留，或謂其未著功勞，何用數改？是乃循默者，既以無聞而不進，著課者又有成績而見淹，雖能否或差，而沉滯無異。夫長吏數遷，固非理道，居官過久，亦有弊生。何者？時俗常情，樂新厭舊。有始

【一三三】得非守舊典　此句，《歷代名臣奏議》卷一百三十一作「得非守舊典之糟粕」。

卒者，其唯聖人，降及中才，罕能無變，其始也砥礪之心必切，其久也因循之意必萌。加以人之所爲，安得皆當？莅職既久，寧無咎愆？或爲姦吏所持，或坐深文所糾，偶以一跌，盡隳前功，至使理行不終，能名中缺。故聖人愛人之才，慮事之弊，採其英華而使之，當其茂暢而獎之，不滯人於已成之功，不致人於必敗之地，是以鋭不挫而力不匱，官有業而事有終。陛下俯徇浮議，謂協典謨，久次當進者，既曰務欲且留，缺員須補者，復曰官不必備，則才彦何由進益？理化孰與交修？此所謂循故事而不擇可否之患也。陛下憂勤務理，夢想思賢，然得人之盛，尚愧前朝，良以七患未去，三術未行，而又睿察太深，宸嚴太峻。常人才器，曷副天心？故雖獲超升，亦驟從黜廢，人物殘瘁，抑斯之由。而議者反以廣於進用爲情故，以梗於除授爲精詳，以避謗爲奉公之誠，以擿瑕爲選士之要，乃至稱毁紛糅，美惡混并，凡有遷升，必遭掎摭，聖德廣納，不時發明，小人多言，益取陰詐，以是眩惑，目無全人。進用之意轉疑，汲引之途漸隘，舊齒既凋敗幾盡，下位或滯淹罕升。故令官序失倫，人才不長，資望漸薄，砥礪浸微，高卑等衰，殆不相續。臣以竊位，屬當序才。凡除吏者，非謗刺之所生，必怨咎之所聚，宰臣獲戾，多起於兹。屢屢上干，何所爲利？但以職思其憂，不得不言，惟陛下圖之。」

贄又奏請均節財賦，凡六條。其一論兩税之弊：「國朝著令賦役之法有三，曰租，曰調，曰庸。古者一井之地，九夫共之，公田在中，籍而不税。私田不善則非吏，公田不善則非人。事頗纖微，難於防檢，春秋之際，已不能行。故國家襲其要而去其煩，丁男一人，授田百畝，但歲納租粟二石而已，言以公田假人，而收其租入，故謂之租。古者任土之宜，以奠賦法，國家就因往制，簡而壹之，每丁各隨鄉土所出，歲輸若絹若綾若絁，共二丈，綿三兩。其無蠶桑之處，則輸布二丈五尺，麻三斤，以其據丁户，調而取之，故謂之調。古者用人之力，歲不過三日，後代多事，其增十之。國家斟酌物宜，立爲中制，每丁一歲定役二旬，若不役則收其庸，日準三尺，以其出絹而當庸直，故謂之庸。其取法也遠，其立意也深，其斂財也均，其域人也固。有田則有租，有家則有調，有身則有庸。天下爲家，法制均壹，雖欲轉徙，莫容其姦，故人無摇心，而事有定制。以之厚生，則不隄防而家業可久；以之成務，則不校閲而衆寡可知；以之爲理，則法不煩而教化行；以之成賦，則下不困而上用足。天寶季歲，羯胡亂華，海内波摇，兆庶雲擾，版圖隳於避地，賦法壞於奉軍。建中之初，再造百度，執事者知弊之宜革而所作兼失其源，知簡之可從而所操不得其要。凡欲拯其積弊，須窮致弊之由，時弊則但理其時，法弊則全革其法，所爲必當，其悔乃亡。兵興之後，供億不恒，乘急誅求，漸隳經制，此所謂時之弊，非法弊也。時有弊而未理，法無弊而已更，掃庸調之成規，創兩税之新制。分命使臣，搜擿郡邑，劾驗簿書，每州各取大曆中一年科率錢穀數最多者，便爲兩税定額。此乃採非法之權令以爲經制，揔無名之暴賦以立恒規。是務取財，豈云恤隱？夫財之所生，必因人力，是以先王之制賦，必以丁夫爲本。不以務穡增其税，不以輟稼減其租，則播種多；不以殖産厚其征，不以流寓免其調，則地著固；不以飭勵重其役，不以窳怠蠲其庸，則功力勤。如是，然後人安其居，盡其力。兩税之立，唯以資産爲宗，不以丁身爲本。曾不悟資産之中，事情不一：有藏於襟懷囊篋，物雖貴而人莫能窺；有積於場圃困倉，直雖輕而衆以爲富。流通蕃息之貨，數雖寡而計日收嬴；廬舍器用之資，價雖高而終歲無利。如此之比，其流實繁，一概計估筭緡，宜其失平長僞。由是務輕齎而樂轉徙者，恒脱於徭税；敦本業而樹居産者，每困於徵求。此乃誘之爲姦，驅之避役【二四】，力用不得不弛，風俗不得不訛，閭井不得不殘，賦入不得不闕。復以創制之首，不務齊平，但令本道本州各依舊額徵税。軍興已久，事例不常，供應有煩簡之殊，牧守有能否之異，所在徭賦，輕重相懸，既成新規，須懲積弊，化之所在，足使無偏，減重分輕，是將均濟。而乃急於聚斂，懼或蠲除，不量物力所堪，惟以舊額爲準。舊重之處，流亡益多；舊輕之鄉，歸附益衆。有流亡，則已重者攤徵轉重；有歸附，則已輕者散出轉輕。高下相傾，勢何能止？又以謀始之際，不立科條，分遣使臣，凡十餘輩，專行其意，各制一隅，遂使人殊見，道異法，低昂不類，緩急不倫。逮至復命于朝，竟無類會裁處，其於踳駮，胡可勝言？利害相形，事尤非便。大曆中，紀綱廢弛，百事從權，至於率税少多，皆在牧守裁制。邦賦既無定限，官司懼有闕供，每至徵配之初，例必廣張名數，以備不時之命，且爲施惠之資，應用有餘，則遂減放。增損既由郡邑，消息易協物

【二四】驅之避役　「驅」原作「毆」，據《資治通鑑》卷二百三十四改。

宜，故法雖久刓，而人未甚瘁。及摠雜徵虛數，以爲兩税恒規，悉登地官，咸繫經費，計奏一定，有加無除，此則人益困窮，其事一也。本徼賦歛繁重，所以變舊從新，新法既行，已重於舊。旋屬征討，國用不充，復以供軍爲名，每貫加徵二百，當道或增戎旅，又許量事取資。詔勑皆謂權宜，悉令事畢停罷，息兵已久，加税如初，此則人益困窮，其事二也。定税之數，皆計緡錢，納税之時，多配綾絹。往者納絹一疋，當錢三千二三百文，今者納絹一疋，當錢一千五六百文，往輸其一者，今過於二矣。雖官非增賦，而私已倍輸，此則人益困窮，其事三也。諸州税物，送至上都，度支頒給羣司，例皆增長本價，而又謬稱折估，抑使剥徵，姦吏因緣，得行侵奪，所獲殊寡，所擾殊多。此則人益困窮，其事四也。税法之重若是，既無以拯之，而復有進奉宣索之繁，尚在其外。方岳頗拘於成例，莫敢闕供；朝典又束以彝章，不許别税。綺麗之飾，紈素之饒，非從地生，非自天降，若不出編户之筋力膏髓，將安所取哉？於是有巧避微文，曲成睿旨，變徵役以召雇之目，换科配以和市之名，廣其課而狹償其庸，精其入而粗計其直。以召雇爲目而捕之，不得不來；以和市爲名而迫之，不得不出。其爲妨抑，特甚常徭，此則人益困窮，其事五也。大曆中，非法賦歛，急備供軍，折估、宣索、進奉之類者，既並收入兩税，兩税之外【二五】，非法之事，復又並存，此則人益困窮，其事六也。建中定税之始，諸道已不均齊，其後或吏理失宜，或兵賦偏重，或癘疾鍾害，或水旱荐災，田里荒蕪，户口減耗。牧守苟避於殿責，罕盡申聞；所司姑務於

【二五】兩税之外　「兩税」原脱，據《全唐文》卷四百六十五補。

取求，莫肯矜恤。遂於逃死闕税之額，累加見在疲甿。一室已空，四鄰繼盡，漸行增廣，何由自存？此則人益困窮，其事七也。自至德訖至于大曆，二十年餘，兵亂相承，海内疲弊。幸遇陛下紹膺寶運，憂濟生靈，誕敷聖謨，痛矯前弊，烝黎相賀，以謂太平可期。既而制失其中，斂從其重，頗乖始望，已沮羣心。因之以兵甲，而煩暴之取轉加；繼之以獻求，而靜約之風浸靡。臣所知者，已有七焉。臣所不知，何啻於此？昔魯哀公問於有若曰：『年飢，用不足，如之何？』有若對曰：『盍徹乎？』孔子曰：『有國有家者，不患寡而患不均，不患貧而患不安。』人安則財贍，本固則邦寧。望令所司與宰臣參量，據每年支用色目中，有不急者、無益者罷廢之；有過制者、廣費者減節之。遂以罷減之資，迴給要切之用。其百姓税錢，頃因軍興每貫加徵二百者，下詔停之，用復其言，俾人知信，下之化上，不令而行。諸道權宜加徵，亦當自請蠲放，如是，困窮之中，十緩二三矣。供御之物，各有典司，任土之儀，各有常貢，過此以往，復何所須？假欲崇飾燕居，儲備賜與，天子之貴，寧憂乏財？但勑有司，何求不給？豈必旁延進獻，别徇營求？減德示私，傷風敗法，因依縱擾，爲害最深。陛下臨御之初，已弘清淨之化，下無曲獻，上絶私求，近歲以來，稍渝前旨。今但滌除流誤，振起聖猷，則淳風再興，賄道中寢。雖有貪饕之輩，曷由復肆侵漁？州郡羨財，亦將焉往？若不上輸王府，理須下紓疲人，如是，則困窮之中，十又緩四五矣。所定税物估價，合依當處月平，百姓輸納之時，累經州縣簡閲，事理或涉於姦冒，過則不在户人，重重剥徵，理甚無謂。望令所司，應諸州府送物到京，但與色樣相符，不得虚稱折估。如濫惡尤甚，給用不充，唯罪元納官司，亦勿更徵百姓。根本既自端靜，枝葉無因動摇，如是，則困窮之中，十又緩其二三矣。然後據每年見供賦税之處，詳諭詔旨，咸俾均平。每道各令兩税判官一人赴京，與度支類會參定，通計户數，以配税錢，輕重之間，大約可準。而又量土地之沃瘠，計物産之少多，倫比諸州，定爲兩等。州等下者，其每户配錢之數少；州等高者，其每户配錢之數多。多少已差，悉令折衷。仍委觀察使更於當管所配錢數之内，均融處置，務盡事宜，就於一管之中，輕重不得偏併，雖或未盡齊一，決當不甚低昂。既免擾人，且不變法，粗均勞逸，足救凋殘。非但徵賦易供，亦冀逋逃漸息。俟稍寧阜，更擇所宜。

「其二請兩税以布帛爲額，不計錢數：夫國家之制賦税也，必先導以厚生之業，而後取其什一焉。其所取也，量人之力，任土之宜，非力所出則不征，非土所有則不貢，謂之通法，歷代常行。大凡生於天地之間，而五材之用爲急。五材者，金、木、水、火、土也。水火不資於作爲，金木自産於山澤，惟土爰播植，非力不成，衣食之源，皆出於此。故可以勉人功而定賦入者，唯布麻繒纊與百穀焉。先王懼物之貴賤失平，而人之交易難準，又立貨泉之法，以節輕重之宜，斂散弛張，必由於是。蓋御財之大柄，爲國之利權，守之在官，不以任下。然則穀帛者，人之所爲也；錢貨者，官之所爲也；人之所爲者，故租税取焉；

官之所爲者，故賦斂捨焉。是以國朝著令，稽古作程，租出穀，庸出絹，調雜出繒纊布麻，非此族也，不在賦法。列聖遺典，粲然可徵，曷常有禁人鑄錢而以錢爲賦者也？今之兩稅，獨異舊章，違任土之通方，効筭緡之末法，不稽事理，不揆人功，但估資産爲差，便以錢數定稅。臨時折徵雜物，每歲色目頗殊，惟計求得之利宜，靡論供辦之難易。所徵非所業，所業非所徵，遂或增價以買其所無，減價以賣其所有，一增一減，耗損已多。且百姓所營，惟在耕織，人力之作爲有限，物價之貴賤無恒，而乃定稅計錢，折錢納物，是將有限之産，以奉無恒之輸。納物賤則供稅之所出漸多，多則人力不給；納物貴則收稅之所入漸少，少則國用不充。公私二途，常不兼濟，以此爲法，未之前聞。往者初定兩稅之時，百姓納絹一疋，折錢三千二三百文，大率萬錢爲絹三疋，價既稍貴，數則不多，及乎頒給軍裝，計數而不計價，此所謂稅入少而國用不充者也。近者百姓納絹一疋，折錢一千五六百文，大率萬錢，爲絹六疋，價既轉賤，數則漸加，向之蠶織不殊，而所輸尚欲過倍，此所謂供稅多而人力不給者也。今欲不甚改法而粗救災害者，在乎約循典制而以時變損益之。臣謂宜令所司，勘會諸州府初納兩稅年絹布定估，比類當今時價，加賤減貴，酌取其中。揔計合稅之錢，折爲布帛之數，仍依庸調舊制，各隨鄉土所宜。某州某年定出稅布若干端，某州某年定出稅絹若干疋，其有絁綿雜貨，亦隨所出定名，勿更計錢，以爲稅數。如此，則土有常制，人有常輸，衆皆知上令之不遷，於是一其心而專其業。應出布麻者，則務於紡績；供綿絹者，則事於蠶桑。日作月營，自然便習，各脩家技，皆足供官。無求人假手之勞，無賤鬻貴買之費，無暴徵急辦之弊，無易常改作之煩。物甚賤而人之所出不加，物甚貴而官之所入不減。是以家給而國足，事均而法行。議者若曰：『每歲經費所資，大抵皆約錢數，若今以布帛爲額，是令支計無憑。』答曰：國初約法已來，常賦率由布帛，踰二甲子，制用不愆，何獨當今則難支計？且經費之大，其流有三：軍食一也，軍衣二也，内外官月俸及諸色資課三也。軍衣固在於布帛，軍食又取於地租，其計錢爲數者，獨月俸資課而已。制禄唯不計錢，故三代以食人衆寡爲差，兩漢以石數多少爲秩。蓋以錢者官府之權貨，禄者吏屬之常資。以常循權，則豐約之度不得恒於家；以權爲常，則輕重之柄不得專於國。故先王制禄以食，而平貨以錢，然後國有權而家有節。況今餽餉方廣，倉儲未豐，盡復古規，或慮不足。若但據羣臣月俸之等，隨百役資課之差，各依錢數少多，折爲布帛定數。某官月給俸絹若干疋，某役月給資布若干端。所給色目精麁，有司明立條例，便爲常制，更不計錢。物甚賤，而官之所給不加；物甚貴而私之所稟不減：官私有準，何利如之！生人大端，衣食爲切，有職田以供食，有俸絹以供衣，從事之家，固足自給，以兹制事，誰曰不然？則國之用財，多是布帛，定以爲賦，復何所傷？議者若曰：『吏禄軍裝，雖頒布粟，至於以時歛糴，用權物價重輕，是必須錢，於何取給？』答曰：古之聖人，所以取山澤之藴材，作泉布之寶貨，國專其利，而不與人共之者，蓋爲此也。物賤由乎錢少，少則重，重則加鑄而散之使輕。物貴由乎錢多，多則輕，輕則作法而歛之使重。是乃物之貴賤，繫於錢之多少；錢之多少，在於官之盈縮。官失其守，反求於人，人不得鑄錢，而限令供税。是使貧者破産，而假資於富有之室；富者蓄貨，而竊行於輕重之權。下困齊人，上虧利柄，今之所病，諒在於斯。誠宜廣即山殖貨之功，峻用銅爲器之禁，苟制持得所，則錢不乏矣。有糶鹽以入其直，有榷酒以納其資，苟消息合宜，則錢可收矣。錢可收，固可以歛輕爲重；錢不乏，固可以散重爲輕。弛張在官，何所不可！慮無所給，是未知方。議者若曰：『自定兩税以來，恒使計錢納物，物價漸賤，所納漸多。出給之時，又增虚估廣求羨利，以贍庫錢。歲計月支，猶患不足。今若定供布帛，出納以平，軍國之資，無乃有闕？』答曰：自天寶以後，師旅數起，法度消亡，用頗殷繁，俗亦靡弊。公賦已重，别獻繼興，别獻既行，私賂競長，誅求刻剥，日長月滋，積累以至于大曆之間【二六】，所謂取之極甚者也。今既揔收極甚之數，定爲兩税矣。所是别獻之類，復在數外矣。間緣軍用不給，已嘗加徵矣。近屬折納價錢，則又多獲矣。比於大曆極甚之數，殆將再倍，而用常不足，何哉？蓋以事逐情生，費從事廣，物有劑而用無節，夫安得不乏乎？苟能黜其情，約其用，非但可以布帛爲税，雖更減其税，亦可也。苟務逞其情，侈其用，非但行今重税之不足，雖更加其税，亦不足也。

「其三論長吏以增户、加税、闢田爲課績：夫欲施教化，立度程，必先域人，使之地

【二六】大曆之間　「間」原作「門」，據《全唐文》卷四百六十五改。

著。古之王者，設井田之法，以安其業；立五宗之制，以綴其恩。猶懼未及也，又教之族墳墓，敬桑梓，將以固人之志，定人之居，俾皆重遷，然可爲理。頃因兵興，典制弛廢，户版之紀綱罔緝，土斷之條約不明，恣人浮流，莫克禁止，是以賦税不一，教令不行。長人者又罕能推忠恕易地之情，體至公徇國之意，迭行小惠，競誘姦甿，以傾奪鄰境爲智能，以招萃逋逃爲理化。捨彼適此者，既謂新收而獲宥；倏忽往來者，又以復業而見優。惟懷土安居、首末不遷者，則使之日重，歛之日加，是令地著之人，恒代墮游服役，則何異驅之轉徙，教之澆訛？此由牧宰不克弘通，各私所部之過也。及夫廉使奏課，會府考功，但守常規，不稽時變。其所以爲長吏之能者，大約在於四科：一曰户口增加，二曰田野墾闢，三曰税錢長數，四曰徵辦先期。此四者，誠吏職之所崇，然立法齊人，久無不弊。法之所沮，則人飾巧而苟避其網；法之所勸，則人興僞以曲附其文。理之者若不知維御損益之宜，則巧僞萌生，恒因沮勸而滋矣。夫課吏之法，所貴户口增加者，豈不以撫字得所，人益阜蕃乎？今或詭情以誘其姦浮，苛法以析其親族，苟益户數，務登賞條。所誘者將議薄征，已遽驚散；所析者不勝重税，又漸流亡。州縣破傷，多起於此。所貴田野墾闢者，豈不以訓導有術，人皆樂業乎？今或牽率黎烝，播植荒廢，約以年限，免其地租。苟農夫不增，而墾田欲廣，新畝雖闢，舊畲反蕪。人利免租頗亦從令，年限纔滿，復爲汙萊，有益煩勞，無增稼穡。所貴税錢長數者，豈不以既庶而富，人可加賦乎？今或重困疲羸，力求附益，捶骨瀝髓，隳家取財，苟媚聚斂之司，以爲仕進之路。所貴徵辦先期者，豈不以物力優贍，人皆樂輸乎？今或肆毒作威，殘人逞欲，事有常限，因而促之，不量時宜，唯尚强濟，絲不容織，粟不暇舂，矧伊貧虚，能不奔迸？當今之要，在於厚人薄財，損上益下。下苟利矣，上必安焉，則少損者，所以招大益；人既厚矣，財必贍焉，則暫薄者，所以成永厚。臣愚謂宜申命有司，詳定考績，往貴於加者，今務於減焉。假如一州之中，所税舊有定額，凡管幾許百姓，復作幾等差科，每等有若干户人，每户出若干税物，各令條舉，都數年别一申使司，使司詳覆有憑，然後録報户部。若當管之内，人益阜殷，所定税額有餘，任其據户均減，率計減數多少，以爲考課等差。其當管税物通比校，每户十分減三分者爲上課，十分減二分者次焉，十分減一分者又次焉。如或人多流亡，加税見户，比校殿罰，法亦如之。其百姓所納田租，則各以去年應輸之數，便爲定額，每歲據額徵納，更不勘責檢巡。增闢者勿益其租，廢耕者不降其數，足以誘導墾殖，且免妨奪農功，事簡體弘，人必悦勸。斯富人固本之要術，在陛下舉而行之。

「其四論税期限逼迫：建官立國，所以養人也；賦人取財，所以資國也。明君不厚其所資而害其所養，故必先人事而借其暇力，先家給而斂其餘財。公私相全，上下交愛，古之得衆者，其率用此歟！法制或虧，本末倒置，但務取人以資國，不思立國以養人，非獨徭賦繁多，夏無蠲貸，至於徵收迫促，亦不矜量。蠶事方興，已輸縑税；農功未艾，遽斂穀租。上司之繩責既嚴，下吏之威暴愈促；有者急賣而耗其半直，無者求假而費其倍酬：所繫遲速之間，不過旬月之異。一寬税限，歲歲相承，遲無所妨，速不爲益，何急敦逼，重傷疲人？望委轉運使與諸道觀察使商議，更詳定徵税期限聞奏。各隨當土風俗所便，時候所宜，務於紓人，俾得辦集。

「其五請以税茶錢置義倉以備水旱：頃以寇戎爲梗，師旅亟興，惠恤之方，多所未暇。每遇陰陽愆候，年不順成，官司所儲，祇給軍食。支計苟有所闕，猶須更取於人。人之凶荒，豈遑賑救？室家相棄，骨肉分離。以陛下爲人父母之心，若垂省憂，固足傷惻。近者有司奏請税茶，歲約得五十萬貫，元勅令貯户部，用救百姓凶饑，今以蓄糧，適副前旨。望令轉運使總計諸道户口多少，每年所得税茶錢，便使均融分配各令當道巡院主掌。每至穀麥熟時，即與觀察使計會，散就管内州縣和糴，便於當處置倉收納，每州令録事參軍專知。以義倉爲名，除賑給百姓外，一切不得貸便支用。如時當大稔，事至傷農，則優與價錢，廣其糴數。穀若稍貴，糴亦便停，所糴少多，與年上下，準平穀價，恒使得中。每遇災荒，即以賑給，小歉則隨事借貸，大飢則録奏分頒，許從便宜，務使周濟，循環斂散，遂以爲常。如此，則蓄財息債者，不能耗吾人；聚穀幸災者，無以侔大利。農不至傷，糴不至貴，一舉事而衆美具，可不務乎！俟人小休，漸勸私積，平糴之法斯在，社倉之制兼行，不出十年之中，必盈三歲之蓄，弘長不已，升平可期。使聖代黎人，永無餒乏，此堯、湯所以見稱於千古也。

「其六論兼并之家私斂重於公稅：國之紀綱，在於制度，士農工商，各有所專。凡在食禄之家，不得與人爭利，此王者所以節財力，勵廉隅，是古今之所同，不可得而變革者也。先王疆理天下，百畝之地，號曰一夫，蓋以一夫授田，不得過於百畝也。是以貧弱不至竭涸，富厚不至奢淫，法立事均，斯謂制度。今制度弛紊，疆理壞隳，恣人吞噬，無復畔限。富者兼地數萬畝，貧者無容足之居，依託豪彊，以爲私屬。貸其種食，賃其田廬，終年服勞，無日休息，罄輸所假，常患不充。有田之家坐食租稅，貧富懸絶，乃至於斯，厚斂促徵，皆甚公賦。今京畿之内，每田一畝，官稅五升，而私家收租殆有畝至一石者，是二十倍於官稅也。夫以土地王者之所有，耕稼農夫之所爲，而兼并之徒，居然受利。官取其一，私取其十，穡人安得食足，公廩安得廣儲，風俗安得不貪，財貨安得不壅？昔之爲理者，所以明制度而謹經界，豈虚設哉！斯道浸亡，爲日已久，頓欲脩整，行之實難，革弊化人，事當有漸。望令百官集議，參酌古今之宜，凡所占田，約爲條限，裁減租價，務利貧人。法貴必行，不在深刻。裕其制以便俗，嚴其令以懲違，微損有餘，稍優不足，損不失富，優可賑窮，此乃古者安富恤窮之善經，不可捨也。前月延英奏對，因叙賦稅煩重，百姓困窮，奉旨令具條奏。以陛下夙夜孜孜，志求致理，往年論及百姓，必爲悽然動容，每言『朕於蒼生，支體亦無所惜』。昨奏人間疾苦，十分纔及二三，聖情已甚驚疑，皆謂臣言過當。然則愁怨之事，何由上聞？煦育之恩，何由下布？竊惟陛下所以驚疑於微臣之言者，但聞之未熟耳。此乃股肱耳目之任仰負於陛下，誠所謂知之非艱，尚未足深累聖德也。願陛下勿復艱於所行，幸甚！」按：但敕有司，何求不給，頗與鄴侯歲供宮中錢百萬緡相類，非拔本塞原之論也。必若後段所謂事逐情生，費從事廣，黜情約用，非但可以布帛爲税，雖更減其税可也，乃爲理到之論。

九月，裴延齡奏稱官吏太多，自今缺員請且勿補，收其俸以實府庫。延齡奏：「左藏庫司多有失落，近因檢閲使置簿書，乃於糞土之中得銀十三萬兩，其匹段雜貨百萬有餘。此皆已棄之物，即是羨餘，悉應移入雜庫，以供别敕支用。」太府少卿韋少華不伏，抗表稱：「此皆每月申奏見在之物，請加推驗。」執政請令三司詳覆，上不許，亦不罪少華。延齡每奏對，恣爲詭譎，皆衆所不敢言，亦未嘗聞者。延齡處之不疑，上亦頗知其誕妄，但以其好詆毁人，冀聞外事，故親厚之。羣臣畏延齡有寵，莫敢言，惟鹽鐵轉運使張滂、京兆尹李充、司農卿李銛以職事相關，時證其妄，而陸贄獨以身當之，日陳其不可用。十一月，壬申，贄上書極陳延齡姦詐，數其罪惡，其略曰：「延齡以聚歛爲長策，以詭妄爲嘉謀，以掊克斂怨爲匪躬，以靖譖服讒爲盡節。揔典籍之所惡以爲智術，冒聖哲之所戒以爲行能，可謂堯代之共工，魯邦之少卯也。跡其姦蠹，日長月滋，陰秘者固未盡彰，敗露者猶難悉數。」又曰：「陛下若意其負謗，則誠宜亟爲辨明。陛下若知其無良，又安可曲加容掩？」又曰：「陛下姑欲保持，曾無詰問，延齡謂能蔽惑，不復懼思。移東就西，便爲課績，取此適彼，遂號羨餘。愚弄朝廷，有同兒戲。」又曰：「矯詭之態，誣罔之辭，遇事輒行，應口便發，靡日不有，靡時不爲，又難以備陳也。」又曰：「昔趙高之指鹿爲馬，物類猶同，豈若延齡掩有爲無，指無爲有？」又曰：「延齡凶妄，流布寰區，上自公卿近臣，下逮輿臺賤品，諠諠談議，億萬爲徒，能以上言，其人有幾？臣以卑鄙，任當台衡，情激于衷，雖欲罷而不能自默也。」書奏，上不悅，待延齡益厚。

陸贄以上待之厚，事有不可，常力爭之。所親或規其太鋭，贄曰：「吾上不負天子，下不負所學，它無所卹。」本傳云：「贄輔政，不敢自顧重，事有可否必言之，所言皆剴拂帝短，懇到深切。」裴延齡日短贄於上。趙憬之入相也，贄實引之，既而有憾於贄，密以贄所譏彈延齡事告延齡，故延齡益得以爲計，上由是信延齡而不直贄。贄與憬約至上前極論延齡姦邪，上怒形於色，憬默而無言。十二月，贄罷爲太子賓客。胡氏曰：「趙憬言於德宗，嘗以任賢爲急，使其與陸贄異時，必景仰慕用之不足矣。及同在相位，非惟不知其賢，又忘其引薦，疑其專擅，反與裴延齡比而去之。人非甚愚，豈昧於是非賢不肖之辨如此，又況憬懇於用賢乎！而何爲其然哉？曰：吾子之知，貴乎至知之至者，如知水之濕，知火之熱，知美色之可愛，知惡臭之可惡。雖不幸瞽而瞶，此知不可亂也。知之不至者，猶士而言學、言善、言道、言中、言誠、言性、言仁、言恕、言鬼神，得其形影之似而已。斷學以記誦，斷善以柔弱，斷道以玄妙，斷中以隨俗，斷誠以椎朴，斷性以靜，斷仁以愛，斷恕以寬宥，斷鬼神以幽冥，是皆形影之似，而非其至也。窮理不至，則在我者有蔽而不盡。在我者有蔽而不盡，在人者安能洞達而無惑乎？憬以任賢爲急，而不知賢者爲誰，正此類也。既不能知賢，則亦不能知不肖，此憬所以與延齡比也。是故大學之道必格物，物格然後知至，知至然後意誠，意誠然後心正，心正矣，又豈有黨讒邪、害忠貞之事哉！」　按：宣公之賢、延齡之佞，趙憬非不知也，直以一有憾於宣公，私意起而障其真知耳。故大學之道，雖曰知至而後意誠，然誠意至正心數段，又各有工夫者，正謂此也。

十一年，陸贄既罷相，裴延齡因譖京兆尹李充、衛尉卿張滂等黨於贄。會旱，延齡奏言：「贄等失勢怨望，言於衆曰：『天下旱，百姓且流亡，度支多欠諸軍芻糧，軍中人馬無所食，其事奈何？』以動揺衆心，其意非止欲中傷臣而已。」後數日，上獵苑中，適有神策軍士訴云「度支不給馬芻」，上意延齡言爲信，故還宫。夏四月，貶贄爲忠州别駕。初，陽城自處士徵爲諫議大夫，未至京師，人皆想望風采，曰：「城必諫諍，死職下。」及至，諸諫官紛紛言事細碎，天子益厭苦之。而城方與客日夜痛飲，人莫能窺其際，河南韓愈作《爭臣論》以譏之，城亦不以屑意。及贄等坐貶，上怒未解，中外惴恐，以爲罪且不測，無敢救者。城聞而起，曰：「不可令天子信用姦臣，殺無罪人。」即帥拾遺王仲舒等，守延英門，上疏論延齡姦佞【二七】、贄等無罪。上大怒，欲加城等罪，太子爲之營救，上意乃解，令宰相諭遣之。時朝夕相延齡，陽城曰：「脱以延齡爲相，城當取白麻壞之，慟哭於庭。」本傳云：「贄本畏慎，未嘗通賓客。延齡揣帝意薄，讒短百緒，帝遂發怒，欲誅贄，賴城等交章論辯，乃貶忠州。後稍思之，會薛延爲刺史，諭旨慰勞。韋臯數上表請贄代領劒南，帝猶銜之，不肯與。」范氏曰：「韓愈作《爭臣論》，當城未有言之時也。世之論者，或祖襲愈之餘意，譏城以在職久而不言，及陸贄之貶而後發。向若贄不貶，則無所成其名矣，豈得遂默而已乎？臣以爲不然。揚雄曰：『或問賢。曰：爲人所不能。』城有待而爲者也。遏裴延齡爲相，救陸贄將死，此人所不能，非賢孰能爲之？一奮其忠，名震四方，終身廢放，死而無憾，自古處士之有益於國如城者，鮮矣。後世猶責之

【二七】上疏論延齡　「上」原作「下」，據《資治通鑑》卷二百三十五改。

無已，其不成人之美亦甚哉！」　胡氏曰：「陽城賢矣，惜其未盡善也。諸諫官言事細碎，信爲有失，城登諫司至是七年，豈皆無大事可言乎？開悟人君，必有其漸；防遏邪佞，必於其微。陸相見踈，延齡被眷，夫豈一日之積？毫釐不伐，至用斧柯，則用力多而見功寡矣。故君子以爲城未知陰陽消長之義者也。雖然主昏於上，姦熾於下，讜論一發，正氣凛然。陸免於死，裴不果相，其有功於唐甚大。夫豈風流文雅、委蛇醖藉者所能及哉！則城亦未可訾也。陸公在翰林，諫爭十從六七，自爲相十從三四，故愚惜其去之晚，有違乎『不可則止』之義也。」

順宗立，贄與陽城等皆召還。詔未至，卒，贈兵部尚書，謚曰宣。始，贄入翰林，年尚少，以材幸，天子常以輩行呼而不名。在奉天，朝夕引見，小心精潔，未嘗有過。由是帝親倚，至解衣衣之。狩山南也，道險澀，與從官相失，夜召贄不得，帝驚且泣，詔軍中得贄者賞千金。久之，上謁，帝喜見顔間，自太子以下皆賀。范氏曰：「德宗於危亂之中，斯須不可無陸贄。及其用裴延齡之譖，則棄之如脱屣，然於所厚如此，宜其無所不薄也。《詩》曰：『將恐將懼，維予與女。將安將樂，女轉棄予。』其德宗之謂矣。」既放荒遠，常闔户，人不識其面，又避謗不著書，地苦瘴癘，袛爲《今古集驗方》。胡氏曰：「贄之爲此，以德宗猜忌故也。大臣遷黜，固不當通人事，有述作，『藉用白茅』，慎之至也。」而朱子顧謂「豈無聖賢經傳可以玩索討論」者，是又一説，併記于此。史臣贊曰：「德宗之不亡，顧不幸哉！在危難時聽贄謀，及已平，追仇盡言，佛然以讒倖逐，猶棄梗。至延齡輩，則寵任盤桓，不移如山，昏佞之相濟也。觀贄論諫數十百篇，譏陳時病，皆本仁義，可爲後世法，炳炳如丹，帝所用纔十一。唐祚不競，惜哉！」眉山蘇公軾在經筵《乞校正贄奏議進御》曰：「伏見唐宰相陸贄，才本王佐，學爲帝師，論深切於事情，言不離於道德，智如子房而文則過，辯如賈誼而術不踈，上以格君心之非，下以迪天下之志，但其不幸，仕不遇時。德宗以苛刻爲能，而贄諫以忠厚；德宗以猜忌爲術，而贄勸以推誠；德宗好用兵，而贄以消兵爲先；德宗吝用財，而贄以散財爲急。至於用人聽言之法，治邊馭將之方，罪己以收人心，改過以應天道，去小人以除民患，惜名器以待有功，如此之流，未易悉數。可謂進苦口之藥石，鍼害身之膏肓，使德宗盡用其言，則貞觀可得而復。臣等每退自西閣，即私相告言，以陛下聖明，必喜贄議論。但使聖賢之相契，即如臣主之同時。昔馮唐論頗、牧之賢【二八】，則漢文爲之嘆息；魏相條晁、董之對，則孝宣以致中興。若陛下能自得師，則莫若近取諸贄。夫六經、三史、諸子、百家，非無可觀，皆足爲治。但聖言幽遠，末學支離，譬如山海之崇深，難以一二而推擇；如贄之論，開卷了然，聚古今之精英，實治亂之龜鑑。臣等欲取其奏議，稍加校正，繕寫進呈。願陛下置之坐隅，如見贄面，反覆熟讀，如與贄言，必能發聖性之高明，成治功於歲月。」潁濱蘇氏曰：「昔吾先君博觀古今議論，而以陸贄爲賢。吾幼而讀其書，其賢比漢賈誼，而詳練過之。贄始以從官事唐德宗，老而爲宰相，從之出奔，而與之反國，彌縫其闕，而濟其危亡。比其老也，功業定矣，而卒斃於裴延齡之手，其故何也？孔子曰：『南人有言曰：人而無恒，不可以作巫醫。善夫！不恒其德，或承之羞。』贄以有常之德，而事德宗之無常；以巫醫之明，而治無常之疾，是以承其羞耳。帝即位之初，好名而貪功。河朔三叛，父子相襲三十年矣。帝將以天下之力勝之，田悦驚疑而起，朱滔、王武俊和之，帝使馬燧、李抱真、李芃三將往迎其鋒，勝負之勢未決也。帝急於成功，復使李晟出禁衛之兵，李懷光舉朔方之衆，五將萃於魏郊，而淮西李希烈乘間而起。兵連禍結，常賦所不能贍，於是爲之抽貫，筭間架，貸商賈，空内事外，關中已亂，而帝不知也。贄曰：『今兩河、淮西爲禍亂之首者，獨四五凶人而已。臣料其間必有旁遭詿誤、内蓄危疑而計不能止者。陛下若能招攜以禮，悔禍以誠，使來者必安，安者必久，人知獲免，則誰願復爲惡者？縱有野心難馴，臣知從化者必過半矣。』帝猶意西師可以必克，忽其言不用。未幾，而涇原叛卒之變起，倉皇避寇，半年而歸，帝亦老而厭兵矣。於是行一切之政，專以姑息涵養藩鎮。凡節度使死，將佐之得士心者，皆就命留後，雖以簒奪請命者，亦如之。宣武劉士寧以暴慢失衆，其將李萬榮因其出畋，閉門逐之。帝將命以其位，贄曰：『如士寧之惡，萬榮棄而違之可也，討而逐之可也，惟伺隙而簒取其

【二八】頗牧之賢　「頗」原作「李」，據《蘇軾文集》卷三十六改

位則不可。』帝方苟安無事，竟亦不許。由此觀之，帝常持無常之心，故前勇而後怯；贄常持有常之心，故勇怯各得其當。然其君臣之間，異同至此，雖欲上下相保，不可得矣。會昌中，盧龍諸將連害帥臣，最後張絳殺陳行泰。宰相李德裕以爲河朔請帥，皆報下太速，故軍得以安，若稍緩之，必且有變。既而回鶻烏介可汗擾天德塞，軍使張仲武請以本軍擊之，德裕問知仲武可用，言之武宗，舉以爲帥。張絳既爲其下所殺，而仲武遂以功名終，德裕之謀，則贄之故智也。然帝之出也，以陳京、趙贊，而贊之逐也，以裴延齡，其禍皆出於聚斂之臣，贄之賢非不知也。帝歸自興元，贄因事言曰：『齊桓公自莒入齊，伯業既成，而管仲以不忘在莒爲戒。衛獻公自齊還衛，諸大夫逆諸境者，執其手而與之言，逆於門者，頷之而已。戒心之易忘而驕心之易生，齊、衛之君，陛下之蓍龜也。』贄言雖切，而帝終不改。吾以爲使贄反國而爲鴟夷子皮浮舟而去，則其君臣之間，超然無後患，然後可以言智矣哉！」　胡氏曰：「或問陸贄何如人也？曰：其孟子所謂『有安社稷臣，以安社稷爲悦者』歟！不然。道合則從，不合則去，乃『天民』矣。」　朱子曰：「史以陸宣公比賈誼，誼才高似宣公，宣公諳練多學，更純粹。漢去戰國近，故人才多是駁雜。」又曰：「董仲舒之學識得本源，若陸宣公之論事卻精密，第恐本源處不如仲舒。」　愚按：宣公事德宗最久，其有功於德宗最多，然居相位四年而已。以四事考之，其在禁林小心精潔，未嘗有過；在廟堂，則方鎮之賂，雖微必卻，其正己可知。其於論諫，必本仁義，不雜以一毫功利之私，凡所開陳，無非欲救德宗心術之蔽，其於格君，又無所愧。平時計畫成敗，若燭照龜卜之不差。初問兩河、淮西事宜，勸德宗以蓄威昭德，居重馭輕，使帝能從其言，豈有涇卒之變？及狩奉天，卒賴其謀，得以反國，始當大任，即建請臺省長官各舉其屬，其體統甚正，其綱目不煩。使其説得行，則人主擇一相，一相擇庶長，庶長擇衆僚，上下交舉其職，端可不勞而治。後以朝臣多闕，敷陳七患，其於養材任人之方，條舉不遺。考觀平生謀謨事業，無一不合於理者。蓋三代而下，唯一董仲舒有宰相之學，而不及爲，其他號爲名相者，或以德量，或以氣節，或以才能，然於學例不能亡憾。雖以諸葛公庶幾王佐之才，於此且有歉焉，況其它乎？若宣公者，可謂有宰相之學矣。惟其所學者正，故見於謀謨事業亦罔非正。然公之於學，亦豈有他法哉？誦聖賢之事，精求其意，而體之於身，以之行己，以之事君，終其身而弗變。

古之所謂學者，亦若是焉而已爾，獨宣公邪？或謂宣公之學足以正君，而不能回德宗之聽，何也？曰：學在己，用不用在時。雖孔、孟有不能必者，於宣公乎奚尤？　又按：德宗時，賢相自崔、楊、李、陸外，有蕭復、姜公輔、柳渾，復以兵部侍郎扈狩奉天，帝惡庫隘，欲西如鳳翔依張鎰。復曰：「鳳翔乃泚舊兵，今泚悖亂，當有同惡者，雖鎰，臣畏不免。」帝曰：「朕業行，留一日以驗爾言。」俄而鎰爲李楚琳所害，於是拜吏部尚書、同平章事。復嘗言：「艱難以來，始用宦者監軍，權望太重，是曹正可委宮掖事，兵要政機詎使參預？」帝不聽。又言：「陛下厥初清明，自楊炎、盧杞放命穢盛德，播越及兹。今阽于危，當懲艾前敗。」因述君臣大端，即自言：「若使臣依阿偷免，不敢當宰相。」杞對上或諂諛阿匿，復厲言「杞詞不正」，帝色眙，謂左右曰：「復慢我。」因詔復充山南、江淮、湖南、嶺南等道宣撫、安慰使。興元初，進門下侍郎。初，淮南陳少游左附李希烈，而張鎰判官韋皐殺郤、隴叛卒，不應楚琳。復還執政【二九】，建言：「陛下反正，功臣已貴矣，唯甄善汰惡爲未明。少游位將相，首臣賊，皐名淺官下，獨挺抗患【三〇】，如以皐代少游，則天下瞭然知逆順之理。」帝許之。復出，中官馬欽緒揖宰相劉從一，附耳語，既而從一密諗復曰：「有詔與公議向所奏，不欲李勉、盧翰聞知。」復曰：「堯、舜有『僉曰』之言，朝廷大事尚當謀及公卿，如勉等非其人，當罷去。既曰宰相，而謀議可避之乎？今與公行此或可，第恐浸以生常，政由是敝。」從一以聞，帝不悅。尋因事檢校太子左庶子，廢居饒州。復望閥高華，厲名節，不通狎流俗，臨事嚴方，數咈帝意，故居位亟解，既貶晏然，口未嘗言所累。公輔爲翰林學士，有高材，每進見，敷奏詳亮，德宗器之。朱滔助田悦也，以密裹書間道要泚【三一】，太原馬燧獲之，泚不知也，召還京師。公輔諫曰：「陛下若不能坦懷待泚，不如誅之，養虎毋自貽害。」不從。俄而涇師亂，帝自苑門出，公輔叩馬諫曰：「泚嘗帥涇原，得士心，向以滔叛奪之兵，居常怫鬱不自聊，請馳騎挾取以從，無爲羣兇得之。」帝倉卒不及聽，既行，欲駐鳳翔倚張鎰。公輔曰：「鎰雖信臣，然文吏也，所領皆朱泚部曲、漁陽突騎，泚若立，涇軍皆有變，非萬全策也。」帝亦記桑道茂之言，遂之奉天。不數日，鳳翔果亂，殺鎰。帝在奉天，有言泚反者，請爲守備。盧杞曰：「泚忠正篤實，奈何言其叛，傷大臣心？臣請百口保之。」帝知羣臣多勸泚奉迎乘輿者，乃詔諸道兵距城一舍止。公輔曰：「王者不嚴羽衛，無以重威靈。今禁旅

【二九】復還執政　「執」原作「報」，據《新唐書》卷一百一改。

【三〇】獨挺抗患　「患」，《新唐書》卷一百一作「忠」。

【三一】以密裹書間道要泚　「要」，據《新唐書》卷一百五十二作「邀」。

單寡而士馬處外，爲陛下危之！」帝曰：「善。」悉内諸軍。泚兵果至，如所言，乃擢公輔諫議大夫、同平章事。帝徙梁，唐安公主道薨，詔厚其葬，公輔諫曰：「即平賊，主必歸葬，今行道宜從儉，以濟軍興。」帝怒，謂學士陸贄曰：「唐安之葬，不欲事塋壠，今累甓爲浮圖，費甚寡約，不容宰相關預，苟欲指朕過耳。」贄曰：「公輔官諫議，職宰相，獻替固其分也。」帝曰：「不然。朕以公輔才不足以相，而又自求解，朕既許之，内知且罷，故賣直售名耳。」遂下遷爲左庶子，尋貶泉州别駕，卒。渾爲尚書右丞，朱泚亂，渾匿終南山。賊素聞其名，以宰相召，執其子榜笞之，搜索所在。渾羸服步至奉天，改右散騎常侍，貞元元年，遷兵部侍郎。李希烈據淮、蔡，關播用李元平守汝州，渾曰：「是夫衒玉而賈石者也。往必見禽，何賊之攘？」既而果爲賊縛。三年，同平章事。帝嘗親擇吏宰畿邑，而政有狀，召宰相語，皆賀帝得人，渾獨不賀，曰：「此特京兆尹職耳【三二】。陛下當擇臣輩以輔聖德，臣當選京兆尹承大化，尹當求令長親細事。代尹擇令，非陛下所宜。」帝然之。玉工爲帝作帶，誤毁一銙，私市它玉足之，及獻，帝識不類，擿之，工人伏罪。帝怒其欺，詔京兆府論死，渾曰：「於法，誤傷乘輿器服，罪當杖，請論如律【三三】。」由是工不死。白志貞除浙西觀察使，渾奏：「志貞興小吏，縱嘉其才，不當起劇職。臣以死守，不敢奉詔。」渾瑊與吐蕃會平涼，是日，帝語大臣以和戎息師之便【三四】，馬燧賀曰：「今日已盟，百年無虜患。」渾曰：「夷狄人面獸心，易以兵制，難以信結，臣竊憂之。」李晟繼言曰：「蕃戎多不情，誠如渾言。」帝變色曰：「渾，儒生【三五】，未達兵事，大臣亦當爾耶？」皆頓首謝。夜半，邠寧節度使韓游瓌飛奏吐蕃劫盟，將校皆覆没。帝大驚，以表示渾。明日，慰之曰：「糊卿，儒士【三六】，乃知軍戎萬里情乎？」益禮異之。宰相張延賞怙權，嫉渾守正，遣親厚謂曰：「明公舊德，第慎言於朝，則位可久。」渾曰：「爲我謝張公，渾頭可斷，舌不可禁。」卒爲所擠，以右散騎常侍罷政事。性清儉，不營産利，免後數日，置酒召故人出游，酣肆乃還，曠然無黜免意。它宰相始賢而終悖者則楊炎，姦邪敗國則盧杞。炎與宰相元載同郡，擢炎吏部侍郎。載當國，陰擇才可代己者，引以自近，得炎，親重無比。載敗【三七】，坐貶道州司馬，德宗在東宫，雅知其名，及即位，崔祐甫薦炎可器任，即拜門下侍郎、平章事。及第五琦爲度支、鹽鐵使，京師豪將來取無舊制，天下賦皆入左藏庫，而太府四時以數聞，尚書比部覆出納，舉無姦欺。

【三二】京兆尹職耳　「職」原作「我」，據《新唐書》卷一百四十二改。

【三三】請論如律　「請」原作「清」，據《新唐書》卷一百四十二改。

【三四】和戎息師之便　「便」原作「使」，據《新唐書》卷一百四十二改。

【三五】儒生　「儒」原作「書」，據《新唐書》卷一百四十二改。

【三六】儒士　「士」原作「主」，據《新唐書》卷一百四十二改。

【三七】載敗　「載」原作「戰」，據《新唐書》卷一百四十五改。

節，琦不能禁，乃悉租賦進大盈内庫。天子以給取爲便，故不復出【三八】。自是天下公賦爲人君私藏，有司不得計贏少，而宦官以冗名持簿者三百人，奉給其間，根柢連結不可動。及炎爲相，言於帝曰：「財賦者，邦國大本，而生人之喉命，先朝權制，以中人領其職，五尺宦豎，操邦之柄，豐儉盈虚，雖大臣不得知。臣請出之，以歸有司，度宮中經費一歲幾何，量數奉入，不敢以闕。」帝從之。初，定令有租庸調法，自開元承平久，不爲版籍，法度抏敝，而丁口轉死，田畝換易，貧富升降，悉非向時【三九】，而户部歲以空文上之。又戍邊者，蠲其租、庸，六歲以歸，玄宗事夷狄，戍者多死，邊將諱不以聞，故貫籍不除。天寶中，王鉷爲户口使，方務聚斂，以其籍存而丁不在，是隱課不出【四〇】，乃按舊籍，當除免者，積三十年，責其租、庸，人苦無告，故法遂大敝。至德後，天下兵起，因以饑癘，百役並作，人户凋耗，版圖空虚。軍國之用，仰給於度支、轉運使。四方征鎮，又自給於節度、都團練使。賦斂之司數四，莫相統攝，綱目大壞，朝廷不能覆。諸州四方貢獻，悉入内庫，權臣巧吏，因得旁緣，公托進獻【四一】，私爲賦資者，動萬萬計。河南、山東、荆襄、劍南重兵處，皆厚自奉养，王賦所入無幾。多歛凡數百名，廢者不削，重者不去，新舊仍積，不知其涯。百姓竭膏血，鬻親愛，旬輸月送，無有休息。吏因其苛【四二】，蚕食于人。富人多丁者，以宦、學、釋、老得免，貧人無所入則丁存。故課免於上而賦增於下，是以天下殘瘁，蕩爲浮人，鄉居地著者百不四五矣。炎疾其敝，乃請爲兩税法，以一其制。凡百役之費，一錢之斂，先度其數而賦於人，量出制入。户無主客，以見居爲簿；人無丁、中，以貧富爲差。不居處而行商者，在所州縣税三十之一，度所取與居者均，使無僥利。居人之税，秋、夏兩入之，俗有不便者三之。其税、庸、雜徭悉省【四三】，而丁額不廢。其田畝之税，率以大曆十四年墾田之数爲準，而均收之。夏税盡六月【四四】，秋税盡十一月，歲終以户口增失進退長吏，而尚書度支摠焉。帝善之，使諭中外。議者沮詰，以爲租庸令行數百年【四五】，不可輕改。帝不聽。天下果利之。自是人不亡斷而地著，賦不加斂而增入，版籍不造而得其虚實，吏不誡而姦無所取，輕重之權始歸朝廷矣。炎興嶺表，以單議悟天子，中外翕然屬望爲賢相。居數月，崔祐甫疾，不能起，炎獨當國，遂多變祐甫之政。又請開豐州陵陽渠，發畿縣民役作，閭里騒然，渠卒不就。素德元載，思有以報之，於是復議城原州，節度使段秀實謂：

【三八】故不復出　「故」原作「政」，據《新唐書》卷一百四十五改。

【三九】悉非向時　「時」原作「持」，據《新唐書》卷一百四十五改。

【四〇】是隱課不出　「課」原作「果」，據《新唐書》卷一百四十五改。

【四一】公託進獻　「公」原作「么」，據《新唐書》卷一百四十五改。

【四二】吏因其苛　「因」原缺，據《新唐書》卷一百四十五補。

【四三】其税庸雜徭悉省　「税庸」原作「祖康」，「徭」作「淫」，「省」字原脱，據《新唐書》卷一百四十五改補。

【四四】夏税　「夏」原作「春」，據《新唐書》卷一百四十五改。

【四五】租庸　「租」原作「祖」，據《新唐書》卷一百四十五改。

「安邊卻敵，宜以緩計，方農事，不可遽興功。」炎怒，追秀實爲司農卿，以邠寧李懷光督作，遣朱泚、崔寧統兵各萬人翼之。詔書下【四六】，涇軍恚曰：「吾軍爲國西屏十餘年，始自邠土，農桑地著之安，徙此榛莽中，手拔足踐【四七】，既立城壘，則又投之塞外，且安寘此乎？」又懷光持法嚴，舉軍畏之。裨將劉文喜因人之怨，乃上疏求秀實、朱泚爲使。詔以泚代懷光，文喜不奉詔，閉城拒守，質其子吐蕃以求援。時方煬旱，人情騷携，羣臣皆請赦文喜，帝不聽，且趣師涇州，士當受春服者皆即賜。命泚、懷光率軍攻之，壘環其州。别將劉海賓斬文喜，獻其首，涇州平，而原卒不能城。又以劉晏勠載，已坐貶，乃出晏忠州，誣晏殺之，朝野側目。李正己表請晏罪，炎懼，乃遣腹心分走諸道，聲言宣慰，實自辯解，言：「帝自惡之，非己過也。」帝聞，使中人復其言於正己，還報信然，於是帝意銜之，未發也。會盧杞同平章事，炎同秉政，杞無學術，貌么陋，炎薄之，託疾不與會食，杞陰爲憾。梁崇義叛，帝欲以淮西李希烈爲都統致討，炎曰：「希烈始與李忠臣爲子，逐忠臣取其位，此可任乎？」帝恚曰：「朕業許之，不能食吾言。」遂用希烈。又舉崔昭等可大任。帝以炎議論疏闊，遂罷爲左僕射。杞令御史按之，貶崖州司馬，賜死。初，炎矯飾志節，頗得名，既傅會元載抵罪，俄而得政，然忮害根中，不能自止。睚眦必讎，果於用私，終以此及禍。犯與裴延齡等姦邪情狀，已見《乙記》之上，當併考焉。

【四六】詔書下　「詔」原作「詩」，據《新唐書》卷一百四十五改。

【四七】手拔足踐　「拔」，《新唐書》卷一百四十五作「拔」。

# 乙下之二十

順宗永貞元年秋七月，以太常卿杜黄裳爲門下侍郎同平章事。與袁滋同相。　本傳：黄裳擢進士，又中宏詞。郭子儀辟佐朔方府，子儀入朝，使主留事。李懷光與監軍陰謀矯詔誅大將等，以動衆心，欲代子儀。黄裳得詔，判其非，以質懷光，懷光流汗服罪。於是諸將狠驕難制者，黄裳皆以子儀令易置，衆不敢亂。

時上疾久不愈，時扶御殿，羣臣瞻望而已，莫有親奏對者。中外危懼，思早立太子，而王叔文黨欲專大權，惡聞之。初，翰林待詔王伾善書，王叔文善棋，俱出入東宮，娱侍太子。叔文譎詭多計，自言讀書知治道。太子愛幸之，與王伾相依附。叔文因爲太子言【一】：「某可爲相，某可爲將，幸異日用之。」密結翰林學士韋執誼及當時朝士有名而求速進者陸淳、吕温、李景儉、韓曄、韓泰、陳諫、柳宗元、劉禹錫等，定爲死友。而凌準、程异等又因其黨以進。自德宗大漸，王伾先入，稱詔召王叔文，坐翰林中使決事。上即位，以韋執誼同平章事。叔文欲專國政，首引執誼爲相，己用事於中，與相倡和。俄以伾爲左散騎常侍，叔文爲起居舍人、翰林學士。伾寢陋，吴語，上所褻狎。而叔文頗任事自許，微知文義，好言事，上以故稍敬之，不得如伾出入無阻。叔文入至翰林，而伾入至柿林院，見李忠言、牛昭容計事。大抵叔文依伾，伾依忠言，忠言依牛昭容【二】，轉相交結。每事先下翰林，使叔文可否，然後宣于中書，韋執誼承而行之。

宦官俱文珍等，皆先朝任使舊人，疾叔文等朋黨，乃啓上召翰林學士鄭絪等入金鑾殿，草制立廣陵王淳爲皇太子，改名純。先是杜黄裳爲裴延齡所惡，留滯臺閣，十年不遷。及其壻韋執誼爲相，始遷太常卿。黄裳勸執誼帥羣臣請太子監國，執誼驚曰：

**校勘記**

【一】因爲太子言　「爲」字原脱，據《資治通鑑》卷二百三十六補。

【二】忠言依牛昭容　「忠言依」原脱，據《資治通鑑》卷二百三十六補。

「丈人甫得一官，奈何啓口議禁中事？」黄裳勃然曰：「黄裳受恩三朝，豈得以一官相買乎？」拂衣起，出。秋七月，制以：「積疹未復，其軍國政事，權令皇太子純勾當。」時内外共疾王叔文黨與專恣，上亦惡之。俱文珍等屢啓上，請令太子監國，上許之。又以杜黄裳、袁滋同平章事。俱文珍等以其舊臣，故引用之。八月，制令太子即皇帝位，朕稱太上皇。叔文、伾皆貶，尋賜死，韋執誼等亦貶。

西川節度使韋皋薨，支度副使劉闢自爲留後，使諸將表求節鉞【三】。朝廷不許，以袁滋爲西川節度使，徵闢爲給事中。十一月，劉闢不受徵，阻兵自守。十二月，以闢爲節度副使，知節度事。上以初嗣位，未能討故也。憲宗元和元年，劉闢既得旌節，志益驕，求兼領三川，上不許。闢遂發兵圍東川節度使李康於梓州，上欲討闢而重於用兵，公卿議者亦以爲蜀險固難取，杜黄裳獨曰：「闢狂戇書生，取之如拾芥耳。臣知神策軍使高崇文勇略可用，願陛下專以軍事委之，勿置監軍，闢必可擒。」上從之。翰林學士李吉甫亦勸上討蜀，上由是器之。命左神策行營節度使高崇文將步騎五千爲前軍，神策京西行營兵馬使李元奕將步騎二千爲次軍，與山南西道節度使嚴礪同討闢。時，宿將名位素重者甚衆，皆自謂當征蜀之選，及詔用崇文，皆大驚。上與杜黄裳論及藩鎮，黄裳曰：「德宗自經憂患，務爲姑息，不生除節帥。有物故者，先遣中使察軍情所與則授之。中使或私受大將賂，歸而譽之，即降旌鉞，未嘗有出朝廷之意者。陛下必欲振舉綱紀，宜稍以法度裁制藩

【三】使諸將　「使」字原脱，據《資治通鑑》卷二百三十六補。

鎮，然後天下可得而理也。」上深以爲然。於是始用兵討蜀，以至威行兩河，皆黄裳啓之也。高崇文屯長武城，練卒五千，常如寇至，卯時受詔，辰時即行，器械糗糧，一無所闕。崇文出斜谷，李元奕出駱谷，同趣梓州。崇文軍至興元，軍士有食於逆旅，折人匕筯者，崇文斬之以徇。胡氏曰：「齷齪之士拘攣之，見猶印券符契，何適而不然？惟明者斷之，則如杲日中天而重雲散，東風著地而冰凍釋矣。蜀誠險固，惟劉玄德、諸葛公在焉，雖曹操、司馬懿不得窺其藩，自餘未有不破者。況劉闢倉黄竊據，非素得士民之心也。而公卿議者閧然，以爲難取，獨諫議韋册贊計於前，翰林李吉甫啓沃於内，而杜黄裳當國決策，且薦將臣，憲宗之意遂決。嗚呼！討平禍亂，興起治功，所患有二：人主無意，一也；有其意而無大臣助之，二也。就二者論之，君求同德之臣爲易得，臣求有爲之君爲難逢。德宗姑息藩鎮，晚而益甚，視其朝如無人焉。憲宗一日當宁，賢相良將，忠言嘉謀並出，輦轂之下，具僚之中，不待招于四方而後得也。故討平禍亂，興起治功，惟患人主無大有爲之志焉耳。雲從龍，風從虎，聖人作而萬物覩矣。」

上與宰相論：「自古帝王，或勤勞庶政，或端拱無爲，互有得失，何爲而可？」杜黄裳對曰：「王者上承天地宗廟，下撫百姓四夷，夙夜憂勤，固不可自暇自逸。然上下有别，紀綱有叙，苟慎選天下賢才而委任之，有功則賞，有罪則刑，選用以公，賞刑以信，則誰不盡力，何求不獲哉！明主勞於求人而逸於任人，此虞舜所以能無爲而治者也。至於簿書獄市煩細之事，各有司存，非人主所宜親也。昔秦始皇以衡石程書，魏明帝自按行尚書事，隋文帝衛士傳飧，皆無補於當時，取譏於後來。其耳目形神非不勤且勞也，所務非其道也。夫人主患不推誠，人臣患不竭忠。苟上疑其下，下欺其上，將以求理，不亦難乎！」上深然其言。本傳：帝嘗問前古王者所以治亂，云云，黄裳知帝鋭於治，恐不得其要，因推言：「王者之道，在脩己任賢而已。操執綱領，要得其大者，至簿書獄訟，百吏能否，本非人主所自任。昔秦始皇帝親程決事，見嗤前世；魏明帝欲按尚書事，陳矯不從；隋文帝日昃聽政，衛士傳飧，太宗笑之。故王者擇人任而責成，見功必賞，有罪信罰，孰敢不力？孔子之稱帝舜恭己南面，以其能舉十六相，去四凶，而至無爲。豈必刓神疲體，勞耳目之察，然後爲治哉？」帝以黄裳言忠，嘉納之。由是平夏、翦齊、滅蔡、復兩河，以機秉還宰相，紀律設張，赫然號中興，自黄裳啓之。范氏曰：「晁錯有言曰：『五帝神聖，其臣莫能及，故自親事。』錯之學，本刑名之言也，豈足以知帝王之道哉？然而後世或稽其説，以諛人主，至使爲上者行有司之事，宰相失職，天下不治，由其臣不學之過也。夫人主任一相，一相舉賢才，賢者各引其類，豈不易而有成功乎？是故上不可代其下，下不可勤其上，若爲上而親有司之事，豈獨治天下不可爲也，一縣亦不可爲也。奚獨一縣也，一家亦不可爲也。黄裳之相憲宗，其知所先務哉！」胡氏曰：「黄裳之言，固要矣，然夙夜憂勤，不自暇逸，必有其事。苟無其事，而徒然有憂勤，則憂何所憂，而勤何所勤哉！侵官不可也，兼于庶言庶獄庶慎不可也，然則當何爲哉？古之人君，既得賢材，布之列位矣。於是朝以聽政，則公卿在前，史在左右，諫争七人訓告教誨，而無怠朝矣。晝以訪問，則監于成憲，學于古訓，多識前言往行，與萬民之疾苦、物情之幽隱，而無怠晝矣；夕以脩令，則思夫應違，慮夫榮辱，慎而後出，奠而後發，不敢苟也，而無怠夕矣。而又無淫于觀、于逸、于遊、于畋、于酒、于樂，而又盤有銘、几有戒、杖有詔、器有箴、圖有規、藝有諫，夫所以夤畏祗懼，不使放心邪氣得溺焉者如此。夜而寢息，則又有《雞鳴》之賢妃、《卷耳》之淑女警戒相成，不懷宴安，昧爽丕顯，坐以待旦，此乃憂勤之事也。憂勤如此，乃所以端拱無爲也。是故勤勞者，非衡石程書、衛士傳餐之謂也。無爲者，非遺棄萬務，默然、兀然之謂也。稽《無逸》周公之言，則人君之法具矣。黄裳非有隱也，其所得如是而已。向使李林甫、盧杞承此旨，必有邪謀入于左腹，措其君於酖毒之地，而盗其權柄矣。」

初，韓全義入朝，以其甥楊惠琳知夏綏留後。杜黄裳以全義出征無功，驕蹇不遜，直令致仕；以右驍衛將軍李演爲夏綏節度使。惠琳勒兵拒之，表稱：「將士逼臣爲節度使。」河東節度使嚴綬表請討之，詔河東、天德軍合擊惠琳，綬遣牙將阿跌光進及弟光顔將兵赴之。光進本出河曲步落稽，兄弟事河東軍，皆以勇敢聞。夏州兵馬使張承金斬惠琳，傳首京師。

初，李師古有異母弟曰師道，常疏斥在外。及師古疾篤，師道時知密州事。閏五月，師古薨。判官高沐等潛逆師道，奉以爲節度副使。八月，李師道總軍務，久之，朝命未至。師道謀於將佐，或請出兵掠四境。高沐固止之，請輸兩税，申官吏，行鹽法，遣使相繼奉表詣京師。杜黄裳請乘其未定而分之。上以劉闢未平，以師道爲平盧留後、知鄆州事。胡氏曰：「因幾而制，與失機而治，其難易十相倍也。平盧擅襲父位，杜黄裳欲因其未定而分之，良計也。憲宗盍與反復辯論其始終，則黄裳必有處，豈空言哉！乃遽以地授師道，他日討之，勞費爲如何？故君子言難平者事也，易失者時也。智者接於事而必平，敏者及於時而不失也。」

九月，高崇文克成都，市肆不驚，珍寶山積，秋毫不犯。檻劉闢送京師，斬闢大將邢泚、館驛巡官沈衍，餘無所問。事無巨細，命一遵韋南康故事，從容指撝，一境皆平。闢有二妾，皆殊色，監軍請獻之，崇文曰：「天子命我討平凶豎，當以撫百姓爲先，遽獻婦人以求媚，豈天子意邪！崇文義不爲此。」乃以配將吏之無妻者。杜黄裳建議征蜀及指授高崇文方略，皆懸合事宜。崇文素憚劉澭，黄裳使謂之曰：「若無功，當以劉澭相代。」故能得其死力。及蜀平，宰相入賀，上目黄裳，曰：「卿之功也。」

二年，門下侍郎、平章事杜黄裳，有經濟大略而不修小節，故不得久在相位。春正月，充河中、晉、絳、慈、隰節度使。胡氏曰：「尺朽不可以棄合抱之木，二卵不可以棄干城之將，黄裳頗通餽謝，是其失也。然憲宗方欲張皇六師，削平僭亂，無寧舍小以棄大乎！使黄裳有子貢之短，未忘貨殖，盍亦厚賜予之名田、金幣，充牣其家，而資其長筭，黄裳之才業展矣。惜哉！以憲宗之明，而使輔相有不獲自盡之歎也。」俄封邠國公。明年卒，贈司徒，謚宣獻。黄裳達權變，有王佐大略，性雅澹，未始忤物，不爲執誼所禮。及敗，悉力營救，既死，表還其柩葬焉。然除吏不甚别流品，通饋謝，無絜白名。當大政未久，不究其才，及處外，天下常所屬意。

元和二年春正月，以户部侍郎武元衡爲門下侍郎，翰林學士李吉甫爲中書侍郎，並同平章事。吉甫聞之感泣，謂中書舍人裴垍曰：「吉甫流落江、淮，踰十五年，一旦蒙恩至此。思所以報德，惟在進賢，而朝廷後進，罕所接識，君有精鑒，願悉爲我言之。」垍取筆疏三十餘人；數月之間，選用略盡。當時翕然稱吉甫爲得人。胡氏曰：「人主不自用而任宰相，宰相不自用而任卿大夫，所任各得其人，雖唐虞不越是矣。或乃量褊迫而多疑沮，則沽寵專位，惟恐人之軋己，故譖愬踈斥之計日生于胸中，忠賢智能之士盡置之度外。如李林甫、盧杞，然終亦何益矣？李吉甫不得在端亮之列，然於陸敬輿能忘纖芥之憾，於裴垍能輸訪問之悃，此固君子之高致也。夫聽言莫難於受薦，以人才志趣有異有同，故忌克之人必自選擇，以防參商矛盾之爲己害也。今吉甫一旦用垍所疏三十餘人，曾不猜靳，知人之明雖在裴垍，得人之譽乃歸吉甫。誠率是道而不變，其相業可少訾邪。」　本傳：元衡，平一孫，舉進士，累爲華陰令。畿輔鎮軍督將，皆驕橫撓政，元衡移疾去。德宗欽其才，召拜比部員外郎。後爲御史中丞。嘗對延英，帝目送之，曰：「是真宰相器！」順宗立，王叔文使人誘以爲黨，拒不納。叔文不悦，改右庶子。會册皇太子，元衡贊相，太子識之。及即位，拜中丞，進户部侍郎。二年，相。　吉甫，栖筠子，貞元初爲太常博士，年尚少，明練典故。昭德皇后崩，自天寶後中宫虚，卹禮廢。吉甫草具其儀，德宗稱善。李泌、竇參器其才，厚遇之。陸贄疑有黨，出爲明州長史。贄之貶忠州，宰相欲害之，起吉甫爲忠州刺史，使甘心焉。既至，置怨，與結懽，人益重其量，坐是不徙者六歲。改郴、饒二州，治稱流聞。憲宗立，以考功郎中召，知制誥。俄入翰林爲學士，遷中書舍人。劉闢拒命，帝意討之，未決。吉甫獨請無置，宜絶朝貢以折姦謀。時李錡在浙西，厚賂貴幸，請用韓滉故事領鹽鐵，又求宣、歙。問吉甫，對曰：「昔韋臯蓄財多，故劉闢因以構亂。李錡不臣有萌，若益以鹽鐵之饒、采石之險，是趣其反也。」帝悟，乃以李巽爲鹽鐵使。高崇文圍鹿頭未下，嚴礪請出并州兵，與崇文趨果、閬，以攻渝、合。吉甫以爲非是，因言：「漢伐公孫述，晉伐李勢，宋伐譙縱，梁伐劉季連、蕭紀，凡五伐蜀，繇江道者四。且宣、洪、蘄、鄂彊弩，号天下精兵，爭險地兵家所長，請起其兵擣三峽之虚，則賊勢必分，首尾不救。崇文懼舟師成功，人有鬬志矣。」帝從之。礪復請大臣爲節度，吉甫諫曰：「崇文功且成，而又命帥，不復盡力矣。」因請以西川授崇文，而屬礪東川，益資、簡六州，使兩川得以相制。由是崇文悉力。劉闢平，吉甫謀居多。吐蕃遣使請尋盟，吉甫議：「德宗初，未得南詔，故與吐蕃盟。自異牟尋歸國，吐蕃不敢犯塞，誠許盟，則南詔怨望，邊隙日生。」帝辭其使。復請獻濱塞亭障南北數千里求盟，吉甫謀曰：「邊境荒岨，犬牙相吞，邊吏按圖覆視，且不能知。今吐蕃綿山跨谷，以數番紙而圖千里，起靈武，著劍門，要險之地所亡二三百所，有得地之名，而實喪之，陛下將安用此？」帝乃詔謝贊普，不納。張愔既得徐州，帝又欲以濠、泗二州還其軍，吉甫曰：「泗負淮，餉道所會，濠有渦口之險，前日授建封，幾失形勢。今愔乃兩廊壯士所立，雖有善意，未能制其衆。又使得淮、渦，阨東南走集，憂未已也。」乃止。中書史滑渙素厚中人劉光琦，凡宰相議爲光琦持異者，使涣請，常得如素。宦人傳詔，或不至中書，召涣於延英承旨，迎附羣意，即爲文書，宰相至有不及知者。由是通四方賂謝，弟泳，官至刺史。鄭餘慶當國，嘗一責怒，數日即罷去。吉甫請問，劾其姦，帝使簿涣家，得貲數千萬，貶死雷州。又建言：「州刺史不得擅見本道使，罷諸道歲終巡句以絶苛斂，命有司舉材堪縣令者，軍國大事以寶書易墨詔。」由是帝愈倚信。杜黄裳罷宰相，乃擢吉甫相。

上以元衡堅正有守，故眷禮信任異他相。吉甫連蹇外遷十餘年，究知閭里疾苦，常病方鎮强恣，至是爲帝從容言：「使屬郡刺史得自爲政，則風化可成。」帝然之，出郎吏十餘人爲刺史。按：此於控制方鎮，最爲上策。其後烏重胤用其説，亦效。至國初卒行之，藩鎮之禍乃息，吉甫可謂善謀也哉！自王叔文時選任猥冒，吉甫始簿其員，人得敘進，官無留才。

九月夏，蜀既平，藩鎮惕息，多求入朝。鎮海節度使李錡亦不自安，求入朝，上許之，遣中使至京口慰撫，且勞其將士。錡雖署判官王澹爲留使，實無行意，屢遷行期。澹與敕使數勸諭之。錡不悦，上表稱疾，請至歲暮入朝。上以問宰相，武元衡曰：「陛下初即政，錡求朝得朝，求止得止，可否在錡，將何以令四海？」上以爲然，下詔徵之。錡詐窮，遂謀反。王澹既掌留務，於軍府頗有制置，錡益不平，密諭親兵使殺之。會頒冬服，錡嚴兵坐幄中，澹與敕使入謁，有軍士數百譟於庭曰：「王澹何人，擅主軍務！」曳下，臠食之。大將趙琦出慰止，又臠食之。注刃於勑使之頸，詬詈，將殺之。錡陽驚，起救之。冬十月，詔徵錡爲左僕射，以御史大夫李元素爲鎮海節度使。錡表言軍變，殺留後、大將。

先是錡選腹心五人爲所部五州鎮將，姚志安處蘇州，李深處常州，趙惟忠處湖州，丘自昌處杭州，高肅處睦州，各有兵數千，伺察刺史動静。至是，錡各使殺其刺史。制削李錡官爵及屬籍，以淮南節度使王鍔統諸道兵爲招討處置使；徵宣武、義寧、武昌兵并淮南、宣歙兵俱出宣州，江西兵出信州，浙東兵出杭州，以討之。

初，李吉甫度李錡必反，勸帝召之，使者三往，以病解，而多持金啗權貴，至爲錡游説者。吉甫曰：「錡庸材，而所畜乃亡命羣盜，非有鬬志，討之必克。」帝意決。復言：「昔徐州亂，嘗敗吴兵，江南畏之。若起其衆爲先鋒，可以絶除後患。韓弘在汴州，人憚其威，誠詔弘子弟率兵爲掎角，則賊不戰自潰。」從之。詔下，錡衆聞徐、梁兵興，斬錡降。本傳。

按：吉甫之謀謨如此，而《通鑑》不之載，獨見於《新傳》，何邪？當考。

高崇文屢上表願效死邊陲，上擇可以代崇文者而難其人，以平章事武元衡同平章事，充西川節度使。按：元衡制置方鎮，舉無遺策，居相位僅乃閲月，即出之西川一方，與諸道利害孰輕重，殆有不可曉者。本傳云：「崇文去成都，盡以金帛、帟幕、伎樂、工巧行，蜀幾爲空。元衡至，綏靖約束，儉己寬民，比三年，上下完實，蠻夷懷歸。雅性莊重，雖淡於接物，而開府極一時選。」

是時，李吉甫撰《元和國計簿》上之，總計天下方鎮四十八州，府二百九十五，縣千四百五十三。其鳳翔、鄜坊、邠寧、振武、涇原、銀夏、靈鹽、河東、易定、魏博、鎮冀、范陽、滄景、淮西、淄青等十五道七十一州不申户口外，每歲賦税倚辦止於浙江東、西、宣歙、淮南、江西、鄂岳、福建、湖南八道四十九州，一百四十萬户，比天寶税户四分減三。天下兵仰給縣官者八十三萬餘人【四】，比天寶三分增一，大率二户資一兵。其水旱所傷，非時調發，不在此數。

三年夏四月，上策試賢良方正直言極諫舉人，伊闕尉牛僧孺、陸渾尉皇甫湜、前進士李宗閔皆指陳時政之失，無所避。户部侍郎楊於陵、吏部員外郎韋貫之爲考策官，貫之署爲上第。上亦嘉之。詔中書優與處分。李吉甫惡其言直，泣訴於上，且言：「翰林學士裴垍、王涯覆策。湜，涯之甥也，涯不先言。垍無所異同。」上不得已，罷垍、涯學士，垍爲户部侍郎，涯爲都官員外郎，貫之爲果州刺史。後數日，貫之再貶巴州刺史，涯貶虢州司馬。楊於陵爲嶺南節度使，亦坐考策無異同也。僧孺等久之不調，各從辟於藩府。按：吉甫於是乎乏容人之度矣，自此朋黨之禍起，訖于唐亡。吁，可惜哉！時翰林學士左拾遺白居易上疏，以爲：「牛僧孺等直言時事，恩獎登科，而更遭斥逐，並出爲關外官。楊於陵等以考策敢收直言，裴垍等以覆策不退直言，皆坐譴謫。盧坦以數舉職事黜庶子。此數人皆今之人望，天下視其進退以卜時之否臧者也。一旦無罪悉疏棄之，上下杜口，衆心恟恟，陛下亦知之乎？且陛下既下詔徵之直言，索之極諫，僧孺等所對如此，縱未能推而行之，又何忍罪而斥之乎！」按：居易之論當矣，而吉甫不之省，異時德裕不用居易而用敏中【五】，其事殆原於此。

九月，以户部侍郎裴垍爲中書侍郎、同平章事。上雖以李吉甫故罷垍學士，然寵信彌厚，故未幾復擢爲相。本傳：垍擢進士，以賢良方正對策第一。元和初，召入翰林，爲學士，遷中書舍人。坐覆視皇甫湜等對策非是，罷學士。帝器垍方直，以爲任公卿，薄其過，至是相。

【四】八十三萬　「三」原作「二」，據《資治通鑑》卷二百三十七改。

【五】敏中　「中」原作「由」，據史實改。

珦始承旨翰林，天子新翦蜀亂，厲精致治，中外機筦，珦多所參與，以小心慎默稱帝意。既當國，請繩不軌，課吏治，分明淑慝。帝降意順納。吐突承璀自東宮得侍，恩顧親渥，承間欲有開説，帝憚珦，誡使勿言。帝在殿中，常呼珦官而不名。嶺南節度使楊於陵爲監軍許遂振所誣，詔授冗官，珦曰：「以一中人罪藩臣，陛下之法安在？」更授美官。

初，德宗不任宰相，天下細務皆自決之，由是裴延齡輩得用事。上在藩邸，心固非之；及即位，選擢宰相，推心委之，嘗謂珦等曰：「以太宗、玄宗之明，猶藉輔佐以成其理，況如朕不及先聖萬倍者乎！」珦亦竭誠輔佐。上嘗問珦：「爲理之要何先？」對曰：「先正其心。」胡氏曰：「裴珦直心之對，可謂大臣之言矣。然進德者，必有所行之事，故顔回問仁，孔子曰：『克己復禮爲仁。』顔回曰：『請問其目。』孔子乃告以『四勿』。『四勿』者，克己復禮之事也。正心亦然。使憲宗能問曰：『心一也，若何而有不正，正之之道如何？』珦必有復于王矣。茫然以正心爲務，而無所用力，則猶人之知食之可以飽，而不能爨也。又安所食乎？」舊制，民輸税有三：一曰上供，二曰送使，三曰留州。建中初定兩税，時貨重錢輕。是後貨輕錢重，民所出已倍其初。其留州、送使者，所在又降省估就實估，以重斂於民。及珦爲相，奏：「天下留州、送使物，請一切用省估。其觀察使，先税所理之州以自給，不足，然後許税於所屬之州。」由是江、淮之民稍蘇息。先是執政多惡諫官言時政得失，珦獨賞之。本傳云：諫官言得失，大抵執政多忌之，惟珦獎勵使盡言。珦器局峻整，人不敢干以私。本傳云：雖宿貴前望造詣，不敢干以私。嘗有故人自遠詣之，珦資給優厚，從容欵狎。

其人乘間求京兆判司，垍曰：「公才不稱此官，不敢以故人之私傷朝廷至公。他日有盲宰相憐公者，不妨得之，垍則必不可。」

以中書侍郎同平章事李吉甫充淮南節度使。河中晉絳節度使邠宣公杜黄裳薨。

四年，給事中李藩在門下，制敕有不可者，即於黄紙後批之。吏請更連素紙，藩曰：「如此，乃狀也，何名批敕？」裴垍薦藩有宰相器。上以平章事鄭絪循默取容，二月，罷絪爲太子賓客，擢藩爲門下侍郎、同平章事。藩知無不言，上甚重之。本傳：藩少沈靖有檢局，敏於學。居父喪，家本饒財，姻屬來弔，有持去者，未嘗問，益務施與，居數年略盡。年四十餘，困塵埃間【六】，不自振，晏如也。杜亞守東都，表致府中，藩爭不從【七】，去。徐州張建封辟節度府，建封卒，濠州刺史杜兼疾驅至，陰有覬望，藩謂曰：「公今喪，君宜謹守土，何棄而來？宜速還，否則以法劾君。」兼錯忤去，恨之，因誣奏：「建封死，藩撼其軍，有非望。」德宗怒，密詔徐泗節度使杜佑殺之。佑雅器藩，出詔示之，藩色不變。佑曰：「慎毋畏，吾以闔門保君矣。」帝未之信，亟追藩。既入，帝望其狀貌，曰：「是豈作亂人耶？」釋之，拜秘書郎。王紹得君，邀藩與相見，終不詣。王仲舒與同舍郎韋成季、吕洞日置酒邀賓客相樂，慕藩名，强致之。仲舒等爲俳説廋語狎昵，藩一見，謝不往。後仲舒等果斥。遷給事中，遂平章事。藩忠謹，好醜必言，帝以爲無隱。胡氏曰：「裴垍賞論事諫官，喜批敕給事，此宰相所難能，垍何以能爾？觀垍告憲宗爲理正心之言，則知垍之方寸不爲利回，不爲義疚矣。政出於廟堂，而諫官論之，是指擿我也。敕出於宰相，而給事批之，是輕忽我也。淺則愠，甚則怒，又甚焉則斥逐、誅殺隨之，其防人言，甚於寇敵。孰有虚懷大度，以天下理亂爲己責，而不横私其身，如裴弘中者乎？嗚呼！其賢矣。昔司馬遷慕用晏嬰，願爲執鞭而不可得，曰：『高山仰止，景行行止，雖不能至，而心好之。』一篇之中三致志焉，愚於弘中亦云。」

【六】困塵埃間　「塵埃」，《新唐書》卷一百六十九作「廣陵」。

【七】藩爭不從　「藩」字原脱，「不」前原有「事」字，據《新唐書》卷一百六十九補改。

河東節度使嚴綬在鎮九年，軍政補署一出監軍李輔光，綬拱手而已。裴垍具奏其狀，請以李鄘代之。三月，以綬爲左僕射，以鳳翔節度使李鄘爲河東節度使。上欲革河北諸鎮世襲之弊，乘王士真死，欲自朝廷除人，不從則興師討之。按：是年三月，成德節度使王士真薨，其子副大使承宗爲留後。河北三鎮相承各置副大使，以嫡長爲之，父没則代領軍務。裴垍曰：「李納跋扈不恭，王武俊有功於國，陛下前許師道，納子。今奪承宗，武俊孫，士真子。沮勸違理，彼必不服。」由是議久不決。上以問諸學士，李絳等亦以爲未可，見絳事中。中尉吐突承璀欲希上意，奪裴垍權，自請將兵討之。昭義節度使盧從史遭父喪，朝廷久未起復，從史懼，因承璀説上，請發本軍討承宗，遂詔起復。

初，平涼之盟，副元帥判官路泌等没於吐蕃。其後吐蕃請和，泌子隨三詣闕號泣上表，乞從其請。德宗不許。至是，復請和，隨又五上表，詣宰相泣請，裴垍、李藩亦言於上，請許其和，上從之。五月，命祠部郎徐復使吐蕃。

五年，初盧從史首建伐王承宗之謀，及朝廷興師，從史逗留不進，陰與承宗通謀，上患之。會從史遣牙將王翊元入奏事，裴垍引與語，爲言君臣之義，微動其心。翊元遂輸誠，言從史陰謀及可取之狀。令翊元還本軍經營，復來京師，遂得其都知兵馬使烏重胤等款要。垍言於上曰：「從史狡猾驕狠，必且爲亂。今聞其與承璀對營，視承璀如嬰兒，往來殊不設備。失今不取，後雖興大兵，未可以歲月平也。」上熟思良久，許之。從史性貪，承璀盛珠玉奇玩，視其所欲，稍以遺之。從史喜，益相昵狎。三月，承璀與行營兵馬使李聽晟子。謀，召從史入營博，伏壯士擒縛之，内車中，馳詣京師。從史營中士卒聞之，甲以出，操兵趍譁。烏重胤當軍叱之曰：「天子有詔，從者賞，敢違者斬！」士皆歛兵還部伍。

秋七月，王承宗遣使自陳爲盧從史所離間，乞輸貢賦，請官吏，許其自新。朝廷以師久無功，制洗雪承宗，以爲成德節度使，悉罷諸道行營將士。

八月，上與宰相語及神仙：「果有之乎？」李藩對曰：「秦始皇、漢武帝學仙之效，具載前史，太宗服天竺僧長年藥致疾，此古今之明戒也。陛下春秋鼎盛，方勵志太平，宜拒絶方士之説。苟道盛德充，人安國理，何憂無堯、舜之壽乎？」本傳云：嘗問前世所以家給及國匱乏者何致而然及祈禳之數，藩對：「儉則足用，敦本則百姓富，反是則匱。」又言：「孔子病，止子路之禱。漢文帝每祭，敕有司敬而不祈。使神無知，則不能降福；有知，固不可私己求媚而悦之也。且義於人者和於神，人乃神之主，人安而福至。」帝悦，曰：「當與公等上下相勗，以保此言。」後復問神仙長年事，藩知帝且有所惑，極陳荒妄謾誕不可信。後入柳泌等語，果爲累云。　胡氏曰：「浮屠氏謂死而復生，黄冠師謂白日輕舉，其言誕甚，而人多惑之，何也？曰：貪故也。貴爲天子，富有四海，意滿志得，所懼者死耳。誠得如華封人之説，乘彼白雲，至于帝鄉，豈非甚願？顧自天地以來，未有如是者。鼎湖之事，出於燕、齊方士，詭譎相承，秦皇、漢武畢力竭智，求而不得矣。李藩之論甚正，而不足回憲宗者，無以易之也。傳説告高宗曰：『惟學遜志，念終始典于學，厥德修罔覺。』憲宗未嘗求賢人講經術，遜志于聖王之學也，則不好浮屠，必好黄老，其勢固然也。誠使學爲王者事，日月緝熙，彼方知所不足，欲罷不能，異端何自而入耶？」

初，拾遺獨孤郁、李正辭、嚴休復三人皆遷，過謝垍，垍獨讓休復曰：「君異夫二人孜孜獻納者，前日進擬，上固爲疑。」休復大慙。按：此即所謂諫官言得失，垍獨賞之者也。垍爲學士時，引李絳、崔羣與同列。及相，又擢韋貫之、裴度知制誥，李夷簡御史中丞，皆踵躡爲輔相，號名臣。自他選任，罔不精明，人無異言。士大夫不以垍年少柄用爲嫌，故元和之治，百度脩舉，稱朝無幸人。本傳。

是月，裴垍得風疾。上甚惜之，中使候問旁午於道。

以太常卿權德輿爲禮部尚書同平章事。本傳：皐子德輿七歲居父喪，哭踊如成人。未冠，以文章稱諸儒間。從李兼杜佑辟，德宗召爲左補闕。貞元八年，關東、淮南、浙西州縣大水，壞廬舍，漂殺人。德輿建言：「江、淮田一善熟，則旁資數道，故天下大計，仰於東南。今霑雨二時，農田不開，逋亡日衆【八】。宜選羣臣明識通方者，持節勞徠，問人所疾苦，蠲其租入，與連帥守長講求所宜。賦取於人，不若藏於人之固也。」帝乃遣奚陟等四人循行慰撫。裴延齡以巧倖進，判度支，德輿上疏斥言：「延齡以常賦正額用度未盡者爲羨利，以夸己功。」知制誥，進中書舍人。當是時，帝親攬庶政，重除拜，凡命諸朝，皆手制中下。始，德輿知制誥，而徐岱給事中，高郢爲舍人。居數歲，岱卒，郢知禮部，德輿獨直兩省，數旬一還舍，乃上書言：「左右掖垣，承天子誥命，奉行詳覆，各有攸司。舊制，分曹十員，以相防檢。大抵事有所壅，則吏得爲非。四方聞者，或以朝廷爲乏士，要重之司，不宜久廢。」帝曰：「非不知卿之勞，但擇如卿者，未得其人耳。」久之，知禮部貢舉，真拜侍郎。凡三歲，甄品詳諦，所得士相繼爲公卿、宰相。取明經初不限員。十九年，大旱，德輿因是上陳闕政，曰：「陛下齋心減膳，閔惻元元，告于宗廟，禱諸天地，一物可祈，必致其禮，一士有請，必聽其言，憂人之心可謂至矣。臣聞銷天災者脩政術，感人心者流惠澤，和氣洽則祥應至矣。畿甸之内，大率赤地而無所

【八】逋亡日衆　「逋」原作「庸」，據《新唐書》卷一百六十五改。

望，轉徙之人斃踣道路，慮種麥時，種不得下。宜詔在所裁留經用，以賑貸民。今兹租賦及宿逋遠貸，一切蠲除。設不蠲除，亦無可斂之理，不如先事圖之，則恩歸於上矣。十四年夏旱，吏趣常賦，至縣令爲民毆辱者，不可不察。」又言：「漕運本濟關中，若轉東都以西，緣道倉廩悉入京師，督江、淮所輸以備常數，然後約太倉一歲計，斥其餘者以糶于民，則時價不踊而蓄藏者出矣。」又言：「大曆中，一縑直錢四千，今止八百，税入加舊，則出於民者五倍其初。四方鋭於上獻，爲國掊怨，廣軍實之求，而兵有虚籍，剥取多方，雖有心計巧曆，能商功利，其於割股啖口，困人均也。」又言：「比經絀放者，自謂抆拭無期，坐爲匪人，以動和氣。而冬薦官踰三年未受命，衣食既空，溘然就斃，此亦窮人之一端也。近陛下洗宥絀放者，或起爲二千石，其徒更相勉，知牽復可望，惟因而弘之，使人人自效。」帝頗采用之。憲宗元和初，歷兵部侍郎，徙太子賓客。俄還前官。時澤潞盧從史詐傲，寖不制，其父虔卒京師，而成德王承宗父死求襲。德輿諫，以爲：「欲變山東，先擇昭義之帥。從史拔自軍校，偃蹇不法，今可因其喪，選守臣代之。成德習俗既久，當制以漸，許成德之請則可，許昭義則不可。」帝不聽。及王承宗叛，從史乃詭計以撓王師，兵老無功。德輿復請赦承宗，徙從史。後皆略如所料。會裴垍病，德輿平章事。

十月，以前河中節度使王鍔爲河東節度使。上左右受鍔厚賂，多稱譽之，上命鍔兼平章事，李藩固執以爲不可。權德輿曰：「宰相非序進之官。唐興以來，方鎮非大忠大勳，則跋扈者，朝廷或不得已而加之，今鍔既無忠勳，朝廷又非不得已【九】，何遽以此名假之？」上乃止。《藩本傳》：詔鍔兼宰相，藩遽取筆滅宰相字，署其左曰「不可」，還奏之。德輿失色曰：「有不可，應别爲奏，可以筆塗詔邪？」藩曰：「勢迫矣，出今日便不可止。」既而事得寢。

裴垍數以疾辭位，罷爲兵部尚書。垍之進，李吉甫薦頗力，及居中，多變更吉甫時約束，吉甫復用，銜之。徙垍太子賓客，卒，不加贈。

【九】而加之……不得已　此句原脱，據《資治通鑑》卷二百三十六補。

六年春正月，以淮南節度使李吉甫爲中書侍郎、同平章事。二月，李藩罷爲太子詹事。本傳云：「李吉甫復相，藩頗沮止。會吴少陽襲淮西節度使，吉甫已見帝，潛欲中藩，即奏曰：「道逢中人假印節與吴少陽，臣爲陛下恨之。」帝變色不平。翌日，罷藩。後數月，帝復思藩，召對殿中，事寖釋。明年，爲華州刺史。未行，卒，贈户部尚書，謚曰貞簡。

藩材能不及韋貫之、裴垍，然人物清整，是其流亞。

上問宰相：「爲政寬猛何先？」德輿對曰：「秦以慘刻而亡，漢以寬大而興。太宗觀《明堂圖》，禁抶人背，是故安、史以來屢有悖逆之臣，皆旋踵自亡，由祖宗仁政結於人心，人不能忘故也。然則寬猛之先後可見矣。」上善其言。

六月，李吉甫奏：「自漢至隋十有三代，設官之多，無如國家者。天寶以後，中原宿兵，見在可計者八十餘萬，其餘爲商賈、僧、道不服田畝者十有五六，是常以三分勞筋苦骨之人奉七分待衣坐食之輩也。今内外官以税錢給俸者不下萬員，天下三百餘縣，或以一縣之地而爲州，一鄉之民而爲縣者甚衆，請敕有司詳定廢置【一〇】，吏員可省者省之，州縣可併者併之，入仕之塗可減者減之。又，國家舊章，依品制俸，官一品月俸錢三十緡；職田禄米不過千斛。艱難以來，增置使額，厚給俸錢。大曆中，權臣月俸至九千緡，州無大小，刺史皆千緡。常衮爲相，始立限約，李泌又量其閑劇，隨事增加，時謂通濟，理難減削。然猶有名存職廢，或額去俸存，閑劇之間，厚薄頓異。請敕有司詳考俸料、雜給【一一】，量

【一〇】詳定廢置 「詳」原作「許」，據《資治通鑑》卷二百三十八改。
【一一】有司詳考 「詳」原作「詩」，據《資治通鑑》卷二百三十八改。

定以聞。」於是命給事中段平仲、中書舍人韋貫之、兵部侍郎許孟容、户部侍郎李絳同詳定。

十六宅諸王既不出閤，其女嫁不以時，選尚者皆由宦官，率以厚賂自達。李吉甫上言：「自古尚主必擇其人，獨近世不然。」十二月，詔封恩王等六女爲縣主，委中書、門下、宗正、吏部選門地人才稱可者嫁之。

是月，以户部侍郎李絳爲中書侍郎、同平章事。本傳：系本贊皇，擢進士、宏辭，拜監察御史。元和二年，授翰林學士，俄知制誥。會李錡誅，憲宗將輦取其貲，絳與裴垍諫曰：「錡僭侈誅求，六州之人怨入骨髓。今元惡傳首，若因取其財，恐非遏亂略、惠綏困窮者【一二】。願賜本道，代貧民租賦。」制可。樞密使劉光琦議遣中人持赦令賜諸道，以哀饋餉，絳請付度支鹽鐵急遞以遣，息取求之弊。光琦引故事以對，帝曰：「故事是耶，當守之；不然，當改。可循舊哉！」帝嘗稱太宗、玄宗之盛：「朕不佞，欲庶幾二祖之道德風烈，無愧謚號，不爲宗廟羞，何行而至此乎？」絳曰：「陛下誠能正身勵己，尊道德，遠邪佞，進忠直。與大臣言，敬而信，無使小人參焉；與賢者游，親而禮，無使不肖與焉。去官無益於治者，則材能出；斥宫女之希御者，則怨曠銷。將帥擇，士卒勇矣；官師公，吏治輯矣。法令行而下不違，教化篤而俗必遷。如是，可與祖宗合德，號稱中興，夫何遠之有？言之不行，無益也。」帝曰：「美哉斯言，朕將書諸紳。」即詔絳與崔羣、錢徽、韋處厚、白居易等搜次君臣成敗五十種，爲連屏，張便坐。帝每閲視，顧左右曰：「而等宜作意，勿爲如此事。」是時，盛興安國佛祠，倖臣吐突承璀請立碑紀聖德焉，營構華廣，欲使絳爲之頌，將遺錢千萬。絳上言：「陛下蕩積習之弊，四海延頸望德音，忽自立碑，示人以不廣。《易》稱：『大人與天地合德。』謂非文字所能盡，若令可述，堯、舜至文、武，不傳其事。惟秦始刻嶧山，揚暴誅伐巡幸之勞，失道之君，不足爲法。今安國有碑，若敘游

【一二】困窮者　「者」字原脱，據《新唐書》卷一百五十二補。

觀，即非治要；述崇飾，又非政宜。請罷之。」帝怒，絳伏奏愈切，帝悟曰：「微絳，我不自知。」命百牛倒石，令使者勞諭絳。襄陽裴均違詔書，獻銀壺甕數百具，絳請歸之度支，示天下以信。帝可奏，仍赦均罪。時議還盧從史昭義，已而將復召之，從史以軍無見儲爲解。李吉甫謂鄭絪漏其謀，帝召絳議，欲逐絪，絳爲開白，乃免。絳見浴堂殿，帝曰：「比諫官多朋黨，論奏不實，皆陷謗訕，欲黜其尤者，若何？」絳曰：「此非陛下意，必憸人以此營誤上心。自古納諫昌，拒諫亡。人臣進言於上，豈易哉？君尊如天，臣卑如地，加有雷霆之威，彼晝度夜思，始欲陳十事，俄而去五六，及將以聞，則又憚而削其半，故上達者財十二。何哉？干不測之禍，顧身無利耳。雖開納奬勸，尚恐不至。今乃欲譴誣之，使直士杜口，非社稷利也。」帝曰：「非卿言，我不知諫之益。」初，承璀討王承宗，議者皆言古無以宦人統師者，絳當制書，固爭，帝不能奪，止詔宰相授敕。承璀果無功還，加開府儀同三司。絳奏：「承璀喪師，當抵罪。今寵以崇秩，後有奔軍之將，蹈利干賞，陛下何以處之？」又數論宦官橫肆，方鎮進獻等事。自知言切，且斥去，悉取內署所上疏藁焚之，以俟命。帝果怒，絳謝曰：「陛下憐臣愚，處之腹心之地，而惜身不言，乃臣負陛下；若上犯聖顔，旁忤貴倖，因而獲罪，乃陛下負臣。」於是帝動容，曰：「卿告朕以人所難言者，疾風知勁草，卿當之矣。」遂繇司勳郎中進中書舍人。翌日，賜金紫，親擇良笏與之，且曰：「異時膺顧託南面，當如此。」絳頓首。烏重胤縛盧從史，而承璀牒署昭義留後，絳曰：「澤潞據山東要害，磁、邢、洺跨兩河間，可制其合從。今孽豎就禽，方收威柄，遽以偏將莅本軍，綱紀大紊矣。河南、北諸鎮，謂陛下啗以官爵，使逐其帥，其肯默然哉？宜以孟元陽爲澤潞，而以重胤節度三城，兩河諸侯聞之，必欣然。」帝從之。張茂昭舉族入覲，絳上言：「任迪簡既往代，則士之從茂昭，皆爲定人，宜亟授以官，且遣使者詔其麾下皆聽茂昭節度。」有詔拜河中節度使。會迪簡以帑廥匱竭，稍簡罷士之疲老者，人情不安，迪簡亦危，絳請斥禁帑絹十萬以濟事機。吳少誠病甚，絳建言：「淮西地不與賊接，若朝廷命帥，今乃其時，有如阻命，則決可討矣。然鎮、蔡不可并取，願赦承宗，趣立蔡功。」時江、淮大旱，帝下赦令有所蠲弛，絳言：「江、淮流亡，所貸未廣，而宮人猥積，有怨咼之思，當大出之，以省經費。嶺南之俗，鬻子爲業，可聽；非券劑取直者，如掠賣法，敕有司一切苛止。」帝皆順納。後閱月不賜對，絳謂：「大臣持祿不敢諫，小臣畏罪不敢言，管仲以爲害霸最甚。今臣等飽食不言，無履危之患，自爲計得矣。顧聖治如何？」有詔明日對三殿。帝嘗畋苑中，至蓬萊池，謂左右曰：「絳嘗以諫我，今可返也。」其見禮憚如此。帝怪前世任賢以致治，今無賢可任，何耶？」對曰：「聖王選當代之人，極其才分，自可致治。豈借賢異代，治今日之人哉？天子不以己能蓋人，痛折節下士，則天下賢者乃出。」帝曰：「何知其必賢而任之？」對曰：「知人誠難，堯、舜以爲病。然循其名，驗以事，所得十七。夫任官而辨廉，措事不阿容，無希望依違之辭，無邪媚愉悦之容，此近於賢矣。賢則當任，任則當久。賢者中立而寡助，舉其類則不肖者怨，杜邪徑則懷姦者疾，一制度則貴戚毁傷，正過失則人君疏忌。夫然，用賢豈容易哉！」帝曰：「卿言得之矣。」六年，罷學士，遷户部侍郎，判本司。帝以户部故有獻，而絳獨無有，何哉？答曰：「凡方鎮有地則有賦，或啬用度易羡餘以爲獻。臣乃爲陛下謹出納，烏有羡赢哉？若以爲獻，是徙東庫物實西庫，進官物結私恩。」帝瞿然悟。帝每有詢訪，隨事補益，所言無不聽，欲遂以相。而承璀寵方盛，忌其進，陰有毁短【一三】，帝乃出承璀淮南監軍。翌日，拜絳爲平章事。

李吉甫爲相，多修舊怨，上頗知之，故擢絳爲相。吉甫善逢迎上意，而絳鯁直，數爭論上前。上多直絳而從其言，由是二人有隙。

七年春正月，以京兆尹元義方爲鄜坊觀察使。初，義方媚事吐突承璀，李吉甫欲自託於承璀【一四】，擢義方爲京兆尹。李絳惡義方爲人，故出之。義方入謝，因言：「李絳私其同年許季同，除京兆少尹，出臣鄜坊，專作威福，欺罔聰明。」上曰：「朕諳李絳不如是。明日，將問之。」義方惶愧而出。明日，上以詰絳曰：「人於同年固有情乎？」對曰：「同年，乃四海九州之人偶同科第，或登科然後相識，情於何有？且陛下不以臣愚，備位宰

【一三】陰有毁短　「短」原作「知」，據《新唐書》卷一百五十二改。

【一四】託於承璀　「璀」原作「堆」，據《資治通鑑》卷二百三十八改。

相，宰相職在量才授任。若其人果才，雖在兄弟子姪之中猶將用之，況同年乎？避嫌而棄才，是乃便身，非徇公也。」上曰：「善，朕知卿必不爾。」遂趣義方之官。

三月，上御延英殿，李吉甫言：「天下已太平，陛下宜爲樂。」李絳曰：「漢文帝時，兵木無刃，家給人足，賈誼猶以爲厝火積薪之下，不可謂安。今法令所不能制者，河南、北五十餘州。犬戎腥羶，近接涇、隴，烽火屢驚。加之水旱時作，倉廩空虛，此正陛下宵衣旰食之時，豈得謂之太平，遽爲樂哉？」上欣然曰：「卿言正合朕意。」退，謂左右曰：「吉甫專爲悦媚，如李絳，真宰相也！」胡氏曰：「吉甫『太平爲樂』之言，所謂一言而近於喪邦者也。故盤遊無度，十旬弗反者，少康也。靡明靡晦，式號式呼者，商紂也。不敬天怒，戲豫游衍者，厲王也。人生如寄，惟當行樂者，齊高緯也。賦詩飲酒，奏伎不輟者，陳叔寶也。執絲竹萬八千人，酒巵不離口者，隋煬帝也。若舜則儆戒無虞，若禹則克勤于邦，若湯則慄慄危懼，若太戊、武丁則不敢荒寧，若祖甲則無時豫怠，若文王則自朝至于日昃不遑暇食。周公纂之，以戒成王曰：『無淫于觀、于逸、于遊、于田。無皇曰今日耽樂。』如是者，非民所從，非天所順，是人則有大過咎矣。周公非特言之，又自行之，思兼三王，以施四事，如有所未合，則仰而思之，夜以繼日，幸而得之，坐以待旦而行之，然後知虞、夏、商、周之太平，誠不自樂矣。夫憂其所當憂，然後能樂其所可樂，若憂之不恤，惟樂是務，樂未畢也，憂必及之。聖賢無疆之恤者，所以爲無疆之休也。吉甫位爲上相，乃以樂招君，陷於穆提婆、江總、虞世基而不自覺，不亦鄙賤之甚乎！」

上嘗問宰相：「貞元中政事不理，何乃至此？」李吉甫對曰：「德宗自任聖智，不信宰相而信他人，是使姦臣得乘間弄威福。政事不理，職此故也。」上曰：「然此亦未必皆德宗之過。朕幼在德宗左右，見事有得失，當時宰相亦未有再三執奏者，皆懷祿偷安，今日豈得專歸咎於德宗邪？卿輩宜用此爲戒，事有非是，當力陳不已，勿畏朕譴怒而遽止也。」李吉甫嘗言：「人臣不當强諫，使君悦臣安，不亦美乎！」李絳曰：「人臣當犯顔苦口，指陳得失，若陷君於惡，豈得爲忠？」上曰：「絳言是也。」吉甫至中書，卧不視事，長吁而已。李絳或久不諫，上輒詰之曰：「豈朕不能容受邪，將無事可諫也？」李吉甫又嘗言於上曰：「賞罰，人主之二柄，不可偏廢。陛下踐祚以來，惠澤深矣，而威刑未振，中外懈惰，願加嚴以振之。」上顧李絳曰：「何如？」對曰：「王者之政，尚德不尚刑，豈可捨成、康、文、景，而效秦始皇父子乎？」上曰：「然。」後旬餘，于頔入對，亦勸上峻刑。又數日，上謂宰相曰：「于頔大是姦臣，勸朕峻刑，卿知其意乎？」皆對曰：「不知也。」上曰：「此欲使朕失人心耳。」吉甫失色，退而抑首不言笑竟日。

五月，上謂宰相曰：「卿輩屢言淮、浙去歲水旱，近有御史自彼還，言不至爲災，事竟如何？」李絳對曰：「臣按淮南、浙西、浙東奏狀，皆云水旱，人多流亡，求設法招撫，其意似恐朝廷罪之者，豈肯無災而妄言有災耶？此蓋御史欲爲姦諛以悦上意耳。願得其主名，按致其法。」上曰：「卿言是也。國以人爲本，聞有灾當亟救之，豈可尚復疑之耶？朕適者不思，失言耳。」命速蠲其租賦。上嘗與宰相論治道於延英殿，日旰，暑甚，汗透御服，宰相恐上體倦，求退。上留之曰：「朕入禁中，所與處者獨宫人、宦官耳，故樂與卿等且共談爲理之要，殊不知倦也。」

八月，魏博節度使田季安薨。初，季安生子懷諫，爲節度副使。牙内兵馬使田興，庭玠之子也，有勇力，頗讀書，性恭遜。季安淫虐，興數規諫，軍中賴之。季安以爲收衆心，出爲臨清鎮將，欲殺之。興陽爲風痺，灸灼滿身，乃得免。季安病風，殺戮無度，軍政廢亂。夫人元氏召諸將立懷諫爲副大使，知軍務，時年十一。遷季安於别寢，月餘而薨。召田興爲步射都知兵馬使。上與宰相議魏博事，李吉甫請興兵討之，李絳以爲魏博不必用兵，當自歸朝廷。吉甫盛陳不可不用兵之狀，上曰：「朕意亦以爲然。」絳曰：「臣竊觀兩河藩鎮之跋扈者，皆分兵以隸諸將，不使專在一人，恐其權任太重，乘間而謀己故也。諸將勢均力敵，莫能相制，欲廣相連結，則衆心不同，其謀必泄。欲獨起爲變，則兵少力微，勢必不成。加以購賞既重，刑誅又峻，是以諸將互相顧忌，莫敢先發，跋扈者恃此以爲長策。然臣竊思之，若常得嚴明主帥能制諸將之死命者以臨之，則粗能自固矣。今懷諫乳臭子，不能自聽斷，軍府大權必有所歸，諸將厚薄不均，怨怒必起，不相服從，然則曏日分兵之策，適足爲今日禍亂之階也。田氏不爲屠肆，則悉爲俘囚矣，何煩天兵哉？彼自列將起代主帥，鄰道所惡，莫甚於此。彼不倚朝廷之援以自存，則立爲鄰道所虀粉矣。故臣以爲不必用兵，可坐待魏博之自歸也。但願陛下按兵養威，嚴敕諸道選練士馬以須後敕。使賊中知之，不過數月，必有自效於軍中者矣。至時，惟在朝廷應之敏速，中其機會，不愛爵禄以賞其人，使兩河藩鎮聞之，恐其麾下效之以取朝廷之賞，必皆恐懼，爭爲恭順矣。

此所謂不戰而屈人兵者也。」上曰：「善。」它日，吉甫復於延英盛陳用兵之利，且言芻糧金帛皆已有備。上顧問絳，絳對曰：「兵不可輕動。前年討恒州，四面發兵近二十萬，又發兩神策兵自京師赴之，天下騷動，所費七百餘萬緡，訖無成功，爲天下笑。今瘡痍未復，人皆憚戰，若又以敕命驅之，臣恐非直無功，或生他變。況魏博不必用兵，事勢明白，願陛下勿疑。」上奮身撫案曰：「朕不用兵決矣。」絳曰：「陛下雖有是言，恐退朝之後，復有熒惑聖聽者。」上正色厲聲曰：「朕志已決，誰能惑之！」絳乃拜賀曰：「此社稷之福也。」既而田懷諫幼弱，軍政皆決於家僮蔣士則，數以愛憎移易諸將，衆皆憤怒。朝命久未至，軍中不安，田興晨入府，士卒數千人大譟，環興而拜，請爲留後。興驚仆於地，衆不散。久之，興度不免，乃謂衆曰：「汝肯聽吾言乎？」皆曰：「惟命。」興曰：「勿犯副大使，守朝廷法令，申版籍，請官吏，然後可。」皆曰：「諾。」興乃殺蔣士則等十餘人，遷懷諫於外。

十月，魏博監軍以狀聞，上亟召宰相，謂李絳曰：「卿揣魏博若符契。」李吉甫請遣中使宣慰以觀其變，李絳曰：「不可。今田興奉其土地兵衆，坐待詔命，不乘此際推心撫納，結以大恩，必待敕使至彼，持將士表來爲請節鉞，然後與之，則是恩出於下，非出於上，將士爲重，朝廷爲輕，其感戴之心亦非今日之比也。機會一失，悔之無及！」吉甫素與樞密使梁守謙相結，守謙亦爲之言於上曰：「故事，皆遣中使宣勞，今此鎮獨無，恐更不諭。」上竟遣中使張忠順如魏博宣慰，欲俟其還而議之。癸卯，李絳復上言：「朝廷恩威得失，在此一舉，時機可惜，奈何棄之！利害甚明，願聖心勿疑。計忠順之行，甫應過陝，乞明旦即降白麻除興節度，使猶可及也。」上欲且除留後，絳曰：「興恭順如此，自非恩出不次，則無以使之感激殊常。」上從之，以興爲魏博節度使。忠順未還，制命已至魏州。興感恩流涕，士衆無不鼓舞。李絳又言：「魏博五十餘年不霑皇化，一旦舉六州之地來歸，刳河朔之腹心，傾叛亂之巢穴，不有重賞過其所望，則無以慰士卒之心，使四隣勸慕。請發内庫錢百五十萬緡以賜之。」左右宦官以爲「所與太多，後有此比，將何以給之？」上以語絳，絳曰：「田興不貪專地之利，不顧四隣之患，歸命聖朝，陛下奈何愛小費而遺大計，不以收一道人心。錢用盡更來，機事一失不可復追。借使國家發十五萬兵以取六州，期年而克之，其費豈止百五十萬緡而已乎！」上悦，曰：「朕所以惡衣菲食，蓄聚貨財，正爲欲平定四方；不然，徒貯之府庫何爲？」十一月，遣知制誥裴度至魏博宣慰，以錢百五十萬緡賞軍士，六州百姓給復一年。軍士受賜，歡聲如雷。成德、兖、鄆使者數輩見之，相顧失色，歎曰：「倔强者果何益乎！」度爲興陳君臣上下之義，興聽之，終夕不倦，待度極厚，請度徧至所部州縣，宣布朝命。奏乞除節度副使於朝廷，詔以户部郎中胡證爲之。興又奏所部闕官九十員，請有司注擬，行朝廷法令，輸賦税。田承嗣以來室屋僭侈者，皆避不居。鄆、蔡、恒遣遊客間説百方，興終不聽。

李絳奏振武、天德左右良田可萬頃，請擇能吏開置營田，可以省費足食，上從之。絳命度支使盧坦經度用度，四年之間，開田四千八百頃，收穀四千餘萬斛，歲省度支錢二十餘萬緡，邊防賴之。

上嘗於延英謂宰相曰：「卿輩當爲朕惜官，勿用之私親故。」李吉甫、權德輿皆謝不敢。李絳曰：「崔祐甫有言：『非親非故，不諳其才。』諳者尚不與官，不諳者何敢復與？但問其才器與官相稱否耳。若避親故之嫌，使聖朝虧多士之美，此乃偷安之臣，非至公之道也。苟所用非其人，則朝廷自有典刑，誰敢逃之！」上曰：「誠如卿言。」

是歲，吐蕃寇涇州，及西門之外，驅掠人畜而去。上患之，李絳上言：「京西、京北皆有神策鎮兵，始置之欲以備禦吐蕃，使與節度使掎角相應也。今則鮮衣美食，坐耗縣官，每有寇至，節度使邀與俱進，則云申取中尉處分；比其得報，虜去遠矣。縱有果鋭之將，聞命奔赴，節度使無刑戮以相制之，相視如平交，左右前却，莫肯用命，何所益乎！請據所在之地士馬及衣糧、器械皆割隸當道節度使，使號令齊壹，如臂之使指，則軍威大振，虜不敢入寇矣。」上曰：「朕不知舊事如此，當亟行之。」既而神策軍驕恣日久，不樂隸節度使，竟爲宦者所沮而止。

八年春正月，李吉甫、李絳數爭論於上前，權德輿居中無所可否，上鄙之。罷德輿守本官。三月，徵前西川節度使武元衡入知政事。

秋七月，振武節度使李光進請脩受降城，兼理河防。時受降城爲河所毁，李吉甫請徙其徒於天德故城，李絳及户部侍郎盧坦以爲：「受降城，張仁愿所築，當磧口，據虜要衝，美水草，守邊之利地。今避河患，退二三里可矣。奈何捨萬代永安之策，徇一時省費之便乎【一五】！況天德故城僻處确瘠，去河絶遠，烽候警急不相應接，虜忽唐突，勢無由知，是無故而蹙國二百里也。」及城使周懷義奏利害，與絳、坦同。上卒用吉甫策，以受降城騎士隸天德軍。李絳言於上曰：「邊兵徒有其數而無其實，虚費衣粮，將帥但緣私役使，聚其貨財以結權幸而已，未嘗訓練以備不虞。此不可不於無事之時豫留聖意也。」時受降城兵籍舊四百人，及天德軍交兵，止有五十人，器械止有一弓，自餘稱是。故絳言及之。上驚曰：「邊兵乃如是其虚邪！卿曹當加按閲。」會絳罷相而止。

上問宰相：「人言外間朋黨大盛，何也？」李絳對曰：「自古人君所甚惡者，莫若人臣爲朋黨，故小人譖君子者必曰朋黨。言之則可惡，尋之則無跡故也。東漢之末，凡天下賢人君子，宦官皆謂之黨人而禁錮之，遂以亡國。此皆羣小欲害善人之言，願陛下深察之。夫君子固與君子合，豈可必使之與小人合，然後謂之非黨邪！」

九年春正月，李絳屢以足疾辭位。癸卯，罷爲禮部尚書。初，上欲相絳，先出吐突承璀爲淮南監軍，至是，上召還承璀，先罷絳相。范氏曰：「李絳可謂大臣矣，不與承璀並立於朝，故其言足以信於君，行足以信於民。可則進，不可則退，使其君用舍以義而不以利，不如是何以爲國之重哉！」胡氏曰：「憲宗敬憚李絳，不使吐突承璀居中善矣。而有未善者，絳與承璀輕重若是班乎？以趙高、李斯相俯仰，以蕭傅、恭顯相軒

【一五】徇一時　「一」原作「二」，據《資治通鑑》卷二百三十九改。

輕，卒之内勝外負者，胡亥、漢元所爲也。憲宗何乃取則於二君耶？《湯之盤銘》曰：『苟日新，日日新，又日新。』人不知學，則無進益之功，而有虧損之失。方憲宗志欲中興，勉聽輔拂，寧出嬖佞而相忠賢。若其知學明道，則此志不惰，絳必不去相位，承璀必不離淮南，雖成湯之德可勉而至也。方行萬里，信宿而畫，豈特復歸于故，又且不逮其初。故曰天下之理，不進則退，不退則進，未有一定無進無退者，然則人君得不以學爲急乎！」甲辰，承璀至京師，復以爲左神策中尉。

李吉甫奏：「國家舊置六胡州於靈、鹽之境，開元中廢之，更置宥州以領降户。天寶中，宥州寄理於經略軍，寶應以來，因循遂廢。今請復之，以備回鶻，撫党項。」上從之。夏五月，復置宥州，理經略軍，取鄜城神策屯兵九千以實之。先是回鶻屢請昏，朝廷以公主出降，其費甚廣，故未之許。禮部尚書李絳上言，以爲：「回鶻凶彊，不可無備；淮西窮蹙，事要經營。今江、淮大縣，歲所入賦有二十萬緡者，足以備降主之費，陛下何愛一縣之賦，不以羈縻勁虜！回鶻若得許昏，必喜而無猜，然後可以修城塹，蓄甲兵，邊備既完，得專意淮西，功必萬全。今既未降公主而虚弱西城，磧路無備，更脩天德以疑虜心。萬一北邊有警，則淮西遺醜復延歲月之命矣。儻虜騎南牧，國家非步兵三萬，騎五千，則不足以抗禦。借使一歲而勝之，其費豈特降主之比哉！」上不聽。

閏月，彰義節度使吴少陽薨。少陽在蔡州，陰聚亡命，牧養馬騾，時抄掠壽州茶山以實其軍。其子攝蔡州刺史元濟，匿喪以病聞，自領軍務。上自平蜀，即欲取淮西。淮南節度使李吉甫上言：「少陽軍中上下攜離，請徙理壽州以經營之。」會朝廷方討王承宗，未暇也。及吉甫入相，田弘正以魏博歸附。吉甫以爲汝州扞蔽東都，河陽宿兵本以制魏博，今弘正歸順，則河陽爲内鎮，不應屯重兵以示猜阻。辛酉，以河陽節度使烏重胤爲汝州刺史，充河陽、懷、汝節度使，徙理汝州。弘正檢校右僕射，賜其軍錢二十萬緡。弘正曰：「吾未若移河陽軍之爲喜也。」九月，以洛州刺史李光顔爲陳州刺史，充忠武軍都知兵馬使。以泗州刺史令狐通爲壽州防禦使。以山南東道節度使袁滋爲荆南節度使，以荆南節度使嚴綬爲山南東道節度使。吴少陽判官蘇兆、楊元卿、大將侯惟清皆勸少陽入朝。元濟惡之，殺兆，囚惟清。元卿先奏事在長安，具以淮西虚實及取元濟之策告李吉甫，請討之。時元濟猶匿喪，元卿勸吉甫，凡蔡使入奏者，所在止之。少陽死近四十日，不爲輟朝，但易環、蔡諸鎮將帥，益兵馬備。元濟殺元卿妻及四男以圬射堋。淮西宿將董重質，吴少誠之壻也，元濟以爲謀主。

李吉甫言於上曰：「淮西非如河北，四無黨援，國家常宿數十萬兵以備之，勞費不可支也。失今不取，後難圖矣。」上從之。張弘靖請先爲少陽輟朝、贈官，遣使弔贈，待有不順之迹，然後加兵。上從之，遣工部員外郎李君何弔祭。元濟不迎敕使，發兵四出，屠舞陽，焚葉，掠魯山、襄城，關東震駭，君何不得入而還。

冬十月，中書侍郎、同平章事趙公李吉甫薨。德宗以來，姑息藩鎮，有終身不易地者。

吉甫爲相歲餘，凡易三十六鎮，殿最分明。按：吉甫易三十六鎮，《通鑑》不載，當考。在淮南築富人、固本二塘，溉田且萬頃。江、淮旱，浙東、西尤甚，有司不爲請，吉甫白以時救卹，帝驚，馳遣使分道賑貸。吉甫雖居外，每朝廷得失輒以聞。裴垍免，還秉政，入對延英，凡五刻罷。帝尊任之，官而不名。德宗時，義陽、義章二公主薨，詔起祠堂費數萬計。會永昌公主薨，有司以請，帝命減義陽之半。吉甫曰：「德宗一切之恩，不可爲法。昔漢章帝欲起邑屋於親陵，東平王蒼以爲不可。故非禮之舉，人君所慎。請裁置墓户，以充守奉。」帝曰：「吾固疑其冗，減之，今果然。不欲取編民，方以官户奉墳而已。」吉甫謝。帝曰：「事不安者第言之，無謂朕不能行也。」田季安疾甚，吉甫請任薛平爲義成節度使，以重兵控邢、洺，因圖上險要所在。帝張於浴堂門壁，每議河北事，必指吉甫曰：「朕日按圖，如卿所料矣。」自蜀平，帝鋭意欲取淮西。方吉甫在淮南，聞吴少陽立，上下攜泮，自請徙壽州，以天子命招懷之，反間以撓其黨。會討王承宗，未及用。後田弘正以魏歸，吉甫知魏人謂田進誠才，而唐州乃蔡喉衿，請拔進誠爲刺史，以臨賊境，且慰魏心。及元濟擅立，吉甫以内地無唇齒援，因時可取，不當用河朔故事，與帝意合。又請自往招元濟，苟逆志不悛，得指授羣帥俘賊以獻天子。不許，固請至流涕，帝慰勉之。會卒，帝震悼。吉甫圖淮西地，未及上，帝敕其子獻之。有司謚曰敬憲【一六】。度支郎中張仲方非之，帝怒，貶仲方，更賜謚曰忠懿。吉甫當國，經綜政事，衆（此後缺頁）……

【一六】有司謚曰敬憲　「憲」原脱，據《新唐書》卷一百四十六補。

（帝）比比欲召相，憚載輒止。然有進用，皆密訪焉，多所補助。栖筠見帝倚違不斷，内憂憤而卒。以忠武節度副使李光顔爲節度使，以嚴綬爲申、光、蔡招撫使，督諸道兵招討吴元濟，命内常侍知省事崔潭峻監其軍。

十二月，以尚書右丞韋貫之同平章事。本傳：貫之及進士第，擢賢良方正異等。永貞時，始爲監察御史，舉其弟纁自代。及爲右補闕，纁代爲御史，議者不謂之私。宰相杜佑子從郁爲補闕，貫之與崔羣持不可，换左拾遺，復奏："拾遺、補闕爲諫官等，宰相政有得失，使從郁議，是子而議父，殆不可訓。"卒改他官。遷禮部員外郎。新羅人金忠義以工巧幸，擢少府監，蔭子補齋郎，貫之不與，曰："是將奉郊廟祠祭，階爲守宰者，安可以賤工子爲之。"又劾忠義不宜汙朝籍，忠義竟罷。於是權幸側目。進吏部，坐考賢良方正牛僧孺等策獨署奏，出爲果州刺史，半道貶巴州。久之，召爲都官郎中，知制誥，進中書舍人。宰相裴垍嘗三奏事，憲宗不從。貫之曰："公亦以進退決請乎？"垍曰："奉教。"事果見聽。垍因曰："君異時當位於此。"改禮部侍郎。所取士，抑浮華，先行實，于時流競爲息。嘗從容奏曰："禮部侍郎重於宰相。"帝曰："侍郎是宰相除，安得重？"曰："然爲陛下柬宰相者，得無重乎？"帝美其言。改尚書右丞，俄同平章事。

十年春正月，加韓弘守司徒。弘鎮宣武，十餘年不入朝，頗以兵力自負，朝廷亦不以忠純待之。王鍔加同平章事，弘恥班在其下，與武元衡書，頗露不平之意。朝廷方倚其形勢以制吴元濟，故遷官，使居鍔上以寵慰之。

吴元濟縱兵侵掠，及於東畿。制削元濟官爵，命宣武等十六道進軍討之。嚴綬擊淮西兵，小勝，不設備，淮西兵夜還襲之。二月，綬敗于磁丘，却五十餘里，馳入唐州而守之。

壽州團練使令狐通爲淮西兵所敗，走保州城，境上諸柵盡爲淮西所屠。

王叔文之黨坐謫官者，凡十年不量移，執政有憐其才欲漸進之者，悉召至京師。諫官爭言其不可，上與武元衡亦惡之。三月，皆以爲遠州刺史，官雖進而地益遠。永州司馬柳宗元爲柳州刺史，朗州司馬劉禹錫爲播州刺史。明日，禹錫改連州刺史。

# 乙下之二十一

諸軍討淮西久未有功，五月，上遣中丞裴度詣行營宣慰，察用兵形勢。度還，言淮西必可取之狀，且曰：「觀諸將，惟李光顔勇而知義，必能立功。」上悦。未幾，李光顔奏敗淮西兵於時曲，上以裴度爲知人。上自李吉甫薨，悉以用兵事委武元衡。李師道所養客説師道曰：「天子所以鋭意誅蔡者，元衡贊之也，請密往刺之。元衡死，則他相不敢主其謀，争勸天子罷兵矣。」師道以爲然，即資給遣之。王承宗遣牙將尹少卿奏事，爲吴元濟遊説。少卿至中書，辭指不遜，元衡叱出之。承宗又上書詆毁元衡。六月癸卯，元衡入朝，出所居靖安坊東門。有賊自暗中突出射殺之，又入通化坊擊裴度，傷其首，不死。賊遺紙於金吾及府、縣，曰：「毋急捕我，我先殺汝【一】。」故捕賊者不敢甚急。兵部侍郎許孟容見上言：「自古未有宰相横尸路隅而盗不獲者，此朝廷之辱也！」因涕泣。又詣中書揮涕言：「請奏起裴中丞爲相，大索賊黨，窮其姦源。」詔中外所在搜捕，獲賊者賞錢萬緡，官五品；敢庇匿者，舉族誅之。於是京城大索，成德軍進奏院有恒州卒張晏等數人，行止無狀，衆多疑之。神策將軍王士則等告王承宗遣晏等殺元衡。吏捕得晏等八人，命京兆尹裴武、監察御史陳中師鞫之。詔以王承宗前後三表出示百僚，議其罪。裴度病瘡，

校勘記

【一】先殺汝　「先」字原脱，據《資治通鑑》卷二百三十九補。

卧二旬，詔以衛兵宿其第，中使問訊不絶。或請罷度官以安恒、鄆之心，上怒曰：「若罷度官，是姦謀得成，無復紀綱。吾用度一人，足破二賊。」甲子，上召度入對。乙丑，以度爲中書侍郎、同平章事。本傳：擢進士第，以宏辭補校書郎。舉賢良方正異等，調河陰尉。遷監察御史，論權嬖梗切，出爲河南功曹參軍。武元衡帥西川，表掌節度書記。召爲起居舍人。元和六年，以司封員外郎知制誥。田弘正效魏、博六州于朝，憲宗遣度宣諭，弘正知度爲帝高選，故郊迎趨跽受命。且請徧至屬州，布揚天子德澤，魏人由是歡服。還，拜中書舍人。久之，進御史中丞。宣徽五坊小使方秋閱鷹狗，所過撓官司，厚得餉謝乃去。下邽令裴寰，才吏也，不爲禮，因構寰出醜言，送詔獄，當大不恭。宰相武元衡婉辭諍，帝怒未置。度見延英，言寰無罪，帝恚曰：「寰誠無罪，杖小使；小使無罪，且杖寰。」度曰：「責若此固宜，第寰爲令惜陛下百姓，安可罪？」帝色霽，乃釋寰。王師討蔡，以度視行營諸軍，還，奏攻取策，與帝意合，且問諸將才否，度對：「李光顔義而勇，當有成功。」不三日，光顔破時曲兵，帝歎度知言，進兼刑部侍郎。王承宗、李師道謀緩蔡兵，乃伏盜京師，刺用事大臣，已害宰相元衡，又擊度，刃三進，斷鞾，刜背裂中單，又傷首，度冒氈，得不死。哄導騶伏，獨騶王義持賊大呼，賊斷義手。度墜溝，賊意已死，因亡去。議者欲罷度，安二鎮反側，帝怒曰：「度得全，天也。若罷之，是賊計適行。吾倚度，足破三賊矣。」度亦以權紀未張，王室陵遲，常憤愧無死所。自行營歸，知賊曲折，帝益信仗【二】。及病瘡一再旬，分衛兵護第，存候踵路。疾愈【三】，詔毋須宣政衙，即對延英，拜中書侍郎、同中書門下平章事。時方連諸道兵，環挐不解，内外大恐，人累息。及度當國，外内始安。裴度上言：「淮西，腹心之疾，不得不除。且朝廷業已討之，兩河藩鎮跋扈者，將視此爲高下，不可中止。」上以爲然，悉以用兵事委度，討賊愈急。初，德宗多猜忌，朝士有相過從者，金吾皆伺察以聞，宰相不敢私第見客。度奏：「今寇盜未平，宰相宜招延四方賢

【二】帝益信仗　「仗」原作「愈」，據《新唐書》卷一百七十三改。

【三】疾愈　「愈」原作「杖」，據《新唐書》卷一百七十三改。

才與參謀議。」始請於私第見客，許之。范氏曰：「《易》曰『巽而耳目聰明』，言人君養賢之效也。《詩》曰『周爰諮詢』，言人臣事君之職也。德宗禁錮宰相而使之，其宰相亦塗其耳目以容身保位，國之治乱，民之休戚，若不闻見焉。自古以來，未有聾瞽其大臣，而可以爲國者。夫疑之則勿任，任之則勿疑，置相者當擇之於未用之前，而不當疑之於既用之後。未有可托天下，而不保其不欺君者也。然而人君多悦人之從己，其未用也輕信之，既用也過防之，是以上下相蒙，而政愈亂也。」

十一年春正月，制削王承宗官爵，命河東等六道進討。韋貫之屢請先取吴元濟，後討承宗，曰：「陛下不見建中之事乎？始於討魏及齊，而蔡、燕、趙並應之，卒致朱泚之亂，由德宗不能忍數年之憤邑，欲太平之功速成也。」上不聽。按：是時，平章事張弘靖亦以爲兩役並興，恐國力不支，請併力淮西，乃征恒、冀。帝不爲之止。弘靖力求罷，出爲河東節度使。范氏曰：「張弘靖言不失職，進退以禮，有大臣之体矣。其後卒捨恒、冀，併力淮西，如其所慮。憲宗雖得之於裴度，而失之於弘靖，豈未之思乎？」

二月，以中書舍人李逢吉爲門下侍郎、同平章事。

六月，高霞寓唐、鄧等節度使。大敗於鐵城，僅以身免。時諸將討淮西者，勝則虚張殺獲，敗則匿之。至是，大敗不可掩，始上聞，中外駭愕。宰相入見，將勸上罷兵，上曰：「勝負兵家之常，今但當論用兵方略，察將帥之不勝任者易之，兵食不足者助之耳。豈得以一將失利，遽議罷兵邪！」於是獨用裴度之言，他人言罷兵亦稍息矣。中書侍郎、同平章事韋貫之，性高簡，好甄别流品，又數請罷用兵。八月，貫之罷爲吏部侍郎。本傳：貫之請釋鎮州，專力淮西云云。時帝業已討鎮，不從。終之，蔡平鎮乃服。初討蔡，以宣武韓弘爲都統，又詔河陽烏重胤、忠武李光顔合兵以進。貫之諫諸將戰方力，今若置都統，又令二帥連營，則各持重養威，未可歲月下也。亦不從。後四年乃克蔡，皆如貫之策云。帝以段文昌、張仲素爲翰林學士。貫之謂學士所以備顧問，不宜專取辭藝，奏罷之。皇甫鎛、張宿皆以幸進。宿使淄青，裴度欲爲請銀緋，貫之曰：「宿姦佞，吾等縱不能斥，奈何欲假以寵乎？」由是宿等怨，陰構之。又與度論兵帝前，議頗駮，故罷爲吏部侍郎。胡氏曰：「韋貫之非直請不用兵也，其言曰『昔在建中，始於討魏及齊，而燕、趙、蔡皆應之，卒致涇卒之變，由德宗欲速成太平之功也。今宜先討吴元濟，後討王承宗』，其謀與弘靖同。憲宗宜召裴度三人，參議可否，度亦必以爲然矣。夫討不庭，復土宇是也；而不度可否、難易，必於進取，豈善爲師者哉！況當用兵之時，尤欲君子在朝，小人勿用，乃相继去二相，而拜李逢吉與王涯，其年皇甫鎛亦以聚斂得幸。方決疣潰癰，已御酒色之毒，所以四体腹心幾完而頓弊歟！」

十二月，以翰林學士王涯爲中書侍郎、同平章事。

十二年，諸軍討淮西，四年不克，餽運疲弊，民至有以驢耕者。上亦病之，以問宰相。李逢吉等競言師老財竭，意欲罷兵。裴度獨無言，上問之，對曰：「臣請自往督戰。」上復謂度曰：「卿真能爲朕行乎？」對曰：「臣誓不與此賊俱生。臣比觀吴元濟表，勢實窘蹙，但諸將心不壹，不併力迫之，故未降耳。若臣自詣行營，諸將恐臣奪其功，必爭進破賊矣。」上悦。以度爲門下侍郎、同平章事，兼彰義節度使，仍充淮西宣慰招討處置使。又以户部侍郎崔羣爲中書侍郎、同平章事。制下，度以韓弘已爲都統，不欲更爲招討，請但稱宣慰處置使，仍奏刑部侍郎馬總爲宣慰副使，右庶子韓愈爲彰義行軍司馬，判官、書記，皆朝廷之選，上皆從之。度將行，言於上曰：「臣若賊滅，則朝天有期；賊在，則歸闕無日。」上爲之流涕。八月，度赴淮西，上御通化門送之。右神武將軍張茂和，茂昭弟也，嘗以膽略自衒於度。度表爲都押牙，茂和辭以疾，度奏請斬之。上曰：「此忠順之門，爲卿遠貶。」貶茂和永州司馬。李逢吉不欲討蔡，翰林學士令狐楚與逢吉善，度恐其合中外之勢以沮軍事，乃請改制書數字，且言其草制失辭，罷楚爲中書舍人。裴度過襄城南白草原，淮西人以驍騎七百邀之。鎮將楚丘曹華知而爲備，擊却之。度雖辭招討名，實行元帥事，以郾城爲治所。先是諸道皆有中使監陳，進退不由主將，勝則先使獻捷，不利則陵挫百端。度悉奏去之，諸將始得專其軍事，戰多有功。《度本傳》：度上還都統以避弘，然實行都統事。入對延英，曰：「主憂臣辱，義在必死。賊未授首，臣無還期。」帝壯之，爲流涕。奏罷監軍使，將得專制，號令一，戰氣倍。《羣本傳》：羣未冠，舉進士，陸贄主貢舉，梁肅薦其有公輔才，擢甲科，舉賢良方正。累遷右補闕、翰林學士、中書舍人。數陳讜言，憲宗嘉納，因詔學士凡奏議，待羣署乃得上。羣以「禁密之言，人人當自陳，一爲故事，後或有惡直醜正，則他學士不得上言矣」，固讓，見聽。惠昭太子薨，是時，遂王嫡，而澧王長，多內助。帝將建東宮，詔羣爲澧王作讓。羣奏：「大凡己當得則讓，不當得之，烏用讓。今遂王嫡，宜爲太子。」帝從其議。魏博、田季安以五千縑助營開業佛祠【四】，羣以爲無名之獻，不當受。有詔却之。進户部侍郎。十二年，平章事。

九月，李逢吉與裴度異議，上方倚度以平蔡，罷逢吉爲東川節度使。

李祐言於李愬曰：「蔡之精兵皆在洄曲，及四境拒守，守州城皆羸老之卒，可以乘虚直抵其城。比賊將聞之，元濟已成擒矣。」愬然之。冬十月，遣掌書記鄭澥至郾城，密白裴度。度曰：「兵非出奇不勝，常侍良圖之。」是月，愬入蔡以檻車送元濟詣京師【五】，且

【四】魏博田季安　「博」原作「將」，據《新唐書》卷一百六十五改。

【五】詣京師　「詣」字原脱，據《資治通鑑》卷二百四十補。

告于裴度。其諸將攻戰次第，自見《丙記》。度遣馬總先入蔡州慰撫，度建彰義軍節，入城，李愬具櫜鞬出迎，拜於路。度將避之，愬曰：「蔡人頑悖，不識上下之分數十年矣。願公因而示之，使知朝廷之尊。」度乃受之。

裴度以蔡卒爲牙兵，或諫曰：「蔡人反仄者尚多，不可不備。」度笑曰：「吾爲彰義節度使，元惡既擒，蔡人則吾人也，又何疑焉？」蔡人聞之，感泣。本傳云：度以蔡牙卒侍帳下，云云。先是吴氏父子阻兵，禁人偶語於塗，夜不然燭，有以酒食相過從者罪死。度既視事，下令惟禁盗賊鬭殺，餘皆不問，往來者不限晝夜，蔡人始知有生民之樂。范氏曰：「裴度伐叛以刑，柔服以德，使百姓曉然知賊之爲暴，而唐之爲仁，故能變獷戾之俗爲驩虞之民。其後取淄青如反掌，不惟乘勝用兵之易，蓋人心先服故也。豈非待物以誠之效歟！」按：《韓愈淮西碑》曰：「丞相度入蔡，以皇帝命赦其人。凡蔡卒三萬五千，其不樂爲兵，願歸爲農者十九，悉縱之。」又曰：「帝有恩言，相度來宣：誅止其魁，釋其下人。蔡之卒夫投甲呼舞，蔡之婦女迎門笑語。蔡人告飢，船粟往哺。蔡人告寒，賜以繒布。始時蔡人禁不往來，今相從戲，里門夜開。始時蔡人進戰退戮。今旰而起，左飧右粥。爲之擇人，以收餘憊。選吏賜牛，教而不税。蔡人有言，始迷不知，今乃大覺，羞前之爲。蔡人有言，天子明聖。不順族誅，順保性命，汝不吾信，視此蔡方。孰爲不順？往斧其吭。凡叛有數，聲勢相倚。吾强不支，汝弱奚恃？淮蔡爲亂，天子伐之。既伐而飢，天子活之。始議伐蔡，卿士莫隨。既伐四年，小大並疑。不赦不疑，由天子明。凡此蔡功，惟斷乃成。」

十一月，裴度以馬總爲彰義留後。度入蔡州，上封二劍以授梁守謙，使誅吴元濟舊將。度至郾城，遇之，復與之俱入蔡州，量罪施刑，不盡如詔旨，仍上疏言之。本傳云：「騰奏申解，全宥者甚衆。」

十二月，賜裴度爵晉國公，復入知政事，以馬總爲淮西節度使。武夷胡氏曰：「詞命貴無長語。昔裴中立平淮西，功亦大矣，制詞大略不過曰『燕弧載櫜，楚廣旋軫，錫勳旌德，胙土報勤，爾其戒哉，祇服休命』而已。」愚按：此杜牧辭也。

十三年，上命六軍修麟德殿。右龍武統軍張奉國、大將軍李文悦以外寇初平，營繕太多，白宰相，冀有論諫。裴度因奏事言之，上怒。二月，以奉國爲鴻臚卿，文悦充威遠營使。於是浚龍首池，起承暉殿，土木浸興矣。

裴度之在淮西也，布衣柏耆以策干韓愈曰：「吴元濟既就擒，王承宗破膽矣，願得奉丞相書往説之，可不煩兵而服。」愈白度，爲書遣之。承宗懼，求哀於田弘正，請以二子爲質，及獻德、棣二州，輸税租，請官吏。弘正爲之奏請，上初不許。弘正上表相繼，上重違弘正意，乃許之。夏四月，魏博遣使送承宗子知感、知信及德、棣二州圖印至京師。詔雪王承宗及成德將士，復其官爵。

秋七月，下制罪狀李師道，令宣武等道兵共討之。按：師道乞遣子入質，尋又反覆故也。上方委裴度以用兵，門下侍郎李夷簡自謂不及度，求出鎮。以夷簡充淮南節度使。胡氏曰：「李夷簡可謂君子矣。不以材之所不能而嫉能者，寧舍萬鍾，退就遠外，使天子伸伐叛之志，裴度展濟時之略，可謂君子矣。」

八月，王涯罷爲兵部侍郎。

吴元濟既平，韓弘懼。九月，自將兵擊李師道，圍曹州。淮西既平，上浸驕侈。户部侍郎判度支皇甫鎛、衛尉卿、鹽鐵轉運使程异曉其意，數進羡餘以供其費，由是有寵。鎛又以厚賂結吐突承璀。鎛以本官、异以工部侍郎並同平章事，判使如故。制下，朝野駭愕，至於市道負販者亦嗤之。裴度、崔羣極陳其不可，上不聽。度恥與小人同列，表求自退，不許。度復上疏，以爲：「鎛、异皆錢穀吏，佞巧小人，陛下一旦寘之相位，中外無不駭笑。況鎛在度支，專以豐取刻與爲務，凡中外仰給度支之人無不思食其肉。比者裁損淮西糧料，軍士怨怒。會臣至行營曉諭慰勉，僅無潰亂。今舊將舊兵悉向淄青，聞鎛入相，必盡驚憂，知無可訴之地矣。程异雖人品庸下，然心事和平，可處煩劇，不宜爲相。至如鎛，資性狡詐，天下共知，唯能上惑聖聰，足見姦邪之極。臣若不退，天下謂臣不知廉恥；臣若不言，天下謂臣有負恩寵。今退既不許，言又不聽，臣如烈火燒心，衆鏑叢體。所可惜者，淮西盪定，河北底寧，承宗斂手削地，韓弘輿疾討賊，豈朝廷之力能制其命哉？直以處置得宜，能服其心耳。陛下建升平之業，十已八九，何忍還自隳壞，使四方解體乎？」上以度爲朋黨，不之省。鎛自知不爲衆所與，益爲巧諂以自固，奏減内外官俸以助國用。給事中崔植封還敕書，極論之，乃止。時内出積年繒帛付度支令賣，鎛悉以高價買之，以給邊軍。其繒帛朽敗，隨手破裂，邊軍聚而焚之。度因奏事言之，鎛於上前引其足曰：「此靴亦内庫所出，臣以錢二千買之，堅完可久服，度言不可信。」上以爲然。由是鎛益無所憚。程异亦自知不合衆心，能廉謹謙遜，爲相月餘，不敢知印秉筆，故終免於禍。范氏曰：「人君賞一人而天下莫不勸，罰一人而天下莫不懼，豈其力足以勝億兆之衆哉？處之中理而能服其心也。用一不肖而四方莫不解体，殺一無罪而百姓莫不怨怒，豈必人人而害之哉？處之不中理而不能服其心也。苟能服其心，則治天下如運之掌，何征而不克？何爲而不成？裴度可謂知言矣，其所以啓告人主，豈不得其要乎！」

五坊使楊朝汶妄捕繫人，迫以考捶，責其息錢，遂轉相誣引，所繫近千人。中丞蕭俛劾奏其狀，裴度、崔羣亦以爲言。上曰：「姑與卿論用兵事，此小事朕自處之。」度曰：「用兵事小，所憂不過山東耳。五坊使暴横，恐亂輦轂。」上不悦，退，召朝汶責之曰：「以汝故，令吾羞見宰相。」冬，十月，賜朝汶死，盡釋繫者。

上晚節好神物【六】，詔天下求方士。宗正卿李道古乃因皇甫鎛薦山人柳泌，能合長生藥。詔泌居興唐觀煉藥。十一月，泌言於上曰：「天台山神仙所聚，多靈藥，誠得爲彼長吏，庶幾可求。」上信之，以泌權知台州刺史。諫官爭論奏，上曰：「煩一州之力，而能爲人主致長生，臣子亦何愛焉？」由是羣臣莫敢言。按：憲宗是時心術之蠹至於如此，而裴度方以用兵自任，略無一言以救上之過，何邪？於是乎有媿古大臣之業矣。

先是田弘正請自黎陽度河，會義成節度使李光顔討李師道，裴度曰：「魏博軍既度河，不可復退，立須進擊，方有成功。既至滑州，即仰給度支，徒有供餉之勞，更生觀望之勢。又或與李光顔互相疑阻，益致遷延。與其度河而不進，不若養威於河北。宜且使之

【六】上晚節好神物　「物」，《資治通鑑》卷二百四十作「仙」。

秣馬厲兵，俟霜降水落，自楊劉渡河，直指鄆州，得至陽穀置營，則兵勢自盛，賊衆摇心矣。」上從之。是月，弘正將魏博全師自楊劉渡河，距鄆州四十里築壘。賊中大震。

上嘗語宰相：「人臣當力爲善，何乃好立朋黨？朕甚惡之。」裴度對曰：「方以類聚，物以羣分。君子、小人志趣同者，勢必相合。君子爲徒，謂之同德；小人爲徒，謂之朋黨。外雖相似，内實懸殊，在聖主辨其所爲邪正耳。」胡氏曰：「舜有天下，選於衆而相皋陶，其用賢不貳。湯有天下，選於衆而相伊尹，其終始惟一，是天德也。不知此道者，其初以意氣相合，資之興事造業，既得所欲，則心無常守，而愛惡移焉。故漢景平七國，則亞夫死。晉武敗苻堅，則謝安退。德宗還京師，則陸贄逐。憲宗定淮蔡，則裴度遠。惟迎合希意之小人，乃膠固而不可解，此范蠡所以浮鴟夷，子房所以從赤松，魯仲連所以甘賤貧者也。方是時，憲宗任宦官，悦進奉，异、鎛結吐突承璀，以羨餘得相，其黨熾甚。裴度與崔羣極諫，上反謂度爲朋黨。益信黨論，乃人主與小人相合之言，而以誣陷君子者，豈不爲後世之大戒哉！」

十四年春正月，中使迎佛骨至京師，上留禁中三日，乃歷送諸寺。刑部侍郎韓愈上表切諫，上大怒，出示宰相，將加愈極刑。裴度、崔羣爲言：「愈雖狂，發於忠懇，宜寬容以開言路。」乃貶愈爲潮州刺史。

十四年二月，李師道聞官軍侵逼，發民治鄆州城塹，修守備，役及婦人，民益懼且怨。都知兵馬使劉悟將兵萬餘人屯陽穀，以拒官軍。悟務爲寬惠，使士卒人人自便。及田弘正渡河，悟軍無備，戰又數敗。師道召悟計事，欲殺之。或諫不可，師道遣之。又有謂師道者曰：「劉悟終爲患，不如早除之。」師道潛遣二使齎帖授副使張暹，令斬悟。暹密以告悟，悟執二使殺之，勒兵入城，斬師道，函首送弘正營。弘正露布以聞，淄、青等十二州皆平。命户部侍郎楊於陵爲淄青宣撫使。自廣德以來，垂六十年，藩鎮跋扈河南、河北三十餘州，自除官吏，不供貢賦，至是盡遵約束。

裴度纂述蔡、鄆用兵以來，上之憂勤機略，因侍宴獻之，請内印出付史官。上曰：「如此，似出朕志，非所欲也。」胡氏曰：「忠臣事君，有規諫，無諂諛。纂述主德，請付史官，諂諛者所爲也。裴度亦爾，何也？曰：度所謂循常人之事，而寓忠智之意者也。蔡、鄆用兵，度實任之。憲宗爲之罷退宰臣，黜除朝士，亦衆矣。功名之際，人臣所難處也。度至是功益高，名益重，流言易生，而生心有疑之時也。歸美於上，推而弗居，度之慮遠矣。苟止於此，未免身謀也，故備載用兵以來，上心憂勤，則當時所行，舉目皆得。使憲宗憶取之之難，必思守之之不易，是乃文類將順，實則匡救。君子之所爲，衆人固不識也。若指曰度被讒見疎，獻佞固寵者，淺淺乎知度矣。」

裴度在相位，知無不言。皇甫鎛之黨陰擠之，詔度充河東節度使。時史館脩撰李翱上言，以爲：「定禍亂者，武功也。興太平者，文德也。今陛下既以武功定海内，若遂革弊事，復高祖、太宗舊制。用忠正而不疑，屏邪佞而不邇。改税法，不督錢而納布帛。絶進獻，寬百姓租賦。厚邊兵，以制戎狄侵盜。數訪問待制官，以通塞蔽。此六者，政之根本，太平所以興也。陛下既已能行其難，若何不爲其易乎？以陛下天資上聖，如不惑近習容悦之辭，任骨鯁正直之士，與之興大化，可不勞而成也。若不以此爲事，臣恐大功之後，逸欲易生。進言者必曰：天下既平矣，陛下可以高枕自安逸。如是，則太平未可期矣。」按：翱所謂正直，似指裴度、崔羣輩，所謂邪佞，亦指皇甫鎛之徒。奈憲宗不察何？未幾，鎛引令狐楚爲相，姦邪之黨愈盤固矣。

上問宰相：「玄宗之政先理而後亂，何也？」崔羣對曰：「玄宗用姚崇、宋璟、盧懷愼、蘇頲、韓休、張九齡則理，用宇文融、李林甫、楊國忠則亂。故用人得失，所繫非輕。人皆以天寶十四年安禄山反爲亂之始，臣獨以開元二十四年罷張九齡相，專任李林甫，此理亂之分也。願陛下以開元初爲法，以天寶末爲戒，乃社稷無疆之福。」皇甫鎛深恨之。范氏曰：「天下治亂係於用人，明皇之政昭然可覩矣。崔羣以退張九齡、任李林甫爲治亂之所分，豈徒有激而云哉？其可謂至言矣。」

初，羣臣議上尊號，皇甫鎛欲增「孝德」字，中書侍郎、同平章事崔羣曰：「言聖則孝在其中矣。」鎛譖羣於上曰：「羣於陛下惜『孝德』二字。」上怒。時鎛給邊軍賜與，多不時得，又所給多陳敗，不可服用，軍士怨怒，流言欲爲亂。李光顔憂懼，欲自殺。遣人訴於上【七】，上不信。京師恟懼，羣具以中外人情上聞。鎛密言於上曰：「邊賜皆如舊制，而人情忽如此者，由羣鼓扇，將以賣直，歸怨於上也。」上以爲然。十二月，以羣爲湖南觀察使，於是中外切齒於鎛矣。胡氏曰：「甚哉，憲宗之不學也！孔子不居其聖，光武禁人稱己爲聖，謙德如此，豈不美哉！尊號非古也，後世之侈心也。受之已非，又自增加美言，且怒臣下之有靳，一何陋歟！聖者，無不通之名，豈有聖而不孝者，亦豈有聖而無德者？鎛錢穀小人，焉知理義？而憲宗入其説，不學之過也。夫不省己之有無，據人所稱即認爲實，是惑之大也。使誠有之，羣焉得而損之？使誠無之，鎛烏得而與之？良由志量不廣，功業粗建，侈法之心生，故邪佞之言入。使其知道明理，則無此失。或問人臣之義，不當諂諛是也。君父有德善勳勞，發而揚之，亦不可耶？曰：事君者，必以禹、益、伊、傅、周、召爲式，此六君子者，未嘗納譽於其君也。詩人所謂歸美者，爲君能下下，以成其政，故臣子不敢認爲己伐，復歸之於君，乃《坤》六二之義也。孔子所謂『將順者扶持誘掖之，使臻于成也』。故不

【七】遣人訴於上　「遣」原脱，據《資治通鑑》卷二百四十一補。

以六君子之道事其君，而獻諂導諛焉，是不敬其君者也。」

十五年春正月，上服金丹，多躁怒，左右宦官往往獲罪，有死者，人人自危。庚子，暴崩於中和殿。時人皆言内常侍陳弘志弒逆，其黨類諱之，但云藥發，外人莫能明也。時柳泌至臺州，驅吏民采藥，歲餘，無所得，舉家逃入山中。浙東觀察使捕送京師。皇甫鎛、李道古保護之，上復使待詔翰林。服其藥，日加躁渴。起居舍人裴潾上言：「藥以愈疾，非朝夕常服之物。況金石酷裂有毒，又益以火氣，殆非人五臟所能勝也。」上怒，貶潾江陵令。潾以十一月貶，甫三月而帝崩。憲宗用一裴度，則平河南、北三十州而有餘。及用一皇甫鎛，則保其身而不足，豈非來世之永監哉！」

是月，穆宗即位。貶皇甫鎛崖州司户，相蕭俛、段文昌。

長慶元年，秋七月，幽州軍亂，因節度使張弘靖，朱克融自爲留後。鎮州軍亂，殺節度使田弘正，王庭湊自稱留後。冬十月，以裴度爲鎮州四面行營招討使。度自將兵出承天軍故關，以討王庭湊。翰林學士元稹與樞密魏弘簡深相結，求爲宰相，由是有寵於上，每事咨訪焉。稹無怨於裴度，但以度先達重望，恐其復有功大用，妨己進取，故度所奏畫軍事，多與弘簡從中沮壞之。度乃上表極陳其朋比姦蠹之狀，以爲：「逆豎構亂，震驚山東；姦臣作朋，撓敗國政。陛下欲掃蕩幽、鎮，先宜肅清朝廷。何者？爲患有大小，議事有先後，河朔逆賊，祇亂山東；禁闈姦臣，必亂天下。是則河朔患小，禁闈患大。小者臣與諸將必能翦滅，大者非陛下覺寤制斷無以驅除。今文武百僚，中外萬品，有心者無不憤惋，有口者無不咨嗟，直以獎用方深，不敢抵觸，恐事未行而禍已及，不爲國計，且爲身謀。臣自兵興以來，所陳章疏，事皆切要，所奉書詔，多有參差，蒙陛下委付之意不輕，遭姦臣抑損之事不少。臣素與倖倖亦無讎嫌，正以臣前請乘傳詣闕，面陳軍事，姦臣最所畏憚，恐臣發其過惡，百計止臣。臣又請與諸軍齊進，隨便攻討，姦臣恐臣或有成功，曲加阻礙，逗遛日時。進退皆受羈牽，意見悉遭蔽塞，但欲令臣失所，使臣無成，則天下理亂，山東勝負，悉不顧矣。爲臣事君，一至於此。若朝中姦臣盡去，則河朔逆賊不討自平；若朝中姦臣尚存，則逆賊縱平無益。陛下儻未信臣言，乞出臣表，使百官集議，彼不受責，臣當伏辜。」表三上，上雖不悦，以度大臣，不得已，癸未，以弘簡爲弓箭庫使，稹爲工部侍郎。稹雖解翰林，恩遇如故。范氏曰：「昔周宣王任賢使能，吉甫征伐於外，而王之所與處者，張仲孝友也。夫使文武之臣征伐，而左右前後得正良之士，善其君心，則讒言不至而忠謀見用，此所以能成功也。苟使憸邪之人，從中制之，則雖吉甫無以成其功。宣王能復文、武之業，以致中興者，内順治而外威嚴也。穆宗庸昏，姦諂在側，裴度欲先正其本，而後治其末，圖其大而後憂其小，此輔相之職業也。而其君多僻，卒無成功。蓋自古命將出師，而小人沮之於内，未有能克勝者也。可不爲深戒哉！」

二年，上之初即位也，兩河略定，蕭俛、段文昌以爲天下已太平，漸宜消兵，請密詔天下，軍鎮有兵處每歲百人之中限八人逃、死。上方荒宴，不以國事爲意，遂可其奏。軍士落籍者衆，皆聚山澤爲盜。及朱克融、王庭湊作亂，一呼而亡卒皆集。詔徵諸道兵討之，諸道兵既少，皆臨時召募，烏合之衆。又諸節度既有監軍，其領偏師者亦置中使監陳，主將不得專號令，戰小勝則飛驛奏捷，自以爲功。不勝則逼脅主將，以罪歸之。悉擇軍中驍勇以自衛，遣羸弱者就戰，故每戰多敗。又凡用兵，舉皆自禁中授以方略，朝令夕改，不知所從。不度可否，惟督令速戰。中使道路如織，驛馬不足，掠行人馬以繼之，人不敢由驛路行。故雖以諸道十五萬之衆，裴度元臣宿望，烏重胤、李光顔皆當時名將，討幽、鎮萬餘之衆，屯守踰年竟無功，財竭力盡。崔植、杜元穎、王播爲相，皆庸才，無遠略。史憲誠既逼殺田布，朝廷不能討，遂并朱克融、王庭湊以節鉞授之。由是再失河朔，訖于唐亡，不能復取。胡氏曰：「魚朝恩督九節度無功，吐突承璀督六鎮無功，伐蜀之役不置監軍，而劉闢授首。淮蔡之役不置監軍，而吴元濟成擒。上黨之役不置監軍，而劉稹伏誅。夫以裴度威望之重，智略之高，自相憲宗以來，慮無遺策，舉無過事，又挾烏重胤、李光顔諸名將以討幽鎮，夫何足云者？而不能有尺寸功，則以中制舉動、建監軍而已。嗚呼！與亂同事欲無敗得乎？然則度不辭而當其任，何也？曰：天子委之，中外倚之，大臣之義，不以愛身而忘國事也。郭尚父相州之行，亦猶是耶！」

元稹怨裴度，欲解其兵柄，故勸上雪王庭湊而罷兵。以度爲司空、東都留守，平章事如故。諫官爭上言：「時未偃兵，度有將相全才，不可置之散地。」上乃命度入朝，然後赴東都。胡氏曰：「元微之以詩名，出白居易上。夫詩雖小技，豈無知識者所能爲也。託意於諷諫，則可以觀其事君、寓情於美刺，則可以觀其達政。若無知識，則其言背理傷道，雖有華藻，不能獨勝場，不爲人所賞重矣。王庭湊，逆乱之賊臣也。裴晉公，中興之元老也，崔潭峻、魏弘簡，刀鋸之賤人也。深結崔、魏，左右庭湊，而沮抑晉公，其所見如此，則其詩雖凌駕七子，而追攀四傑，亦何足貴歟！」

裴度至長安，見上，謝討賊無功。本傳云：「諫官叩延英，言不可罷度兵，摇衆心。帝不召，於是交章極論，未之省。會中人使幽、鎮還，言『軍中謂度在朝，而兩河諸侯忠者懷【八】，彊者畏。今居東，人人失望』。帝悟，詔度由太原朝京師。及陛見，始陳二賊畔涣，受命無功，并陳所以入覲意，感槩流涕。伏未起，謁者欲宣旨，帝遽曰：『朕當延英待卿。』始議者謂度無援奥，且久外，爲姦憸根抑，慮帝未能明其忠。及進見，辭切氣怡，卓然當天子意【九】。在位聞者皆竦，毅將貴臣至齎咨出涕。舊儀，閤中羣臣未退，宰相不奏事【一〇】，稱賀則謁者答。帝以度勳德，故待以殊禮。度之行，移克融、廷湊書，開説諄沓，傳以大誼，二人不敢桀，皆願罷兵。帝方憂深州圍，欲必出牛元翼，更使度騰書布旨。或曰：『賊知度失兵柄，必背約顧望。』帝釋然，乃拜度守司徒，領淮南節度使。」

昭義監軍劉承偕恃恩，凌轢節度使劉悟，又縱其下亂法。陰與磁州都將張汶謀縛悟送闕下【一一】，以汶代之。悟知之，諷其軍士作亂，殺汶。圍承偕，殺之。□府□□□□語劉悟，送劉承偕詣京師，悟託以軍情，不敢奉詔。上問度：「宜如何處置？」度對曰：「承偕在昭義，驕縱不法，臣盡知之。悟在行營與臣書，具論其事。時言中使趙弘亮在臣軍中，持悟書，云『欲自奏之』，不知嘗奏不？」上曰：「朕殊不知也。且悟大臣，何不自奏？」對曰：「悟武臣，不知事體。然今事狀籍籍如此，臣等面論，陛下猶不能決，況悟當日單辭，豈能動聖聽哉！」上曰：「前事勿論，直言此時如何處置？」對曰：「陛下必欲收天下心，止應下半紙詔書，具陳承偕驕縱之罪，令悟集將士斬之，則藩鎮之臣，孰不思爲陛下效死！非獨悟也。」上俛首良久，曰：「朕不惜承偕，然太后以爲養子，今茲囚縶，太后尚未知之，況殺之乎？卿更思其次。」度乃與王播等奏請：「流承偕於遠州，必得出。」

【八】而兩河諸侯　「而」原作「不」，據《新唐書》卷一百七十三改。

【九】卓然當天子意　「天」原作「王」，據《新唐書》卷一百七十三改。

【一〇】宰相不奏事　「不」原作「下」，據《新唐書》卷一百七十三改。

【一一】都將張汶　「汶」原作「問」，據《資治通鑑》卷二百四十二改。下同。

上從之。後月餘，悟乃釋承偕。言事者皆謂度不宜出外，制留度輔政。徐州王智興逐崔羣，諸軍盤互河北【一二】，進退未一。議者交口請相度，乃以本官平章事。權佞側目，謂李逢吉險賊善謀，可以構度，共諷席自襄陽召逢吉還，拜兵部尚書。

王庭湊之圍牛元翼也，和王傅于方欲以奇策干進，言於元稹，請「遣客間説賊黨，使出元翼。仍賂兵、吏部令史僞出告身二十通，令以便宜給賜。」稹皆然之，有李賞者，知其謀，乃告裴度，云方爲稹結客刺度，度隱而不發。賞詣左神策告其事，詔左僕射韓皋鞫之。事皆無驗。六月，度及元稹皆罷相，度爲右僕射，稹爲同州刺史。按：度以三月再相，在位財四閱月。諫官上言：「度無罪，不當免相。稹與于方爲邪謀，責之太輕。」上不得已，削稹長春宮使。本傳云：「度居位再閱月，果爲逢吉所間，罷爲左僕射。」

冬十一月，上與宦者擊毬於禁中，有宦者墜馬，上驚，因得風疾，自是人不聞上起居。宰相屢乞入見，不報。裴度疏請立太子，且請入見。十二月，上見羣臣於紫宸殿，人情稍安。李逢吉進言：「景王已長，請立爲太子。」裴度請速下詔，副天下望。上無言。既而兩省官亦繼有請立太子者。詔立景王湛爲皇太子，上疾浸瘳。本傳：帝暴風眩，中外不聞者凡三日。度數請到内殿，求立太子，翼日乃見帝，遂立景王爲嗣。

三年秋七月，以左僕射裴度爲司空、山南西道節度使，不兼平章事。李逢吉惡度，右補闕張又新等附逢吉，競流謗毀傷度，竟出之。本傳：「逢吉既代度相，思有以牙孽之，引李仲言等，内

【一二】諸軍盤互河北　「河」原作「何」，據《新唐書》卷一百七十三改。

結宦官，醜沮日聞云。」

四年春正月，上餌方士金石藥，疾復作，崩。敬宗即位。六月，上聞王庭湊屠牛元翼家，歎宰輔非才，使凶賊縱暴。翰林學士韋處厚因上疏言：「裴度勳高中夏，聲播外夷，若置之巖廊，委其參決，河北、山東必稟朝筭。管仲曰：『人離而聽之則愚，合而聽之則聖。』理亂之本，非有他術，順人則理，違人則亂。伏承陛下當食歎息，恨無蕭、曹，今有一裴度尚不能留，此馮唐所以謂漢文得廉頗、李牧不能用也。夫御宰相，當委之信之，親之禮之，於事不效，於國無勞，則置之散寮，黜之遠郡。如此，則在位者不敢不厲，將進者不敢苟求。臣與逢吉素無私嫌，嘗爲裴度無辜貶官。今之所陳，上答聖明，下達羣議耳。」上見度奏狀無平章事，以問處厚。處厚具言李逢吉排沮之狀。上曰：「何至是耶？」李程亦勸上加禮於度。丙申，加度同平章事。本傳：韋處厚上疏曰：「汲黯在朝，淮南寢謀；干木處魏，諸侯息兵。王霸之理，以一士止百萬之師，以一賢制千里之難。裴度元勳巨德，文武兼備，若位巖廊，委參決，必使戎虜畏威，幽鎮自臣云云。」

寶曆元年八月，昭義節度使劉悟薨。十一月，朝廷得悟遺表，議者多言上黨内鎮，與河朔異，不可許。左僕射李絳上疏，以爲：「兵機尚速，威斷貴定，人情未一，乃可伐謀。劉悟死已數月，朝廷尚未處分，中外人意，共惜事機。今昭義兵衆必不盡與從諫同謀，縱使其半叶同，尚有其半效順。從諫未嘗久典兵馬，威惠未加於人，又此道素貧，非時必無優賞。今朝廷但速除近澤潞一將充昭義節度使，令兼程赴鎮，從諫未及布置，新使已至潞州，所謂『先人奪人之心』也。新使既至，軍心自有所繫。從諫無位，何名主張，設使謀撓朝命，其將士必不肯從。今朝廷久無處分，彼軍不曉朝廷之意，欲效順則恐忽授從諫，欲同惡則恐別更除人，猶豫之間，若有姦人爲之畫策，虚張賞設錢數，軍士覬望，尤難指揮。伏望速賜裁斷，仍先下明敕，宣示軍衆，奬其從來忠節，賜新使繒五十萬匹，使之賞設；續除劉從諫一刺史。從諫既粗有所得，必且擇利而行，萬無違拒。設不從命，臣欲以爲不假攻討，何則？臣聞從諫已禁山東三州軍士不許自蓄兵刃，足明羣心殊未得一，帳下之事亦在不疑。熟計利害，決無即授從諫之理。」時李逢吉、王守澄計議已定，竟不用絳等謀。十二月，以從諫爲昭義留後。

李絳好直諫，李逢吉惡之。故事，僕射上日，宰相送之，百官立班，中丞列位於廷，尚書以下每月當牙。元和中，伊慎爲僕射，太常博士韋謙上言舊儀太重，削去之。御史中丞王播恃逢吉之勢，與絳相遇於塗，不之避。絳引故事上言：「僕射，國初爲正宰相，禮數至重。儻人才忝位，自宜別授賢良。若朝命守官，豈得有虧法制？乞下百官詳定。」議者多從絳議。上聽行舊儀。甲子，以絳有足疾，除太子少師、分司。言事者多稱裴度賢，不宜弃之藩鎮。上數遣使至興元勞問度，密示以還期。度因求入見，逢吉之黨大懼。

二年春，正月，裴度自興元入朝，李逢吉之黨百計毁之。先是民間謡云：「緋衣小兒坦其腹，天上有口被驅逐。」又長安城中有横亘六岡，如乾象，度宅偶居第五岡。張權輿上言：「度名應圖讖，宅占岡原，不召而來，其意可見。」上雖年少，悉察其誣謗，待度益厚。度初至京師，朝士填門，度留客飲。京兆尹劉栖楚附度耳語，侍御史崔咸舉觴罰度曰：「丞相不應許所由官呫囁耳語。」度笑而飲之，栖楚不自安，趍出。

二月，以度爲司空、同平章事。

度在中書，左右忽白失印，聞者失色，度飲酒自如。頃之，左右白復於故處得印，度不應。或問其故，度曰：「此必吏人盗之以印書券耳，急之則投諸水火，緩之則復還。」人服其識量。

上自即位以來，欲幸東都，宰相及朝臣諫者甚衆。上皆不聽，決意必行，已令度支員外郎盧貞按視，修東都宫闕及道中行宫。裴度從容言於上曰：「國家本設兩都以備巡幸，自多難以來，兹事遂廢。今宫闕、營壘、百司廨舍率已荒圮，陛下儻欲行幸，宜命有司歲月間徐加完葺，然後可往。」上曰：「從來言事者皆云不當往，如卿所言，不往亦可。」會朱克融、王庭湊皆請以兵匠助修東都。三月，敕以修東都煩擾，罷之。先是，朝廷遣中使賜朱克融時服，克融以爲踈惡，執留敕使。又奏「當道今歲將士春衣不足，乞度支給三十萬端匹」，又奏「欲將兵馬及丁匠五千助修宫闕」，上患之，以問宰相，欲遣重臣宣慰，仍索敕使。裴度對曰：「克融無禮已甚，殆將斃矣！譬如猛獸，自於山林中咆哮跳踉，久當自困，必不敢輒離巢穴。願陛下勿遣宣慰，亦勿索敕使，旬日之後，徐賜詔書云：『聞中官至彼，稍失去就。俟還，朕自有處分。時服，有司製造不謹，朕甚欲知之，已令區處。其將士春衣，從來非朝廷徵發，皆本道自備。朕不愛數十萬匹物，但素無此例，不可獨與范陽。』所稱助修宮闕，皆是虛語，若欲直挫其姦，宜云『丁匠宜速遣來，已令所在排比供擬』。彼得此詔，必蒼黃失圖。若且示含容，則云『修宮闕事在有司，不假丁匠遠來』。如是而已，不足勞聖慮也。」上悅，從之。

五月，幽州軍亂，殺朱克融，按：此果如裴度所料。軍中立其少子延嗣，主軍務。

帝縱弛，日晏坐朝。度諫曰：「比陛下月率六七臨朝，天下人知勤政，河朔賊臣皆聳畏。近開延英益稀，恐萬機奏稟，有所壅閼。夫頤養之道，當順適時候，則六氣平和，萬壽可保。道家法：春夏蚤起，取雞鳴時。秋冬晏起，取日出時。蓋在陽，勝之以陰；在陰，勝之以陽。今方居盛夏，謂宜詰旦數坐，廣加延問；漏及巳午，則炎赫可畏，聖躬勞矣。」帝嘉納【一三】，爲數視朝。

八月，朱延嗣既得幽州，虐用其人。都知兵馬使李載義殺延嗣，并屠其家。載義權知留後。冬十月，以李載義爲盧龍節度使。上遊戲無度，狎暱羣小。十二月辛丑，爲中官劉克明等所弑。克明等矯稱上旨，以絳王悟權勾當軍國事。克明欲易置內侍之執權者，於是樞密使王守澄、楊承和等定議【一四】，以衛兵迎江王涵入宮。發左右神策、飛龍兵進討

【一三】帝嘉納　「嘉」原作「加」，據《新唐書》卷一百七十三改。

【一四】楊承和　「承」原作「中」，據《資治通鑑》卷二百四十三改。

賊黨，盡斬之。絳王爲亂兵所害。本傳：帝崩，定策誅劉克明等，迎立江王。

時事起倉猝，守澄等以翰林學士韋處厚博通古今，一夕處置，皆與之共議。守澄等欲號令中外，而疑所以爲辭。處厚曰：「正名討罪，於義何嫌？安可依違，有所諱避！」又問：「江王當如何踐阼？」處厚曰：「詰朝，當以王教布告中外以已平内難。然後羣臣三表勸進，以太皇太后令册命即皇帝位。」當時皆從其言，時不暇復問有司，凡百儀法皆出於處厚，無不叶宜。癸卯，以裴度攝冢宰。百官謁見江王於紫宸外廡。乙巳，文宗即位。庚戌，以翰林學士韋處厚爲中書侍郎、同平章事。本傳：處厚事繼母以孝聞，親歿，廬墓終喪。中進士第，舉賢良方正異等，宰相裴垍引直史館。憲宗初，擢左補闕。禮部尚書李絳請間，言：「古帝王以納諫爲聖，拒諫爲昏。今不聞進規納忠，何以知天下事？」帝曰：「韋處厚、路隋數上疏，其言忠切，顧卿未知尔。」由是中外推其靖密。歷考功員外郎，坐與宰相韋貫之善，出開州刺史。以户部郎中入知制誥。穆宗立，爲翰林侍講學士。處厚以帝沖怠不向學，即與路隋合《易》、《詩》、《書》、《春秋》、《禮》、《孝經》、《論語》，掇其粹要，題爲《六經法言》二十篇上之，冀助省覽。帝称善，並賜金幣。再迁中書舍人。張平叔以言利幸於帝，建言官自鬻鹽，籠天下之財。宰相不能詰，下羣臣議【一五】，處厚發十難誚其迂謬，平叔愧縮，遂寢。敬宗初，李逢吉得柄，構李紳，逐爲端州司馬。其黨刘栖楚等欲致紳必死，建言當徙醜地。處厚上言：「逢吉黨與，以紳之斥猶有餘辜，人情危駭。《詩》云『萋兮斐兮，成是貝錦』。彼譖人者，亦已太甚』，『讒言罔極，交亂四國』，此古人疾讒之深也。孔子曰：『三年無改於父之道，可謂孝矣。』按紳先朝舊臣，就令有過，尚當祓瑕洗釁，成無改之美，況被讒乎！建中時，山東之亂興，宰相朋黨，楊炎爲元載復讎，盧杞爲劉晏償怨，兵連禍結，天下騷然。此陛下親所聞見，得不深念哉！」紳繇是免。逢吉怒，至寶曆三月赦書，不言左降官未量移

【一五】下羣臣議　「下」原作「辨」，據《新唐書》卷一百四十二改。

者，以沮紳内徙。處厚復奏：「逢吉緣紳一人，而使近歲流斥皆不蒙澤，非所以廣恩於天下。」帝悟，追改其條。進翰林承旨學士、兵部侍郎。方天子荒暗，月視朝才三四。處厚入見，即自陳有罪，願前死以謝。帝曰：「何哉？」對曰：「臣昔爲諫官，不能死爭，使先帝因畋與色而至不壽，於法應誅。然所以不死者，陛下在春宫，十有五矣。今皇子方襁褓，臣不敢避死亡之誅。」帝大感悟，賜錦綵以慰其意。王廷湊之亂，帝歎宰相不才，而使姦臣跋扈，處厚曰：「陛下有一裴度不能用，乃當饋而歎，恨無蕭、曹，此馮唐所以謂漢帝有頗、牧不能用也。」後禁中急變，文宗綏内難，猶豫未即下詔，處厚入，昌言曰：「《春秋》大義滅親，内惡必書，以明逆順，正名討罪，何所避諱哉？」遂奉教班諭。是夕，号令及他儀矩不暇責有司，一出處厚，无遺舊章者。進拜中書侍郎、平章事。堂史湯銶數招權納財賂，處厚笑曰：「此半滑涣也。」斥出之。

初，貞元時宰相齊抗奏罷州別駕及當爲別駕者引處之朝【一六】。元和後，兩河用兵，裨將立功得補東宫王府官，朱紫淆并，授受不綱。處厚乃置六雄、十望、十緊等州，悉補別駕，由是流品澄別。

帝雖自力機政，然驟信輕改，揺於浮論。處厚嘗獨對曰：「陛下不以臣不肖，使待罪宰相，凡所奏可，中輒變易。自上心出邪，乃示臣不信；得於横議邪，即臣何名執政？且裴度元勛舊德，輔四朝，實易直長厚忠實，經事先帝，陛下所宜親重委信之。臣乃陛下自擢，今言不見納，宜先罷。」即趨下頓首，帝矍然曰：「何至是？卿之忠力，朕自知之，安可遽辭以重吾不德？」處厚趨出，帝復召問所欲言，乃對：「近君子，遠小人，始可爲治。」諄復數百言。又言：「裴度忠，可久任。」帝嘉納之。自是無復横議者。胡氏論曰：「人之性無不善，而材有愚明、柔强之異，知學以反之，則無陷于一偏之失矣。文宗恭儉寬勤，其質甚美，年十有八，正講明

【一六】當爲別駕者　「當」原作「賞」，據《新唐書》卷一百四十二改。

道義、增益智慮之時。裴、韋二公，宜敷求名儒，寘之左右，使得以二帝三王正心修身之學，輔導啓沃。既博學之，又審問之，又慎思之，又明辨之，知義理之正，忠邪之别，是非可否之處，先後緩急之序。然後勉以有爲，則雖愚必明，雖柔必强矣。植木而不培其根，浚水而不自其源，乃欲責效於章疏，望治於頰舌，不亦遠乎！或曰此伊尹、周公之所能，自孟子後，聖學不傳，安得真儒而收正君之效耶？曰道未嘗亡也，於人心者，固在士而有當世之志，必以孔、孟爲師，學之爲王者事也。世無明主，真儒、猶得以善世之道私淑諸人而傳之復，無真儒則天下貿貿然莫知所適。卑識淺論，謀王斷國，而其成就不足云。此君子所以以任道爲重也。」

時李同捷叛，滄景節度使。詔諸軍進討。魏博史憲誠懷向背，裴度待以不疑。憲誠遣吏白事中書，處厚召語曰：「晉公以百口保爾帥於天子，我則不然，正須所爲，以邦法從事耳。」憲誠懼，不敢貳，卒有功。李載義盧龍。數破滄、鎮兵，皆刳剔以獻，處厚戒之，前後完活數百千人。太和二年，自元和之末，宦官益横，建置天子在其掌握，威權出人主之右，人莫敢言。春三月，上親策制舉人，賢良方正劉蕡對策，極言其禍，考官馮宿等見之皆歎服，而畏宦官，不敢取。詔下，物論囂然稱屈。諫官、御史欲論奏，執政抑之。蕡由是不得仕於朝，終於使府御史。時執政裴與韋也，亦畏宦官而不敢用蕡，何也？

十二月，韋處厚薨，贈司空。處厚姿狀如甚懦者，居家亦循易，至廷爭，嶷然不可回奪。百僚謁事，畏惕未嘗敢及以私。惟擇官材【一七】，往往棄瑕録善，時亦譏其太廣。

是月，以翰林學士路隋爲中書待郎、同平章事。本傳：父泌，以策説渾瑊，召置幕府。從瑊會盟平涼，爲虜所執，死焉。時隋方嬰孺，以恩授八品官。逮長，知父執虜中，日夜號泣，坐必西嚮，不食肉。母告以貌類泌者，

【一七】惟擇官材　「材」原脱，據《新唐書》卷一百四十二補。

終身不引鏡。貞元末，吐蕃請和，隋三上疏宜許，不報。舉明經，授潤州參軍事。元和中，吐蕃款塞，隋五上疏請修好，冀得泌還。詔可。遣祠部郎中徐復報聘，而泌以喪至，帝愍惻。服除，擢隋左補闕、史館修撰，以鯁亮稱。穆宗立，與韋處厚竝擢侍講學士，再遷中書舍人、翰林學士。每除制出，以金幣來謝者，隋卻之曰：「公事而當私貺邪？」文宗嗣位，平章事。

三年冬十月，路隋言於上曰：「宰相任重，不宜兼金穀瑣碎之務。」上以爲然，於是裴度辭度支，上許之。是年八月，以李宗閔平章事。裴度薦李德裕，而宗閔有宦者之助，故爲相。

四年正月，李宗閔引牛僧孺平章事。二月，山南西道節度使李絳爲亂兵所害，册贈司空，謚曰貞。絳所論事萬餘言。

裴度以年高多疾，懇辭機政。六月，以度爲司徒、平章軍國重事，須疾已，三五日一入中書。初，裴度征淮西，奏李宗閔爲觀察判官，由是漸獲登用。至是，怨度薦李德裕，因其謝病。九月，以度兼侍中，充山南東道節度使。本傳云：度自見功高位極，不能無慮，稍詭跡避禍。於是牛僧孺、李宗閔同輔政，媢度勳業久居上，欲有所逞，乃共訾其跡損短之，云云。

八年，徙東都留守，俄加中書令。李訓之禍，宦官肆威以逞，凡訓、注宗婭賓客悉收逮，訊報苛慘。度上疏申理，全活數十姓。武德縣主藏史盜錢亡命，捕不得。河陽節度使温造獄其令王賞責負，繫三年，母死弗許喪。度爲帝言之，賞得釋。時閹豎擅威，天子擁虚器，搢紳道喪，度不復有經濟意，乃治第東都集賢里，沼石林叢，岑繚幽勝。午橋作別野，具燠館涼臺，號「緑野堂」，激波其下。度野服蕭散，與白居易、劉禹錫爲文章、把酒，窮晝夜相歡，不問人間事。而帝知度年雖及，神明不衰，每大臣自洛來，必問度安否。

開成二年，復以本官節度河東。度牢辭老疾，帝命吏部郎中盧弘宣諭，意曰：「爲朕卧護北門可也。」乃之鎮。易定節度使張璠卒，軍中將立其子元益。度遣曉譬禍福，元益懼，束身而歸朝。

三年十一月，河東節度使、司徒、中書令裴度以疾求歸東都。十二月，詔度入知政事，遣中使敦諭上道【一八】。

四年，閏正月，裴度至京師，以疾歸第，不能入見。三月薨，謚文忠。上怪度無遺表，問其家，得半藁，以儲嗣未定爲憂，言不及私。度身貌不踰中人，而威望遠達四夷。四夷見唐使，輒問度老少用捨。以身繫國家輕重如郭子儀者，二十餘年。會昌元年，加贈太師。大中初，詔配享憲宗廟庭。本傳云：「度退然纔中人，而神觀邁爽，操守堅正，善占對。既有功，名震四夷。使外國者，其君長必問度年幾、狀貌孰似、天子用否。其威譽德業比郭汾陽，而用不用常爲天下重輕。事四朝，以全德始終。及歿，天下思其風烈。葬管城，至今廟食。」

史臣贊曰：「杜黄裳善謀，裴垍能持法，李藩骾挺，韋貫之忠實，皆足穆天綍，經國體。憲宗中興，寧不謂得人而致然耶！」武元衡、李吉甫、李絳無專贊。又曰：「憲宗討蔡，出入四年。元濟外連姦臣，刺宰相及用事者，沮駭朝謀。惟天子赫然排羣議，任度政事，倚以討賊。身督戰，遂平淮西。非度破賊之難，任度之爲難也。韓愈頌其功曰：『凡此蔡功，

【一八】遣中使　「遣」字原脱，據《資治通鑑》卷二百四十六補。

惟斷乃成。』其知言哉！穆宗不君【一九】，憸人腐夫乘釁鐫詆，而度遂無顯功。非前智後愚，用不用勢當然矣。前史稱度晚節頗沈浮，爲自安計，是不然。《大雅》曰：『既明且哲，以保其身。』度何訿云。」又曰：「處厚事穆、敬、文三宗，主皆弗類，而一納以忠，寧不謂以堯事君者邪！」崔羣無專贊。愚按：憲宗初受羣臣朝，即奮然有汛掃宇内之志。首得杜黄裳，付之以政。武元衡、李吉甫繼之，裴垍、李絳又繼之，而終之以裴度，此五人皆有戡難應變之材【二〇】，故能翦夷僭叛，使威令赫然復張。杜居二年，武、李皆再入，武前後合四年，李五年，垍三年，絳四年，度五年，雖皆不久其位，而功烈則卓然矣。今以四事考之，黄裳犯貨賄之譏，則正己有所不逮。吉甫被佞諛之目，則正君有所未足。然其謀議策畫，皆有可紀。黄裳平定蜀夏，爲中興元功之首。吉甫始議鎮海，後議淮蔡，卒無不酬。又朞歲間，更易三十六鎮，以去藩方割據之横，其功甚偉。至議魏博事，則必欲用兵。議徙城天德，未免蹙地之失，則吉甫之於謀國，未能無可憾者。若黄裳之舉高崇文，殆與鄴侯知信不異。吉甫始薦裴垍，繼引元衡，固非專己蔽賢者，至其以私意罷垍，又黜李藩，前日之美遂不克終。況以直言，而排牛僧孺等，以覩望宦者，而擢元義方，其於用人，又不無可憾者焉。然則就五相而論之，吉甫之爲人，瑕瑜殆不相掩，故史氏躓其謀謩，而不以正直許之。求其四者之稍備，其惟垍、絳與度乎！蓋三人者，以正律己，以直事君，其大節略同。而垍於憲宗之問，首以正心爲言，尤所謂知本者。垍論王承宗之未可遽討，策盧從史之可以計取，絳謂鎮、蔡之不可并伐，謂魏博之不必用兵，度於蔡、鄆之役幾無遺筭，蓋皆長於謀國者。垍因吉甫之問，疏名七三十餘以授之，一時收用略盡。及當國，顓以忠鯁取人，其所汲引，後多爲名輔弼。垍於知人，最爲諸相之冠。度知李光顔之必能成功，知李德裕之可以相，亦垍之亞也。然三人孜孜奉國，卒不免爲姦邪所擠者，蓋格心之業，非大人不能，而遇主于巷、納約自牖，皆人臣至難之事，故必伊尹而後能使大甲之從義，必周公而後能去成王之疑心。憲宗天資多欲而易盈，三人者盡言救過則有之，而引君當道，使志於仁則未也。然當垍、絳之時，帝方鋭意興復，猶有所畏而不敢肆。及

【一九】穆宗不君　「宗」原作「敬」，據《新唐書》卷一百七十三改。

【二〇】此五人　「此」原作「北」，據上下文意改。

淮、蔡既平，志氣驕溢，侈縱遂生，度雖苦口力爭，已無救於敗矣。然則晉公之識慮，其猶在范文子之後乎？故《大學》之序，必致知，必誠意，必正心、脩身，而後推之於家、國、天下，未有不繇此，而能致君堯、舜者也。裴、李諸賢，亦槩嘗有聞矣，然講之不精，語之不詳，故無以格其非心，而卒致後日之禍，其亦可惜也夫！若李藩，若韋貫之，若崔羣，材雖不逮五人，然皆忠誠亮直，其於中興之功，蓋有助焉。處厚當敬、文之世，能區區左右晉公以有爲，亦一時賢相，故得附此。

# 乙下之二十二

開成五年，正月文宗崩，武宗即位。秋八月，召淮南節度使李德裕入朝。九月，至京師，以爲門下侍郎、同平章事。德裕入謝，言於上曰：「致理之要，在於辨羣臣之邪正。夫邪正二者，勢不相容，正人指邪人爲邪，邪人亦指正人爲邪，人主辨之甚難。臣以爲正人如松柏，特立不倚；邪人如藤蘿，非附它物不能自起。故正人一心事君，而邪人競爲朋黨。先帝深知朋黨之患，然所用卒皆朋黨之人，良由執心不定，故奸邪得乘間而入也。夫宰相不能人人忠良，或爲欺罔，主心始疑，於是旁詢小臣以察執政。如德宗末年，所聽任者惟裴延齡輩，宰相署敕而已，此政事所以日亂也。陛下誠能慎擇賢才以爲宰相，有奸罔者立黜去之，常令政事皆出中書，推心委任，堅定不移，則天下何憂不理哉？」又曰：「先帝於大臣好爲形迹，小過皆含容不言，日累月積，以至禍敗。玆事大誤，願陛下以爲戒！臣等有罪，陛下當面詰之。事苟無實，得以辨明；若其有實，辭理自窮。小過則容其悛改，大罪則加之誅譴，如此，君臣之際無疑間矣。」上嘉納之。本傳云：又言：「開元初，輔相率三考輒去，雖姚崇、宋璟不能逾。至李林甫秉權乃十九年，遂及禍敗。是知亟進罷宰相，使政在中書，誠治本也。」初，德裕在淮南，敕召監軍楊欽義，人皆言必知樞密，德裕待之無加禮，欽義心銜之。一旦，獨延欽義，置酒中堂，情禮極厚；陳珍玩數牀，罷酒，皆以贈之，欽義大喜過望。行至汴州，敕復還淮南，欽義盡以所餉歸之。德裕曰：「此何直！」卒以與之。其後欽義竟知樞密，德裕柄用，欽義頗有力焉。

本傳：德裕，元和宰相吉甫子也。少力于學，既冠，卓犖有大節。不喜與諸生試有司，以蔭補校書郎，召拜監察御史。穆宗即位，擢翰林學士。帝爲太子時，已聞吉甫名，由是顧德裕厚，凡號令大典册，皆更其手。帝怠荒于政，故戚里多所請丐，挾宦人詗禁中語，關託大臣。德裕建言：「舊制，駙馬都尉與要官禁不往來。開元中，訶督尤切，今乃公至宰相及大臣私第。是等無他材，直洩漏禁密，交通中外耳。請白事宰相者，聽至中書，無輒詣第。」帝然之。再進中書舍人。未幾，授御史中丞。始，吉甫相憲宗，牛僧孺、李宗閔對直言策，痛詆當路，條失政。吉甫訴於帝，且泣，有司皆得罪，遂與爲怨。吉甫又爲帝謀討兩河叛將，李逢吉沮解其言，功未既而吉甫卒，裴度實繼之。逢吉以議不合罷去，故追銜吉甫而怨度，擯德裕不得進。至是，間帝暗庸，訹度使與元稹相怨，奪其宰相而己代之。欲引僧孺益樹黨，乃出德裕爲浙西觀察使。俄而僧孺入相，由是牛、李之憾結矣。初，潤州承王國清亂，竇易直傾府庫賚軍，貲用空殫，而下益驕。德裕自檢約，以留州財贍兵，雖儉而均，故士無怨。再期，則賦物儲牣。南方信機巫，雖父母癘疾，子棄不敢養。德裕擇長老可語者，諭以孝慈大倫，患難相收不可棄之義，使歸相曉敕，違約者顯寘以法。數年，惡俗大變。又按屬州非經祠者，毀千餘所，撤私邑山房千四百舍，寇無所廋蔽。天子下詔褒揚。

敬宗立，侈用無度，詔浙西上脂盝粧具，德裕奏：「比年旱災，物力未完。乃三月壬子赦令，『常貢之外，悉罷進獻』。此陛下恐聚斂之吏緣以成姦，彫寠之人不勝其敝也。本道素號富饒，更李錡、薛苹皆榷酒於民，供有羡財。元和詔書停榷酤，又赦令禁諸州羡餘毋送使。今存者惟留使錢五十萬緡，率歲經費常少十三萬，軍用褊急。今所須脂盝粧具，度用銀二萬三千兩，金百三十兩，物非土産，雖力營索，尚恐不逮。願詔宰相議，何以俾臣不違詔旨，不乏軍興，不疲人，不斂怨，則前敕後詔，咸可遵承。」不報。方是時，罷進獻不閱月，而求貢使者足相接于道，故德裕推一以諷它。又詔索盤條繚綾千匹，復奏言：「太宗時，使至涼州，見名鷹，諷李大亮獻之，大亮諫止，賜詔嘉歎。玄宗時，使者抵江南捕鵁鶄、翠鳥，汴州刺史倪若水言之，即見褒納。皇甫詢織半臂、造琵琶捍撥、鏤牙箱於益州，蘇頲不奉詔，帝不加罪。夫鵁鶄、鏤牙，微物也。二三臣尚以勞人損德爲言，豈二祖有臣如此，今獨無之？蓋有位者蔽而不聞，非陛下拒不納也。且立鵝天馬，盤絛掬豹，文彩怪麗，惟乘輿當御。今廣用千匹，臣所未諭。昔漢文身衣弋綈，元帝罷輕纖服，故仁德慈儉，至今稱之。願陛下師二祖容納，遠思漢家恭約，裁賜節減，則海隅蒼生畢受賜矣。」優詔爲停。自元和後，天下禁毋私度僧。徐州王智興紿言天子誕月，請築壇度人以資福，詔可。即顯募江淮間，民皆曹輩奔走，因牟擷其財以自入。德裕劾奏：「智興爲壇泗州，募願度者，人輸錢二千，則不復勘詰，普加髡落。自淮而右，户三丁男，必一男髡髮，規避徭賦，所度無筭。臣閱度江者日數百，蘇、常齊民十固八九，若不加禁遏，則前至誕月，江淮失丁男六十萬，不爲細變。」有詔徐州禁止。時帝昏荒，數游幸，狎比羣小，聽朝簡忽。德裕上《丹扆六箴》，表言：「『心乎愛矣，遐不謂矣』，此古之賢人篤於事君者也。夫迹疏而言親者危，地遠而意忠者忤。臣竊惟念拔自先聖，偏荷寵私，不能竭忠，是負靈鑒。臣在先朝，嘗獻《大明賦》以諷，頗蒙嘉採。今日盡節明主，亦由是也。」其一曰《宵衣》，諷視朝希晚也；二曰《正服》，諷服御非法也；三曰《罷獻》，諷斂求怪珍也；四曰《納誨》，諷侮棄忠言也；五曰《辨邪》，諷任羣小也；六曰《防微》，諷僞游輕出也。辭皆明直婉切。帝雖不能用其言，猶敕韋處厚諄諄作詔，厚謝其意。然爲逢吉排笮，訖不內徙。時亳州浮屠詭言水可愈疾，號曰「聖水」，轉相流聞，南方之人率十户僦一人使往汲。既行若飲，病者不敢近葷血，危老之人率多死。而水斗三十千，取者益它汲，轉鬻於道，互相欺訹，往者日數十百人。德裕嚴勒津邏捕絶之，且言：「昔吴有聖水，宋、齊有聖火，皆本妖祥，古人所禁。請下觀察使令狐楚填塞，以絶妄源。」從之。上方惑佛、老，禱福祈年，浮屠方士並出入禁中。狂人杜景先上言，其友周息元壽數百歲，帝遣宦者至浙西迎之，詔在所馳馹敦遣。德裕上疏曰：「道之高者，莫若廣成、玄元；人之聖者，莫若軒轅、孔子。昔軒轅問廣成子治身之要，曰：『無視無聽，抱神以靜，形將自正。無勞子形，無摇子精，乃可長生。慎守其一，以處其和。故我脩身千二百歲矣，形未嘗衰。』又曰：『得吾道者上爲皇，下爲王。』玄元語孔子曰：『去子之驕氣與多欲、態色與淫志，是皆無益於子之身。』陛下脩軒后之術，物色異人，若使廣成、玄元混迹而至，告陛下之言，亦無出於此。臣慮今所得者，皆迂怪之士，使物淖冰，以小術欺聰明，如文成、五利者也。又前世天子雖好方士，未有御其藥者。故漢人稱黄金可成，以爲飲食器則壽。高宗時劉道合、玄宗時孫甑生皆能作黄金，二祖不之服，豈非以宗廟爲重乎？儻必致真隱，願止師保和之術，慎毋及藥，則九廟尉悦矣。」息元果誕譎不情，自言與張果、葉静能游，帝詔畫工肖狀爲圖以觀之，終帝世無它驗。文宗即位，乃逐之。大和三年，召拜兵部侍郎。裴度薦材堪宰相，而李宗閔以中人助，先秉政，且得君，出德裕爲郑滑節度使，引僧孺協力，罷度政事。二怨相濟，凡德裕所善悉逐之。於是二人權震天下，黨人牢不可破矣。踰年，徙劍南西川。蜀自南詔入寇，敗杜元穎，而郭釗代之，病不能事，民失職，無聊生。德裕至，則完殘奮怯，皆有條次。成都既南失姚、協，西亡維、松，由清溪下沬水而左，盡爲蛮有。始，韋皋招來南詔，復巂州，傾内資結蛮好，示以戰陣文法。德裕以皋啓戎資盗，其策非是，養成癰疽，第未決耳。至元穎時，遇隙而發，故長驅深入，蹂剔千里，蕩無孑遺。今瘢夷尚新，非痛矯革，不能刷一方恥。乃建籌邊樓，按南道山川險要與蛮相入者圖之左，西道與吐蕃接者圖之右。其部落衆寡，饋餫遠邇，曲折咸具。乃召習邊事者與之指畫商訂，凡虜之情僞盡知之。又料擇伏瘴舊獠與州兵之任戰者，廢遣獰耄什三四，士無敢怨。又請甲人於安定，弓人河中，弩人浙西。繇是蜀之器械皆犀鋭。率户二百取一人，使習戰，貸勿事，緩則農，急則戰，謂之「雄邊子弟」。其精兵曰南燕保義、保惠、兩河慕義、左右連弩；騎士曰飛星、鷙擊、奇鋒、流電、霆聲、突騎。總十一軍。築仗義城，以制大度、青溪關之阻；作禦侮城，以控榮經犄角勢；作柔遠城，以阨西山吐蕃；復邛崍關，徙巂州治臺登，以奪蛮險。舊制，歲杪運内粟贍黎、巂州，起嘉、眉，道陽山江，而達大度，乃分餉諸戍。常以盛夏至，地苦瘴毒，輦夫多死。德裕命轉邛、雅粟，以十月爲漕始，先夏而至，以佐陽山之運，饋者不涉炎月，遠民乃安。蜀人多鬻女爲人妾，德裕爲著科約：凡十三而上，執三年勞；下者，五歲；及期則歸之父母。毁屬下浮屠私廬數千，以地予農。蜀先主祠旁有猱村，其民剔髮若浮屠者，畜妻子自如，德裕下令禁止。蜀風大變。於是二邊寖懼，南詔請還所俘掠四千人，吐蕃維州將悉怛謀以城降。維距成都四百里，因山爲固，東北繇索叢嶺而下二百里，地無險，走長川不三千里，直吐蕃之牙，異時戍之，以制虜入者也。德裕既得之，即發兵以守，且陳出師之利。僧孺居中沮其功，命返悉怛謀於虜，以信所盟，德裕終身以爲恨。會監軍使王踐言入朝，盛言悉怛謀死，拒遠人向化意。帝亦悔之，即以兵部尚書召，俄拜中書門下平章事。故事，丞郎詣宰相，須少間乃敢通，郎官非公事不敢謁。李宗閔時，往往通賓客。李聽爲太子太傅，招所善載酒集宗閔閣，酣醉乃去。至德裕，則喻御史：「有以事見宰相，必先白臺乃聽。凡罷朝，繇龍尾道趍出。」遂無輒至閣者。又罷京兆築沙隄、兩街上朝衛兵。嘗建言：「朝廷惟邪正二途，正必去邪，邪必害正。然其辭皆若可聽，願審所取舍。不然，二者並進，雖聖賢經營，無繇成功。」俄而宗閔罷，德裕代爲中書侍郎、集賢殿大學士。始，二省符江淮大賈，使主堂廚食利，因是挾貲行天下，所至州鎮爲右客，富人倚以自高。德裕一切罷之。後帝暴感風，害語言。郑注始因王守澄以藥進，帝少間，又薦李訓使待詔，帝欲授諫官，德裕曰：「昔諸葛亮有言：『親賢臣，遠小人，先漢所以興隆也；親小人，遠賢士，後漢所以傾頽也。』今訓小人，頃咎惡暴天下，不宜引致左右。」帝曰：「人誰無過，當容其改。且逢吉嘗言之。」對曰：「聖賢則有改過，若訓天資姦邪，尚何能解？逢吉位宰相，而顧愛兇回，以累陛下，亦罪人也。」帝語王涯別與官，德裕搖手止涯，帝適見，不懌，訓、注皆怨，即復召宗閔輔政，拜德裕爲興元節度使。入見帝，自陳願留闕下，復拜兵部尚書，宗閔奏：「命已行，不可止。」更徙鎮海軍以代王璠。先是太和中，漳王養母杜仲陽歸浙西，有詔在所存問。時德裕被召，乃檄留後使如詔書。璠入爲尚書左丞，而漳王以罪廢死，因與户部侍郎李漢共譖德裕嘗賂仲陽導王爲不軌。帝惑其言，召王涯、李固言、路隋質之，注、璠、漢三人者語益堅，獨隋言：「德裕大臣，不宜有此。」讒焰少衰。遂貶德裕爲太子賓客，分司東都。復貶袁州長史，隋亦免宰相。未幾，宗閔以罪斥，而注、訓等亂敗。帝追悟德裕以誣搆逐，乃徙滁州刺史。又以太子賓客分司東都。開成初，帝從容語宰相：「朝廷豈有遺事乎？」衆進以宋申錫對。帝俛首涕數行下，曰：「當此時，兄弟不相保，况申錫邪？有司爲我褒显（之）【二】。」

「……懼，得以爲辭。德宗後悔，録其子孫。文宗疑宋申錫交通藩邸，竄謫至死；

【一】此後有缺頁。

既而追悔，爲之出涕。嗣復、珏等若有罪惡，乞更加重貶；必不可容，亦當先行訊鞫，俟罪狀著白，誅之未晚。今不謀於臣等，遽遣使誅之，人情莫不震駭。願開延英賜對！」至晡時，開延英，召德裕等入。德裕等泣涕極言：「陛下宜重慎此舉，毋致後悔！」上曰：「朕不悔。」三命之坐，德裕等曰：「臣等願陛下免二人於死，勿使既死而衆以爲冤。今未奉聖旨，臣等不敢坐。」久之，上乃曰：「特爲卿等釋之。」德裕等躍下階舞蹈。上召升坐，歎曰：「朕纘嗣之際，宰相何嘗比數！李珏、季稜志在陳王，嗣復、弘逸志在安王。陳王猶是文宗遺意，安王則專附楊妃。嗣復仍與妃書云：『姑何不效則天臨朝！』鄉使安王得志，朕那復有今日？」德裕等曰：「兹事曖昧，虚實難辨。」上曰：「楊妃嘗有疾，文宗聽其弟玄思入侍月餘，以此得通意指。朕細詢内人，情狀皎然，非虚也。」遂追還二使，更貶嗣復爲潮州刺史，李珏爲昭州刺史，裴夷直爲驩州司户。

時帝數出畋游，暮夜乃還。德裕上言：「人君動法於日，故出而視朝，入而燕息。《傳》曰：『君就房有常節。』惟深察古誼，毋繼以夜。側聞五星失度，恐天以是勤勤儆戒。《詩》曰：『敬天之渝，不敢馳驅。』願節畋游，承天意。」

夏六月，上命道士趙歸真等於三殿建九天道場。右拾遺王哲上疏切諫，坐貶河南府法曹。按：武宗初即位，已溺於道家之教。德裕略無一言，何耶？

天德軍使田牟、監軍韋仲平欲擊回鶻以求功，奏稱：「回鶻叛將嗢没斯等侵逼塞下，吐谷渾、沙陀、党項皆世與爲仇，請自出兵驅逐。」上命朝臣議之，議者皆以爲嗢没斯等叛可汗而來，不可受，宜如牟等所請，擊之便。上以問宰相，李德裕以爲：「窮鳥入懷，猶當活之。況回鶻屢建大功，今爲鄰國所破，部落離散，窮無所歸，遠依天子，無秋毫犯塞，奈何乘其困而擊之！宜遣使者鎮撫，運糧食以賜之，此漢宣帝所以服呼韓邪也。」陳夷行曰：「此所謂借寇兵、資盜糧也，不如擊之。」德裕曰：「彼吐谷渾等各有部落，見利則鋭敏爭進，不利則鳥驚魚散，各走巢穴，安肯爲國家用！今天德城兵纔千餘，若戰不利，城陷必矣。不若以恩義撫而安之，必不爲患。縱使侵暴邊境，亦須俟徵諸道大兵討之，豈可獨使天德擊之乎！」時詔以鴻臚卿張賈爲巡邊使，使察回鶻情僞，未還。上問德裕曰：「嗢没斯等請降，可保信乎？」對曰：「朝中之人，臣不敢保，況敢保數千里外戎狄之心乎！然謂之叛將，則恐不可。若可汗在國，嗢没斯等帥衆而來，則於體固不可受。今聞其國敗亂無主，將相逃散，或奔吐蕃，或奔葛邏禄，惟此一支遠依大國。觀其表辭，危迫懇切，豈可謂之叛將乎！況嗢没斯等自去年九月至天德，今年二月始立烏介，自無君臣之分。願且詔河東、振武嚴兵保境以備之，俟其攻犯城鎮，然後以武力驅除。或於吐谷渾等部中小有抄掠，聽自讎報，亦未可助以官軍。仍詔田牟、仲平毋得邀功生事，常令不失大信，懷柔得宜，彼雖戎狄，必知感恩。」詔田牟約勒將士及雜虜，毋得先犯回鶻。九月，詔河東、振武嚴兵以備之。

盧龍軍亂，殺節度使史元忠，推牙將陳行泰主留務。

李德裕請遣使慰撫回鶻，且運糧三萬斛以賜之，上以爲疑。閏月，開延英，召宰相議之。陳夷行於候對之所，屢言資盜糧不可。德裕曰：「今徵兵未集，天德孤危。儻不以此糧啗飢虜，且使安靜，萬一天德陷没，咎將誰歸！」夷行至上前，遂不敢言。上乃許以穀二萬斛賑之。

以前山南東道節度使、同平章事牛僧孺爲太子太師。先是漢水溢，壞襄州民居，故李德裕以爲僧孺罪而廢之。按：水溢壞民居，非所以責節度也。而德裕藉此以修怨，可乎？

盧龍軍復亂，殺陳行泰，立牙將張絳。

初，陳行泰逐史元忠，遣監軍傔以軍中大將表來求節鉞。李德裕曰：「河朔事勢，臣所熟諳。比來朝廷遣使賜詔常太速，故軍情遂固，若置之數月不問，必自生變。今請留監軍傔，勿遣使以觀之。」既而軍中果殺行泰，立張絳，復求節鉞，朝廷亦不問。會雄武軍使張仲武起兵擊絳，且遣軍吏吳仲舒奉表詣京師，稱絳慘虐，請以本軍討之。冬，十月，仲舒至京師，詔宰相問狀，仲舒言：「行泰、絳皆遊客，故人心不附。仲武幽州舊將，性忠義，通《書》，習戎事，人心向之。曏者張絳初殺行泰，召仲武，欲以留務讓之，牙中一二百人不可；仲武行至，絳復却之。今計仲武纔發雄武，軍中已逐絳矣。」李德裕問：「雄武士卒幾何？」對曰：「軍士八百，外有土團五百人。」德裕曰：「兵少，何以立功？」對曰：

「在得人心。苟人心不從，兵三萬何益？」德裕又問：「萬一不克，如何？」對曰：「幽州糧食皆在嬀州及北邊七鎮，萬一未能入，則據居庸關，絶其糧道，幽州自困矣。」德裕奏：「行泰、絳皆使大將上表，脅朝廷，邀節鉞，故不可與。今仲武先自表請發兵爲朝廷討亂，與之則似有名。」乃以仲武知盧龍留後。仲武尋克幽州。

十一月，李德裕上言：「今回鶻破亡，太和公主未知所在。若不遣使訪問，則戎狄必謂國家降主虜庭，本非愛惜，既負公主，又傷虜情。請遣通事舍人苗縝齎詔詣嗢没斯，令轉達公主，兼可卜嗢没斯逆順之情。」從之。

初，黠戛斯既破回鶻，得太和公主，自謂李陵之後，與唐同姓，遣達干十人奉公主歸之於唐。回鶻烏介可汗引兵邀擊達干，盡殺之，質公主，南度磧，屯天德軍境上。公主遣使上表，言可汗已立，求册命。烏介又使其相頡干伽斯等上表，借振武一城以居公主、可汗。十二月，制遣右金吾大將軍王會等慰問回鶻，仍賑米二萬斛。又賜烏介可汗敕書，諭以「宜帥部衆漸復舊疆，漂寓塞垣，殊非良計。」又云：「欲借振武一城，前代未有此比。或欲别遷善地，求大國聲援，亦須且於漠南駐止。朕當許公主入覲，親問事宜。儻須應接，必無所吝。」

二年春正月，以張仲武爲盧龍節度使。朝廷以回鶻屯天德、振武北境，以兵部郎中李拭爲巡邊使，察將帥能否。

二月，李紳相。河東節度使苻澈修杷頭峰舊戍以備回鶻。李德裕奏請增兵鎮守，及脩東、中二受降城，以壯天德形勢，從之。

右散騎常侍柳公權素與李德裕善，崔珙奏爲集賢學士、判院事。德裕以恩非己出，因事左遷爲太子詹事。胡氏曰：「薦進賢能，協濟事功，所以爲国，於我何有哉！而李德裕必欲恩自我出，此非宰相之公術也。夫政事除拜，中書當謹守，而閉私邪之門；引援招延，宰相當首公，而避交私之路。善爲相者，曰『恩欲歸己，怨使誰當』，世以爲名言。」

回鶻復奏求糧，及尋勘吐谷渾、党項所掠，又借振武城；詔遣内使楊觀賜可汗書，諭以城不可借，餘當應接處置。三月，戊申，李拭巡邊還，稱振武節度使劉沔有威略，可任大事。時河東節度使苻澈疾病，庚申，以沔代之；以金吾上將軍李忠順爲振武節度使。遣將作少監苗縝册命烏介可汗，使徐行，駐於河東，俟可汗位定，然後進。既而可汗屢侵擾邊境，縝竟不行。

回鶻嗢没斯以赤心桀黠難知，先告田牟云，赤心謀犯塞。乃誘赤心并僕固殺之，那頡啜收赤心之衆七千帳東走。河東奏：「回鶻兵至横水，殺掠兵民，今退屯釋迦泊東。」李德裕上言：「釋迦泊西距可汗帳三百里，未知此兵爲那頡所部，爲可汗遣來。宜且指此兵云不受可汗指揮，擅掠邊鄙。密詔劉沔、仲武先經略此兵，如可以討逐，事亦有名。摧此一支，可汗必自知懼。」

夏，四月，天德都防禦使田牟奏：「回鶻侵擾不已，不俟朝旨，已出兵三千拒之。」壬午，李德裕奏：「田牟殊不知兵，戎狄長於野戰，短於攻城。牟但應堅守以待諸道兵集，今全軍出戰，萬一失利，城中空虚，何以自固？望亟遣中使止之。如已交鋒，即詔雲、朔、天德以來羌、渾各出兵奮擊回鶻，凡所虜獲，並令自取。回鶻羈旅二年，糧食乏絶，人心易動。宜詔田牟招誘降者，給糧轉致太原，不可留於天德。嗢没斯誠僞雖未可知，然要早加官賞。縱使不誠，亦足爲反間。且欲獎其忠義，爲討伐之名，令遠近諸蕃知但責可汗犯順，非欲盡滅回鶻。石雄善戰無敵，請以爲天德都團練副使，佐田牟用兵。」上皆從其言。初，大和中，河西党項擾邊，文宗召石雄於白州，隸振武軍爲裨將，屢立戰功，以王智興故，未甚進擢。至是，德裕舉用之。甲申，嗢没斯帥其國特勒、宰相等二千二百餘人來降。

上信任李德裕，觀軍容使仇士良惡之。會上將受尊號，御丹鳳樓宣赦。或告士良，宰相與度支議草制減禁軍衣糧及馬芻粟，士良揚言於衆曰：「如此，至日，軍士必於樓前諠譁！」德裕聞之，乙酉，乞開延英自訴。上怒，遽遣中使宣諭兩軍：「赦書初無此事。且赦書皆出朕意，非由宰相，爾安得此言！」士良乃惶愧稱謝。

五月，遣鴻臚卿張賈安撫嗢没斯等，以嗢没斯爲左金吾大將軍、懷化郡王；其次酋長官賞有差。賜其部衆米五千斛，絹三千匹。那頡啜帥其衆自振武、大同，東因室韋、黑沙，南趣雄武軍，窺幽州。盧龍節度使張仲武遣其弟仲至將兵三萬迎擊，大破之，斬首捕虜不可勝計，悉收降其七千帳，分配諸道。那頡啜走，烏介可汗獲而殺之。時烏介衆雖衰減，尚號十萬，駐牙於大同軍北閭門山。楊觀自回鶻還，可汗表求糧食、牛羊，且請執送嗢没斯等。詔報以「糧食聽自以馬價於振武糴三千石；牛、稼穡之資，中國禁人屠宰。羊，中國所鮮，出於北邊雜虜，國家未嘗科調。嗢没斯自本國初破，先投塞下，不隨可汗已及二年，慮彼猜嫌，窮迫歸命。前可汗正以猜虐無親，致内離外叛。今可汗失地遠客，尤宜深矯前非。若復骨肉相殘，則可汗左右信臣，誰敢自保！朕務在兼愛，已受其降。於可汗不失恩慈，於朝廷免虧信義，豈不兩全事體，深叶良圖！」嗢没斯入朝。六月，以嗢没斯所部爲歸義軍，以嗢没斯爲左金吾大將軍，充軍使。是月，陳夷行罷，李讓夷相。

嗢没斯請置家太原，與諸弟竭力扞邊；詔劉沔存撫其家。烏介可汗復遣其相上表，借兵助復國，又借天德城，詔不許。初，可汗往來天德、振武之間，剽掠羌、渾，又屯杷頭峰北。朝廷屢遣使諭之，使還漠南，可汗不奉詔。李德裕以爲：「那頡啜屯於山北，烏介恐其與奚、契丹連謀邀遮，故不敢遠離塞下。望敕張仲武諭奚、契丹與回鶻共滅那頡啜，使得北還。」及那頡啜死，可汗猶不去。議者又以爲回鶻待馬價；詔盡以馬價給之，又不去。八月，可汗帥衆過杷頭峰南，突入大同川，驅掠河東雜虜牛馬數萬，轉鬭至雲州城門。刺史張獻節閉城自守，吐谷渾、党項皆挈家入山避之。詔發陳、許、徐、汝、襄陽等兵屯太原及振武、天德，俟來春驅逐回鶻。丁丑，賜嗢没斯與其弟阿歷支、習勿啜、烏羅思皆姓李氏，名思忠、思貞、思義、思禮；國相愛邪勿姓愛，名弘順；仍以弘順爲歸義軍副使。上遣回鶻石戒直還其國，賜可汗書，諭以：「自彼國爲紇吃斯所破，來投邊境，撫納無所不至。今可汗尚此近塞，未議還蕃，或侵掠雲、朔等州，或鈔擊羌、渾諸部。遥揣深意，似恃姻好之情；每觀蹤由，實懷馳突之計。中外將相咸請誅翦，朕情深屈己，未忍幸災。可汗宜速擇良圖，無貽後悔！」上又命李德裕代劉沔答回鶻相頡于迦斯書，以爲：「回鶻遠來依投，當效呼韓邪遣子入侍，身自入朝。及令太和公主入謁太皇太后，求哀乞憐，則我之救卹，無所愧懷。而乃睥睨邊城，桀驁自若，邀求過望，如在本蕃，又深入邊境，侵暴不已，求援繼好，豈宜如是！來書又云胡人易動難安，若令忿怒，不可復制。回鶻爲紇吃斯所破，舉國將相遺骸棄於草莽，累代可汗墳墓，隔在天涯，回鶻忿怒之心，不施於彼。而蔑棄仁義，逞志中華，天地神祇豈容如此事！昔郅支不事大漢，竟自夷滅，往事之戒，得不在懷！」戊子，李德裕等上言：「若如前詔，河東等三道嚴兵守備，俟來春驅逐，乘回鶻人困馬羸之時，又官軍免盛寒之苦，則幽州兵宜令止屯本道以俟詔命。若慮河冰既合，回鶻復有馳突，須早驅逐，則當及天時未寒，決策於數日之間。以河朔兵益河東兵，必令收功於兩月之内。今聞外議紛紜，互有異同，儻不一詢羣情，終爲浮辭所撓。望令公卿集議。」詔從之。時議者多以爲宜俟來春。九月，以劉沔兼招撫回鶻使，如須驅逐，其諸道行營兵權令指揮；以張仲武爲東面招撫回鶻使，其當道行營兵及奚、契丹、室韋等並自指揮。以李思忠爲河西党項都將回鶻西南面招討使：皆會軍于太原。令沔屯鴈門關。初，奚、契丹羈屬回鶻，各有監使，歲督其貢賦，且詗唐事。張仲武遣牙將石公緒統二部，盡殺回鶻監使等八百餘人。仲武破那頡啜，得室韋酋長妻子。室韋以金帛羊馬贖之，仲武不受，曰：「但殺回鶻監使則歸之！」癸卯，李德裕等奏：「河東奏事官孫儔適至，云回鶻移營近南四十里。劉沔以爲此必契丹不與之同，恐爲其掩襲故也。據此事勢，正堪驅除。臣等問孫儔，若與幽州合勢，迫逐回鶻，更須益幾兵？儔言不須多益兵，惟大同兵少，得易、定千人助之足矣。」上皆從之。詔河東、幽州、振武、天德各出大兵，移營稍前，以迫回鶻。

上聞太子少傅白居易名，欲相之，以問李德裕。德裕素惡居易，乃言居易衰病，不任朝謁。其從父弟左司員外郎敏中，辭學不減居易，且有器識。以敏中爲翰林學士。胡氏曰：「居易清修忠諒，自元和以來，爲名臣，而敏中無聞焉。李德裕惡居易，好敏中，豈非以其附己不附己爲辨乎？居易實不衰病，而言其衰病，沮上欲用之之意。敏中實無器識，而譽其器識，伸己欲援之之心，此非取信人主、師表百僚之道也。他日見擯，有器識者出力最多，故曰『言無實不祥，不祥之實，蔽賢者當之』。」

冬十月，黠戛斯遣將軍踏布合祖等至天德軍，言：「先遣都吕施合等奉公主歸之大唐，至今無聲問，不知得達，或爲奸人所隔。今出兵求索，上天入地，期於必得。」又言：「將徙就合羅川，居回鶻故國，兼已得安西、北庭達靼等五部落。」十一月，昭義節度使劉從諫上言，請出步兵五千討回鶻，詔不許。上遣使賜太和公主冬衣，命李德裕爲書賜公主，略曰：「先朝割愛降婚，義寧家國，謂回鶻必能禦侮，安靜塞垣。今回鶻所爲，甚不循理，每馬首南向，姑得不畏高祖、太宗之威靈！欲侵擾邊疆，豈不思太皇太后之慈愛！爲其國母，足得指揮；若回鶻不能稟命，則是棄絶姻好，今日已後，不得以姑爲詞！」劉沔、張仲武固稱盛寒未可進兵，請待歲首。李忠順獨請與李思忠俱進。十二月，李德裕奏請遣思忠進屯保大栅，從之。

三年春正月，回鶻烏介可汗帥衆侵逼振武，劉沔遣麟州刺史石雄、都知兵馬使王逢帥沙陀朱邪赤心三部及契苾拓拔三千騎襲其牙帳，沔自以大軍繼之。雄至振武，登城望回鶻之衆寡，見氊車數十乘，從者皆衣朱碧，類華人。使諜問之，曰：「公主帳也。」雄使諜告之曰：「公主至此，家也，當求歸路。今將出兵擊可汗，請公主潛與侍從相保，駐車勿動。」雄乃鑿城爲十餘穴，引兵夜出，直攻可汗牙帳。至其帳下，虜乃覺之。可汗大驚，不知所爲，棄輜重走，雄追擊之。庚子，大破回鶻於殺胡山，可汗被鎗，與數百騎遁去，雄迎太和公主以歸。烏介可汗走保黑車子族，其潰兵多詣幽州降。

二月，黠戛斯遣使者注吾合索獻名馬二；詔太僕卿趙蕃飲勞之。上引對，班在勃海使之上。上欲令趙蕃就黠戛斯求安西、北庭，李德裕等上言：「安西去京師七千餘里，借使得之，當復置都護，以唐兵萬人戍之。不知此兵於何處追發，饋運從何道得通，此乃用實費以易虛名，非計也。」上乃止。

黠戛斯求册命，李德裕奏：「宜與之結歡，令自將兵求殺使者罪人及討黑車子。」上恐加可汗之名即不脩臣禮，踵回鶻故事求歲遺及賣馬，猶豫未決。德裕奏：「黠戛斯已自稱可汗，今欲藉其力，恐不可吝此名。回鶻有平安、史之功，故歲賜絹二萬匹，且與之和市。黠戛斯未嘗有功於中國，豈敢遽求賂遺乎！若慮其不臣，當與之約，必如回鶻稱臣，乃行册命；又當敘同姓以親之，使執子孫之禮。」上從之。

太和公主至京師，改封安定大長公主。

三月，以太僕卿趙蕃爲安撫黠戛斯使。上命李德裕草《賜黠戛斯可汗書》，諭以「貞觀二十一年，黠戛斯先君身自入朝，授左屯衛將軍、堅昆都督，迄于天寶，朝貢不絕。比爲回鶻所隔，回鶻陵虐諸蕃，可汗能復讎雪怨，茂功壯節，近古無儔。今回鶻殘兵不滿千人，散投山谷，可汗既與爲怨，須盡殲夷；儻留餘燼，必生後患。又聞可汗受氏之原，與我同族，國家承北平太守之後，可汗乃都尉苗裔。以此合族，尊卑可知。今欲册命可汗，特加美號，緣未知可汗之意，且遣諭懷。待趙蕃回日，别命使展禮。」自回鶻至塞上及黠戛斯入貢，每有詔敕，上多命德裕草之。德裕請委翰林學士，上曰：「學士不能盡人意，須卿自爲之。」

李德裕追論維州悉怛謀事云：「維州據高山絶頂【二】，三面臨江，在戎虜平川之衝，是漢地入兵之路。初，河、隴盡没，唯此獨存。吐蕃潛以婦人嫁此州門者，二十年後，兩男長成，竊開壘門，引兵夜入，遂爲所陷，號曰無憂城。從此得併力於西邊，更無虞於南路。

【二】高山絶頂　「山」原作「止」，據《舊唐書》卷一百七十四改。

憑陵近甸，旰食累朝。貞元中，韋皋欲經略河、湟，須此城爲始。萬旅盡鋭，急攻數年，雖擒論莽熱而還，城堅卒不可克。臣初到西蜀，外揚國威，中緝邊備。其維州熟臣信令，空壁來歸，臣始受其降，南蠻震懾，山西八國，皆願内屬。其吐蕃合水、棲雞等城，既失險阨，自須抽歸，可減八處鎮兵，坐收千餘里舊地。且維州未降前一年，吐蕃猶圍魯州，豈顧盟約！臣受降之初，指天爲誓，面許奏聞，各加酬賞。當時不與臣者，望風疾臣，詔臣執送悉怛謀等令彼自戮，臣寧忍以三百餘人命棄信偷安！累表陳論，乞垂矜捨，答詔嚴切，竟令執還。體備三木，輿於竹畚，及將就路，冤叫嗚嗚，將吏對臣，無不隕涕。其部送者更爲蕃帥譏誚，云既已降彼，何須送來！復以此降人戮於漢境之上，恣行殘忍，用固攜離，至乃擲其嬰孩，承以槍槊。絶忠款之路【三】，快兇虐之情，從古以來，未有此事。雖時更一紀，而運屬千年，乞追獎忠魂，各加褒贈！」詔贈悉怛謀右衛將軍。司馬氏曰：「論者多疑維州之取捨，不能決牛、李之是非。臣以爲昔荀吴圍鼓，鼓人或請以城叛，吴弗許，曰：『或以吾城叛，吾所甚惡也。人以城來，吾獨何好焉！吾不可以欲城而邇姦。』使鼓人殺叛者而繕守備。是時唐新與吐蕃修好而納其維州，以利言之，則維州小而信大；以害言之，則維州緩而關中急。然則爲唐計者，宜何先乎？悉怛謀在唐則爲向化，在吐蕃不免爲叛臣，其受誅也又何矜焉！且德裕所言者利也，僧孺所言者義也，匹夫徇利而忘義猶恥之，況天子乎！譬如鄰人有牛，逸而入於家，或勸其兄歸之，或勸其弟攘之。勸歸者曰：『攘之不義也，且致訟。』勸攘者曰：『彼嘗攘吾羊矣，何義之拘！牛大畜也，鬻之可以富家。』以是觀之，牛、李之是非，端可見矣。」　胡氏曰：「司馬氏伸牛僧孺，抑李德裕，其素志也。至於維州之事，則判然以德裕爲非，愚竊謂其言之過矣。夫維州，本唐地也。開元二十八年春，劍南帥章仇兼瓊與維州別

【三】忠款之路　「款」原作「疑」，據《資治通鑑》卷二百四十七改。

駕董承晏同結謀殺吐蕃安戎城中守者，開門納唐兵，使監察御史許遠守之。是秋，吐蕃寇安戎城及維州。詔發關中强騎救之，吐蕃引去。然則維州本唐有，而安戎乃吐蕃城也。至代宗廣德二年冬，吐蕃陷松、維、保三州，高適不能救，於是西山諸州皆陷。德宗貞元八年，韋臯攻維州，獲其大將。九年，西山八國内附，臯處之於維、保、霸州。十七年，臯大破吐蕃，拔七城、五軍鎮，焚百五十堡，遂圍維州。十八年，吐蕃以兵十萬解維州之圍，虜兵大敗，而維州竟不下。是知維州吐蕃所必争，唐失而復得，得而復失，不可棄焉者也。使本非唐地，既與吐蕃和，棄而不取，姑守信約可耳。本唐之地，爲吐蕃所侵，乃欲守區區之信，舉險要而棄之，借使吐蕃據秦州、下鳳翔而來講好，亦將守信而不取乎？僧孺所謂虜養馬蔚茹川，上平凉坂，萬騎綴回中，怒氣直辭，不三日至咸陽。于時西南數千里外，得百維州何所用？此特以大言怖文宗，非事實也。己當國政，必不爲程元振召寇之事，邊隅豈得空然無備，而使吐蕃不三日至咸陽乎？唐有天下，西北二虜入寇多矣。苟非如元振之時，亦皆有扞禦之略，何至爲一維州，而遂至宗社不守耶！司馬氏亦信其説，謂以利言之，則維州小而信大；以害言之，則維州緩而關中急。夫奪吾之地，而約我以盟，此正蒲人所以要孔子者，不可謂之信也。維州在西南數千里外，而開元中發關中强騎往救，不可謂之緩也。夫信近於義，而後言可復，取我故地，乃義所當爲。司馬氏不以義斷之，而以利害爲言；既以利害爲言，又斥德裕爲利，取僧孺爲義，是皆無所據矣。故以維州歸吐蕃，棄祖宗土宇，縛送悉怛謀，沮歸附之心。僧孺以小信妨大計也。下維州，遣兵據之，洗數十年之恥，追獎悉怛謀，贈以官秩，德裕以大義謀國事也。此二人是非之辨也。」

夏四月，李德裕乞退就閒局。上曰：「卿每辭位，使我旬日不得所。今大事皆未就，卿豈得求去！」

初，昭義節度使劉從諫累表言仇士良罪惡，士良亦言從諫窺伺朝廷。及上即位，從諫有馬高九尺，獻之，上不受。從諫以爲士良所爲，怒殺其馬，由是與朝廷相猜恨。遂招納亡命，繕完兵械，鄰境皆潛爲之備。從諫榷馬牧及商旅，歲入錢五萬緡，又賣鐵、煮鹽，亦數萬緡。大商皆假以牙職，使通好諸道，因爲販易。商人倚從諫勢，所至多陵轢將吏，諸道皆惡之。從諫疾病，謂妻裴氏曰：「吾以忠直事朝廷，而朝廷不明我志，諸道皆不我與。我死，它人主此軍，則吾家無炊火矣！」乃與幕客張谷、陳揚庭謀效河北諸鎮，以弟右驍衛將軍從素之子稹爲牙内都知兵馬使，從子匡周爲中軍兵馬使，孔目官王協爲押牙親事兵馬使，以奴李士貴爲使宅十將兵馬使，劉守義、劉守忠、董可武、崔玄度分將牙兵。谷，鄆州人；揚庭，洪州人也。從諫尋薨，稹秘不發喪。王協謂稹謀曰：「正當如寶曆年樣爲之，不出百日，旌節自至。但嚴奉監軍，厚遺敕使，四境勿出兵，城中暗爲備而已。」使押牙姜崟奏求國醫，上遣中使解朝政以醫往問疾。稹又逼監軍崔士康奏稱從諫疾病，請命其子稹爲留後。上遣供奉官薛士幹往諭指云：「恐從諫疾未平，宜且就東都療之；俟稍瘳，別有任使。仍遣稹入朝，必厚加官爵。」上以澤潞事謀於宰相，宰相多以爲：「回鶻餘燼未滅，邊鄙猶須警備，復討澤潞，國力不支，請以劉稹權知軍事。」諫官及羣臣上言者亦然。李德裕獨曰：「澤潞事體與河朔三鎮不同。河朔習亂已久，人心難化，是故累朝以來，置之度外。澤潞近處腹心，一軍素稱忠義，嘗破走朱滔，擒盧從史。頃時多用儒臣爲帥，如李抱真成立此軍，德宗猶不許承襲，使李緘護喪歸東都。敬宗不恤國務，宰相又無遠略，劉悟之死，因循以授從諫。從諫跋扈難制，累上表迫脅朝廷，今垂死之際，復以兵權擅付豎子。朝廷若又因而授之，則四方諸鎮，誰不思效其所爲，天子威令不復行矣！」上曰：「卿以何術制之？果可克否？」對曰：「稹所恃者，河朔三鎮。但得鎮、魏不與之同，則稹無能爲也。若遣重臣往諭王元逵、何弘敬，以河朔自艱難以來，列聖許其傳襲，已成故事，與澤潞不同。今朝廷將加兵澤潞，不欲更出禁軍至山東。其山東三州隸昭義者，委兩鎮攻之；兼令徧諭將士，以賊平之日厚加官賞。苟兩鎮聽命，不從旁沮撓官軍，則稹必成擒矣。」上喜曰：「吾與德裕同之，保無後悔。」遂決意討稹，羣臣言者不復入矣。上命德裕草詔賜成德節度使王元逵、魏博節度使何弘敬，其略曰：「澤潞一鎮，與卿事體不同。勿爲子孫之謀，欲存輔車之勢。但能顯立功效，自然福及後昆。」上臨朝，稱其語要切，曰：「當如此直告之是也。」又賜張仲武詔，以「回鶻餘燼未滅，塞上多虞，專委卿禦侮。」元逵、弘敬得詔，悚息聽命。解朝政欲突入，兵馬使劉武德、董可武躡簾而立，朝政恐有它變，遽走出。稹贈直數千緡，復遣牙將梁叔文入謝。薛士幹入境，俱不問從諫之疾，直爲已知其死之意。都押牙郭誼等乃大出軍，至龍泉驛迎候敕使，請用河朔事體；又見監軍言之，崔士康懦怯，不敢違。於是將吏扶稹出見士衆，發喪。士幹竟不得入牙門，稹亦不受敕命。誼，兖州人也。解朝政復命，上怒，杖之，配恭陵；囚姜崟、梁叔文。辛巳，始爲從諫輟朝，贈太傅，詔劉稹護喪歸東都。又召見劉從素，令以書諭稹，稹不從。丁亥，以忠武節度使王茂元爲河陽節度使，邠寧節度使王宰爲忠武節度使。茂元，棲曜之子；宰，智興之子也。黄州刺史杜牧上李德裕書，自言：「嘗問淮西將董重質以三州之衆四歲不破之由，重質以爲由朝廷徵兵太雜，客軍數少，既不能自成一軍，事須帖付地主。勢羸力弱，心志不一，多致敗亡。故初戰二年以來，戰則必勝，是多殺客軍。及二年已後，客軍殫少，止與陳許、河陽全軍相搏，縱使唐州兵不能因虛取城【四】，蔡州事力亦不支矣。其時朝廷若使鄂州、壽州、唐州只保境，不用進戰，但用陳許、鄭滑兩道全軍，帖以宣、潤弩手，令其守隘，即不出一歲，無蔡州矣。今者上黨之叛，復與淮西不同。淮西爲寇僅五十歲，其人味爲寇之腴，見爲寇之利，風俗益固，氣燄已成，自以爲天下之兵莫我與敵，根深源闊，取之固難。夫上黨則不然。自安、史南下，不甚附隸；建中之後，每奮忠義。是以郯公抱真能窘田悦，走朱滔，常以孤窮寒苦之軍，横折河朔彊梁之衆。以此證驗，人心忠赤，習尚專一，可以盡見。劉悟卒，從諫求繼，與扶同者，只鄆州隨來中軍二千耳。值寶曆多故，因以授之。今纔二十餘歲，風俗未改，故老尚存，雖欲劫之，必不用命。今成德、魏博雖盡節效順，亦不過圍一城，攻一堡，係纍稺老而已。若使河陽萬人爲壘，窒天井之口，高壁深塹，勿與之戰。只以忠武、武寧兩軍，帖以青州五千精甲，宣、潤二千弩手，徑擣上黨，不過數月，必覆其巢穴矣。」時德裕制置澤潞，亦頗采牧言。

李德裕言於上曰：「議者皆云劉悟有功，稹未可亟誅，宜全恩禮。請下百官議，以盡人情。」上曰：「悟亦何功，當時迫於救死耳，非素心徇國也。藉使有功，父子爲將相二十

【四】不能因虛取城　「虛」原作「雪」，據《資治通鑑》卷二百四十七改。

餘年，國家報之足矣，積何得復自立！朕以爲凡有功當顯賞，有罪亦不可苟免也。」德裕曰：「陛下之言誠得理國之要。」

五月，李德裕言太子賓客、分司李宗閔與劉從諫交通，不宜寘之東都。以宗閔爲湖州刺史。按：宗閔雖小人，何至與方鎮交結，此德裕藉此以修怨耳。心度如此，其能以功名終乎？

河陽節度使王茂元以步騎三千守萬善；河東節度使劉沔步騎二千守芒車關，步兵一千五百軍榆社；成德節度使王元逵以步騎三千守臨洺，掠堯山；河中節度使陳夷行以步騎一千守翼城，步兵五百益冀氏。辛丑，制削奪劉從諫及子積官爵，以元逵爲澤潞北面招討使，何弘敬爲南面招討使，與夷行、劉沔、茂元合力攻討。先是，河北諸鎮有自立者【五】，朝廷必先有弔祭使，次册贈使、宣慰使繼往商度軍情【六】。必不可與節，則別除一官；俟軍中不聽出，然後始用兵。故常及半歲，軍中得繕完爲備【七】。至是，宰相亦欲且遣使開諭，上即命下詔討之。王元逵受詔之日，出師屯趙州。

以翰林學士承旨崔鉉爲中書侍郎、同平章事。胡氏曰：「一世之人才盛衰雖不齊，必有賢德才智傑出衆人之上者，一國亦然。爲天下國家，而得傑出之士相之無有不治者【八】。用之不盡，又以異焉者參之，則所成就亦鹵莽零落而已矣。以唐觀焉，太宗時無若魏文貞，玄宗時無若宋廣平【九】，肅、代時無若李鄴侯，德宗時無若陸宣公，憲宗時無若裴中立，武宗時無若李文饒，是宜專持政柄者也。並時無賢翼而佐焉可耳。苟用之，又疑之，使意見差殊之人從旁臨察，未有能成功者。是故二帝三王論一相而已。或曰：信斯言也，則是尚同而無可否相濟之義也，而可

【五】諸鎮有自立者　「者」原脱，據《資治通鑑》卷二百四十七補。

【六】繼往商度軍情　「情」字原作「精」，據《資治通鑑》卷二百四十七改。

【七】軍中得繕完　「完」原作「宗」，據《資治通鑑》卷二百四十七改。

【八】傑出之士　「士」原作「志」，據《致堂讀史管見》卷二十五改。

【九】無若宋廣平　「宋」原作「未」，據《致堂讀史管見》卷二十五改。

乎？曰：人主當辨君子、小人【一〇】，不當致疑於君子。譬之爲政，然上古而行井牧，既委一相矣，又委夫開阡陌矣，又委夫慢經界者，此所謂作舍道旁，三年不成者也。無亦廣求知井牧之人，相與彌縫匡正，補其不及，裁節其過，則九一而助之法行矣。故太宗信魏徵，則不聽封倫。憲宗任裴度，則不用李逢吉。此得用賢之道、御臣之法備也。若玄宗喜韓休矣，而參以蕭嵩，則休必去，而嵩必留。文宗喜鄭覃矣，而參以楊嗣復，則覃必負，而嗣復必勝。武宗之任李德裕固宜矣，擇建同事而不與之謀，是時方用兵澤潞，若崔鉉以爲然以爲不然，史皆不載其語。未幾罷去，則碌碌之才耳。武宗又安用爲此所擢，意者特不欲德裕引人恐爲朋黨。其皆非人君公正之道也。」

六月，王茂元遣兵馬使馬繼等將步騎三千軍於天井關南科斗店，劉稹遣兵拒之。

黠戛斯可汗遣將軍温仵合入貢。上賜之書，諭以速平回鶻、黑車子，乃遣使行册命。

是月，仇士良以左衛上將軍、内侍監致仕。其黨送歸私第，士良教以固權寵之術，已見《乙記·上》姦邪事中。按：士良威行内外，今致仕而去者，以君相威明故也。

詔王元逵等以七月中旬五道齊進，劉稹求降皆不得受。又詔劉沔自將兵取仰車關路以臨賊境。

秋七月，上遣刑部侍郎兼御史中丞李回宣慰河北三鎮，令幽州乘秋早平回鶻，鎮、魏早平澤潞。回，太祖之八世孫也。甲辰，李德裕言於上曰：「臣見鄉日河朔用兵，諸道利於出境仰給度支。或陰與賊通，借一縣一栅據之，自以爲功。坐食轉輸，延引歲時。今請詔諸軍，指令王元逵取邢州，何弘敬取洺州，王茂元取澤州，李彦佐、劉沔取潞州，毋得取縣。」上從之。晉絳行營節度使李彦佐自發徐州，行甚緩，又請休兵於絳州，兼請益兵。

【一〇】人主當辨 「辨」原作「辯」，據《致堂讀史管見》卷二十五改。

李德裕言於上曰：「彥佐逗遛顧望，殊無討賊之意，所請皆不可許。宜賜詔切責，令進軍翼城。」上從之。德裕因請以天德防禦使石雄爲彥佐之副，俟至軍中，令代之。乙巳，以雄爲晉絳行營節度副使，仍詔彥佐進屯翼城。劉稹上表自陳：「亡父從諫爲李訓雪冤，言仇士良罪惡，由此爲權倖所疾，謂臣父潛懷異志，臣所以不敢舉族歸朝。乞陛下稍垂寬察，活臣一方。」何弘敬亦爲之奏雪，皆不報。李回至河朔，何弘敬、王元逵、張仲武皆具櫜鞬郊迎，立於道左，不敢令人控馬，讓制使先行【一二】，自兵興以來，未之有也。回明辨有膽氣，三鎮無不奉詔。范氏曰：「自天寶以後，河朔世爲唐患。憲宗雖得魏博，而穆宗復失之，是以朝廷惟事姑息，幸其不叛斯可矣，豈得而使之哉！至于武宗，不惟使三鎮不敢助逆，又因以爲臂指之用，由德裕所以告之者，能服其心也。揚雄曰：『御得其道，則天下狙詐咸作使；御失其道，則天下狙詐咸作敵。』人主威制天下，豈有不由一相者哉！」愚謂：德裕請敕諸軍取州毋得取縣，此所以伐其養寇之謀，其得策一也。李彥佐逗遛不進，則切責之，其得策二也。以石雄爲彥佐之副，使之有所迫不得不盡力，其得策三也。命李回使三鎮，選擇得人，其得策四也。謀事如此，其能取勝也，宜哉！

王元逵奏拔宣務柵，擊堯山；劉稹遣兵救堯山，元逵擊敗之。詔切責李彥佐、劉沔、王茂元，使速進兵逼賊境，且稱元逵之功以激厲之，加元逵同平章事。八月，昭義大將李丕來降。議者或謂賊故遣丕降，欲以疑誤官軍。李德裕言於上曰：「自用兵半年，未有降者。令安問誠之與詐，且須厚賞以勸將來，但不可置之要地耳。」愚按：王元逵進官，李丕之賞，而切責諸將，其得策一也；大將來降，受之不疑，其得策二也。

【一二】制使先行　「使」後原衍「使」字，據《資治通鑑》卷一百四十七刪。

上從容言：「文宗好聽外議，諫官言事多不著名，有如匿名書。」李德裕曰：「臣頃在中書，文宗猶不爾。此乃李訓、鄭注教文宗以術御下，遂成此風。人主但當推誠任人，有欺罔者，威以明刑，孰敢哉！」上善之。范氏曰：「《易》曰：『天下之動，正夫一。』朝廷者，四方之極也。非至公無以絶天下之私，非至正無以絶天下之邪。人君一不正其心，則無以正萬事。苟以術御下，是自行詐也，何以禁臣下之欺乎？是以術行而欺愈多，智用而心愈勞。蓋以詐勝，詐未有能相一者也。《禮》曰：『王中心無爲也，以守至正。』夫惟正不可得而欺，欺則不容於誅矣，豈不約而易守哉！」

王元逵前鋒入邢州境已踰月，何弘敬猶未出師，元逵屢有密表，稱弘敬懷兩端。李德裕上言：「忠武累戰有功，軍聲頗振。王宰年力方壯，謀略可稱。請賜弘敬詔，以『河陽、河東皆闔山險，未能進軍，賊屢出兵焚掠晉、絳。今遣王宰將忠武全軍假徑魏博，直抵磁州，以分賊勢。』弘敬必懼，此攻心伐謀之術也。」從之。詔宰悉選步騎精兵自相、魏趣磁州。甲戌，薛茂卿破科斗寨，擒河陽大將馬繼等，焚掠小寨一十七，距懷州纔十餘里。茂卿以無劉稹之命，故不敢入。時議者鼎沸，以爲劉悟有功，不可絶其嗣。又，從諫養精兵十萬，糧支十年，如何可取！上亦疑之，以問李德裕，對曰：「小小進退，兵家之常。願陛下勿聽外議，則成功必矣。」上乃謂宰相曰：「爲我語朝士：有上疏沮議者，我必於賊境上斬之。」議者乃止。本傳云：始議用兵，中外交意固爭，皆曰：「悟功高，不可絶其嗣。又從諫畜兵十萬，粟支十年，未可以破也。」它宰相亦媕娿趨和，德裕獨曰：「諸葛亮言曹操善爲兵，猶五攻昌霸，三越灢，況其下哉！勝負兵家之常，惟陛下聖策先定，不以小利鈍爲浮議所摇，則有功矣。有如不利，臣請以死塞責。」帝忿怒曰：「爲吾語於朝，有沮吾軍議者，先誅之。」羣論乃息。

何弘敬聞王宰將至，恐忠武兵入魏境，軍中有變，蒼黄出師。丙子，弘敬奏，已自將全軍度漳水，趣磁州。李德裕上言：「河陽兵力寡弱，自科斗店之敗，賊勢愈熾。王茂元復有疾，人情危怯【一二】，欲退保懷州。臣竊見元和以來諸賊，常視官軍寡弱之處，併力攻之，一軍不支，然後更攻他處。今魏博未與賊戰，西軍闋險不進，故賊得併力南下。若河陽退縮，不惟虧沮軍聲，兼恐震驚洛師。望詔王宰更不之磁州，亟以忠武軍應援河陽；不惟扞蔽東都，兼可臨制魏博。若慮全軍供餉難給，且令發先鋒五千人赴河陽，亦足張聲勢。」甲申，又奏請敕王宰以全軍繼進，仍急以器械繒帛助河陽窘乏。上皆從之。王茂元軍萬善，劉稹遣牙將張巨、劉公直等會薛茂卿共攻之，期以九月朔圍萬善。乙酉，公直等潛師先過萬善南五里，焚雍店。巨引兵繼之，過萬善。覘知城中守備單弱，欲專有功，遂攻之。日昃，城且拔，乃使人告公直等。時義成軍適至，茂元困急【一三】，欲帥衆棄城走。都虞候孟章遮馬諫曰：「賊衆自有前却，半在雍店，半在此，乃亂兵耳。今義成軍纔至，尚未食，聞僕射走，則自潰矣。願且强留。」茂元乃止。會日暮，公直等不至，巨引兵退，始登山，微雨晦黑，自相驚曰：「追兵近矣！」皆走，人馬相踐，墜崖谷死者甚衆。

上以王茂元、王宰兩節度使共處河陽非宜，庚寅，李德裕等奏：「茂元習吏事而非將

【一二】人情危怯　「情」字原作「精」，據《資治通鑑》卷二百四十七改。

【一三】茂元困急　「困」字原作「用」，據《資治通鑑》卷二百四十七改。

才【一四】，請以宰爲河陽行營攻討使。茂元病愈，止令鎮河陽，病困亦免他虞。」九月，以宰兼河陽行營攻討使。

何弘敬奏拔肥鄉、平恩，殺傷甚衆。得劉稹牓帖，皆謂官軍爲賊，云遇之即須痛殺。癸巳，上謂宰相：「何弘敬已克兩縣，可釋前疑。既有殺傷，雖欲持兩端，不可得已。」乃加弘敬檢校左僕射。

河陽奏王茂元薨。李德裕奏：「王宰止可令以忠武節度使將萬善營兵，不可使兼領河陽，恐其不愛河陽州縣，恣爲侵擾。又河陽節度先領懷州刺史，常以判官攝事，割河南五縣租賦隸河陽。不若遂以五縣置孟州，其懷州别置刺史。俟昭義平日，仍割州隸河陽節度，則太行之險不在昭義，而河陽遂爲重鎮，東都無復憂矣。」上采其言。戊申，以河南尹敬昕爲河陽節度、懷孟觀察使，王宰將行營以扞敵，昕供饋餉而已。以石雄代李彦佐爲晉絳行營節度使，令自冀氏取潞州，仍分兵翼城以備侵軼。石雄代李彦佐之明日，即引兵踰烏嶺，破五寨，殺獲千計。時王宰軍萬善，劉沔軍石會，皆顧望未進。上得雄捷書，喜甚。冬十月，庚申，臨朝謂宰相曰：「雄真良將！」李德裕因言：「比年前潞州市有男子磬折唱曰：『石雄七千人至矣！』劉從諫以爲妖言，斬之。破潞州者必雄也。」詔賜雄帛爲優賞，雄悉置軍門，自依士卒例先取一匹，餘悉分將士，故士卒樂爲之致死。

初，劉沔破回鶻，得太和公主，張仲武疾之，由是有隙。上使李回至幽州和解之，仲武

【一四】習吏事　「吏」原作「史」，據《資治通鑑》卷二百四十七改。

意終不平。朝廷恐其以私憾敗事，徙沔爲義成節度使，以前荆南節度使李石爲河東節度使。党項寇鹽州，以前武寧節度使李彦佐爲朔方靈鹽節度使。十一月，邠寧奏党項入寇。李德裕奏：「党項愈熾，不可不爲區處。聞党項分隸諸鎮，剽掠於此則亡逃歸彼。節度使各利其駝馬，不爲擒送，以此無由禁戢。臣屢奏不若使一鎮統之，陛下以爲一鎮專領党項權太重。臣今請以皇子兼統諸道，擇中朝廉幹之臣爲之副，居於夏州，理其辭訟，庶爲得宜。」乃以兖王岐爲靈、夏等六道元帥兼安撫党項大使，又以御史中丞李回爲安撫党項副使，史館修撰鄭亞爲元帥判官，令齎詔往安撫党項及六鎮百姓。

忠武軍素號精勇，王宰治軍嚴整，昭義人甚憚之。薛茂卿以科斗寨之功，意望超遷。或謂劉稹曰：「留後所求者節耳。茂卿太深入，多殺官軍，激怒朝廷，此所以來益遲也。」由是無賞。茂卿愠懟，密與王宰通謀。十一月，宰引兵攻天井關，茂卿小戰，遽引兵走，宰遂克天井關。東西寨聞茂卿不守，皆退走，宰遂焚大小箕村。茂卿入澤州，密使諜召宰進攻澤州，當爲内應。宰疑，不敢進，失期不至，茂卿拊膺頓足而已。稹知之，誘茂卿至潞州，殺之，并其族，以兵馬使劉公直代茂卿，安全慶守烏嶺，李佐堯守彫黄嶺，郭僚守石會，康良佺守武鄉。僚，誼之姪也。戊辰，王宰進攻澤州，與劉公直戰，不利，公直乘勝復天井關。甲戌，宰進擊公直，大破之。遂圍陵川，克之。河東奏克石會關。洺州刺史李恬，石之從兄也。石至太原，劉稹遣軍將賈羣詣石，以恬書與石云：「稹願舉族歸命相公，奉從諫喪歸葬東都。」石囚羣，以其書聞。李德裕上言：「今官軍四合，捷書日至，賊勢窮蹙，故僞輸誠款，冀以緩師，稍得自完，復來侵軼。望詔石答恬書云：『前書未敢聞奏。若郎君誠能悔過，舉族面縛，待罪境上，則石當親往受降，護送歸闕。若虛爲誠款，先求解兵，次望洗雪，則石必不敢以百口保人。』仍望詔諸道，乘其上下離心，速進兵攻討，不過旬朔，必内自生變。」上從之。

初，劉沔破回鶻，留兵三千戍横水栅。河東行營都知兵馬使王逢奏乞益榆社兵，詔河東以兵二千赴之【一五】。時河東無兵，守倉庫者及工匠皆出從軍，李石召横水戍卒千五百人，使都將楊弁將之詣逢。壬午，戍卒至太原。先是，軍士出征，人給絹二匹。劉沔之去，竭府庫自隨，石初至，軍用乏，以己絹益之，人纔得一匹。時已歲盡，軍士求過正旦而行，監軍吕義忠累牒趣之。楊弁因衆心之怒，又知城中空虚，遂作亂。

四年春正月，楊弁帥其衆剽掠城市，殺都頭梁季叶，李石奔汾州。弁據軍府，釋賈羣之囚，使其姪與之俱詣劉稹，約爲兄弟。稹大喜。石會關守將楊珍聞太原亂，復以關降於稹。戊子，吕義忠遣使言狀，朝議喧然。或言兩地皆應罷兵，王宰又上言：「遊弈將得劉稹表，臣近遣人至澤潞，賊有意歸附。若許招納，乞降詔命。」李德裕上言：「宰擅受稹表，遣人入賊中，曾不聞奏，觀宰意似欲擅招撫之功。昔韓信破田榮，李靖擒頡利，皆因其請降，潛兵掩襲。上可令王宰失信，豈得損朝廷威命！建立奇功，實在今日，必不可以太

【一五】以兵二千　「二」原作「三」，據《資治通鑑》卷二百四十七改。

原小擾，失此事機。望即遣供奉官至行營，督其進兵，掩其無備，必須劉稹與諸將皆舉族面縛，方可受納。兼遣供奉官至晉絳行營，密諭石雄以王宰若納劉稹，則雄無功可紀。雄於垂成之際，須自取奇功，勿失此便。」又爲相府與宰書，言：「昔王承宗雖逆命，猶遣弟承恭奉表詣張相祈哀，又遣其子知感、知信入朝，憲宗猶未之許。今劉稹不詣尚書面縛，又不遣血屬祈哀，置章表於衢路之間，遊弈將不即毀除，實恐非是。況稹與楊弁通姦，逆狀如此，而將帥大臣容受其詐，是私惠歸於臣下，不赦在於朝廷，事體之間，交恐不可。自今更有章表，宜即所在焚之。惟面縛而來，始可容受。」德裕又上言：「太原人心從來忠順，止是貧虛，賞犒不足。千五百人，何能爲事？必不可姑息寬縱。且用兵未罷，深慮所在動心。頃張延賞爲張朏所逐，逃奔漢州，還入成都。望詔李石、義忠還赴太原，召旁近之兵討除亂者。」上皆從之。是時，李石已至晉州，詔復還太原。辛卯，詔王逢悉留太原兵守榆社，以易、定千騎、宣武、兖海步兵三千討楊弁【一六】。又詔王元逵以步騎五千自土門入，應接逢軍。忻州刺史李丕奏：「楊弁遣人來爲遊説，臣已斬之，兼斷其北出之路，發兵討之。」辛丑，上與宰相議太原事，李德裕曰：「今太原兵皆在外，爲亂者止千餘人，諸州鎮必無應者。計不日誅翦，惟應速詔王逢進軍，至城下必自有變。」上曰：「仲武見鎮、魏討澤潞有功，必有慕羨之心，使之討太原何如？」德裕對曰：「鎮州趣太原路最便近。仲武去年討回鶻，與太原爭功，恐其不戢士卒，平人受害。」乃止。上遣中使馬元實

【一六】步兵三千討　「三」原作「二」，據《資治通鑑》卷二百四十七改。

至太原，曉諭亂兵，且覘其彊弱。楊弁與之酣飲三日，且賂之。戊申，元實自太原還，上遣詣宰相議之，元實於衆中大言：「相公須早與之節。」李德裕曰：「何故？」元實曰：「自牙門至柳子列十五里曳地光明甲，若之何取之？」德裕曰：「李相正以太原無兵，故發横水兵赴榆社。庫中之甲盡在行營，弁何能遽致如此之衆乎？」元實曰：「太原人勁悍，皆可爲兵，弁召募所致耳。」德裕曰：「召募須有貨財，李相止以欠軍士絹一匹，無從可得，故致此亂，弁何從得之？」元實辭屈。德裕曰：「從其有十五里光明甲，必須殺此賊。」因奏稱：「楊弁微賊【一七】，決不可恕。如國力不及，寧捨劉稹。」河東兵戍榆社者聞朝廷令客軍取太原，恐妻孥爲所屠滅，乃擁監軍吕義忠自取太原。克之，生擒楊弁，盡誅亂卒。

胡氏曰：「見理明白，則聽言不眩。德裕折服馬元實，直以目前實事，故小人辭屈。向使王縉、張延賞之徒聞之，豈不立爲罷兵？雖辨折非朝廷之體，苟姦邪肆欺，而默默以失機，又安得爲智乎？故有不獲已者，若德裕於元實是也。雖然猶有恨焉，元實以大言虚喝，情非苟然，若無私交，何至于是？付之廷尉，則受賂之事必不得隱；于以施刑，斯可罰一而懲百矣。」　愚按：是時澤潞未平，河東又擾，此議者所以閧然欲罷兵也。觀德裕之所以激石雄、責王宰、遣王逢，皆中機會，宜其成功之速與！

三月，吕義忠奏克太原。尋以李石爲太子少傅分司，以河中節度使，崔元式爲河東節度使，石雄爲河中節度使。

李德裕言於上曰：「王宰久應取澤州，今已遷延兩月，蓋宰與石雄素不叶，今得澤州，距上黨猶二百里，而石雄所屯距上黨纔百五十里。宰恐攻澤州綴昭義大軍，而雄得乘

【一七】微賊　「賊」原作「賤」，據《資治通鑑》卷二百四十七改。

虛入上黨獨有其功耳。又宰生子晏實，其父智興愛而子之，晏實今爲磁州刺史，爲劉稹所質。宰之顧望不敢進，或爲此也。」上命德裕草詔賜宰，督其進兵，且曰：「朕顧茲小寇，終不貸刑。亦知晏實是卿愛弟，將申大義，在抑私懷。」按：此皆攻心伐謀之義。

李德裕言於上曰：「事固有激發而成功者：陛下命王宰趣磁州，而弘敬出師；遣客軍討太原，而戍兵先取楊弁。今王宰久不進軍，請徙劉沔鎮河陽，仍令以義成精兵二千直抵萬善，處宰肘腋之下。若宰識朝廷此意，必不敢淹留。若宰進軍，沔以重兵在南，聲勢亦壯。」上曰：「善。」戊寅，以義成節度使劉沔爲河陽節度使。

黠戛斯遣將軍諦德伊斯、難珠等入貢，言欲徙居回鶻牙帳，請發兵之期，集會之地。上賜詔，諭以：「今秋可汗擊回鶻、黑車子之時，當令幽州、太原、振武、天德四鎮出兵要路，邀其亡逸，便申册命，並依回鶻故事。」

朝廷以回鶻衰微，吐蕃内亂，議復河、湟四鎮十八州。乃以給事中劉濛爲巡邊使，使之先備器械糗糧及詗吐蕃守兵衆寡。又令天德、振武、河東訓卒礪兵，俟今秋黠戛斯擊回鶻，邀其潰敗之衆南來者，皆委濛與節度團練使詳議以聞。濛，晏之孫也。

夏四月，王宰進攻澤州。

以道士趙歸真爲右街道門教授先生。

上好神仙，道士趙歸真得幸，諫官屢以爲言。丙子，李德裕亦諫曰：「歸真，敬宗朝罪人，不宜親近。」上曰：「朕宮中無事時與之談道滌煩耳。至於政事，朕必問卿等與次對官，雖百歸真不能惑也。」德裕曰：「小人見勢利所在，則奔趨之，如夜蛾之投燭。聞旬日以來，歸真之門車馬輻湊，願陛下深戒之。」胡氏曰：「三教之名，自其徒失本真而云然，其繆悠之甚者，道家是也。儒以名學，仁義道德之人自古有之【一八】，然非一定之美稱也，故孔子曰：『爲君子儒，無爲小人儒。』學仁義道德，不失其正，君子儒也，其極則莊周所謂魯國一人者也。學仁義道德而失其正，小人儒也，其極則莊周所謂《詩》、禮發冢者也。佛者，浮屠所謂覺也，爲其道而覺，號之曰佛，則瞿曇之徒是也。若夫道，則以天下共由而得名，猶道路然，何適而非道哉！得道而盡，惟堯、舜、文王、孔子而已。黄帝之書無傳矣，老聃八十一篇，概之孔、孟，固難以大成歸之。自其所見而立言，不可與天下共由也。獨善其身，不可與天下共由，而名之曰道，此漢以來淺儒之論，以啓後世枝流分裂之弊，豈可用也？至其後不復宗八十一篇之旨，而從方士言，乃有飛仙變化之術，丹藥符籙之技，禱祈醮祭之法，沉淪鬼獄之論，雜然並興，皆歸於道家者流。至於世人從事於此者，皆曰『奉道』，意以道爲混淪玄妙，有主有知，能與人興禍作福之一物也，豈不遠哉？佛氏固邪説，然所論虚實並行，若其三身，雖曰寓意而實有是三人焉。道家惟老聃者，周柱下史也。其元始、太上，則無是人也。無是人，則何所象類，無乃邪誕之甚歟！至其經論、科儀等事，又依倣佛氏而不及者。自杜光庭爲之，黄冠師資以豢養口體，逃避税役。士大夫習而不察，和其所倡，不亦惑哉！故因武宗道門先生之命，而遂言之。彼趙歸真者，寧有他長，必以殘生左道熒惑人主，故敬、武皆餌丹躁渴，以殞天年。如太宗之娑婆寐【一九】，憲宗之柳泌，盡此類也。苟以吹噓呼吸已疾引年，則司馬承禎、軒轅集之徒，安肯舍萬乘所問而去之哉！武宗曰：『宮中無事，與之談道滌煩。』此以清虚之趣，蓋其非僻之爲也。人主惟寡欲，則邪説無自而入矣。」

李德裕以州縣佐官太冗，奏令吏部郎中柳仲郢裁減。六月，仲郢奏減一千二百一十四員。本傳云：德裕嘗謂：「省事不如省官，省官不如省吏，能簡冗官，誠治本也。」乃請罷郡縣吏，凡二千餘員，衣冠

【一八】自古有之　「古」，《致堂讀史管見》卷二十五作「固」。

【一九】娑婆寐　「娑」原作「資」，《致堂讀史管見》卷二十五改。

去者皆怨。

宦官有發仇士良宿惡，於其家得兵杖數千。詔削其官爵，籍没家財。

秋七月，上與李德裕議以王逢將兵屯翼城。上曰：「聞逢用法太嚴，有諸？」對曰：「臣亦嘗以此詰之，逢言：『前有白刃，法不嚴，其誰肯進？』」上曰：「言亦有理，卿更召而戒之。」德裕因言劉稹不可赦，上曰：「固然。」德裕曰：「昔李懷光未平，京師蝗旱，米斗千錢，太倉米供天子及六宮無數旬之儲。德宗集百官，遣中使馬欽緒詢之。左散騎常侍李泌取桐葉搏破，以授欽緒獻之。德宗召問其故，對曰：『陛下與懷光君臣之分，如此葉不可復合矣！』由是德宗意定。既破懷光，遂用爲相，獨任數年。」上曰：「亦大是奇士。」

四年閏月，李紳免相。李德裕奏：「鎮州奏事官高迪密陳意見二事：其一，以爲『賊中好爲偷兵術，潛抽諸處兵聚一處，官軍多就迫逐，以致失利；經一兩月，又偷兵諸他處。官軍須知此情，自非來攻城柵，慎勿與戰。彼淹留不過三日，須散歸舊屯，如此數四空歸，自然喪氣。官軍密遣諜者，詗其抽兵之處，乘虚襲之，無不捷矣。』其二，『鎮、魏屯兵雖多，終不能分賊勢，何則？下營不離故處，每三兩月一深入，燒掠而去。賊但固守城柵，城外百姓，賊亦不惜。宜令進營據其要害，以漸逼之。若止如今日，賊中殊不以爲懼。』望詔諸將各使知之。」劉稹腹心將高文端降，言賊中乏食，令婦人挼穗舂之以給軍。德裕訪文端破賊之策，文端以爲：「官軍今直攻澤州，恐多殺士卒，城未易得。澤州兵約萬五千人，賊常分兵太半，潛伏山谷，伺官軍攻城疲弊，則四集救之，官軍必失利。今請令陳許軍過乾河立寨，自寨城連延築爲夾城，環繞澤州，日遣大軍布陳於外以扞救兵。賊見圍城將合，必出大戰；待其敗北，然後乘勢可取。」德裕奏請詔示王宰。文端又言：「固鎮寨四崖懸絶，勢不可攻。然寨中無水，皆飲澗水，在寨東南約一里許。宜令王逢進兵逼之，絶其水道，不過三日，賊必棄寨遁去，官軍即可追躡。前十五里至青龍寨，亦四崖懸絶，水在寨外，可以前法取也。其東十五里則沁州城。」德裕奏請詔示王逢。文端又言：「都頭王釗將萬兵戍洺州，劉稹既族薛茂卿，又誅邢洺救援兵馬使談朝義兄弟三人，釗自是疑懼。稹遣使召之，釗不肯入，士卒皆譁譟，釗必不爲稹用。但釗及士卒家屬皆在潞州，又士卒恐已降爲官軍所殺，招之必不肯來。惟有諭意於釗，使引兵入潞州取稹。事成之日，許除別道節度使，仍厚有賜與，庶幾肯從。」德裕奏請詔何弘敬潛遣人諭以此意。

劉稹年少懦弱，押牙王協、宅内兵馬使李士貴用事，專聚貨財，府庫充溢，而將士有功無賞，由是人心離怨。劉從諫妻裴氏，冕之支孫也。憂稹將敗，其弟問典兵在山東，欲召之使掌軍政。士貴恐問至奪己權，且泄其奸狀，乃曰：「山東之事仰成於五舅，若召之，是無三州也。」乃止。王協薦王釗爲洺州都知兵馬使。釗得衆心，而多不遵使府約束，同列高元武、安玉言其有貳心。稹召之，釗辭以「到洺州未立少功，實所慙恨，乞留數月，然後詣府。」許之。王協請税商人，每州遣軍將一人主之，名爲税商，實籍編户家貲，至於什器無所遺，皆估爲絹匹，十分取其二，率高其估。民竭浮財及糗糧輸之，不能充，皆忷忷不安。軍將劉溪尤貪殘，劉從諫棄不用。溪厚賂王協，協以邢州富商最多，命溪主之。裴問所將兵號「夜飛」，多富商子弟，溪至，悉拘其父兄。軍士訴於問，問爲之請，溪不許，以不遜語答之。問怒，密與麾下謀殺溪歸國，并告刺史崔嘏，嘏從之。丙子，嘏、問閉城，斬城中大將四人，請降於王元逵。時高元武在党山，聞之，亦降。先是使府賜洺州軍士布，人一端，尋有帖以折冬賜。會税商軍將至洺州，王釗因人不安，謂軍士曰：「留後年少，政非己出。今倉庫充實，足支十年，豈可不少散之以慰勞苦之士？使帖不可用也。」乃擅開倉庫，給士卒人絹一匹，穀十二石，士卒大喜。釗遂閉城請降於何弘敬。安玉在磁州，聞二州降，亦降於弘敬。堯山都知兵馬使魏元談等降於王元逵，元逵以其久不下，皆殺之。八月，鎮、魏奏邢、洺、磁三州降，宰相入賀。李德裕曰：「昭義根本盡在山東，三州降，則上黨不日有變矣。」上曰：「郭誼必梟劉稹以自贖。」德裕曰：「誠如聖料。」上曰：「於今所宜先處者何事？」德裕請以給事中盧弘止爲三州留後，曰：「萬一鎮魏請占三州，朝廷難於可否。」上從之。詔山南東路兼昭義節度使盧鈞乘驛赴鎮。潞人聞三州降，大懼。郭誼、王協謀殺劉稹以自贖，稹再從兄中軍使匡周兼押牙，誼患之，言於稹曰：「十三郎在牙院，諸將皆莫敢言事，恐爲十三郎所疑而獲罪，以此失山東。今誠得十三郎不入，則諸將始敢盡言，采於衆人，必獲長策。」稹召匡周諭之，使稱疾不入。誼令稹所親董可武説稹曰：「山東之叛，事由五舅，城中人人誰敢相保！留後今欲何如？」稹曰：「今城中尚有五萬人，且當閉門堅守耳。」可武曰：「非良策也。留後不若束身歸朝，如張元益，不失作刺史。且以郭誼爲留後，俟得節之日，徐奉太夫人及室家金帛歸之東都，不亦善乎？」稹曰：「誼安肯如是？」可武曰：「可武已與之重誓，必不負也。」乃引誼入。稹與之密約既定，乃白其母。誼易置將吏，部署軍士，一夕俱定。明日，使董可武入謁稹曰：「請議公事。」乃引稹步出牙門，至北宅，置酒作樂。酒酣，乃言：「今日之事欲全太尉一家，須留後自圖去就，則朝廷必垂矜閔。」可武遂前執其手，崔玄度自後斬之，因收稹宗族，盡殺之。凡軍中有小嫌者，誼日有所誅，流血成泥，乃函稹首，遣使奉表及書，降於王宰。宰以狀聞。丙申，宰相入賀。李德裕奏：「今不須復置邢、洺、磁留後，但遣盧弘止宣慰三州及成德、魏博兩道。」上曰：「郭誼宜如何處之？」德裕對曰：「劉稹騃孺子耳，阻兵拒命，皆誼爲之謀主。及勢孤力屈，又賣稹以求賞，此而不誅，何以懲惡！宜及諸軍在境，并誼等誅之。」上曰：「朕意亦以爲然。」乃詔石雄將七千人入潞州，以應謠言。杜悰以饋運不給，謂誼等可赦，上熟視不應。德裕曰：「今春澤潞未平，太原復擾，自非聖斷堅定，二寇何由可平！外議以爲若在先朝，赦之久矣。」上曰：「卿不知文宗心地不與卿合，安能議乎！」罷盧鈞山南東道，專爲昭義節度使。戊戌，劉稹傳首至京師。詔：「昭義五州給復一年，軍行所過州縣免今年秋税。昭義自劉從諫以來，横增賦歛，悉從蠲免。所籍土團並縱遣歸農。諸道將士有功者，等級加賞。」郭誼既殺劉稹，日望旌節，既久不聞問，乃曰：「必移他鎮。」於是閲鞍馬，治行裝。及聞石雄將至，懼失色。雄至，誼等參賀畢，敕使張仲清曰：「郭都知告身來日當至，諸高班告身在此，晚牙來受之。」乃以河中兵環毬場，晚牙，誼等至，唱名引入。凡諸將桀黠拒官軍者，悉執送京師。加何弘敬同平章事。丁未，詔發劉從諫尸，暴於潞州市三日，石雄取其尸置毬場斬剉之。戊申，加李德裕太尉、趙國公，德裕固辭。上曰：「恨無官賞卿耳！卿若不應得，朕必不與卿。」初，李德裕以韓全義以來，將帥出征屢敗，其弊有三：一者，詔令下軍前者，日有三四，宰相多不預聞。二者，監軍各以意見指揮軍事，將帥不得專進退。三者，每軍各有宦者爲監使，悉選軍中驍勇數百爲牙隊，其在陳戰鬭者，皆怯弱之士。每戰，監使自有信旗，乘高立馬，以牙隊自衛，視軍勢小却，輒引旗先走，陳從而潰。」德裕乃與樞密使楊欽義、劉行深議，約敕監軍不得預軍政，每兵千人聽監使取十人自衛，有功隨例霑賞。二樞密皆以爲然，白上行之。自禦回鶻至澤潞罷兵，皆守此制。自非中書進詔意，更無他詔自中出者。號令既簡，將帥得以施其謀略，故所向有功。自用兵以來，河北三鎮每遣使者至京師，李德裕常面諭之曰：「河朔兵力雖彊，不能自立，須藉朝廷官爵威命以安軍情。歸語汝使：與其使大將邀宣慰敕使以求官爵，何如自奮忠義，立功立事，結知明主，使恩出朝廷，不亦榮乎！且以耳目所及者言之，李載義在幽州，爲國家盡忠平滄景，及爲軍中所逐，不失作節度使，後鎮太原，位至宰相。楊志誠遣大將遮敕使馬求官，及爲軍中所逐，朝廷竟不赦其罪。此二人禍福足以觀矣。」德裕復以其言白上，上曰：「要當如此明告之。」由是三鎮不敢有異志。范氏曰：「《書》曰：『戒之用休，董之用威。』古之明王天下有不順者，必諄諄而告教之，至于再，至于三。告之不可，然後征之，則其民知罪，而用兵有辭矣。自唐之失河朔，或討伐之，或姑息之，不聞有文告之命、戒敕之辭也。是以兵加而不服，恩厚而愈驕，李德裕以一相而制御三鎮，如運之掌，使武宗享國長久，天下豈有不平者乎！」

九月，詔以澤州隸河陽節度。丁巳，盧鈞入潞州。鈞素寬厚愛人，劉稹未平，鈞已領昭義節度，襄州士卒在行營者，與潞人戰，常對陳揚鈞之美。及赴鎮，入天井關，昭義散卒歸之者，鈞皆厚撫之，人情大洽，昭義遂安。劉稹將郭誼、王協、劉公直、安全慶、李道德、李佐堯、劉武德、董可武等至京師，皆斬之。司馬氏曰：「董重質之在淮西，郭誼之在昭義，吳元濟、劉稹，如木偶人在伎兒之手耳。彼二人者，始則勸人爲亂，終則賣主規利，其死固有餘罪。然憲宗用之於前，武宗誅之於後，臣愚以爲皆失之。何則？賞奸，非義也；殺降，非信也。失義與信，何以爲國！昔漢光武待王郎、劉盆子止於不死，知其非力竭則不降故也。樊崇、徐宣、王元、牛邯之徒，豈非助亂之人乎？而光武弗殺。蓋以既受其降，則不可復誅故也。若既赦而復逃亡叛亂，則其死固無辭矣。如誼等，免死流之遠方，没齒不還可矣，殺之非也。」

王羽、賈庠等即文宗時宰相王涯、賈餗子孫也。甘露之亂奔依劉從諫。已爲郭誼所殺。李德裕復下詔稱「逆賊王涯、賈餗等已就昭義誅其子孫」，宣告中外，識者非之。劉從諫妻裴氏亦賜死。又令昭義降將李丕、高文端、王釗等疏昭義將士與劉稹同惡者，悉誅之，死者甚衆。盧鈞疑其枉濫，奏請寬之，不從。昭義屬城有嘗無禮於王元逵，推求得二十餘人，斬之。

餘衆懼，復閉城自守。戊辰，李德裕等奏：「寇孽既平，盡爲國家城鎮，豈可令元逵窮兵攻討？望遣中使賜城内將士敕，招安之，仍詔元逵引兵歸鎮，并詔盧鈞自遣使安撫。」從之。按：裴度之平淮西，所誅僅三數人，而德裕濫刑至此，其視晉公爲如何哉！其詔元逵歸鎮，不使擅殺，則是也。

李德裕等請上尊號，且言：「自古帝王成大功，必告天地。又宣懿太后祔廟，陛下未嘗親謁。」上瞿然曰：「郊廟之禮，誠宜亟行。至於徽稱，非所敢當。」凡五上表，乃許之。胡氏曰：「莫難强如怠心，莫難制如欲心，莫難降如驕心，莫難平如怒心，莫難抑如忌心，莫難開如惑心，莫難解如疑心，莫難正如偏心，然皆放心也。大人格君心之非者，格此等也。格猶扞云耳。未至乎大人，而當大臣之任，亦當勉勉焉思齊以事其君。君心怠則强之，欲則制之，驕則降之，怒則平之，忌則抑之，惑則開之，疑則解之，偏則正之，要使君心常收而不放，則善日起，惡日消，治可立，安可保矣。夫水源濁則流汙，源清則流潔。古之人所以惡夫逢君之惡者，爲病其源也。武宗英斷，削平叛亂，唐室威令，赫然復張，此正驕慾易生之時也。稽諸版圖，三鎮各擅其地而未朝，河、湟陷於吐蕃而未復，天子偏惑方士，餌金石以濟其淫溺，豈惟驕慾已肆，彼怒、怠、疑、忌將紛然並作，宰相逃憂免責之不暇，德裕乃請上尊號，是以滿假矜伐勸其君，夫豈引君於當道之義哉！故評德裕才氣謀略，誠高絶一時，而於道則萬分未得一焉者也。」

李德裕奏：「據幽州奏事官言：詗知回鶻上下離心，可汗欲之安西，其部落言親戚皆在唐，不如歸唐。又與室韋已相失，計其不日來降，或自相殘滅。望遣識事中使賜仲武詔，諭以鎮、魏已平昭義，惟回鶻未滅，仲武猶帶北面招討使，宜早思立功。」

李德裕怨太子太傅、東都留守牛僧孺、湖州刺史李宗閔，言於上曰：「劉從諫據上黨十年，太和中入朝，僧孺、宗閔執政，不留之，加宰相縱去，以成今日之患，竭天下力乃能取之，皆二人之罪也。」德裕又使人於潞州求僧孺、宗閔與從諫交通書疏，無所得，乃令孔目官鄭慶言從諫每得僧孺、宗閔書疏，皆自焚毁。詔追慶下御史臺按問，中丞李回、知雜鄭亞以爲信然。河南少尹吕述與德裕書，言稹破，牛僧孺出聲歎恨。德裕奏述書，上大怒，以僧孺爲太子少保、分司，宗閔爲漳州刺史。戊子，再貶僧孺汀州刺史，宗閔漳州長史。胡氏曰：「大臣欲正君心，必先自正其心。己之不正，如正君何？己之正矣，于以諫君，猶有漫不省納者。李德裕怨憾不平，欲報所仇，而未得其便，乃於功成之後，因行中傷之計。其意負恃上恩，曰『假有過甚，必勉從我』，故公肆詆毁，斥孺、閔于嶺海之陬、瘴癘之地，然後爲快。非惟武宗志已驕怠，德裕之量亦滿矣，又烏能納其君於持盈守成之盛哉！是故君子不可不學。周公戒康叔曰：『無作怨，伯夷不念舊惡，故希怨。』仲弓問仁。子曰：『在邦無怨，在家無怨。』文饒褊而忮，忮而克，數十年如一日，其德未嘗進也。則其博聞强記、著書立言之學，皆外耳，何力之有？」十一月，復貶牛僧孺汀州長史，李宗閔長流封州。

十二月，以忠武節度使王宰爲河東節度使，河中節度使石雄爲河陽節度使。此推行澤潞之賞也。淮南節度使李紳按江都令吴湘盗用程糧錢，强娶所部百姓顔悦女，估其資裝爲贓，罪當死。湘，武陵之兄子也。李德裕素惡武陵，議者多言其冤，諫官請覆按，詔遣監察御史崔元藻、李稠覆之。還言：「湘盗程糧錢有實。顔悦本衢州人，嘗爲青州牙推，妻亦士族，與前獄異。」德裕以爲無與奪。二月，貶元藻端州司户，稠汀州司户。不復更推，亦不付法司詳斷，即如紳奏，處湘死。諫議大夫柳仲郢、敬晦皆上疏爭之，不納。

李德裕以柳仲郢爲京兆尹。素與牛僧孺善，謝德裕曰：「不意太尉恩奬及此，仰報厚德，敢不如奇章公門館。」德裕不以爲嫌【二〇】。按：德裕此舉善矣。儻每事如之，豈不美哉！

五月，杜悰、崔鉉並罷，李回平章事。祠部奏括天下寺四千六百，蘭若四萬，尼二十六萬五百。

册黠戛斯爲宗英雄武誠明可汗。

秋七月，上惡僧尼耗蠹天下，欲去之。道士趙歸真等復勸之。乃先毁山野招提、蘭若，至是敕上都、東都兩街各留二寺，每寺留僧三十人。天下節度、觀察使治所及同、華、商、汝州各留一寺，分爲三等：上等留僧二十人，中等留十人，下等五人。寺非應留者，立期令所在毁撤，仍遣御史分道督之。財貨田産並没官，寺材以葺公廨驛舍，銅像、鐘磬以鑄錢。胡氏曰：「一身正氣，爲邪氣所傷，必以五穀六味養生之物輔之，然後邪去而正復。若盜跖入於室，乃召陽虎而去之，是重自伐也，庸何益？此元魏用寇謙之、會昌用趙歸真之類也。釋氏蠹民心而耗其財，誠宜廢絶。武宗君臣以公道行之，夫豈不可而必待歸真勸？彼十七萬僧，其間固有英明沉溺之才，歸真何道以服之乎？且佛教行乎中國久矣，非一日所能廢，蓋其説以善爲之，則中人所信從，下愚所委靡，是舉天下而然。其卓然不惑者，殆一二數，以一二獨見，欲丕變四海，此所以難也。故善化人者，不示以化之之迹；善革弊者，不示以革之之方。使由之而不知，乃天地行四時、生萬物之道也。誠欲廢絶釋氏，當使天下知其爲害而不惑其説，又不利其鬻牒之資，持之三十年，則本根除掃，餘風亦殄矣。」

詔發昭義騎兵五百、步兵千五百戍振武，節度使盧鈞出至裴村餞之；潞卒素驕，憚

【二〇】不以爲　「以」字原脱，據《資治通鑑》卷二百四十八補。

於遠戍，乘醉，回旗入城，閉門大譟，鈞奔潞城以避之。監軍王惟直自出曉諭，亂兵擊之，傷，旬日而卒。李德裕奏：「請詔河東節度使王宰以步騎一千守石會關，三千自儀州路據武安，以斷邢、洺之路。又令河陽節度使石雄引兵守澤州，河中節度使韋恭甫發步騎千人戍晉州。如此，賊必無能爲。」皆從之。

八月，李德裕等奏：「東都九廟神主二十六，今貯於太微宫小屋，請以廢寺材復修太廟。」壬午，詔陳釋教之弊，宣告中外。凡天下所毁寺四千六百餘區，歸俗僧尼二十六萬五百人，大秦穆護、妖僧二千餘人，毁招提、蘭若四萬餘區。收良田數千萬頃，奴婢十五萬人。所留僧皆隸主客，不隸祠部。百官奉表稱賀。尋又詔東都止留僧二十人，諸道留二十人者減其半，留十人者減三人，留五人者更不留。五臺僧多亡奔幽州。李德裕召進奏官謂曰：「汝趣白本使，五臺僧爲將必不如幽州將，爲卒必不如幽州卒，何爲虚取容納之名，染於人口。獨不見近日劉從諫招聚無筭閑人，竟有何益！」張仲武乃封二刀付居庸關吏曰：「有遊僧入境則斬之。」主客郎中韋博以爲事不宜太過，李德裕惡之，出爲靈武節度副使。

昭義亂兵奉都將李文矩爲帥；文矩不從，亂兵亦不敢害。文矩稍以禍福諭之，亂兵漸聽命，乃遣人謝盧鈞於潞城。鈞還入上黨，復遣之戍振武。行一驛，乃潛選兵追之。明日，及於太平驛，盡殺之。具以狀聞，且請罷河東、河陽兵在境上者，從之。

李德裕請置備邊庫，令户部歲入錢帛十二萬緡匹，度支鹽鐵歲入錢帛十三萬緡匹，明年減其三之一。凡諸道所進助軍財貨皆入焉，以度支郎中判之。

王才人寵冠後庭，上欲立以爲后。李德裕以才人寒族，且無子，恐不厭天下之望。乃止。

上餌方士金丹，性加躁急，喜怒不常。冬十月，上問李德裕以外事，對曰：「陛下威斷不測，外人頗驚懼。曏者寇逆暴横，固宜以威制之。今天下既平，願陛下以寬理之，但使得罪者無怨，爲善者不驚，則爲寬矣。」

李德裕秉政日久，好徇愛憎，人多怨之。自杜悰、崔鉉罷相，宦官、左右言其太專，上亦不悦。給事中韋弘質上疏，言宰相權重，不應更領三司錢穀。德裕奏稱：「制置職業，人主之柄。弘質受人教導，所謂賤人圖柄臣，非所宜言。」十二月，弘質坐貶官，由是衆怒愈甚。時韋弘質建言：「宰相不可兼治錢穀。」德裕奏言：「管仲明於治國，其語曰：『國之重器，莫重於令。令重君尊，君尊國安。治人之本，莫要於令。故曰虧令者死，益令者死，不行令者死，留令者死，不從令者死，五者無赦。』又曰：『令在上而論可否在下，是主威下繫於人也。』大和後，風俗寖敝，令出於上，非之在下。此敝不止，無以治國。匡衡曰：『大臣者，國家股肱，萬姓所瞻仰，明主所慎擇也。』《傳》曰：『下輕其上爵，賤人圖柄臣，則國家摇動而人不静。』今弘質爲人所教而言，是圖柄臣者也。且蕭望之，漢名儒，爲御史大夫，奏云：『歲首日月少光，咎在臣等。』宣帝以望之意輕丞相，下有司詰問。貞觀中，監察御史陳師合上言：『人之思慮有限，一人不可總數職。』太宗曰：『此欲離間我君臣，斥之嶺外。』臣謂宰相有姦謀隱慝，則人人皆得上論。至於制置職業，人主之柄【二一】，非小人所得干。古者朝

【二一】人主之柄　「主」原作「王」，據《新唐書》卷一百八十改。

廷之士，各守官業，思不出位。弘質賤臣【一一二】，豈得以非所宜言妄觸天聽？是輕宰相。陛下照其邪計，從黨人中來，當遏絶之。」德裕大意，欲朝廷尊，臣下肅，而政出宰相，深疾朋黨，故感憤切言之。愚按：韋弘質之言，非有姦慝也。而德裕疾之若是，毋乃過乎！太宗之斥陳師合，不可爲法，愚前已論之矣。

上自秋冬間覺有疾，而道士以爲換骨。上秘其事，外人但怪上希復遊獵，宰相奏事者亦不敢久留。詔罷來年正旦朝會。

六年春二月，上疾久未平。自正月乙卯不視朝，宰相請見，不許。中外憂懼。初，憲宗納李錡妾鄭氏，生光王怡。怡幼時，宫中以爲不慧，大和以後，益自韜匿。上性豪邁，尤所不禮。及上疾篤，旬日不能言。諸宦官密於禁中定策，下詔稱：「皇子幼沖，須選賢德，光王怡可立爲皇太叔，更名忱，應軍國政事令權句當。」三月甲子，上崩，以李德裕攝冢宰。胡氏曰：「疾生倉卒難豫處事者，君子猶譏其辨之不早也。武宗寢疾，凡七十日，最後十日始不能言，儻有遠慮，豈不能定嗣於兩月之間？蓋信方士言以疾爲換骨，故遲回希望，日失一日，忽焉大漸，而不自知也。方士之言，殺人者有五：曰辟穀，曰去血，曰換骨，曰出神，曰蜕形。能是者，小則引年，大則輕舉，或千二百歲，或與天地同久。蓋聞其言矣，而未嘗見其人也，豈不可戒哉！武宗立於仇士良，非但不爲士良所制，又能黜削之。至於身病子幼，宜念終始之必正，召見宰相，出顧命焉，而曾不一施。李德裕爲上相，受深知，六十日之間，亦不能力請入問起居，面稟嗣事，碌碌拱手，一聽宦官，與李珏、楊嗣復相去幾何？君相皆英特人也，尚且如此，其餘固無責矣。」

宣宗素惡德裕之專，即位之日，德裕奉册。既罷，謂左右曰：「適近我者非太尉耶？每顧我，使我毛髮洒淅。」夏四月，辛未朔，上始聽政。壬申，以門下侍郎、同平章事李德

【一一二】弘質賤臣　「賤」原作「財」，據《新唐書》卷一百八十改。

裕同平章事，充荆南節度使。德裕秉權日久，位重有功，衆不謂其遽罷，聞者驚駭。甲戌，貶工部尚書、判鹽鐵轉運使薛元賞爲忠州刺史，弟京兆少尹、權知府事元龜爲崖州司户，皆德裕之黨也。九月，以德裕爲東都留守，解平章事。大中元年，初李德裕執政，引白敏中爲翰林學士。及武宗崩，德裕失勢，敏中乘上下之怒，竭力排之，使其黨李咸訟德裕罪，德裕由是自東都留守以太子少保、分司。馬植素以文學政事有名於時，李德裕不之重。及白敏中秉政，凡德裕所薄者，皆不次用之。

閏月【一三】，敕：「應會昌五年所廢寺，有僧能營葺者，聽自居之，有司毋得禁止。」是時君相務反會昌之政，故僧尼之弊，皆復其舊。

九月，前永寧尉吴汝納訟其弟湘罪不至死，「李紳與李德裕相表裏，欺罔武宗，枉殺臣弟，乞召江州司户崔元藻等對辨。」丁亥，敕御史臺鞫實以聞。冬十二月，御史臺奏，據崔元藻所列吴湘冤狀，如吴汝納之言。戊午，貶太子少保、分司李德裕爲潮州司馬。

二年，初，李德裕執政，有薦丁柔立清直可任諫官者，德裕不能用。上即位，柔立爲右補闕。德裕貶潮州，柔立上疏訟其冤。丙寅，坐阿附貶南陽尉。胡氏曰：「爲人君者，懼此心之不能無私也，故命一相以公道揆之。爲一相之未免徇私也，故人君以身率之。若宰相行私，必不能表正百官。若人君行私，又何以責望宰相？故公者，君相之要道也。李德裕公私參半，是非莫掩，宣宗去其非，取其是，則公道得矣。乃又以好惡偏黨勝之，故竄德裕于鯨波之南、炎毒之地，在德裕固有以取之，而人終不服者，爲宣宗有私故也。丁柔立行治

【一三】閏月　「閏月」，《大事記續編》卷六十七作「閏三月」。

不多見，以爲德裕伸冤一節觀之，必克己正心之人也。不爲德裕所用，而終無怨情，仍論達之，使宣宗而留意公道，則柔立正可獎用者。曾不能然，是自爲偏私也。欲臣子之奉公，難矣。」

是年，德裕再貶崖州司户參軍。明年，卒。德裕性孤峭，明辯有風采，善爲文章。雖至大位，猶不去書。其謀議援古爲質，袞袞可喜，常以經綸天下自爲，武宗知而能任之，言從計行，是時王室幾中興。帝嘗從容謂宰相曰：「有人稱孔子其徒三千，亦爲黨，信乎？」德裕曰：「昔劉向云：『孔子與顔回、子貢更相稱譽，不爲朋黨；禹、稷與皐陶轉相汲引，不爲比周。無邪心也。』臣嘗以共、鯀、驩兜與舜、禹雜處堯朝，共工、驩兜則爲黨，舜、禹不爲黨。小人相與比周，迭爲掩蔽也。賢人君子不然，忠於國則同心，聞於義則同志，退而各行其己，不可交以私。趙宣子、隨會繼而納諫，司馬侯、叔向比以事君，不爲黨也。公孫弘每與汲黯請間，黯先發之，弘推其後，武帝所言皆聽。黯、弘雖並進，然廷詰齊人少情，譏其布被爲詐，則先發後繼，不爲黨也。太宗與房玄齡圖事，則曰非杜如晦莫能籌之；及如晦在焉，亦推玄齡之策：則同心圖國，不爲黨也。漢朱博、陳咸相爲腹心，背公死黨。周福、房植各以其黨相傾，議論相軋，故朋黨始於甘陵二部。及甚也，謂之鉤黨，繼受誅夷。以王制言之，非不幸也。周之衰，列國公子有信陵、平原、孟嘗、春申，游談者以四豪爲稱首，亦各有客三千，務以譎詐勢利相高；仲尼之徒，唯行仁義。今議者欲以比之，罔矣。臣未知所謂黨者，爲國乎？爲身乎？誠爲國邪，隨會、叔向、汲黯、房、杜之道可行，不必黨也。今所謂黨者，誣善蔽忠，附下罔上，車馬馳驅，以趨權勢，晝夜合謀，美官要選，悉引其黨爲之，否則抑壓以退。仲尼之徒，有是乎？陛下以是察之，則姦僞見矣。」

元和後數用兵，宰相不休沐，或繼火，乃得罷。德裕在位，雖遽書警奏，皆從容裁決，率午漏下還第，休沐輒如令，沛然若無事時。范氏曰：「治天下之繁者，必以至簡；制天下之動者，必以至靜。夫用兵於千里之外，而君相擾於内，則本先摇矣，何以制其末乎？是故號令簡，則民聽不惑；心慮靜，則事變不撓。此所以能成功也。」

帝既數討叛有功，德裕慮忲于武不可戢，即奏言：「曹操破袁紹於官渡，不追奔，自謂所獲已多，恐傷威重。養由基古善射者，柳葉雖百步必中。觀者曰：『不如少息，若弓撥矢鉤，前功皆棄。』陛下征伐無不得所欲，願以兵爲戒，乃可保成功。」帝嘉納其言。按：德裕之言如此，使武宗享國尚長，則德祐必以寢兵息民爲事，治平之期有日矣。此志不究，惜哉！

時天下已平，數上疏乞骸骨，而星家言熒惑犯上相，又懇丐去位，皆不許。當國凡六年，方用兵時，決策制勝，它相無與，故威名獨重於時。所居安邑里第，有院號「起草」，亭曰「精思」。每計大事，則處其中，雖左右侍御不得與。不喜飲酒，後房無聲色娱。生平所論著多行於世云。

史臣贊曰：「漢劉向論朋黨，其言明切，可爲流涕，而主不悟，卒陷亡辜。德裕復援向言，指質邪正，再被逐，終嬰大禍。嗟乎，朋黨之興也，殆哉！根夫主威奪者下陵，聽弗明者賢不肖兩進，進必務勝，而後人人引所私，以所私乘狐疑不斷之隙。是引桀、跖、孔、顔相鬩于前，而以衆寡爲勝負矣。欲國不亡，得乎？身爲名宰相，不能損所憎，顯擠以仇，使比周勢成，根株牽連，賢智播奔，而王室亦衰，寧明有未哲歟？不然，功烈光明，佐武中興，與姚、宋等矣。」范氏曰：「裴度之相憲宗，李德裕之相武宗，皆有功烈。爲唐賢相，大中以後，無能继之者。德裕才優於度，而德器不及也。度爲小人所傾，無所不至，危亦極矣，而能以功名終。德裕一失勢，斥死海上，何哉？度不爲黨，德裕爲黨故也。自今觀之，牛僧孺、李宗閔之黨多小人，德裕之黨多君子，然因私以害公，挾勢以報怨，則一也。夫惟天吏可以伐燕，德裕自爲黨，而欲破朋黨，此以燕伐燕也。孔子曰：『克、伐、怨、欲不行焉，可以爲難矣。』又曰：『君子矜而不爭，羣而不黨。』德裕克、伐、怨、欲必行焉，矜而爭，羣而黨，其能免乎！」愚按：德裕在位六年，其謀國制敵，皆有父風。若正己，若格君，若用人，則得不足以蓋失，公不能以揜私，視吉甫蓋有甚焉者。范氏、胡氏之評盡矣，故不復論云。

右敘有唐輔臣事業

西山先生真文忠公讀書記乙集卷終

監雕迪功郎福州福清縣縣學主學張植

提督奉議郎通判福州軍州事兼西外宗正丞黄嚴孫

提督奉議郎特添差福建安撫司參議官釐務涂演

# 丁之一

《易》䷀《乾·文言》初九曰：潛龍勿用，何謂也？子曰：龍德而隱者也。不易乎世，不成乎名，遯世無悶，不見是而無悶，樂則行之，憂則違之，確乎其不可拔，潛龍也。程子曰：「初九陽之微，龍德之潛隱，乃聖賢之在側陋也。守其道，不隨世而變；晦其行，不求知於時。自信自樂，見可而動，知難而避，其守堅不可奪，潛龍之德也。」又曰：「樂行憂違皆道也，非己私也。」又曰：潛龍勿用，陽氣潛藏。方陽微潛藏之時，君子亦當晦隱，未可用也。又曰：君子以成德爲行，日可見之行也。潛之爲言也，隱而未見，行而未成，是以君子弗用也。

䷁《坤》六四：括囊，无咎无譽。四居近五之位，而無相得之義，乃上下閉隔之時。其自處以正，危疑之地也。若晦藏其知，如括結囊口而不露，則可得无咎，不然則有害也。既晦藏，則无譽矣。象曰：括囊无咎，慎不害也。能慎如此，則無害也。《文言》曰：天地變化，草木蕃。天地閉，賢人隱。《易》曰「括囊，无咎无譽」，蓋言謹也。天地交感，則變化萬物，草木蕃盛，君臣相際而道亨。天地閉隔，則萬物不遂，君臣道絶，賢者隱遯。四於閉隔之時，括囊晦藏，則雖无令譽，可得无咎，言當謹自守也。

䷂《屯》初九：磐桓，利居貞。程子曰：「初以陽爻在下，乃剛明之才，當屯難之世【一】，居下位者也。未能便往濟屯，故磐桓也。方屯之初，不磐桓而遽進，則犯難矣，故宜居正而守其志。凡人處屯難，則鮮能守正。苟無

校勘記

【一】當屯難之世　「當」原作「居」，據《伊川易傳》卷一改。

貞固之守，則將失義，安能濟時之屯乎？」象曰：雖磐桓，志行正也。賢人在下，時苟未利，雖磐桓，未能遂往濟時之屯。然有濟屯之志與濟屯之用，志行其正也。六二：屯如邅如，乘馬班如，匪寇婚媾。女子貞不字，十年乃字。二以陰柔居屯之世，雖正應在上，而逼於初剛，故屯難。邅，迴。如，辭也。乘馬，欲行也。欲從正應，而復班如，不能進也。班，分布之義。下馬爲班，與馬異處也。二當屯世，雖不能自濟，而居中得正，有應在上，不失義者也。然逼近於初，陰乃陽所求，柔者剛所陵，柔當屯時，固難自濟。又爲剛陽所逼，故爲難也。設匪逼於寇難，則往求於婚媾矣。婚媾，正應也。寇，非理而至者。二守中正，不苟合於初，所以不字。苟貞固不易，至于十年，屯極必通，乃獲正應而字育矣。以女子陰柔，苟能守其志節，久必獲通，況君子守道不回乎？初爲賢明剛正之人，而爲寇以侵逼於人，何也？曰：此自據二以柔近剛而爲義，更不計初之德如何也。《易》之取義如此。朱子曰：「字，許嫁也【二】。《禮》曰：『女子許嫁，笄而字。』」《象》曰：六二之難，乘剛也。十年乃字，反常也。六二居屯之時，而又乘剛，爲剛陽所逼，是其患難也。至於十年，則難久必通矣，乃得反其常，與正應合也。十，數之終也。六三：即鹿无虞，惟入于林中。君子幾不如舍，往吝。六三以陰柔居剛，柔既不能安屯，居剛而不中正，則妄動。雖貪於所求，既不足以自濟，又無應援，將安之乎？如即鹿而無虞人也。入山林者，必有虞人以導之。無導之者，惟陷入於林莽中。君子見事之幾微，不若舍而勿逐，往則徒取窮吝而已。《象》曰：即鹿无虞，以從禽也。君子舍之，往吝窮也。事不可而妄動，以從欲也。無虞而即鹿，以貪禽也。當屯之時，不可動而動，猶無虞而即鹿，以有從禽之心也。君子則見幾而舍之不從，若往則可吝而困窮也。

䷃《蒙》：亨，匪我求童蒙，童蒙求我。初筮告，再三瀆，瀆則不告，利貞。蒙有開發之理，亨之義也。卦才時中，乃致亨之道。六五爲蒙之主，而九二發蒙者也。我，謂二也。五居尊位，有柔順之德，而方在童

【二】許嫁也　「許」字原脫，據《周易本義》卷一補。

蒙，與二爲正應，而中德又同，能用二之道以發其蒙也。二以剛中之德在下，爲君所信向，當以道自守，待君至誠求己，而後應之，則能用其道。匪我求於童蒙，乃童蒙來求於我也。筮，占決也。初筮告，謂至誠一意以求己則告之，再三則瀆慢矣，故不告也。發蒙之道，利以貞正。又二雖剛中，然居陰，故宜有戒。**匪我求童蒙，童蒙求我，志應也。**二以剛明之賢處於下，五以童蒙居上。非是二求於五，蓋五之志應於二也。賢者在下，豈可自進以求於君？苟自求之，必無能信用之理。古之人所以必待人君致敬盡禮而後往者，非欲自爲尊大，蓋其尊德樂道，不如是不足與有爲也。

**䷄《需·象》曰：需，須也。險在前也。剛健而不陷，其義不困窮矣。**需之義，須也。以險在於前，未可遽進，故需待而行也。以乾之剛健，而能需待，不輕動，故不陷於險，其義不至於困窮也。剛健之人，其動必躁，乃能需待而動，處之至善者也。故夫子贊之云「其義不困窮矣」。**《象》曰：雲上於天，需，君子以飲食宴樂。**雲氣蒸而上升於天，必待陰陽和洽，然後成雨。雲方上於天，未成雨也，故爲須待之義。陰陽之氣交感而未成雨澤，猶君子蓄其才德，而未施於用也。君子觀雲上於天，需而爲雨之象，懷其道德，安以待時，飲食以養其氣體，宴樂以和其心志，所謂居易以俟命也。呂氏曰：「《易傳》云『飲食以養其氣體，宴樂以和其心志』，二句極有意味。蓋君子於未遇之時，涵養成就，一旦有用，則无施不可，此非口體之養而已也。」愚謂氣體不充，則有憔悴而已爾。心志不和，則有忿躁而已爾。若是者，且不能保其生，況能俟時以有爲乎【三】？借使有爲，以憔悴之質，忿躁之心，安能負荷天下之重而平享天下之事乎？有志於需者，當深玩也。**初九：需于郊，利用恒，无咎。**需者，以遇險，故需而後進。初最遠於險，故爲需于郊。郊，曠遠之地也。處於曠遠，利在安守其常，則无咎也。不能安守其常，則躁動犯難，豈能需於遠而无過也。**《象》曰：需于郊，不犯難行也。利用恒，无咎，未失常也。**處曠遠者，

【三】俟時以有爲　「時」，四庫本作「命」。

不犯冒險難而行也。陽之爲物，剛健上進者也。初能需待於曠遠之地【四】，不犯險難而進，復宜安處不失其常，則可以无咎矣。雖不進，而志動者不能安其常也。君子之需時也，安静自守，志雖有須，而恬然若將終身焉，乃能用常也。

九二：需于沙，小有言，終吉。坎爲水，水近則有沙。二去險漸近，故爲需于沙。漸近於險難，雖未至於患害，已小有言矣。言語之傷，至小者也。二以剛陽之才，居柔守中，寬裕自處，需之善也。雖去險漸近，而未至於險，故小有言語之傷，而无大害，終得其吉也。《象》曰：需于沙，衍在中也。雖小有言，以吉終也。衍，寬綽也。二雖近險，而以寬裕居中，故雖小有言語及之，終得其吉，善處者也。九三：需于泥，致寇至。泥，逼於水也。既進逼於險，當致寇難之至也。三，剛而不中，又居健體之上，有進動之象，故致寇也。苟非敬順【五】，則致喪敗矣。《象》曰：需于泥，災在外也。自我致寇，敬慎不敗也。三切逼上體之險，故云災在外也。三之致寇，由己進而逼之，故云自我。寇自己致，若能敬慎，量宜而進，則無喪敗也。需之時，需而後進也。其義在相時而動，非戒其不得進也。直使敬慎無失其宜耳。

䷇《比》：吉，原筮。元永貞，无咎。比，吉道也。人相親比，自爲吉道。故《雜卦》云「比樂師憂」，人相親比，必有其道。苟非其道，則有悔咎，故必推原占決，其可比者而比之。筮謂占決卜度，非謂以蓍龜也。所比得元永貞，則无咎。元謂有君長之道，永謂可以常久，貞謂得正道，上之比下，必有此三者。下之從上，必求此三者，則无咎也。

六二：比之自内，貞吉。二與五爲正應也，皆得中正，以中正之道相比者也。二處於内，自内，謂由己也。擇才而用，雖在乎上，而以身許國，必由於己，己以得君，道合而進，乃得正而吉也。以中正之道應上之求，乃自内也，不自失也。汲汲以求比者，非君子自重之道，乃自失也。《象》曰：比之自内，不自失也。守己中正之道，以待上之求，乃不自失也。《易》之爲戒嚴密。二雖中正，質柔體順，故有貞吉自失之戒。戒之自守，以待上之求，無乃涉後

【四】初能需待　「能」原作「豈」，據《伊川易傳》卷一改。

【五】苟非敬順　「苟」原作「有」，據四庫本改。

凶乎？曰：士之脩己，乃求上之道。降志辱身，非自重之道也。故伊尹、武侯救天下之心非不切，必待禮至然後出也。

䷉《履》初九：素履往，无咎。履不處者，行之義。初處至下，素在下者也。而陽剛之才，可以上進，若安其卑下之素而往，則无咎矣。夫人不能自安於貧賤之素，則其進也，乃貪躁而動，求去乎貧賤耳，非欲有爲也。既得其進，驕溢必矣，故往則有咎。賢者則安履其素，其處也樂，其進也將有爲也，故得其進，則有爲而無不善，乃守其素履者也。《象》曰：素履之往，獨行願也。安履其素而往者，非爲利也，獨行其志願爾。獨，專也。若欲貴之心，與行道之心交戰于中，豈能安履其素也？九二：履道坦坦，幽人貞吉。九二居柔，寬裕得中，其所履坦坦然，平易之道也。雖所履得坦易之道，亦必幽靜安恬之人處之，則能貞固而吉也。九二陽志上進，故有幽人之戒。《象》曰：幽人貞吉，中不自亂也。履道在於安靜，其中恬正，則所履安裕。中若躁動，豈能安其所履？故必幽人，則能堅固而吉。蓋其中心安靜，不以利欲自亂也。

䷊《泰》初九：拔茅茹以其彙，征吉。初以陽爻居下，是有剛明之才而在下者也。時之否，則君子退而窮處。時既泰，則志在上進也。君子之進，必與其朋類相牽援，如茅之根然，拔其一則牽連而起矣。茹，根之相牽連者，故以爲象。彙，類也。賢者以其類進，同志以行其道，是以吉也。君子之進，必以其類，不唯志在相先，樂於與善，實乃相賴以濟。故君子、小人，未有能獨立不賴朋類之助者也。自古君子得位，則天下之賢萃於朝廷，同志協力，以成天下之泰。小人在位，則不肖者並進，然後其黨勝而天下否矣。蓋各從其類也。《象》曰：拔茅征吉，志在外也。時將泰，則羣賢皆欲上進。三陽之志欲進，同也。故取茅茹彙征之象。志在外，上進也。朱子曰：「征行之吉也，郭璞《洞林》讀至彙字絶句，下卦放此。」

䷋《否》初六：拔茅茹以其彙，貞吉，亨。泰與否皆取茅爲象者，以羣陽羣陰同在下，有牽連之象也。

泰之時，則以同征爲吉。否之時，則以同貞爲亨。始以内小人、外君子爲否之義，復以初六否而在下爲君子之道。《易》隨時取義，變動無常。否之時，在下者，君子也。否之三陰，上皆有應，在否隔之時，隔絶不相通，故無應義。初六能與其類貞固其節，則處否之吉，而其道之亨也。當否而能進者，小人也。君子則伸道免禍而已。居子進退，未嘗不與其類同也。《象》復推明以盡君子之心。

《象》曰：拔茅貞吉，志在君也。以其道方否，不可進，故安之耳，心固未嘗不在天下也。其志常在得君而進，以康濟天下，故曰志在君也。朱子曰：「三陰在下，當否之時，小人連類而進之象，而初之惡，則未形也。故戒其貞，則吉而亨。蓋能如是，則變而爲君子矣。」按：朱子之説與程傳不同，姑附此。

六二：包承，小人吉，大人否亨。六二其質則陰柔，其居則中正。以陰柔小人而言，則方否於下，志所包蓄者，在承順乎上以求濟，其否爲身之利，小人之吉也。大人當否，則以道自處，豈肯枉己屈道，承順於上，唯自守其否而已。身之否，乃其道之亨也。或曰：「上下不交，何所承乎？」曰：「正則否矣，小人順上之心，未嘗無也。」

《象》曰：大人否亨，不亂羣也。大人於否之時，守其正節，不雜亂於小人之羣類，身雖否而道之亨也，故曰否亨。不以道而身亨，乃道否也。不云君子而云大人，能如是則其道大也。朱子曰：「陰柔而中正，小人而能包容承順乎君子之象，小人之吉道也。大人則當安守其否，而後道亨，蓋不可以彼包承於我，而自失其守也。」或問：「楊氏包承小人之説，然乎？」曰：「《易》之説，未有云爾者，而楊氏屢言之。若使大人處否，而包承乎小人以得亨利，則亦不足以爲大人矣。是説之行，將啓後世爲苟容幸免之弊，懼非所以爲訓也。」

䷑《蠱》上九：不事王侯，高尚其事。上九居蠱之終，無係應一無應字。於下，處事之外，無所事之地也。以剛明之才，無應援而處無事之地，是賢人君子不偶於時，而高潔自守，不累於世務者也，故云「不事王侯，高尚其事」。古之人有行之者，伊尹、太公望之始，曾子、子思之徒是也。不屈道以徇時，既不得施設於天下，則自善其身，尊高敦尚其事，守其志節而已。士之自高尚，亦（一無亦字）非一道，有懷抱道德，不偶於時，而高潔自守者；有知止足之道，退而自保者；有量能度分，安於不求者；有清介自守，不屑天下之事，獨潔其身者。所處雖有得失小大之殊，皆自高尚其事者也。《象》所謂志可則者，進退合道者也。

䷓《觀》六四：觀國之光，利用賓于王。觀莫明於近。五以剛陽中正，居尊位，聖賢之君也。四切近之，觀見其道，故云「觀國之光」。觀見國之盛德光輝也。不指君之身而云國者，在人君而言，豈止觀其行於一身？當觀天下之政化，則人君之道德可見矣。四雖陰柔，而巽體居正，切近於五，觀見而能順從者也。利用賓于王，夫聖明在上，則懷抱才德之人，皆願進於朝廷，輔戴之以康濟天下。四既觀見人君之德，國家之治，光華盛美，所宜賓于王朝，效其智力，上輔於君以施澤天下，故云「利用賓于王」也。古者有賢德之人，則人君賓禮之，故士之仕進於王朝，則謂之賓。《象》曰：觀國之光，尚賓也。君子懷負才業，志在乎兼善天下，然有卷懷自守者，蓋時無明君，莫能用其道，不得已也，豈君子之志哉？故孟子曰：「中天下而立，定四海之民，君子樂之。」既觀見國之盛德光華，古人所謂非常之遇也（一无也字）。所以志願登進王朝，以行其道，故云「觀國之光，尚賓也」。尚謂志尚，其志意願慕賓于王朝也。

䷖《剥》：不利有攸往。剥者，羣陰長盛，消剥於陽之時。衆小人剥喪於君子，故君子不利有所往，唯當巽言晦迹，隨時消息，以免小人之害也。《象》曰：剥，剥也，柔變剛也。不利有攸往，小人長也。剥，剥也，謂剥落也。柔變剛也，柔長而剛剥也。夏至一陰生而漸長，一陰長則一陽消，至於建戌，則成剥，是陰柔變陽剛也。陰，小人之道方長盛，而剥消於（一作則）陽，故君子不利有所往也。朱子曰：「剥，落也。五陰在下而方生，一陽在上而將盛，陰盛長而陽消落，九月之卦也。陰盛陽衰，小人壯而君子病，又内坤外艮，有順時而止之象。」順而止之，觀象也。君子尚消息盈虚，天行也。君子當剥之時，知不可有所往，順時而止，乃能觀剥之象也。卦有順止之象，乃處剥之道，君子當觀而體之。君子尚消息盈虛，天行也。君子存心消息盈虛之理而能順之，乃合乎天行也。理有消衰，有息長，有盈滿，有虛損，順之則吉，逆之則凶，君子隨時敦尚，所以事天也。

䷞《咸》六二：咸其腓，凶，居吉。二以陰在下，與五爲應，故設咸腓之戒。腓，足肚，行則先動，足乃舉之，非如腓之自動也。二若不守道，待上之求，而如腓自動，則躁妄自失，所以凶也。安其居而不動，以待上之求，則得進退之道而吉也。二，中正之人，以其在咸而應五，故爲此戒。復云「居吉」，若安其分，不自動，則吉也。《象》曰：雖凶居吉，順不害也。二居中得正，所應又中正，其才本善，以其在咸之時，質柔而上應，故戒以先動求君則凶，居以自守則吉。《象》復明之云：非戒之不得相感，唯順理則不害，謂守道不先動也。

䷠《遯》：遯，退也，避也，去之之謂也。爲卦，天下有山。天，在上之物，陽性上進【六】。山，高起之物，形雖高起，體乃止。物有上陵之象而止不進，天乃上進而去之，下陵而上去，是相違遯，故爲遯去之義。二陰生於下，陰長將盛，陽消而退，小人漸盛，君子退而避之，故爲遯也。遯亨，小利貞。遯者，陰長陽消，君子遯藏之時也。君子退藏以伸其道，道不屈則爲亨，故遯所以有亨也。在事，亦有由遯避而亨者。雖小人道長之時，君子知幾遠避，固善也。然事有不齊，與時消息，無必同也。陰爲方長，而未至於甚盛，君子尚有遲遲致力之道，不可大貞，而尚利小貞也。朱子曰：「遯，退避也。爲卦二陰浸長，陽當退避，故爲遯，六月之卦也。陽雖當遯，然九五當位，而下有六二之應，若猶可以有爲，但二陰浸長於下，則其勢不可以不遯，故其占爲君子能遯，則身雖退而道亨；小人則利於守正，不可以浸長之故，而侵迫於陽也。小，謂陰柔小人也。」二先生之説不同，正當參考。《象》曰：遯亨，遯而亨也。小人道長之時，君子遯退，乃其道之亨也。君子遯藏，所以伸道也。此言處遯之道，自「剛當位而應」以下，則論時與卦才，尚有可爲之理也。剛當位而應，與時行也。雖遯之時，君子處之，未有必遯之義。五以剛陽之德，處中正之位，又

【六】陽性上進　「上」原作「士」，據《伊川易傳》卷三改。

下與六二以中正相應，雖陰長之時，如卦之才，尚當隨時消息。苟可以致其力，无不至誠自盡以扶持其道【七】，未必於遯藏而不爲，故曰「與時行也」。小利貞，浸而長也。遯之時義大矣哉！遯者，陰之始長，君子知微，故當深戒，而聖人之意未便遽已也，故有「與時行，小利貞」之教。聖人之於天下，雖知道之將廢，豈肯坐視而不救？必區區致力於未極之間，强此之衰，艱彼之進，苟得爲之，孔、孟之所屑爲也，王允、謝安之於漢、晉是也。初六：遯尾，厲，勿用有攸往。它卦以下爲初。遯者，往遯在前也。前者先進，故初乃爲尾。尾，在後之物也。遯而在後不及者也，是以危也。初以柔處微，既已後矣，不可往也，往則危矣。微者，易於晦藏，往既可危，不若不往之无災也。《象》曰：遯尾之厲，不往何災也。見幾先遯，固爲善也。遯而爲尾，危之道也。往既有危，不若不往而晦藏，可免於災，處微故也。古人處微下，隱亂世，而不去者多矣。朱子曰：「遯而在後，尾之象，危之道也。占者不可以有所往，但晦處静俟，則可以免災耳。」九四：好遯，君子吉，小人否。四與初爲正應，是所好愛者也。君子雖有所好愛，義苟當遯，則去而不疑。所謂克己復禮，以道制欲，是以吉也。小人則不能以義處，暱於所好，牽於所私，至於陷辱其身不能已，故在小人則否也。否，不善也。四，乾體能剛斷者。聖人以其處陰而有係，故設小人之戒，恐其失於正也。《象》曰：君子好遯，小人否也。君子雖有好而能遯，不失於義。小人則不能勝其私意，而至於不善也。九五：嘉遯，貞吉。九五中正，遯之嘉美者也。處得中正之道，時止時行，乃所謂嘉美也，故爲貞正而吉。九五非無係應，然與二皆以中正自處，是其心志及乎動止，莫非中正，而無私係之失，所以爲嘉也。在《象》則概言遯時，故云「與時行，小利貞」，尚有濟遯之意。於爻之至五，遯將極矣，故唯以中正處遯言之。遯非人君之事，故不主君位言，然人君之所避遠乃遯也，亦在中正而已。《象》曰：嘉遯，貞吉，以正志也。志正則動必由正，所以爲遯之嘉也。居中得正，而應中正，是其志正也，所以爲吉。人之遯也，止也，唯在正其志而已矣。上九：肥遯，

【七】扶持其道　「其」原作「耳」，據四庫本、《伊川易傳》卷三改。

无不利。肥者，充太寬裕之意。遯者，唯飄然遠逝，無所係滯之爲善。上九乾體剛斷，在卦之外矣。又下無所係，是遯之遠而無累，可謂寬綽有餘裕也。遯者，窮困之時也，善處則爲肥矣。其遯如此，何所不利？《象》曰：肥遯，无不利，無所疑也。其遯之遠，無所凝滯也。蓋在外則已遠，無應則無累，故爲剛決無疑也。

䷢《晉》初六：晉如摧如，貞吉，罔孚，裕无咎。初居晉之下，進之始也。晉如，升進也。摧如，抑退也。於始進而言，遂其退，不遂其進，唯得正則吉也。罔孚者，在下而始進，豈遽能深見信於上？苟上未見信，則當安中自守，雍容寬裕，无急於求上之信也。苟欲進之心切，非汲汲以失其守，則悻悻以傷於義矣，皆有咎也。故裕則无咎，君子處進退之道也。

䷣《明夷》初九：明夷于飛，垂其翼。君子于行，三日不食，有攸往，主人有言。初九明體，而居明夷之初，見傷之始也。九，陽明上升者也，故取飛象。昏暗在上，傷陽之明，使不得上進，是于飛而傷其翼也。翼見傷，故垂朶。凡小人之害君子，害其所以行者。「君子于行，三日不食」，君子明照，見事之微，雖始有見傷之端，未顯也，君子則能見之矣，故行去避之。「君子于行」，謂去其禄位而退藏也。「三日不食」，言困窮之極也。事未顯而處甚艱，非見幾之明不能也。夫知幾者，君子之獨見，非衆人所能識也。故明夷之始，其見傷未顯而去之，則世俗孰不疑怪？故有所往適，則主人有言。然君子不以世俗之見怪【八】，而遲疑其行也。若俟衆人盡識，則傷已及而不能去矣。此薛方所以爲明，而揚雄所以不獲其去也。或曰：傷至於垂翼，傷已明矣，何得衆人猶未識也？曰：初，傷之始也，云「垂其翼」，謂傷其所以飛尔，其事尚未顯也。君子見幾，故亟去之。世俗之人未能見也，故異而非之。如穆生之去楚，申公、白公且非之，况世俗之人乎？但譏其責小禮，而不知穆生之去，避胥靡之禍也。當其言曰「不去，楚人將鉗我於市」，雖二儒者亦以爲過甚之言也。又如袁閎於黨事未起之前，名德之士方鋒起，而獨潛土室，故人以爲狂，卒免黨錮之禍。而人有言，胡足怪也？《象》曰：君子于行，義不食也。君子遯藏而困窮，義當然也。唯義之當然，故

【八】世俗之見怪　「怪」原脱，據《伊川易傳》卷三補。

安處而無悶【九】，雖不食可也。

䷦《蹇》初六：往蹇來譽。六居蹇之初，往進則益入於蹇，往蹇也。當蹇之時，以陰柔無援而進，其蹇可知。來者，對往之辭。上進則爲往，不進則爲來。止而不進，是有見幾知時之美，來則有譽也。《象》曰：往蹇來譽，宜待也。方蹇之初，進則益蹇，時之未可進也，故宜見幾而止，以待時可行而後行也。諸爻皆蹇往而善來，然則無出蹇之義乎？曰：在蹇而往，則蹇也。蹇終則變矣，故上已（一作六）有碩義。

䷳《艮》九三：艮其限，列其夤，厲薰心。止道貴乎得宜，行止不能以時而定於一，其堅强如此，則處世乖戾，與物睽絶，其危甚矣。人之固止一隅，而舉世莫與宜者，則艱蹇忿畏，焚燒其中【一〇】，豈有安裕之理？「厲薰心」，謂不安之（一作其勢）薰爍其中（一有心字）也。《象》曰：艮其限，危薰心也。謂其固止不能進退，危懼之慮常薰爍其中心也。上九：敦艮，吉。九以剛實居上，而又成艮之主，在艮之終，止之至堅篤者也。敦，篤實也。居止之極，故不過而爲敦。人之止，難於久終，故節或移於晚，守或失於終，事或廢於久，人之所同患也。上（一无上字）九能敦厚於終，止道之至善，所以吉也。六爻之德，唯此爲吉。《象》曰：敦艮之吉，以厚終也。天下之事，唯終守之爲難。能敦於止，有終者也。上之吉，以其能厚於終也。

《論語》：憲問恥。子曰：「邦有道，穀。邦無道，穀，恥也。」朱子曰：「邦有道不能有爲，邦無道不能獨善，而但知食禄，皆可恥也。」

子曰：「邦有道，危言危行。邦無道，危行言孫。」尹氏曰：「君子之持身不可變也，至於言，則有時而不敢盡，以避禍也。然則爲國者使士言孫，豈不殆哉！」洪氏曰：「危，非矯激也，直道而已。孫，非阿諛也，遠害而已。」吴氏曰：「言孫者，亦非失其正也，特少致其委曲，如夫子之對陽貨云耳。」

【九】安處而無悶　「而無」原作「不厄」，據四庫本改。

【一〇】焚燒其中　「燒」原作「撓」，據四庫本改。

子謂南容：「邦有道，不廢。邦無道，免於刑戮。」以其兄之子妻之。朱子曰：「以其謹於言行，故能見用於治朝，免禍於亂世也【一一】。」

子曰：「甯武子邦有道則知，邦無道則愚。其知可及也，其愚不可及也。」朱子曰：「甯武子，衛大夫，名俞。按《春秋傳》，武子仕衛，當文公、成公之時。文公有道，而武子無事可見，此其知之可及也。成公無道，至於失國，而武子周旋其間，盡心竭力不避險難。凡其所處，皆智巧之士所深避而不肯爲者，而能卒保其身以濟其君，此其愚之不可及也【一二】。」程子曰：「邦無道能沉晦以免患，故曰『不可及』。亦有不當愚者，比干是也。」甯武子事見《春秋左氏傳》【一三】。僖二十有八年，晉侯伐衛。夏，晉楚戰于城濮，楚師敗績。衛侯聞楚師敗，懼，出奔楚，使元咺奉叔武以受盟。六月，晉人復衛侯【一四】，甯武子與衛人盟于城濮。國人聞此盟也，而後不貳。衛侯先期入，甯子先，叔武將沐，聞君至，喜，捉髮走出，前驅射而殺之。元咺出奔晉。冬，衛侯與元咺訟，甯武子爲輔，鍼莊子爲坐，士榮爲大士。衛侯不勝，殺士榮，刖鍼莊子，謂甯俞忠而免之。執衛侯，歸之于京師，寘諸深室。甯武子職納橐饘焉【一五】。三十年，晉侯使醫衍酖衛侯，甯俞貨醫，使薄其酖，不死。秋，乃釋衛侯。

季氏使閔子騫爲費宰，閔子騫曰：「善爲我辭焉，如有復我者，則吾必在汶上矣。」朱子曰：「閔子不欲臣季氏，令使者善爲已辭。」程子曰：「仲尼之門，能不仕大夫之家者，閔子、曾子數人而已。」謝氏曰：「學者能少知内外之分，皆可以樂道而忘人之勢。況閔子得聖人爲之依歸，彼其視季氏不義之富貴，不啻犬彘。又從而臣之，豈其心哉？在聖人則有不然者，蓋居亂邦，見惡人，在聖人則可。自聖人以下，剛則必取禍，柔則必取辱。閔子豈不能早見而豫待之乎？如由也不得其死，求也爲季氏附益，夫豈其本心哉！蓋既無先見之知，又無克亂之才故也。然則閔子其賢乎！」或問八章之説。曰【一六】：「謝氏之説，粗厲感奮，若不近聖賢氣象者，而吾獨有取焉，亦以其足以立懦夫之志而已。」

【一一】免禍於亂世也　「也」原脱，據四庫本、《論語集注》卷三補。
【一二】此其愚之　「此」原作「北」，據四庫本、《論語集注》卷三改。
【一三】事見春秋　「見」原作「是」，據四庫本改。
【一四】晉人復衛侯　「衛」原作「復」，據四庫本、《春秋左傳正義》卷十六改。
【一五】甯武子　「武」字原脱，據四庫本補。
【一六】八章之説曰　此句原脱，據《四書或問》卷十一補。

子曰：「篤信好學，守死善道。朱子曰：「篤，厚而力也。不篤信，則不能好學。然篤信而不好學，則所信或非其正。不守死，則不能以善其道。然守死而不足以善其道，則亦徒死而已。蓋守死者，篤信之效；善道者，好學之功。」危邦不入，亂邦不居，天下有道則見，無道則隱。君子見危授命，則仕危邦者無可去之義，在外則不入可也。亂邦未危，而刑政紀綱紊矣，故潔其身而去之。天下，舉一世而言。無道，則隱其身而不見也。此惟篤信好學、守死善道者能之。邦有道貧且賤焉，恥也。邦無道，富且貴焉，恥也。」世治而無可行之道，世亂而無能守之節，碌碌庸人，不足以爲士矣，可恥之甚也。　晁氏曰：「有學有守，而去就之義潔，出處之分明，然後爲君子之全德也【一七】。」

子曰：「賢者辟世，朱子曰：「天下無道而隱【一八】，若伯夷、太公是也。」其次辟地，去亂國，適治邦。其次辟色，禮貌衰而去。其次辟言。」有違言而後去也。程子曰：「四者雖以大小次第言之，然非有優劣也，所遇不同爾。」　黄氏曰：「四者固非有優劣，然賢者之處世，豈不能超然高舉，見幾而作，乃至發見於言色，而後辟之耶？曰：出處之義，自非一端，隨其所居之位，而量其所處之宜可也。衛靈公顧蜚鴈則辟色矣，問陳則辟言矣，豈夫子於此爲劣乎？此所以不可以優劣言也。」

子路宿於石門。晨門曰：「奚自？」子路曰：「自孔氏。」曰：「是知其不可而爲之者與？」朱子曰：「石門，地名。晨門，掌晨啓門，蓋賢人隱於抱關者也。自，從也。問其何所從來也。」胡氏曰：「晨門知世之不可而不爲，故以是譏孔子。然不知聖人之視天下，無不可爲之時也。」　黄氏曰：「晨門見己而不見聖人，故以是爲言。然無孔子之聖，則寧爲晨門，而自處於抱關擊柝也。其言聖人則非，而自處其身則是，亦可謂賢也已。」

南軒曰：「聖人非不知道之不可行，而皇皇於斯世者，天地生物之心也。彼雖知世之不可以爲，而未知道之不可以已。」

【一七】之義潔出處之分明然後爲君子之全德也　此十七字原無，據四庫本補。

【一八】無道而隱　「而隱」二字原無，據《論語集注》卷七補。

子擊磬於衛，有荷蕢而過孔氏之門者，曰：「有心哉，擊磬乎？」磬，樂器。荷，擔也。蕢，草器也。此荷蕢者，亦隱士也。聖人之心未嘗忘天下，此人聞磬聲而知之，則亦非常人矣。既而曰：「鄙哉，硜硜乎，莫己知也，斯已而已矣。深則厲，淺則揭。」莫己之己，音紀，餘音以。硜硜，石聲，亦專確之意。以衣涉水曰厲，攝衣涉水爲揭，此兩句，《衛風·匏有苦葉》之詩也。譏孔子人不知己而不止，不能適淺深之宜。子曰：「果哉！末之難矣。」果哉，歎其果於忘世也。末，無也。聖人心同天地，視天下猶一家，中國猶一人，不能一日忘也。故聞荷蕢之言，而歎其果於忘世。且言人之出處，若但如此，則亦無所難矣。　南軒：「難作去聲，謂其言之果，無得與辨論矣。」

衛靈公問陳於孔子。孔子對曰：「俎豆之事，則嘗聞之矣。軍旅之事，未之學也。」明日遂行。在陳絶糧，從者病，莫能興。子路慍見曰：「君子亦有窮乎？」子曰：「君子固窮，小人窮斯濫矣。」朱子曰：「言君子固有窮時，不若小人窮則放溢爲非。」程子曰：「固窮者，固守其窮。」亦通。　愚謂聖人當行而行，無所顧慮，處困而亨，無所怨悔，於此可見。學者宜深味之。　或問：「靈公問陳而夫子遽行，何也？」曰：「爲國以禮，戰陳之事，非人君所宜問也。況靈公無道，夫子固知之矣，特以其禮際之善，庶幾可與言者，是以往來於衛，爲日最久，而所以啓告之者，亦已詳矣。乃於夫子之言，一無所入，至是而猶問陳焉，則其志可知矣。故對以未學而去之。然不徒曰未學而已，猶以俎豆之事告之，則夫子之去，蓋亦未有必然之意。使靈公於此有以發悟於心而改事焉，則夫子之行孰謂其不可留哉？故《史記》又云：『明日與孔子語，見蜚鴈，仰視之，色不在孔子，孔子遂行。』則是夫子之行，又以禮際之不善，而決不專於問陳一事也。夫子既行，而靈公卒，衛國大亂，俎豆之對，其旨遠哉！」　南軒曰：「夫自春秋之時言之，諸國以强弱爲勝負，軍旅之事宜在所先，而俎豆之事疑若不急者矣。曾不知國之所以爲國者，以夫天叙天秩實維持之也。爲國者志存乎典禮，則孝順和睦之風興，協力一心，尊君親上，其强執禦焉？不然，三綱淪廢，人有離心，國誰與立？軍旅雖精，果何所用哉！」

**隱居以求其志，行義以達其道，吾聞其語矣，未見其人也。**朱子曰：「求其志，守其所達之道也。達其道，行其所求之志也。蓋伊尹、太公之流可以當之。當時若顔子，亦庶乎此。然隱而未見，又不幸而蚤死，故夫子言然。隱居以求志，行義以達道，則其退也，所以安其義之所安；而其進也，所以推其道於天下矣。蓋其所達之道，即其所求之志也。此大人之事，故曰未見其人也。」

**子曰：「直哉，史魚！邦有道，如矢；邦無道，如矢。**朱子曰：「史，官名。魚，衛大夫，名鰌。如矢，言直也。史魚自以不能進賢退不肖，既死猶以尸諫，故夫子稱其直。事見《家語》。」**君子哉，蘧伯玉！邦有道則仕，邦無道則可卷而懷之。」**伯玉出處，合於聖人之道，故曰君子。卷，收也。懷，藏也。如於孫林父、甯殖放弑之謀，不對而出，亦其事也。　楊氏曰：「史魚之直，未盡君子之道。若蘧伯玉，然後可免於亂世。若史魚之如矢，則雖欲卷而懷之，有不可得也。」　或問尸諫之説。曰：「按《家語》：衛靈公不用蘧伯玉，而任弥子瑕。史魚諫不從，將卒，命其子曰：『吾生不能正君，死無以成禮，宜置尸牖下。』其子從之。靈公吊而問之，子以父言告。公曰：『是寡人之過也。』遂命殯於客位，而進伯玉退子瑕。此其説也。有以伯玉得明哲保身之道，而史魚所不及者非也。伯玉所以如此，蓋其德性深厚，循理而行，自然中節，初非規規然務爲緘默，而預爲可以卷懷之計，初非專爲明哲保身之計也。君子之出處，一於義而已，非有計較利害之心也。然一不中節，而失於矯訐之過，則在己固爲未合於義，且雖曰愛君，而或反陷其君以殺臣之罪，其所以不敢過於爲直，亦不專爲保身計也。」　南軒曰：「史魚可以謂之直而已，然能伸而不能屈，未盡君子之道。若蘧伯玉之可卷而懷，則能因時而屈伸矣，故謂之君子。然比於用則行、舍則藏者，則猶有卷懷之意，未及乎潛龍之隱見也。」

陽貨欲見孔子，孔子不見，歸孔子豚。孔子時其亡也，而往拜之，遇諸塗。朱子曰：「陽貨，季氏家臣，名虎。嘗囚季桓子而專國政【一九】。欲令孔子求見己，而孔子不往。貨以禮，大夫有賜於士，不得受於其家，則往拜其門。故瞰孔子之亡而歸之豚，欲令孔子來拜而見之也。」謂孔子曰：「來！予與爾言。」曰：「懷其寶而迷其邦，可謂仁乎？」曰：「不可。」「好從事而亟失時，可謂知乎？」曰：「不可。」「日月逝矣，歲不我與。」孔子曰：「諾，吾將仕矣。」懷寶迷邦，謂懷藏道德，不救國之迷亂。亟，數也。失時，謂不及事幾之會。將者，且然而未必之辭。貨語皆譏孔子而諷使速仕，孔子固未嘗如此，而亦非不欲仕也，但不仕於貨耳。故直據理答之，不復與辯，若不諭其意者。陽貨之欲見孔子，雖其善意，然不過欲使助己爲亂耳。故孔子不見者，義也。其往拜者，禮也。必時其亡而往者，欲其稱也。遇諸塗而不避者，不終絶也。隨問而對者，理之直也。對而不辯者，言之孫而亦无所詘也。楊氏曰：「揚雄謂孔子於陽貨也，敬所不敬，爲詘身以信道，非知孔子者。蓋道外无身，身外无道，身詘矣而可以信道，吾未之信也。」或問首章之説。曰：「觀夫子所以告微生畝與夫辨長沮、桀溺之語，則聖人之自言未嘗不正其理而明辨之也。至於告陽貨，則隨其所問，應答如響，而略無自明之意，則亦見陽貨之暴有不足告，而姑孫辭以答之。然味其旨，則亦无非義理之正，與其中心之實然者，則是初亦未嘗詘也。胡、張之説善矣。胡氏曰：『揚氏謂孔子於陽貨，爲詘身以信道，雄之意，蓋以身與道爲二物也。是以其自爲也，黽勉莽、歆之間【二〇】，而擬《論語》、《周易》以自附於夫子，豈不謬哉！』張敬夫曰：『聖人之待惡人，言雖孫而理未嘗枉，若他人孫言，則或至於害理，直理則或至於犯害，惟聖人則從容酬酢，而自然中節也。』」黄氏曰：「『日月逝矣，歲不我與』，此陽貨之言。《集注》所謂諷使速仕，亦謂是也。其語意蓋謂夫子既老，可以有爲之。日月已過矣，歲運而往，其去甚速，豈復與我而爲我少緩乎？是亦諷使速仕也。學者於此章固當因是以得聖人待惡人之道，又當知聖人之言動從容中節如此者，蓋道全德備，義精仁熟，如化工生物，皆自然而然，有志於學者，不可以不勉也。」

【一九】囚季桓子　「桓」原作「威」，據四庫本改作「桓」。下同。

【二〇】黽勉莽歆之間　「莽歆」原作「賢莽」，據《論語或問》卷十七改。

按：夫子之見陽貨，蓋待小人之道也。今以《易》、《論語》、《孟子》數條附此。

《遯·象》曰：「天下有山，遯，君子以遠小人，不惡而嚴。」《傳》曰：「天下有山，山下趨而乃止，天上進而相違，是遯避之象也。君子觀其象，以避遠乎小人。遠小人之道，若以惡聲厲色，適足以致其怨忿，唯在乎矜莊威嚴，使知敬畏，則自然遠矣。」朱子曰：「天體無窮【二一一】，山高有限，遯之象也。嚴者，君子自守之常，而小人自不能近。」《睽》初九：「見惡人，无咎」。《傳》曰：「當睽之時，雖同德者相與，然小人乖異者衆，若弃絶之，不幾盡天下以仇君子乎？如此，則失含洪之義，致凶咎之道也，又豈能化不善而使之合乎？故必見惡人，則无咎也。古之聖王，所以化姦凶爲善良，革仇敵爲臣民者，由弗絶也。」朱子曰：「必見惡人，然後可以辟咎，若孔子之於陽貨也。」《論語》：王孫賈問曰：「與其媚於奥，寧媚於竈，何謂也？」子曰：「獲罪於天，無所禱也。」朱子曰：「王孫賈，衛大夫。媚，親順也。室西南隅爲奥。竈者，五祀之一，夏所祭也。凡祭五祀，皆先設主而祭於其所，然後迎尸而祭於奥，略如祭宗廟之儀。如祀竈，則設主於竈陘，祭畢，而更設饌於奥以迎尸也。故時俗之語，因以奥有常尊，而非祭之主。竈雖卑賤，而當時用事，喻自結於君，不如阿附權臣也。賈，衛之權臣，故以諷孔子。孔子云云，蓋天即理也。其尊无對，非奥竈之可比也。逆理，則獲罪於天矣，豈媚於奥竈所能免乎？」謝氏曰：「聖人之言，遜而不迫。使王孫賈而知此意，不爲無益。使其不知，亦非所以取禍。」

子見南子，子路不悦。夫子矢之曰：「予所否者，天厭之！天厭之！」朱子曰：「南子，衛靈公之夫人，有淫行。孔子至衛，南子請見，孔子辭謝，不得已而見之。蓋古者仕於其國，有見其小君之禮。而子路以夫子見此淫乱之人爲辱，故不悦。矢，誓也。所，誓辭也，如云『所不與崔、慶者』之類。否，謂不合於禮，不由其道也。厭，棄絶也。聖人道大德全，無可不可。其見惡人，固謂在我有可見之禮，則彼之不善【二一二】，我何與焉？然此豈子路所能測哉【二一三】？故重言以誓之，欲其姑信此而深思以得之也。」或問：「夫子之見南子，何也？」曰：「按《史記》：孔子至衛，南子使人謂孔子曰：『四方之君子不辱欲與寡君爲兄弟者，必見寡小君。寡小君願見。』孔子辭謝，不得已而見之也。」曰：「仕於其國，而見其小君，禮與？」曰：「是於禮無所見，穀梁子蓋以爲大夫不見夫人，而何休獨有郊迎執贄之説，不知其何所考也。然禮家又謂陽

【二一一】天體無窮　「無」原作「死」，據《周易本義》卷六改。

【二一二】彼之不善　「善」原作「見」，據《論語集注》卷三改。

【二一三】子路所能測　「測」原作「惻」，據《論語集注》卷三改。

侯殺繆侯，而竊其夫人，故大饗廢夫人之禮而使人攝焉。則是大夫雖或有見小君之禮，疑亦久已不行於世，而靈公南子特舉之尔。」曰：「南子既非正嫡，且以淫亂聞於諸侯，而是禮也又非當世之所常行者，則夫子曷爲而不辭也？」曰：「南子之行則醜矣，然其願見，蓋亦有善意焉。且衛君既以爲夫人，而已將仕於其國，則所謂禮從宜、使從俗者，其亦有所不得已焉者矣。又況聖人道隆德盛，雖磨而不磷，雖涅而不緇，亦何爲拘拘翦翦於此，而避一見之嫌乎？」曰：「子路之不悦也，不告以可見之理，而誓之，何也？」曰：「曾氏言之得矣。曾氏曰：『見南子過物之行，子路不悦，非常談所能曉，故誓之如此。』」孟子爲卿於齊，出弔於滕，王使蓋大夫王驩爲輔行。王驩朝暮見，反齊、滕之路，未嘗與之言行事也。公孫丑曰：「齊卿之位，不爲小矣。齊、滕之路，不爲近矣。反之而未嘗與言行事，何也？」曰：「夫既或治之，予何言哉？」朱子曰：「王驩，齊嬖臣也。輔行，副使也。驩蓋攝卿以行，故曰齊卿。夫既或治之，言有司已治之矣。孟子之待小人，不惡而嚴如此。」樂正子從於子敖之齊（子敖，驩字），孟子謂樂正子曰：「子之從於子敖來，徒餔啜也。我不意子學古之道，而以餔啜也。」言其不擇所從，但求食耳。此乃正其罪而切責之。公行子有子之喪，右師往弔，入門，有進而與右師言者，有就右師之位而與右師言者。公行子，齊大夫。右師，王驩也。孟子不與右師言，右師不悦曰：「諸君子皆與驩言，孟子獨不與驩言，是簡驩也。」孟子聞之曰：「禮，朝廷不歷位而相與言，不踰階而相揖也。我欲行禮，子敖以我爲簡，不亦異乎？」朱子曰：「是時齊卿大夫以君命弔，各有位次。若《周禮》，凡有爵者之喪禮，則職喪涖其禁令，序其事，故云朝廷也，云云。」南軒曰：「王驩，齊之嬖卿也。有進而與言者，有就位而與言者，蓋以其嬖於君而諂之也。孟子獨不與言者，道固然也。右師不悦，而以爲簡己者，蓋孟子爲時之所尊，驩雖小人，亦幸其少假辭色，是以望望於此，而以不我顧爲簡也。孟子獨舉朝廷之禮以爲言，何其正大而不迫與【二四】！蓋君子之動，无非禮也。朝廷不歷位而相與言，不踰階而相揖，此禮也。君子行禮，故常履安地而有餘裕。他人不由禮，則自陷於險艱而已【二五】。所謂遠小人，不惡而嚴者，豈有他哉？亦曰禮而已矣。禮之所在，何有於我哉？或者勸伊川先生以加禮貴近，先生曰：『獨不勸以尽禮，而勸以加禮乎？禮尽處豈容有加？』此孟子之意也。唐王毛仲置酒，聞宋璟之名而欲致之，明皇敕使璟

【二四】何其正大　「何」原作「可」，據四庫本改。

【二五】陷於險　「陷」原作「蹈」，據四庫本改。

往，至則北望再拜謝恩，而稱疾以退。璟亦可謂正矣，然毛仲，君之廝役也，往赴其集，義何居乎？若璟聞命而引義以陳，則爲尽善矣。」　愚按：邂、睽之義既殊，孔、孟之行亦異，然德未至於聖，學未可與權，則邂之遠小人，孟子之待王驩，其正法也。昔有問和靖先生曰：「子見南子，子路不悦，何也？」先生曰：「聖人所爲賢，人自不能測。」又問：「不知先生見南子否？」曰：「不敢見。」曰：「何故不見？」曰：「待某磨不磷，涅不緇，雖佛肸召亦往，況南子乎？」由是觀之，孟子可謂善學孔子者矣。　後世惟宋廣平之於楊思勉，伊川先生之於張茂則，皆庶幾有孟子之風焉。士大夫居官立朝，不免與近習接者，當以此爲法。不然，則未有不陷焉者也。　又《易·夬》九三：「壯于頄，有凶。君子夬夬獨行，遇雨若濡，有愠无咎。」夫子以温嶠之於王敦譬之，此又别爲一義。雖非平時待小人之正法，然處變而不失其正，亦學者所當知。其詳見於《本義》。

公山弗擾以費畔，召，子欲往。朱子曰：「弗擾，季氏宰。與陽虎共執桓子，據邑以叛。」子路不説，曰：「末之也已，何必公山氏之之也？」末，無也。言道既不行，無所往矣。何必公山氏之往乎？子曰：「夫召我者而豈徒哉？如有用我者，吾其爲東周乎！」豈徒哉，言必用我也。爲東周，言興周道於東方。　程子曰：「聖人以天下無不可有爲之人，亦無不可改過之人，故欲往。然而終不往者，知其必不能改故也。」　或問云云。曰：「蘇氏得之。蘇氏曰：『孔子之不助畔人，天下所知。畔而召孔子，其志必不在於惡矣。故孔子因其有善心而收之，不自絶而已。弗擾之不能爲東周，亦明矣。然而用孔子，則有可以爲東周之道，故子欲往者，以其有是道也；卒不往者，知其必不能也。』張敬夫曰：『弗擾不稟命於君，而叛其大夫，逆也。欲以是克亂，是以亂易亂，而又加甚爾。後世亂臣賊子，所以借虛名而爲篡奪之計者，多出於此。夫子豈以是而欲往耶？』」

佛肸召，子欲往。朱子曰：「佛肸，晉大夫，趙氏之中牟宰也。」子路曰：「昔者由也聞諸夫子曰：『親於其身爲不善者，君子不入也。』佛肸以中牟畔，子之往也，如之何？」子路恐佛肸之浼夫子，故問此以止夫子之行【二六】。親，猶自也。不入，不入其黨也。**子曰：「然，有是言也。不曰堅乎，磨而不磷；不曰白乎，涅而不緇。**磷，薄也。涅，染緇皂物。言人之不善，不能浼己。楊氏曰：「磨不磷，涅不緇，而後無可無不可。堅白不足，而欲自誠於磨涅，其不磷緇也者，幾希。」**吾豈匏瓜也哉？焉能繫而不食？」**匏，瓠也。匏瓜繫於一處而不能飲食，人則不如是也。　張敬夫曰：「子路昔者之所聞，君子守身之常法。夫子今日之所言，聖人體道之大權也。然夫子於公山、佛肸之召皆欲往者，以天下無不可變之人，無不可爲之事也。其卒不往者，知其人之終不可變，而事之終不可爲耳。一則生物之仁，一則知人之智也。」　或問云云。曰：「張敬夫推明楊氏之説，其意亦善。曰：『子路蓋不悦公山之召矣，及此而後有言者，則以中心所疑，雖聞聖人之言，而自反終未能安，故問以辨之而不敢釋，亦可謂善學矣。然其不悦者，蓋以己觀聖人，而未知以聖人觀聖人耳。』」　黄氏曰：「匏瓜繫而不食，蓋言匏瓜蠢然一物，繫則不能動，不食則無所知。吾乃人類在天地間，能動作，有思慮，自當見之於用，而有益於人，豈微物之比哉！世之奔走以糊其口於四方者，往往借是言以自況，失聖人之旨矣。」

**微子去之，箕子爲之奴，比干諫而死。**朱子曰：「微、箕，二國名。子，爵也。微子，紂庶兄。箕子、比干，紂諸父。微子見紂無道，去之以存宗祀。箕子、比干皆諫，紂殺比干，囚箕子以爲奴，箕子因佯狂而受辱。」**孔子曰：「殷有三仁焉。」**三人之行不同，而同出於至誠惻怛之意，故不咈乎愛之理，而有以全其心之德也。楊氏曰：「此三人者，各得其本心，故同謂之仁。」　或問：「三子之心，同出於至誠惻怛，則可見矣。抑何以知其所處之各適其可耶？」曰：「按《史記·殷周紀》、《宋世家》所記，此事先後皆不同，惟《殷紀》以爲微子先去，比干乃諫而死，然後箕子佯狂爲奴，爲紂所囚者近是。蓋微子，帝乙元子，嘗以先王宗祀爲重，義當早去，又決知紂之不可諫也，故遂去之而不以爲嫌。比干，少師，義當力諫，雖知其不可諫，而不可已也，故遂以諫死，而不以爲悔。箕子見比干之死，則知己之不可諫，

【二六】止夫子之行　「止」原作「正」，據四庫本改。

且不忍復死以累其上也。見微子之去，則知己之不必去，且不忍復去以背其君也，故佯狂爲奴，而不以爲辱，此可以見三仁之所當爲，易地皆然矣。或以爲箕子以天畀九疇未傳而不敢死，則其爲説迂矣。同謂之仁者，以其皆無私而各當理也。無私，故得心之體而無違；當理，故得心之用而不失，此其所以全心之德而謂之仁與？」曰：「然則《史記》三子之事，與夫子言先後不同，何也？」曰：「史所書者，事之實，此所記者以事之難易爲先後耳。」南軒曰：「三人者，皆當其時，當其位，處之而盡其道者也。其立紂之朝，所以維持宗社之心至矣。而有不得已焉，則各自靖以獻於先王。詳味《微子》一篇，則可見三子之所爲深切至到者矣。孔子皆称爲仁，以其中誠惻怛，克盡其道也。」

**柳下惠爲士師，三黜。人曰：「子未可以去乎？」曰：「直道而事人，焉往而不三黜。枉道而事人，何必去父母之邦？」**朱子曰：「士師，獄官。黜，退也。柳下惠三黜不去，而其辭氣雍容如此，可謂和矣。然其不能枉道之意，則有確乎其不可拔者。是則所謂必以其道，而不自失焉者也。」胡氏曰：「此必有孔子斷之之言而亡之矣。」或問：「柳下惠仕而屢黜，黜而復仕，至於三黜而又不去焉，何也？」曰：「進不隱賢，必以其道，不以三公易其介，所以屢黜而至於三也。降志辱身，援而止之而止，雖袒裼裸裎於我側不以爲浼，所以黜而復仕，既三黜而遂不去也。」或曰：「惠知直道之必黜而不去，然則其將枉道以事人乎？」曰：「不然也。惠之意，若曰我但能直道事人，則固不必去魯而適他国矣。若能枉道以事人，則亦不必去魯而適他國也。其言泛然，若無所指，蓋和者之氣象如此，而其道則固自信其不能枉道而事人矣。是以三黜之後，雖不屑去，然亦意其遂不復仕，故孔子得以列之於逸民之目。」黄氏曰：「列二章於篇首，以見古人出處不同，亦各有義。然後著孔子之事，以見聖人之出處也。」

**齊景公待孔子，曰：「若季氏則吾不能，以季、孟之間待之。」曰：「吾老矣，不能用也。」孔子行。**朱子曰：「魯三卿，季氏最貴，孟氏爲下卿。孔子去之，事見《世家》。然此言必非面語孔子，蓋自以告其臣，而孔子聞之爾。」程子曰：「季氏强臣，君待之之禮極隆，然非所以待孔子也。以季、孟之間待之，則禮亦至矣。然復曰吾老矣，不能用也，故孔子去之。蓋不係待之輕重，特以不用而去爾。」

齊人歸女樂，季桓子受之。三日不朝，孔子行。朱子曰：「季桓子，魯大夫，名斯。按：《史記》定公十四年，孔子爲魯司寇，攝行相事。齊人懼，歸女樂以沮之。」尹氏曰：「受女樂而怠於政事如此，其簡賢棄禮，不足與有爲可知矣。夫子所以行也，所謂見幾而作，不俟終日者與？」范氏曰：「此篇記仁賢之出處，而折中以聖人之行，所以明中庸之道也。」或問：「《史記》載孔子之去魯也，有『彼婦之口，可以出走』之歌，今尹氏直以爲知魯之君相無敬賢之心而去，何耶？」曰：「齊人之謀，固欲以是沮孔子矣，蓋欲以女子爲間於魯之君相，使之先有以熒惑其耳目，感移其心志，遂乘間而進説，以沮敗其所爲，甚則或遂中以不測之禍，而不慮孔子之覺之早、去之速也。然孔子之覺之也，直以其無敬賢之心，知其不足與有爲耳。而其禍之將至者，則固亦不外乎此也。尹氏之言不及其他，其有得於孔子之初心與？」南軒曰：「去讒遠色，賤貨而貴德，所以勸尊賢也。今好色而忘敬賢之心，則道之不行可見矣，是以去之。」

楚狂接輿歌而過孔子，曰：「鳳兮！鳳兮！何德之衰？往者不可諫，來者猶可追。已而已而！今之從政者殆而！」朱子曰：「接輿，楚人，佯狂辟世。夫子時適楚，故接輿歌而過其車前也。鳳有道則見，无道則隱，接輿以比孔子，而譏其不能隱爲德衰也。『來者可追』，言及今尚可隱去。已，止也。而，語助辭。殆，危也。接輿蓋知尊孔子而趨不同者也。」孔子下，欲與之言。趨而辟之，不得與之言。孔子下車，蓋欲告之出處之意。接輿自以爲是，故不欲聞而辟之也。

長沮、桀溺耦而耕，孔子過之，使子路問津焉。朱子曰：「二人，隱者。耦，並耕也。時孔子自楚反乎蔡。津，濟渡處。」長沮曰：「夫執輿者爲誰？」子路曰：「爲孔丘。」曰：「是魯孔丘與？」曰：「是也。」曰：「是知津矣。」問於桀溺，桀溺曰：「子爲誰？」曰：「爲仲由。」曰：

「是魯孔丘之徒與？」對曰：「然。」曰：「滔滔者天下皆是也，而誰以易之？且而與其從辟人之士也，豈若從辟世之士哉！」耰而不輟。朱子曰：「滔滔，流而不反之意。以，猶與也。言天下皆亂，將誰與變易之？而，汝也。辟人，謂孔子。辟世，桀溺自謂。耰，覆種也。亦不告以津處。」子路行以告。夫子憮然曰：「鳥獸不可與同羣，吾非斯人之徒與而誰與？天下有道，丘不與易也。」憮然，猶悵然。惜其不喻己意也。言所當與同羣者，斯人而已，豈可絶人逃世以爲潔哉！天下若已平治，則我無用變易之。正爲天下無道，故欲以道易之耳。程子曰：「聖人不敢有忘天下之心，故其言如此也。」張子曰：「聖人之仁，不以無道必天下而棄之也。」

子路從而後，遇丈人【二七】，以杖荷蓧。子路問曰：「子見夫子乎？」丈人曰：「四體不勤，五穀不分。孰爲夫子？」植其杖而芸。朱子曰：「丈人，亦隱者。蓧，竹器。分，辨也。五穀不分，猶言不辨菽麥爾。責其不事農業，而從師遠遊也。植，立之也。芸，去草也。」子路拱而立。知其隱者，敬之也。止子路宿，殺雞爲黍而食之，見其二子焉。明日，子路行以告。子曰：「隱者也。」使子路反見之，至則行矣。孔子使子路反見之，蓋欲告之以君臣之義。而丈人意子路必將復來，故先去之以滅其跡，亦接與之意也。子路曰：「不仕無義。長幼之節，不可廢也；君臣之義，如之何其廢之？欲潔其身，而亂大倫。君子之仕也，行其義也。道之不行，已知之矣。」子路述夫子之意如此。蓋丈人之接子路甚倨，而子路益恭丈人因見其二子焉。則於長幼之節，固知其不可廢矣，故因其所明以曉之。倫，序也。人之大倫有五：父子有親，君臣有義，夫婦有別，長幼有序，朋友有信是也。仕所以行君臣之義，故雖知道之不行而不可廢。然謂之義，則事之可否，身之去就，亦自有不可苟者。是以雖不潔身以亂倫，亦非忘義以徇禄也。福州有國初時

【二七】遇丈人　「丈」原作「文」，據四庫本、《論語集注》卷九改。下同。

寫本，路下有「反子」二字，以此爲子路反而夫子言之也。未知是否？　范氏曰：「隱者爲高，故往而不反。仕者爲通，故溺而不止。不與鳥獸同羣，則決性命之情以饕富貴。此二者皆惑也，是以依乎中庸者爲難。惟聖人不廢君臣之義，而必以其正，所以或出或處而終不離於道也。」　或問：「知道之不行而徒仕可乎？」曰：「仕所以行義也，義則有可不可矣。義合而從，則道固不患於不行。不合而去，則道雖不行，而義亦未嘗廢也。是以君子雖知道之不行，而未嘗不仕，然亦未嘗懷私徇禄，而苟一時之安也。由此觀之，道義之未嘗相離也，亦可見矣。」　黄氏曰：「列接輿以下三章於孔子行之後，以明夫子雖不合而去，然亦未嘗恝然忘斯世也。此所以爲聖人之出處也與？然即三章而讀之，見夫接輿、沮、溺、荷蓧丈人此四子者，若律以聖人之中道，則誠不爲無病，然味其言，觀其容止，以想見其爲人，其清風高節，猶使人起敬起慕，恨不得識其面而端拜之。彼於聖人，猶有所不滿於心如此，則其視世之貪利慕禄而不知止者，真不啻若犬彘，求欲爲之奴隸，而不可得也。是亦豈非當世之賢而特立者與？以子路之行，行而拱立於丈人之側，若子弟然，豈非其真可敬也歟？故嘗謂若四人者，惟夫子然後可以議其不合於聖人之道【二八】，未至於夫子者，皆未可以妄議也。貪利慕禄之徒，求以自便其私，亦借四子而詆之，欲以見其不可以不仕，多見其不知量也。」

**逸民：伯夷、叔齊、虞仲、夷逸、朱張、柳下惠、少連。**　朱子曰：「逸，遺也。逸民者，無位之稱。虞仲，即仲雍，與太伯同竄荆蠻者。夷逸、朱張，不見經傳。少連，東夷人。」　**子曰：「不降其志，不辱其身，伯夷、叔齊與！」謂：「柳下惠、少連，降志辱身矣。言中倫，行中慮，其斯而已矣。」**　柳下惠事見上。倫，義理之次第也。慮，思慮也。中慮，言有意義合人心。少連事不可考。然《記》稱其「善居喪，三日不怠，三月不解，期悲哀，三年憂」，則行之中慮，亦可見矣。　**謂：「虞仲、夷逸，隱居放言。身中清，廢中權。**　仲雍居吴，斷髮文身，裸以爲飾。隱居獨善，合乎道之清。放言自廢，合乎道之權。　**我則異於是，無可無不可。」**　孟子曰：「孔子可以仕則仕，可以止則止，可以久則久，可以速則速，所謂無可無不可也。」　謝氏曰：「七人隱遯不汙則

【二八】然後可以　「然」原作「恭」，據四庫本改。

同，其立心造行則異。伯夷、叔齊，天子不得臣，諸侯不得友，蓋已遯世離羣矣，下聖人一等，此其最高與？柳下惠、少連，雖降志而不枉己，雖辱身而不求合，其心有不屑也。故言能中倫，行能中慮。虞仲、夷逸隱居放言，則言不合先王之法者多矣。然清而不汙也，權而適宜也，與方外之士害義傷教而亂大倫者殊科【二九】。是以均謂之逸民。」尹氏曰：「七人各守其一節，孔子則無可無不可，此所以常適其可，而異於逸民之徒也。」揚雄曰：「觀乎聖人則見賢人。是以孟子語夷、惠，亦必以孔子斷之。」南軒曰：「無可者，不以可爲主也。無不可者，不以不可爲主也。其曰無者，言其不有於中也。然則夫子之心，果何如哉？當可則可，當不可則不可，故仕、止、久、速，無不得其可，其惟天乎！其惟聖人乎！若夷、齊之心，則未免有不可；若下惠、少連，則未免有可，故孟子所願，學孔子而已。」

《記·内則》：四十始仕，方物出謀發慮，道合則服從，不合則去。愚按：《内則》一書，古者學校教人之法也。自其始學之初，即知此義，是以出而從仕也。道合則從，不合則去，無貪位慕禄之私焉。其視後世學校之教，專以利禄誘人者，異矣。

《少儀【三〇】》：事君者量而后入，不入而后量。凡乞假於人，爲人從事者亦然。故上無恐，而下遠罪也。

子曰：「事君難進而易退，則位有序；易進而難退，則亂也。鄭氏曰：「亂，謂賢否不别。」

故君子三揖而進，一辭而退，以遠亂也。」

子曰：「事君三違而不出境，則利禄也。人雖曰不要，吾不信也。」

大師摯適齊，朱子曰：「大師，魯樂官之長。摯，其名也。」亞飯干適楚，三飯繚適蔡，四飯缺適秦。「亞飯」以下，以樂侑食之官。干、繚、缺，皆名也。鼓方叔入於河，鼓，擊鼓者。方叔，名。河，河内。播鼗

【二九】亂大倫者殊科　「科」原作「利」，據四庫本改。

【三〇】少儀　「少儀」原作「大傳」，據四庫本改。

少師陽、擊磬襄入於海。武入於漢，播，摇也。鼗，小鼓，兩旁有耳，持其柄而摇之，則旁耳還自擊。武，名也。漢，漢中。少師，樂官之佐。陽、襄，二人名。襄，即孔子所從學琴者。海，海島也。此記賢人之隱遁以附前章，然未必夫子之言也。末章放此。張子曰：「周衰樂廢，夫子自衛反魯，一嘗治之。其後伶人賤工識樂之正。及魯益衰，三桓僭妄，自大師以下，皆知散之四方，逾河蹈海以去亂。聖人俄頃之助，功化如此。『如有用我，期月而可』，豈虚語哉？」或問：「何以知亞飯爲侑食之官也？」曰：「《白虎通》曰：『王者平旦食，晝食，晡食，莫食，凡四飯。諸侯三飯，大夫再飯。』故魯之樂官，自亞飯以下蓋三飯也。」黄氏曰：「列此於逸民之後，以嘆魯之末世，史不可以復仕也。」

色斯舉矣，翔而後集。朱子曰：「言鳥見人之顔色不善，則飛去，回翔審視而後下止。人之見幾而作，審擇所處，亦當如是。」愚按：賈誼賦云：「鳳凰翔于千仞兮，覽德輝而下之。顧細德之險微兮，遥增繳而去之。」其語蓋本諸此。

《孟子》：「『伯夷、伊尹何如？』公孫丑問。曰：『不同道。非其君不事，非其民不使；治則進，亂則退，伯夷也。何事非君，何使非民；治亦進，亂亦進，伊尹也。可以仕則仕，可以止則止，可以久則久，可以速則速，孔子也。皆古聖人也，吾未能有行焉；乃所願，則學孔子也。』」南軒曰：「公孫丑舉伯夷、伊尹以問，孟子謂其道之不同，云云。二子所爲若是，蓋其氣稟所明者在是，終身從事乎此，而有以極其至也。至於孔子，則天也。可仕、可止、可久、可速，非謂度其可而爲之也。蓋无不當其可也。伯夷、伊尹就其所至而成聖者，故皆以古聖人稱之。然吾於伯夷、伊尹，雖未能及，而所願，則學孔子耳。蓋二子雖聖於清，聖於任，然其所循而入者，終未免乎有毫釐之偏，從而學焉，則其偏將愈甚。譬如射者，必志於正鵠，舍正鵠而它求，則其差將不可勝言者矣。」

孟子曰：「伯夷非其君不事，非其友不友；不立於惡人之朝，不與惡人言；立於惡人之朝，與惡人言，如以朝衣朝冠坐於塗炭。推惡惡之心，思與鄉人立，其冠不正，望望然去之，若將浼焉。是故諸侯雖有善其辭命而至者，不受也。不受也者，是亦不屑就也。柳下惠不羞汙君，不卑小官；進不隱賢，必以其道；遺佚而不怨，阨窮而不憫。故曰：『爾爲爾，我爲我，雖袒裼裸裎於我側，爾焉能浼我哉！』故由由焉與之偕而不自失焉，援而止之而止。援而止之而止者，是亦不屑去也。」孟子曰：「伯夷隘，柳下惠不恭。隘與不恭，君子不由也。」朱子曰：「夷、惠之行，雖皆造乎至極之地，然既有所偏，則不能无弊，故不可由。」南軒曰：「不屑就，謂不輕就也。然而伯夷非不就也，特不輕就耳。下惠非不去也，特不輕去耳。伯夷聞文王作興，則曰『盍歸乎來』。下惠爲士師，蓋嘗三黜。是則伯夷果長往而不來者乎？下惠果苟容而尸位者乎？此其就清、和之中處之，而尽其道。然而於是二端，終有所未化，故其意味有所偏重，而未免於流弊也。故夫思與鄉人處，其衣冠不正，望望然去之【三一】，若將浼焉，此其流弊得無有入於隘者乎？曰『尔爲尔，我爲我，雖袒裼裸裎而不以爲浼』，此其流弊得无有入於不恭者乎？其端蓋毫釐之間，從而由之，則其弊有甚者矣。故其所爲隘與不恭者，君子所不由，而所願則學孔子也。」

孟子將朝王，王使人來曰：「寡人如就見者也，有寒疾，不可以風。朝，將視朝，不識可使寡人得見乎？」孟子對曰：「不幸而有疾，不能造朝。」明日，出弔於東郭氏。公孫丑曰：「昔者辭以疾，今日弔，或者不可乎？」曰：「昔者疾，今日愈，如之何不弔？」朱子曰：「取瑟而歌同意。」王使人問疾，醫來，孟仲子對曰：「昔者有王命，有采薪之憂，不能造朝。今病少愈，趨造於朝，我不識能至否乎？」使數人要於路，曰：「請必無歸而造於朝！」不得

【三一】望望然去之　「之」字原脱，據《孟子說》卷二補。

已而之景丑氏宿焉。景子曰：「内則父子，外則君臣，人之大倫也。父子主恩，君臣主敬，丑見王之敬子也，未見所以敬王也。」曰：「惡！是何言也？齊人無以仁義與王言者，豈以仁義爲不美也？其心曰『是何足與言仁義也』云爾，則不敬莫大乎是。我非堯、舜之道，不敢以陳於王前，故齊人莫如我敬王也。」朱子曰：「景丑所言敬之小者也，孟子所言敬之大者也。」景子曰：「否，非此之謂也。禮曰：『父召，無諾。君命召，不俟駕。』固將朝也，聞王命而遂不果，宜與夫禮若不相似然。」曰：「豈謂是與？曾子曰：『晉、楚之富，不可及也。彼以其富，我以吾仁；彼以其爵，我以吾義。吾何慊乎哉？』夫豈不義而曾子言之，是或一道也。天下有達尊三：爵一，齒一，德一。朝廷莫如爵，鄉黨莫如齒，輔世長民莫如德。惡得有其一，以慢其二哉！故將大有爲之君，則必有所不召之臣，欲有謀焉，則就之。其尊德樂道，不如是不足與有爲也。大有爲之君，大有作爲，非常之君也。程子曰：「古之人所以必待人君致敬盡禮而後往者，非欲自爲尊大也，爲是故耳。」故湯之於伊尹，學焉而後臣之，故不勞而王。桓公之於管仲，學焉而後臣之，故不勞而霸。今天下地醜德齊，莫能相尚，無他，好臣其所教，而不好臣其所受教。湯之於伊尹，桓公之於管仲，則不敢召。管仲且猶不可召，而況不爲管仲者乎？」此章見賓師不以趍走承順爲恭，而以責難陳善爲敬；人君不以崇高富貴爲重，而以貴德尊士爲賢，則上下交而德業成矣。

孟子謂蚳鼃曰：「子之辭靈丘而請士師，似也，爲其可以言也。今既數月矣，未可以言與？」朱子曰：「可以言，謂士師近王，可以諫刑罰之不中者。」蚳鼃諫於王而不用，致爲臣而去。齊人曰：「所以爲蚳鼃則善矣，所以自爲則吾不知也。」公都子以告。曰：「吾聞之，有官守者，不得其職則去。有言責者，不得其言則去。我無官守，我無言責也，則吾進退，豈不綽綽然有餘裕哉！」朱子曰：「官守，以官爲守者。言責【三二】，以言爲責者。綽綽，寬貌。裕，寬意也。孟子居賓師之位，未嘗受禄，故其進退之際，寬裕如此。」尹氏曰：「進退久速，當於理而已。」南軒曰：「所居之時雖同，而所處之地有異，則其進退語默，各有攸當，不可得而齊也。蚳鼃之在靈丘，其職未可以言也，而請士師，庶幾乎欲有補於君也。士師掌國之刑罰，而立於朝。王有失德，朝有闕政，士師所當言也。故孟子以數月爲淹久，而欲其言。蚳鼃於是諫於王，言不用而去之，庶幾得爲臣之義矣。齊人以爲孟子所以爲蚳鼃者固善，而孟子久於齊，曷不諫乎？若諫而不聽，曷不遂去之乎？蓋齊人未知義之所在也。夫有官守者，其守在官，不得其職則當去。有言責者，其責在言，不得其言可不去乎？若孟子，則異乎此矣。居賓師之位，無官守、言責之拘，故得以從容不迫，陳善閉邪，以俟其改，故曰『則吾進退，豈不綽綽然有餘裕哉』。言可以徐處乎進退之宜也。然卒致爲臣而歸，何也？蓋其誠意備至，啓告曲盡，而王終莫之悟也，則有不得已焉者。而三宿出晝，猶庶幾王之改之，亦可謂從容矣。蓋進退久速，無非義之所存也。」

孟子去齊，宿於晝。有欲爲王留行者，坐而言。不應，隱几而卧。客不悦，曰：「弟子齊宿而後敢言，夫子卧而不聽，請勿復敢見矣。」曰：「坐。我明語子。昔者魯繆公無人乎子思之側，則不能安子思。泄柳、申詳無人乎繆公之側，則不能安其身。子爲長者慮，而不及子思。子絶長者乎？長者絶子乎？」朱子曰：「繆公尊禮子思，當使人候伺道達誠意於其側，乃能安而留之也。泄柳、申詳，繆公尊之不如子思，然二子義不苟容，非有賢者在其君之左右維持調護之，則亦不能

【三二】言責　「責」原作「貴」，據四庫本、《孟子集注》卷四改。

安其身矣。長者，孟子自稱也。言齊王不使子來，而子自欲爲王留我。是所以爲我謀者，不及繆公留子思之事，而先絶我也，云云。」南軒曰：「孟子與子思之所以自處者，其道一也。」

孟子去齊，尹士語人曰：「不識王之不可以爲湯、武，則是不明也；識其不可，然且至，則是干澤也。千里而見王，不遇故去，三宿而後出晝，是何濡滯也？士則兹不悦。」高子以告。曰：「夫尹士烏知予哉？千里而見王，是予所欲也【三三】。不遇故去，豈予所欲哉？予不得已也。予三宿而出晝，於予心猶以爲速。王庶幾改之。王如改諸，則必反予。夫出晝而王不予追也，予然後浩然有歸志。予雖然，豈舍王哉？王由足用爲善。王如用予，則豈徒齊民安，天下之民舉安。王庶幾改之。予日望之。朱子曰：「浩然如水之流而不可止也。」楊氏曰：「齊王天資朴實，如好貨好色，皆以直告而不隱，故足以爲善。」予豈若是小丈夫然哉？諫於其君而不受，則怒，悻悻然見於其面，去則窮日之力而後宿哉？」尹士聞之，曰：「士誠小人也。」此章見聖賢行道濟時，汲汲之本心。愛君澤民，惓惓之餘意。李氏曰：「於此見君子憂則違之之情，而荷蕢者所以爲果也。」南軒曰：「詳味孟子答高子之辞，何其温厚而不迫也，云云。歷考宣王之爲人，猶爲不敢飾詐者，故其未能領孟子之意也，則曰：『吾惛，不能進於是。』問以好樂，則變乎色曰：『寡人非能好先王之樂。』好貨、好色、好勇，自以爲疾，言之而不諱，故孟子有望焉。以爲王如用予，則豈徒齊民安，將天下之民舉安。蓋其安天下之道，已素定於胸中，施設次第，固有條理，而其本則在於格君心，故拳拳有望於王之改之也。王一改悟，而孟子之道可行，齊民可安。齊民安，則天下之民將舉安矣。其序固尔也。又曰『予日望之』，孟子非不知道之行否有命，而拳拳不已者，吉凶與民同患之心乎！」

【三三】是予所欲也　「予」原作「子」，據四庫本、《孟子集注》卷四改。

孟子去齊，充虞路問曰：「夫子若有不豫色然。前日虞聞諸夫子曰：『君子不怨天，不尤人。』」曰：「此一時，彼一時也。五百年必有王者興，其間必有名世者。由周而來，七百有餘歲。以其數則過矣，以其時考之，則可矣。朱子曰：「數，謂五百年之期。時，謂乱極思治可以有爲之日。於是而不得一有所爲，此孟子之所以不能無不豫也。」夫天未欲平治天下也，如欲平治天下，當今之世，舍我其誰也！吾何爲不豫哉！」言當此之時，而使我不遇於齊，是天未欲平治天下也。然天意未可知，而其具又在我，我何爲不豫哉！然則孟子雖若有不豫然者，而實未嘗不豫也。蓋聖賢憂世之志，樂天之誠，有並行而不悖者，於此見矣。　南軒曰：「孔子所謂『天之未喪斯文也，匡人其如予何』，與孟子『如天未欲平治』之語，反復玩味之，則亦可見聖賢之分矣。」

孟子去齊，居休。公孫丑問曰：「仕而不受禄，古之道乎？」曰：「非也。於崇，吾得見王，退而有去志，不欲變，故不受也。繼而有師命，不可以請。久於齊，非我志也。」孔氏曰：「仕而受禄，禮之所在。禮有時而變，公孫丑欲以一端裁之，不亦誤乎？」　南軒曰：「孟子雖庶幾宣王之可與有爲，吾道之可以行，而其可去之幾，未嘗不先覺。茲聖賢之所以爲志也。」又曰：「一見而有去志，則察王之神，必有不能受者。然其庶幾足用爲善，則又以其質朴有可取也。」

陳代曰：「不見諸侯，宜若小然；今一見之，大則以王，小則以霸。且《志》曰『枉尺而直尋』，宜若可爲也？」孟子曰：「昔齊景公田，招虞人以旌，不至，將殺之。志士不忘在溝壑，勇士不忘喪其元。孔子奚取焉？取非其招不往也。如不待其招而往，何哉？朱子曰：「夫虞人招之不以其物，尚守死不往，況君子豈可以不待其招而自往見？」且夫枉尺而直尋者，以利言也。如以利，則枉尋直尺而利，亦可爲與？此以下，正其所稱枉尺直尋之非。夫所謂枉小而所伸者大則爲之者，計其利耳。一有計利之心，則雖枉多伸少而有利，亦爲之耶？甚言其不可也。昔者趙簡子使王良與嬖奚乘，終日而不獲一禽。嬖奚反命曰：『天下之賤工也。』或以告王良。良曰：『請復之。』彊而後可，一朝而獲十禽。嬖奚反命曰：『天下之良工也。』簡子曰：『使我掌與汝乘。』謂王良。良不可，曰：『吾爲之範我馳驅，終日不獲一；爲之詭遇，一朝而獲十。《詩》云：不失其馳，舍矢如破。我不貫與小人乘，請辭。』御者且羞與射者比，比而得禽獸，雖若丘陵，弗爲也。如枉道而從彼，何也？且子過矣。枉己者，未有能直人者也。」或曰：「居今之世，去就不必一一中節。欲其一一中節，則道不得行矣。」楊氏曰：「何其不自重也！枉己其能直人乎？古之人寧道之不行，而不輕其去就，是以孔、孟雖在戰國之時，而進必以正，以至終不得行而死也。使不恤其去就而可以行道，孔、孟當先爲之矣。孔、孟豈不欲道之行哉？」南軒曰：「孟子非不欲道之行，而不見諸侯者，正以不如是則爲枉其道而無以行故也。陳代不知此，比之枉尺而直尋，意謂枉己之事小，而王霸之業則大故也【三四】。此蓋自春秋以來，一時風俗習於霸者計較功利之説，而有是言也。」又曰：「招虞人當以皮冠，而景公招之以旌。虞人守其官，義不敢往，義有重於死故也。義之所在，事無巨細，苟愛一身之死，而隳天命之正，則凡可避死者無不爲，而弑父與君之所由生也。充虞人之心，行一不義，殺一不辜而得天下不爲之心也，人紀之所由以立也。是以夫子取之。」又曰：「比而獲禽獸，雖若丘陵，弗爲。學者要當立此志，而後可以守身也。」

景春曰：「公孫衍、張儀，豈不誠大丈夫哉？一怒而諸侯懼，安居而天下熄。」孟子曰：「是焉得爲大丈夫乎？子未學禮乎？丈夫之冠也，父命之。女子之嫁也，母命之，

【三四】王霸之業　「霸」原作「伯」，據四庫本改。

往送之門，戒之曰：『往之女家，必敬必戒，無違夫子。』以順爲正者，妾婦之道也。居天下之廣居，立天下之正位，行天下之大道。得志，與民由之；不得志，獨行其道。富貴不能淫，貧賤不能移，威武不能屈，此之謂大丈夫。」朱子曰：「廣居，仁也。正位，禮也。大道，義也。與民由之，推其所得於人也。獨行其道，守其所得於己也。淫，蕩其心也。移，變其節也。」何叔京曰：「戰國之時，君子道否，天下不復見其德業之盛。但見姦巧之徒得志横行，氣燄可畏，遂以爲大丈夫。不知由君子觀之，是乃妾婦之道爾，何足道哉！」南軒曰：「廓然大同，物我無蔽，所謂居廣居也。視聽言動，必以其理，所謂立正位也。簡易平直，行所無事，所謂行大道也。得志與民由之，與之共由乎此也。不得志獨行其道，雖不得志，此道未嘗不行於己也。」

周霄問曰：「古之君子仕乎？」孟子曰：「仕。《傳》曰：『孔子三月無君，則皇皇如也，出疆必載質。』公明儀曰：『古之人三月無君，則弔。』」「三月無君則弔，不以急乎？」曰：「士之失位也，猶諸侯之失國家也。《禮》曰：『諸侯耕助，以供粢盛。夫人蠶繅，以爲衣服。犧牲不成，粢盛不潔，衣服不備，不敢以祭。』『惟士無田，則亦不祭。』牲殺、器皿、衣服不備，不敢以祭，則亦不敢以宴，亦不足弔乎？」「出疆必載質，何也？」曰：「士之仕也，猶農夫之耕也。農夫豈爲出疆舍其耒耜哉？」曰：「晉國亦仕國也，未嘗聞仕如此其急。仕如此其急也，君子之難仕，何也？」曰：「丈夫生而願爲之有室，女子生而願爲之有家。父母之心，人皆有之。不待父母之命、媒妁之言，鑽穴隙相窺，踰墻相從，則父母國人皆賤之。古之人未嘗不欲仕也，又惡不由其道。不由其道而往者，與鑽穴隙之類也。」朱子曰：「言爲父母者，非不願其男女之有室家，而亦惡其不由道。蓋君子雖不潔身以亂倫，而亦不徇利而忘義也。」南軒曰：「士之欲仕，亦其常理也。然而必也守道，以待時可進而後進爾。若謂仕爲急，而不由其道以求之，則與兒女子之鑽穴隙者何異？」

公孫丑曰：「不見諸侯，何義？」孟子曰：「古者不爲臣不見。朱子曰：「不爲臣，謂未仕於其國者，此不見諸侯之義也。」段干木踰垣而辟之，泄柳閉門而不納，是皆已甚。迫，斯可以見矣。陽貨欲見孔子而惡無禮，大夫有賜於士，不得受於其家，則往拜其門。陽貨瞰孔子之亡也，而饋孔子蒸豚。孔子亦瞰其亡也，而往拜之。當是時，陽貨先，豈得不見？曾子曰：『脅肩諂笑，病于夏畦。』子路曰：『未同而言，觀其色赧赧然，非由之所知也。』由是觀之，則君子之所養，可知已矣。」脅肩，竦體。諂笑，僞笑。皆小人側媚之態。夏畦，夏月治畦之人也。言爲此者，其勞過於夏畦之人也。未同而言，與人未合而强與之言也。赧，赧赧而面赤之貌【三五】。言非己所知，甚惡之之辭也。孟子言由此言觀之，則二子所養可知，必不肯不俟其禮之至，而輒往見之也。此章言聖人禮義之中正，過之者傷於迫切而不洪，不及者淪於汙賤而可恥。

孟子曰：「無罪而殺士，則大夫可以去。無罪而戮民，則士可以徙。」朱子曰：「言君子當見幾而作，禍已迫，則不能去矣【三六】。」

萬章問曰：「人有言『伊尹以割烹要湯』，有諸？」孟子曰：「否，不然。伊尹耕於有莘之野，而樂堯、舜之道焉。非其義也，非其道也，禄之以天下弗顧也，繫馬千駟弗視也。非其義也，非其道也，一介不以取諸人。湯使人以幣聘之，囂囂然曰：『我何以湯之聘幣

【三五】赧赧而面赤　「赧」字原脱，據四庫本補。

【三六】禍已迫　「禍」原作「福」，據四庫本、《孟子集注》卷八改。

爲哉？我豈若處畎畝之中，由是以樂堯、舜之道哉？』」湯三使人往聘之，既而幡然改曰：『與我處畎畝之中，由是以樂堯、舜之道，吾豈若使是君爲堯、舜之君哉，吾豈若使是民爲堯、舜之民哉？吾豈若於吾身親見之哉？天之生此民也，使先知覺後知，使先覺覺後覺也。予，天民之先覺者也，予將以斯道覺斯民也。』思天下之民，匹夫匹婦有不被堯、舜之澤者，若己推而内之溝中，其自任以天下之重如此，故就湯而説之以伐夏救民。吾未聞枉己而正人者，况辱己以正天下者乎？聖人之行不同也，或遠或近，或去或不去，歸潔其身而已矣。朱子曰：「辱己甚於枉己，正天下難於正人。若伊尹以割烹要湯，辱己甚矣，何以正天下乎？」吾聞其以堯、舜之道要湯，未聞以割烹也。」林氏曰：「以堯、舜之道要湯者，非實以是要之也。道在此，而湯之聘自來耳，猶子貢言『夫子之求之，異乎人之求之』也。」問：「《集註》中説曾點有樂此終身之語，如何？」曰：「觀舜居深山之中，伊尹耕於有莘之野，豈不是樂以終身。後來事業，亦偶然尔。若先有一毫安排等待之心，便成病痛矣。」

萬章問曰：「或謂孔子於衛主癰疽，於齊主侍人瘠環，有諸乎？」孟子曰：「否，不然也。好事者爲之也。於衛主顔讎由。彌子之妻與子路之妻，兄弟也。彌子謂子路曰：『孔子主我，衛卿可得也。』子路以告。孔子曰：『有命。』孔子進以禮，退以義，得之不得曰有命。而主癰疽與侍人瘠環，是無義無命也。朱子曰：「顔讎由，衛之賢大夫也。」徐氏曰：「禮主於辭遜，故進以禮。義主於斷，故退以義。難進而易退者也，在我者有禮義而已，得之不得則有命存焉。」孔子不悦於魯、衛，遭宋桓司馬，將要而殺之，微服而過宋。是時孔子當阨，主司城貞子，爲陳侯周臣。吾聞觀近臣，以其所爲主。觀遠臣，以其所主。若孔子主癰疽與侍人瘠環，何以爲孔子？」南軒曰：「孔子進以禮，退以義。非聖人擇禮義而爲進退，聖人進退無非禮義，禮義之所在，固命之所存也。」君子小人各從其類，故觀其所爲主，與其所主者，而其人可知。」

萬章問曰：「或曰：『百里奚自鬻於秦養牲者，五羊之皮，食牛，以要秦穆公。』信乎？」孟子曰：「否，不然。好事者爲之也。百里奚，虞人也。晉人以垂棘之璧與屈産之乘，假道於虞以伐虢。宫之奇諫，百里奚不諫。知虞公之不可諫而去之秦，年已七十矣，曾不知以食牛干秦穆公之爲汙也，可謂智乎？不可諫而不諫，可謂不智乎？知虞公之將亡而先去之，不可謂不智也。時舉於秦，知穆公之可與有行也而相之，可謂不智乎？相秦而顯其君於天下，可傳於後世，不賢而能之乎？自鬻以成其君，鄉黨自好者不爲，而謂賢者爲之乎？」范氏曰：「古之聖賢未遇之時，鄙賤之事，不恥爲之。如百里奚爲人養牛，無足怪也。惟是人君不致敬盡禮，則不可得而見，豈有先自汙辱以要其君哉！莊周曰：『百里奚爵禄不入於心，故飯牛而牛肥，穆公忘其賤而與之政，亦可謂知百里奚矣。伊尹、百里奚之事，皆聖賢出處之大節，故孟子不得不辨。」尹氏曰：「當時好事者之論，大率類此，蓋以其不正之心度聖賢也。」朱子曰：「此事當（孔子）時已無所據，孟子直以事理反覆推之，而知其必不然耳。」

孟子曰：「伯夷目不視惡色，耳不聽惡聲，非其君不事，非其民不使。治則進，亂則退。横政之所出，横民之所止，不忍居也。思與鄉人處，如以朝衣朝冠坐於塗炭也。當紂之時，居北海之濱，以待天下之清也。故聞伯夷之風者，頑夫廉，懦夫有立志。伊尹曰：『何事非君？何使非民？』治亦進，亂亦進。曰：『天之生斯民也，使先知覺後知，使先覺覺後覺。予天民之先覺者，予將以此道覺此民也。』思天下之民匹夫匹婦有不與被堯、舜之澤者，若己推而内之溝中，其自任以天下之重也。柳下惠不羞汙君，不辭小官。進不隱賢，必以其道。遺佚而不怨，阨窮而不憫。與鄉人處，由由然不忍去也。『爾爲爾，我爲我，雖袒裼裸裎於我側，爾焉能浼我哉？』故聞柳下惠之風者，鄙夫寬，薄夫敦。孔子之去齊，接淅而行；去魯，曰：『遲遲吾行也。』去父母國之道也。可以速而速，可以久而久，可以處而處，可以仕而仕，孔子也。」或曰：「孔子去魯，不稅冕而行，豈得爲遲？」楊氏曰：「孔子欲去之意久矣，不欲苟去，故遲遲其行也。膰肉不至，則得以微罪行矣，故不稅冕而行，非速也。」孟子曰：「伯夷，聖之清者也；伊尹，聖之任者也；柳下惠，聖之和者也；孔子，聖之時者也。」張子曰：「無所雜者清之極，無所異者和之極。勉而清，非聖人之清。勉而和，非聖人之和。所謂聖者，不勉不思而至焉者也。」孔氏曰：「任者，以天下爲己責也。」愚謂孔子仕、止、久、速，各當其可，蓋兼三子之所以聖者而時出之，非如三子之可以一德名也。或疑伊尹出處，合乎孔子，而不得爲聖之時，何也？程子曰：「終是任底意思在【三七】。」「集大成」以下已見《聖知》篇。

萬章曰：「敢問不見諸侯，何義也？」孟子曰：「在國曰市井之臣，在野曰草莽之臣，皆謂庶人。庶人不傳質爲臣，不敢見於諸侯，禮也。」萬章曰：「庶人，召之役，則往役；君欲見之，召之，則不往見之，何也？」曰：「往役，義也；往見，不義也。朱子曰：「往役者，

【三七】任底意思在　「在」原作「任」，據四庫本、《孟子集注》卷十改。

庶人之職；不往見者，士之禮。」且君之欲見之也，何爲也哉？」曰：「爲其多聞也，爲其賢也。」曰：「爲其多聞也，則天子不召師，而況諸侯乎？爲其賢也，則吾未聞欲見賢而召之也。繆公亟見於子思，曰：『古千乘之國以友士，何如？』子思不悦，曰：『古之人有言：曰事之云乎，豈曰友之云乎？』子思之不悦也，豈不曰：『以位，則子君也，我臣也，何敢與君友也？以德則子事我者也，奚可以與我友？』千乘之君求與之友而不可得也，而況可召與？齊景公田，招虞人以旌，不至，將殺之。志士不忘在溝壑，勇士不忘喪其元。孔子奚取焉？取非其招不往也。」曰：「敢問招虞人何以？」曰：「以皮冠，庶人以旃，士以旂，大夫以旌。以大夫之招招虞人，虞人死不敢往。以士之招招庶人，庶人豈敢往哉？況乎以不賢人之招招賢人乎？欲見賢人而不以其道，猶欲其入而閉之門也。夫義，路也。禮，門也。惟君子能由是路，出入是門也。《詩》云：『周道如砥，其直如矢。君子所履，小人所視。』」萬章曰：「孔子，君命召不俟駕而行【三八】，然則孔子非與？」曰：「孔子當仕有官職，而以其官召之也。」孔子方仕而任職，君以其官名召之，故不俟駕而行。徐氏曰：「孔子、孟子，易地則皆然。」此章言不見諸侯之義，最爲詳悉，更合陳代、公孫丑所問者而觀之，其説乃盡。南軒曰：「禮義，人性之所有，譬之路與門，有足者皆可以由，可以出入也。而君子獨能之者，衆人迷於物欲，君子存其良心故也。」

淳于髡曰：「先名實者，爲人也；後名實者，自爲也。夫子在三卿之中，名實未加於上下而去之，仁者固如是乎？」朱子曰：「名，聲譽也。實，事功也。言以名實爲先而爲之者，是有志於救

【三八】俟駕而行　「而行」原脱，據四庫本補。

民也。以名實爲後而不爲者，是欲獨善其身者也。名實未加於上下，言上未能正其君，下未能濟其民也。」孟子曰：「居下位，不以賢事不肖者，伯夷也。五就湯，五就桀者，伊尹也。不惡汙君，不辭小官者，柳下惠也。三子者不同道，其趨一也。一者何也？曰：仁也。君子亦仁而已矣，何必同？」仁者，无私心而合天理之謂。楊氏曰：「伊尹之就湯，以三聘之勤。其就桀也，湯進之也。湯豈有伐桀之意哉？其進伊尹以事之也，欲其悔過遷善而已。伊尹既就湯，則以湯之心爲心矣。及其終也，人歸之，天命之，不得已而伐之耳。若湯初求伊尹，即有伐桀之心，而伊尹遂相之以伐桀，是以取天下爲心也。以取天下爲心，豈聖人之心哉？」曰：「魯繆公之時，公儀子爲政，子柳、子思爲臣，魯之削也滋甚。若是乎賢者之無益於國也。」髡譏孟子，雖不去【三九】，亦未必能有爲也。曰：「虞不用百里奚而亡，秦穆公用之而霸。不用賢則亡，削何可得與？」曰：「昔者王豹處於淇，而河西善謳。緜駒處於高唐，而齊右善歌。華周、杞梁之妻善哭其夫，而變國俗。有諸內必形諸外。爲其事而無其功者，髡未嘗覩之也。是故無賢者也，有則髡必識之。」曰：「孔子爲魯司寇，不用，從而祭，燔肉不至，不稅冕而行。不知者以爲爲肉也，其知者以爲爲無禮也。乃孔子則欲以微罪行，不欲爲苟去。君子之所爲，衆人固不識也。」按《史記》：「孔子爲魯司寇，攝行相事，齊人聞之懼，於是以女樂遺魯君。季桓子與魯君往觀之，怠於政事。子路曰：『夫子可以行矣。』孔子曰：『魯今且郊，如致膰於大夫，則吾猶可以止。』桓子卒受齊女樂，郊又不致膰俎於大夫，孔子遂行。」孟子言以爲爲肉者固不足道，以爲爲無禮，則亦未爲深知孔子者。蓋聖人於父母之國，不欲顯其君相之失，又不欲無故而苟去，故不以女樂去，而以燔肉行。其見幾明決而用意忠厚，固非衆人所能識也。然則孟子所爲，豈髡之所能識哉？尹氏曰：「淳于髡未嘗知仁，亦未嘗知賢者也。宜

【三九】雖不去　「去」原作「云」，據四庫本改。

其言如是。」

陳子曰：「古之君子何如則仕？」孟子曰：「所就三，所去三。迎之致敬以有禮，則就之；禮貌未衰，言弗行也，則去之。朱子曰：「所謂『行可』之仕，若孔子於季桓子是也。受女樂不朝，則去之。」其次，雖未行其言也，迎之致敬以有禮，則就之；禮貌衰，則去之。所謂『際可』之仕，若孔子於衛靈公是也。故與公遊於囿，公仰視蜚鴈，則去之。其下，朝不食，夕不食，飢餓不能出門户。君聞之，曰：『吾大者不能行其道，又不能從其言也。使飢餓於我土地，吾恥之。』周之，亦可受也，免死而已矣。」所謂「公養」之仕也，君之於民，固有周之之義，況此又有悔過之言，所以可受。然未至於飢餓不能出門户，則猶不受也。其曰「免死而已」，則其所受亦有節矣。南軒曰：「此三者足以尽君子去就之分，舍是三者，則皆爲以利動，而非義之所存矣。」

孟子謂宋句踐曰：「子好遊乎？吾語子遊。朱子曰：「遊，游説也。」人知之亦囂囂，人不知亦囂囂。」趙氏曰：「囂囂，自得無欲之貌。」曰：「何如斯可以囂囂矣？」曰：「尊德樂義，則可以囂囂矣【四〇】。德，謂所得之善。尊之，則有以自重，而不慕乎人爵之榮。義，謂守之正。樂之，則有以自安，而不徇乎外物之誘。故士窮不失義，達不離道。言不以貧賤而移，不以富貴而淫，此尊德樂義見於行事之實也。窮不失義【四一】，故士得己焉。達不離道，故民不失望焉。得己，言不失己也。民不失望，言人素望其興道致治，而果如所望也。古之人，得志澤加於民，不得志脩身見於世。窮則獨善其身，達則兼善天下。」見，謂名實之顯著也。此又言士得己、民不失望之實。此章言内重而外輕，則無往而不善。南

【四〇】可以囂囂　「可以」原脱，據四庫本補。

【四一】窮不失義　「失」原作「夫」，據《孟子注疏》卷十三改。

軒曰：「宋句踐之好遊，謂遊於世，如歷聘之類。意勾踐之爲人，徇名而外求者。孟子語之以遊，使求之於吾身而已云云。道言體，義言用，互相明耳云云。其曰脩身見於世者，言脩其德而其德名自不可掩，非君子之脩身，欲以自見於世。」

程子曰：「漢儒之中，吾必以揚子爲賢。然於出處之際，不能無過也。其言曰：『明哲煌煌，旁燭無疆。遜於不虞，以保天命。』『遜于不虞』則有之，『旁燭無疆』則未也。光武之興，使雄不死，能免誅乎？古之所謂言遜者，迫不得已，如《劇秦美新》之類，非得已者乎？」又二章大意同，已見甲卷。張子曰：「顔淵從師進德於孔子之門，孟子命世脩業於戰國之際，此所以潛見之不同。」

朱子曰：「人當有以自樂，則用行舍藏，隨所適安之。和靜先生曰『如霽則行，如潦則止』，此言有味也。」

朱子曰：「君子行身自有法義，固不求於苟異，亦不期於必同。至於行道濟時、用舍行藏，又有非人力所能必致者。聖賢之教，歷歷可考。如賢者所論，是乃謀利計功之意，非所願聞也。」答顔鑄。

聖賢教人，不過講學修身以全其所受於天者，出爲世用，則隨其大小，推吾之所有以及人，至於用與不用，合與不合，則直任之。蓋未嘗以是必於人，亦未嘗以是變於己。以此自信，誓將終身由之，而不自知其力之果足以有至焉否也。今觀來教，其觀於當世之變詳矣，然鰓鰓然常憂其不合而必於求合之意，其責君子也已詳，其徇小人也已甚，是雖憂世之心甚深，而古之聖賢非不憂世者，其規模氣象似或不如此也。孟子曰：「人病舍其田而芸人之田，所求於人者重而所以自任者輕。」其論狂狷、鄉原之得失，以及君子反經之意，尤所謂深切而著明者。孔子亦曰：「古之學者爲己，今之學者爲人。」有志之士，深省乎此，亦足以判然無疑於舜、跖之間矣。

《論語》：子華使於齊，冉子爲其母請粟。子曰：「與之釜。」請益。曰：「與之庾。」冉子與之粟五秉。子曰：「赤之適齊也，乘肥馬，衣輕裘。吾聞之也，君子周急不繼富。」原思爲之宰，與之粟九百，辭。子曰：「毋！以與爾鄰里鄉黨乎！」朱子曰：「毋，禁止辭。言常禄不當辭，有餘自可推之以周貧乏，蓋鄰里、鄉黨有相周之義。」程子曰：「夫子之使子華，子華之爲夫子使，義也。而冉子乃爲之請，聖人寬容，不欲直拒人，故與之少，所以示不當與也。請益而與之亦少，所以示不當益也。求未達而自與之多，則已過矣，故夫子非之。蓋赤苟至乏，則夫子必自周之，不待請矣。原思爲宰，則有常禄。思辭其多，故又教以分諸鄰里之貧者，蓋亦莫非義也。」張子曰：「於斯二者，可以見聖人之用財矣。」南軒曰：「聖人於子華謂『周急不繼富』，於原思謂『毋！以與爾鄰里鄉黨』，蓋取與辭受，莫不有其則焉，天之理也。聖人從容而不過，賢者審處而不違，若以私意加焉，則失其權度。或與其所不當與，雖賢於吝，然未免爲傷惠。或辭其所不當辭，雖賢於貪，亦未免爲有害於廉矣。」黄氏曰：「冉子之與粟，不害其爲惠。原思之辭粟，不害其爲廉。自常人觀之，皆善行也。聖人處事如化工生物，洪纖高下，各適其宜，又豈但可見其用財而已哉！」

陳臻問曰：「前日於齊，王餽兼金一百而不受；於宋，餽七十鎰而受；於薛，餽五十鎰而受。前日之不受是，則今日之受非也；今日之受是，則前日之不受非也。夫子必居一於此矣。」孟子曰：「皆是也。當在宋也，予將有遠行，行者必以贐，辭曰：『饋贐。』予何爲不受？當在薛也，予有戒心。辭曰：『聞戒。』故爲兵饋之，予何爲不受？若於齊，則未有處也。無處而饋之，是貨之也。焉有君子而可以貨取乎？」尹氏曰：「言君子之辭受取予，惟當於理而已。」　南軒曰：「凡人所以遲回於辭受之際者，以爲外物所動故也。蓋於其所不當受而受，其動於物固也。若於所當受而不受，是亦爲物所動而已矣。何則？以其蔽於理，而見物之大也。若夫聖賢從容不迫，惟義之安，而外物何有乎？故以舜受堯之天下而不爲泰，亦曰義當然爾。若於義也無居，則雖簞食豆羹不可取也。簞食豆羹之與天下【四二】，其大小固有間矣。物則有大小，而義之所在則一也。」

孟子致爲臣而歸。王就見孟子，曰：「前日願見而不可得，得侍同朝，甚喜。今又棄寡人而歸，不識可以繼此而得見乎？」對曰：「不敢請耳，固所願也。」他日，王謂時子曰：「我欲中國而授孟子室，養弟子以萬鍾，使諸大夫國人皆有所矜式。子盍爲我言之？」時子因陳子而以告孟子，陳子以時子之言告孟子。孟子曰：「然。夫時子惡知其不可也【四三】。如使予欲富，辭十萬而受萬，是爲欲富乎？季孫曰：『異哉子叔疑！使己爲政，不用，則亦已矣，又使其子弟爲卿。人亦孰不欲富貴？而獨於富貴之中，有私龍斷焉。古之爲市者，以其所有易其所無，有司者治之耳。有賤丈夫焉，必求龍斷而登之，以左右望而罔市利。人皆以爲賤，故從而征之。征商自此賤丈夫始矣。」程子曰：「齊王所以處孟子者，未爲不可。孟子亦非不肯爲國人矜式者，但齊王實非欲尊孟子，乃欲以利誘之，故孟子拒而不受。」　南軒曰：「孟子之意，以爲不用己則已矣，而又欲養子弟以卿之禄，則是王之處己也以利，而非爲道之故。吾之受之，亦利之

【四二】豆羹之與天下　「天」原作「人」，據四庫本改。

【四三】惡知其不可　「惡」原作「馬」，據四庫本改。

而已。苟以利，則何異於龍斷之夫乎？人孰不欲富貴，此言人情之常也。謂賢者獨不欲，則豈人情哉？聖賢固欲道之行也，而動必以義。義所不安，則處貧賤而終身可也。其可以利誘乎？嗟乎！義利之幾，君子之所深謹而去就之所由分也。後世爲人臣者，不明斯義，故爲之君者，謂利禄之果可以得士，而士之所以求於我者，亦不過乎此，於是而有輕士自驕之心。正猶征商之法，因龍斷之夫而立耳。夫惟君子守義而不苟就，所以明爲人臣之義也。」

彭更問曰：「後車數十乘，從者數百人，以傳食於諸侯，不以泰乎？」孟子曰：「非其道，則一簞食不可受於人。如其道，則舜受堯之天下不以爲泰。子以爲泰乎？」曰：「否。士無事而食，不可也。」曰：「子不通功易事，以羡補不足，則農有餘粟，女有餘布。子如通之，則梓、匠、輪、輿皆得食於子。於此有人焉，入則孝，出則悌，守先王之道，以待後之學者，而不得食於子。子何尊梓、匠、輪、輿而輕爲仁義者哉？」曰：「梓、匠、輪、輿，其志將以求食也。君子之爲道也，其志亦將以求食與？」曰：「子何以其志爲哉？其有功於子，可食而食之矣。且子食志乎？食功乎？」曰：「食志。」曰：「有人於此，毁瓦畫墁，其志將以求食也，則子食之乎？」曰：「否。」曰：「然則子非食志也，食功也。」南軒曰：「孟子當戰國之時，以身任道，其歷聘諸國，後車數十乘，從者數百人，夫豈尊己而自大乎哉？亦時義所當然，有不得而避也。彭更之徒，疑傳食以爲泰，是以世俗利害貴賤之見觀聖賢也。孟子之所以告之者，蓋常道耳。夫非其道，則一簞食不可受於人；如其道，則舜受堯之天下而不以爲泰。所謂其道者，天理之所安也。故伯夷、叔齊不食周粟之心，即舜、禹受天下之心也。而孟子後車數十乘，從者數百人，以傳食於諸侯之心，即顔子一簞食、一瓢飲、在陋巷之心也。皆以其道故也。以爲士無事而食不可，觀更之意，亦許行之類與？孟子又從而曉之，以爲使子而不通功易事，則農之餘粟、女之餘布，無所用之。而人之飢寒者亦多矣，此固不可也。子而通功易事，則梓、匠、輪、輿固得以其技，而食於子矣。今有賢者，而反不得食於子，是子以梓、匠、輪、輿爲有用而尊之，以仁義者爲無用而輕之也。」

匡章曰：「陳仲子豈不誠廉士哉？居於陵，三日不食，耳無聞，目無見也。井上有李，螬食實者過半矣，匍匐往，將食之。三咽，然後耳有聞，目有見。」匡章、陳仲子，皆齊人。廉，有分辨，不苟取也。孟子曰：「於齊國之士，吾必以仲子爲巨擘焉。雖然，仲子惡能廉？充仲子之操，則蚓而後可者也。巨擘，大指也。言齊人中有仲子，如衆小指中有大指也。充，推而滿之也。操，所守也。蚓，丘蚓也。言仲子未得爲廉也，必若滿其所守之志，則惟丘蚓之無求於世，然後可以爲廉耳。夫蚓，上食槁壤，下飲黃泉。仲子所居之室，伯夷之所築與？抑亦盜跖之所築與？所食之粟，伯夷之所樹與？抑亦盜跖之所樹與？是未可知也。」槁壤，乾土也。黃泉，濁水也。抑，發語辭也。言蚓無求於人而自足，而仲子未免居室食粟，若所從來或有非義，則是未能如蚓之廉也。曰：「是何傷哉？彼身織屨，妻辟纑，以易之也。」辟，績也。纑，練麻也。曰：「仲子，齊之世家也。兄戴，蓋祿萬鍾。以兄之祿爲不義之祿而不食也，以兄之室爲不義之室而不居也，辟兄離母，處於於陵。他日歸，則有饋其兄生鵝者，己頻顣曰：『惡用是鶃鶃者爲哉？』他日，其母殺是鵝也，與之食之，其兄自外至，曰：『是鶃鶃之肉也。』出而哇之。世家，世卿之家。兄名戴，食采於蓋，其入萬鍾也。歸，自於陵歸也。己，仲子也。鶃鶃，鵝聲也。頻顣而言，以其兄受饋爲不義也。哇，吐之也。以母則不食，以妻則食之；以兄之室則弗居，以於陵則居之：是尚爲能充其類也乎？若仲子者，蚓而後充其操者也。」言仲子以母之食、兄之室爲不義，而不食不居，其操守如此。至於妻所易之粟，於陵所居之室，既未必伯夷之所爲，則亦不義之類耳。今仲子於此則不食不居，於彼則食之居之，豈爲能充滿其操守之類者乎？必其無求自足，如丘蚓然，乃爲能滿其志而得爲廉耳，然豈人之所可爲哉！　范氏曰：「天之所生，地之所養，無人爲大。人之所以爲大者，以其有人倫也。仲子避兄離母，無親戚君臣上下，是無人倫也。豈有無人倫而可以爲廉哉！」　南軒曰：「於陵仲子，於其所當享有所不安，引而避之，而其窮至於無以食，而食井上之螬李。在當時或稱其廉，謂其能不以一介取諸人也。曾不知伊尹之不以一介與人，不以一介取諸人，以非其義，非其道之故耳。若於其所當居而不居，則反害於道義矣。仲子齊之世家，兄戴，蓋祿萬鍾。仲子苟以爲不當虚享其祿食，則當與其兄共思社稷之計，光輔其主，治其國家，保其民人，則齊國有無窮之業，而仲子之家亦有無窮之聞，斯爲稱焉耳。今乃昧正大之見，爲狹陋之思，以食粟受鵝爲不義，而不知避兄離母之爲非。徒欲潔身以爲清，而不知廢人倫之爲惡【四四】。小廉妨大德，私意害公義。原仲子本心，亦豈不知母子之性重於其妻，兄之居爲愈於於陵乎？惟其私意所萌，亂夫倫類，至此極也。衆人惑於其迹，以其清苦高介而取之，而不知原其所萌，若是其差殊也。嗟乎！世之貪冒苟得，肆而爲惡者多矣，而孟子於仲子之徒，獨闢之之深者，蓋世之爲惡者其失易見，而仲子之徒其過爲難知也。惟其難知，故可以惑世俗而禍仁義，孟子反復闢之，蓋有以也。」

孟子曰：「可以取，可以無取，取傷廉。可以與，可以無與，與傷惠。可以死，可以無死，死傷勇。」林氏曰：「公西華受五秉之粟，是傷廉也。冉子與之，是傷惠也。子路之死於衛，是傷勇也。」　朱子曰：「先言可以者，略見而自許之辭。後言可以無者，深察而自疑之辭。」　南軒曰：「取與死生之義，有灼然易判者，亦有在可否之間者。在可否之間，非義精者莫之能擇也。蓋其幾間不容息，一或有偏，則失之矣。是以君子貴乎存養，存之有素，則其理不昧；養之有素，則物莫能奪。夫然故當事幾之來，有以處之而得其當也。孟子於齊餽兼金而受，其

【四四】廢人倫　「人」原作「大」，據四庫本改。

於宋疑可受而不受。蓋以其無取而餽之，則爲傷廉故耳。孔子於公西華之使，冉子爲之請粟，疑可與也而不與。蓋以周急不繼富，而與之則傷惠故耳。至於比干諫而死，箕子疑亦可死也，而佯狂以避【四五】。蓋以父師之義，死之則爲傷勇故也。然在賢者，則於可不可之間，能擇而處之。在聖人，則動無非義，更不言擇矣。雖然取之爲傷廉，固也。然與爲傷惠，死爲傷勇，何哉？蓋所謂惠與勇者，以其義之所在故耳。若義所不存，雖似惠似勇，而反害於惠勇之實。且於所不當然而然，則於其所當然者廢矣，豈不爲有害乎？」

萬章問曰：「敢問交際何心也？」孟子曰：「恭也。」「『卻之卻之爲不恭』，何哉？」曰：「尊者賜之，曰其所取之者義乎？不義乎？而後受之，以是爲不恭，故弗卻也。」曰：「請無以辭卻之，以心卻之，曰其取諸民之不義也，而以他辭無受，不可乎？」曰：「其交也以道，其接也以禮，斯孔子受之矣。」朱子曰：「萬章以爲彼既得之不義，則其餽不可受，但無以言語間而卻之，直以心度其不義，而託於他辭以卻之，如此可否耶？交以道，如餽贐、聞戒、周其飢餓之類。接以禮，謂辭命恭敬之節。孔子受之，如受陽貨蒸豚之類也。」萬章曰：「今有禦人於國門之外者，其交也以道，其饋也以禮，斯可受禦與？」曰：「不可。《康誥》曰：『殺越人于貨，閔不畏死，凡民罔不譈。』是不待教而誅者也。殷受夏，周受殷，所不辭也。於今爲烈，如之何其受之？」曰：「今之諸侯取之於民也，猶禦也。苟善其禮際矣，斯君子受之。敢問何說？」曰：「子以爲有王者作，將比今之諸侯而誅之者乎？教之不改而誅之乎？夫謂非其有而取之者盜也，充類至義之盡也。孔子之仕於魯也，魯人獵較，孔子亦獵較。獵較猶可，而況受其賜乎？」言今諸侯之取於民，固多不義，然有王者起，必不連合而盡誅之【四六】，必教之不悛而後誅之，則其與禦人之

【四五】佯狂以避　「佯」原作「陽」，據四庫本改。

【四六】必不連合　「合」原作「今」，據四庫本改。

盜，不待教而誅者不同矣。夫禦人於國門之外，與非其有而取之，二者固皆不義之類。然必禦人，乃爲真盜。其謂非有而取爲盜者，乃推其類，至於義之至精至密之處而極言之耳，非使以爲真盜也。然則今之諸侯，雖曰取非其有，而豈可遽以同於禦人之盜也哉？又引孔子之事，以明世俗所尚猶或可從，既受其賜，何爲不可乎？獵較未詳，趙氏以爲田獵相較奪禽獸以祭，孔子不違，所以小同於俗也。張氏以爲獵而較所獲之多少也。二説未知孰是【四七】。曰：「然則孔子之仕也，非事道與？」曰：「事道也。」「事道奚獵較也？」曰：「孔子先簿正祭器，不以四方之食供簿正。」曰：「奚不去也？」曰：「爲之兆也。兆足以行矣，而不行，而後去，是以未嘗有所終三年淹也。兆，猶卜之兆，蓋事之端也。孔子所以不去者，亦欲小試行道之端以示於人，使知吾道之果可行也。若其端既可行，而人不能遂行之，然後不得已而必去之。蓋其去虽不輕，而亦未嘗不決，是以未嘗終三年留於一國也。孔子有見行可之仕，有際可之仕，有公養之仕。於季桓子，見行可之仕也。於衛靈公，際可之仕也。於衛孝公，公養之仕也。」見行可，見其道之可行也。際可，接遇以禮也。公養，國君養賢之禮也。季桓子，魯卿季孫斯也。衛靈公，衛侯元也。孝公，《春秋》、《史記》皆无之，疑出公輒也。因孔子仕魯，而言其仕有此三者，故於魯，則足以行矣。而不行，然後去。而於衛之事，則又受其交際問餽而不卻之一驗也。尹氏曰：「不聞孟子之義，則自好者爲於陵仲子而已。聖賢辭受進退，惟義所在。」南軒曰：「讀《孟子》此章，所以答万章者，反復曲折，可謂義之精矣。問交際何心，則曰恭。蓋交際之道，主乎恭也。問卻之何以爲不恭，則以謂尊者有賜，若念其取之義與不義而後受，則非所以敬事乎其尊者也。吾知不虛其賜我之意而已，豈暇問其所自哉？若夫万章之説，以心卻之，而以它辝无受，則是乃不恭之心，而辝何爲乎？然而其受也，必交以道而接以禮，使交之不以道，而接之不以禮，則固有所不受矣。於齊餽兼金百鎰而不受，是亦尊者之賜也。然未有辭，則是貨我而已。其交也固

【四七】二説未知　「二」原作「三」，據《孟子集註》卷十改。

非道，其接也固非禮，然所爲不受也，蓋亦非爲其取之不義之故，初亦无害乎交際之恭也。万章於此有疑焉【四八】，謂有人於此，禦人以兵而得貨，然交以道，餽以禮，則君子固亦受與？孟子謂禦人而奪貨者，此所謂大憝，有國者之所必禁，不待教令而誅者，三代之法同。不必設辞而可知者，居今之世，其法爲甚著，奈何而可受其餽乎？万章謂既以爲不可，則今之諸侯以非道取民，與此何異？而君子以善其禮際而受之，可乎？孟子謂事固有輕重，若以爲有王者作，將不待教而尽誅今之諸侯乎？抑亦教而不改而復誅之也？以理論之，則必待教而不改，然後誅之明矣。然則其可與不待教而誅者同日而語乎？夫謂非其有而取之爲盗者，蓋充夫非其有而取之之類，以極義之所在，而比之爲盗則可。若使以爲與禦人奪貨之盗同罪，則豈可哉！大抵聖賢因汙隆而起變化，辞受、取與，皆天下正理，過與不及，爲失其正理則均也。魯之習俗，必獵較而後以祭。孔子仕於魯，亦不違也，而況於受其賜乎？万章聞是言，則又疑孔子之仕，所事者道，而何獵較爲也？孟子以爲孔子於宗廟之祭，先簿正其祭器，立之彝典，不以四方之食供簿正，蓋四方之食非簿正之常典故也。然於獵較而供祭之事，猶有所未廢。蓋由簿正之事而正之，其施設則有次第矣。而万章以爲既不能遂尽正之，則曷爲不遂去？孟子謂爲之兆也。爲之兆者，正本開端，而爲可繼者也。聖人之爲，如天地之化，不疾不徐，雖曰爲之兆，而化育之大體已具矣。在他人緩則失時，速則反害，蓋非溥博淵泉而時出之，是以無序而不和也。兆足以行而不行者，蓋以其兆固可繼此以行，而有所不得行焉，則命也。夫然後去之，故亦未嘗有三年之淹焉。其先後遲速皆天理也。此所謂聖之時者欤？於是遂論孔子之仕有三焉：行可之仕，謂其兆可以行者也；際可之仕，謂遇聖人以禮者也；公養之仕，謂養聖人以道者也。遇以禮而養以道者，聖人亦豈得而絶之乎？讀是書者，涵泳而精思之，亦可以窺聖賢之用，而知辭受取予之方也。」

孟子曰：「仕非爲貧也，而有時乎爲貧。娶妻非爲養也，而有時乎爲養。爲貧者，辭尊居卑，辭富居貧。朱子曰：「貧、富，謂禄之厚薄。蓋仕不爲道，已非出處之正，故其所處但當如此。」辭尊居

【四八】此有疑焉　「焉」原作「馬」，據四庫本改。

卑，辭富居貧，惡乎宜乎？抱關擊柝。爲貧者雖不主於行道，而亦不可以苟禄。故惟抱關擊柝之吏，位卑禄薄，其職易稱，爲所宜居也。李氏曰：「道不行矣，爲貧而仕者，此其律令也。若不能然，則是貪位慕禄而已矣。」此孔子之爲貧而仕者也。茁，肥貌。言以孔子大聖而嘗爲賤官，不以爲辱者，所謂爲貧而仕，官卑禄薄而職易稱也。孔子嘗爲委吏矣，曰：『會計當而已矣。』嘗爲乘田矣，曰：『牛羊茁壯長而已矣。』位卑而言高，罪也。立乎人之本朝而道不行，恥也。」以出位爲罪，而無行道之責；以廢道爲恥，則非竊禄之官【四九】。此爲貧者之所以必辭尊富而寧處貧賤也。尹氏曰：「言爲貧者不可以居尊，居尊者必欲以行道。」南軒曰：「此章言爲貧而仕之義。夫仕者，豈爲貧乎哉？蓋將以行道也，而亦有爲貧而仕者焉。是猶娶妻本爲繼嗣，非爲養也，而亦有爲養而取者焉。然則爲貧而仕與爲養而娶，是亦皆義也。虽然，既曰爲貧矣，則不當處夫尊與富，居於卑與貧者可也。若處其尊與富，則是名爲爲貧而其實竊位也。處其尊與富，則當任其責【五〇】，此豈爲貧之地哉！是則非義矣。故抱關擊柝，亦以爲宜者，本爲貧故也。孔子嘗爲委吏與嘗爲乘田矣，聖人篤誠，虽居下位，必敬其事，曰『會計當而已矣』，曰『牛羊茁壯長而已矣』，以其職在是而不越也。蓋位卑者言責不加焉，言高則罪矣。故可以姑守其職，此爲貧而仕之法也。若夫立人之本朝，則當以行道爲任，道不行而竊其位，君子之所恥也。然則高位厚禄非所以養貧也，後世不明此義，假爲貧之名，安享寵利而已，曾不以爲愧，此可勝罪哉！必不得已，爲貧而仕，其抱關擊柝之爲宜，則可矣。嗟夫！觀夫子爲委吏而曰『會計當而已矣』，爲乘田則曰『牛羊茁壯長而已矣』，則夫子得政於天下，其所當爲者如何哉？事有小大而心則一也，亦曰『止其所而已矣』。」

萬章曰：「士之不託諸侯，何也？」孟子曰：「不敢也。諸侯失國，而後託於諸侯，禮也。士之託於諸侯，非禮也。」萬章曰：「君餽之粟，則受之乎？」曰：「受之。」「受之何

【四九】竊禄之官 「竊」原作「切」，據四庫本改。

【五〇】當任其責 「其」下原衍「其」字，據四庫本删。

義也？」曰：「君之於氓也，固周之。」曰：「周之則受，賜之則不受，何也？」曰：「不敢也。」「敢問其不敢，何也？」曰：「抱關擊柝者，皆有常職以食於上。無常職而賜於上者，以爲不恭也。」曰：「君魄之，則受之，不識可常繼乎？」曰：「繆公之於子思也，亟問，亟饋鼎肉。子思不悦。於卒也，摽使者出諸大門之外，北面稽首再拜而不受，曰：『今而後知君之犬馬畜伋。』蓋自是臺無餽也。悦賢不能舉，又不能養也，可謂悦賢乎？」曰：「敢問國君欲養君子，如何斯可謂養矣？」曰：「以君命將之，再拜稽首而受。其後廪人繼粟，庖人繼肉，不以君命將之。子思以爲鼎肉使己僕僕爾亟拜也，非養君子之道也。堯之於舜也，使其子九男事之，二女女焉，百官牛羊倉廪備，以養舜於畎畝之中。後舉而加諸上位，故曰王公之尊賢者也。」朱子曰：「能養能舉，悦賢之至也，唯堯、舜爲能尽之，而後世之當法也。」南軒曰：「萬章所謂託於諸侯，蓋以爲士雖不得行其道，而託禄於諸侯以自養，宜若可也。而孟子以爲非禮，以其無是理故也。然周之則可以受。周之與賜所以異者，蓋居其國則爲其民，君以其飢餓而餽焉，受斯可也。若欲以自託而虚享其禄賜，則於義何居乎？名不正，則失其序而不和，故孔子論之。至於禮樂不興，而民無所措手足，君子之於禮樂，不斯須去身者，其動未嘗不當【五一】，名正而言順故也。曰『不敢』者，以其無常職而受賜，陷於不恭，故不敢也。雖然此士之所以自處者當然也。在国君之待士，則有養賢之禮焉，故舉子思之事以告之。夫子思受繆公之餽者，周之而受之，義也。至於餽之之久，而僕僕然亟拜，則是徒爲餽而已。徒爲餽，則與養犬馬之道何異？烏有君子而受其犬馬之畜者乎？故及其久也，則再拜稽首而不受。蓋繆公雖有悦賢之名，不能舉而用，又不能以禮養之也。賢者其肯處乎？以禮養者，繼肉是也。蓋不敢以是而數廑之，故使繼之而已。雖然此及乎養之之禮，而未及乎舉之之道也。若堯之於舜，

【五一】未嘗不當　「當」原脱，據《癸巳孟子説》卷五補。

則尊賢之極而養道之尽也。事之以九男，女之以二女，百官牛羊倉廩備，而養之於畎畝之中，惟恐不得當其意。一旦舉而加諸上位，如是而後可以謂之王公之尊賢也。孟子每以堯、舜之事爲言者，語道者必稽諸聖人，所以示萬世之準的，蓋聖人人倫之至故也。嗟乎！爲士者於辭受之際，可不思夫名正而言順者乎？爲君者之待士，又何可不深思所以養之之道乎？」

孟子曰：「仲子，不義與之齊國而弗受，人皆信之。是舍簞食豆羹之義也。人莫大焉亡親戚、君臣、上下。以其小者信其大者，奚可哉？」朱子曰：「言仲子設若非義而與之齊國，必不肯受。齊人皆信其賢，然此但小廉耳。其辟兄離母，不食君禄，無人道之大倫，罪莫大焉。豈可以小廉信其大節，而遂以爲賢哉？」南軒曰：「簞食豆羹，得之則生，弗得則死，嘑爾而與之，則不受。謂斯人也，一旦而遇萬鍾之禄，苟惟不義，則必不受也，可乎？蓋人之難知也。以其小者，信其大者，固不可也。於陵仲子以兄之禄爲不義，避兄離母，處於於陵。齊高之，以謂若斯人者，不義而與之齊國，亦將必不受也。孟子以爲是舍簞食豆羹之義也。蓋孟子以人倫之際察之，而知其不可信也。人之所以爲人者，莫大於人倫。所謂親戚、君臣、上下是也。今仲子廢親戚、君臣、上下，而欲以潔其身，飾小廉而妨大德，其不知義固已甚矣，又烏能不受不義之齊國乎？古之善觀人者，必於人倫之際察之，而其人之得失淺深可概見矣。四岳之舉舜，則曰『克諧以孝』而已，堯之降舜以二女，觀其嬪于虞而已。此舜之所以聖也。冀缺與其妻相待如賓，而臼季知其能治民。茅容殺牲先奉其母，而郭林宗知其可以成德。是亦善觀人者也。若仲子廢天倫而徇私意，以其小廉信其大節，烏乎可哉？」

孟子曰：「食而弗愛，豕交之也。愛而弗敬，獸畜之也。恭敬者，幣之未將者也。」朱子曰：「將，猶奉也。」《詩》曰：「承筐是將。」程子曰：「恭敬雖因威儀幣帛而後發見【五二】，然幣帛之未將時，已有此恭敬之心，非因幣帛而後有也。」恭敬而無實，君子不可以虛拘。」言此當時之待賢者，特以幣帛爲恭敬而無實

【五二】因威儀幣帛而後發見　「因」原作「固」，「發」原作「祭」，據四庫本、《孟子集注》卷十三改。

也。拘，留也。　南軒曰：「此事言交際之道。夫徒食之而愛心不加焉，徒愛之而敬心不加焉，則與豕交獸畜無以異。蓋人道之相與，以敬爲主。夫必有是恭敬，而後幣帛以將之。蓋恭敬者，先存於幣帛未行之前者也。若無是敬，則幣帛何所施乎？雖然，幣帛者所以將其恭敬者也。恭敬存於中，而儀物實於外，此君子之道所以爲內外之宜【五三】，文質之中也。若恭敬之心雖存，而無以實之於外，君子亦惡夫虛拘也。昔夫子解驂以賻舊館人之喪，曰：『吾惡夫哀之無從。』蓋是意也。夫古人於交際之道，豈苟然哉？故有燕饗之禮焉，有贄獻之禮焉，有問遺之禮焉，此皆其恭敬之所生也。恭敬爲之主，而其節文品式，森然備具。而又有貴賤貧富之不同，小大多寡之或異，是皆天之所爲也。若昧乎此，不陷於豕交獸畜，則或失之虛拘。皆非君子之道也」。　二先生釋恭敬无實之語不同，正當參考。

孟子居鄒。季任爲任處守，以幣交，受之而不報。於平陸，儲子爲相，以幣交，受之而不報。趙氏曰：「季任，任君之弟【五四】。任君朝會於鄰國，季任爲之居守其國也。儲子，齊相也。不報者，來見則當報之，但以幣交，則不必報也。」他日由鄒之任，見季子【五五】。由平陸之齊，不見儲子。屋廬子喜曰：「連得間矣。」朱子曰：「屋廬子知孟子之處此必有義理，故喜得其間隙而問之。」問曰：「夫子之任見季子，之齊不見儲子，爲其爲相與？」言儲子但爲齊相，非若季子攝守君位，故輕之耶？曰：「非也。《書》曰：『享多儀，儀不及物。曰不享，惟不役志于享。』」《書》，《洛誥》篇。享，奉上也。儀，禮也。物，幣也。役，用也。言雖享而禮意不及其幣，則是不享矣。以其不用志于享故也。爲其不成享也。」孟子釋《書》意如此。屋廬子悅。或問之，屋廬子曰：「季子不得之鄒，儲子得之平陸。」徐氏曰【五六】：「季子爲君居守，不得往他國以見孟子，則以幣交而禮意已備。儲子爲齊相，可以至齊之境內，而不來見，則雖以幣交，而禮意不及其物也。」

【五三】君子之道所以　「所」原作「反」，據《癸巳孟子説》卷七改。

【五四】任君之弟　「任」原作「季」，據上下文改。

【五五】見季子　「見」原作「是」，據四庫本改。

【五六】徐氏曰　「徐」原作「程」，據《孟子集註》卷十三改。

孟子曰：「好名之人，能輕千乘之國【五七】。苟非其人，簞食豆羹見於色。」朱子曰：「好名之人，矯情干譽，是以能遜千乘之國。然若本非能輕富貴之人，則於得失之小者，反不覺其真情之發見矣。蓋觀人不於其所勉，而於其所忽，然後見其所安之實也。」　東坡所謂人能碎千金之璧，而不能不失聲於破釜，正此意。苟非其人，其人指真能讓國者，非指好名之人也。　問：「曾會得東坡之説否？」曰：「如此，則能讓千乘之國，只是好名。至簞食豆羹見於色，却是實情也。」曰：「然。某嘗把此一段對向爲身死而不受一段。蓋此段是好名之心勝，大處打得過，小處漏綻也。動於万鍾者，是小處遮掩得過，大處發露也。」　南軒曰：「《孟子》此章，言人之度量相越，有如是其遠者。夫均是人也，而有讓千乘之國者，有與人簞食豆羹而德見於色者，何其不侔也？蓋其所存有厚薄，而所見有廣狹之故耳。夫能讓千乘之國，亦可謂高矣，而孟子謂之好名之人者【五八】，何哉？蓋未能循天理之實然者，則亦未免爲徇其名而已。如季札之徒是也。季子之父兄所以眷眷於季子之立者，爲其賢也。此公理，而非私意也。而季子三辭焉，是未究夫當立之義，非爲季子之大也。就隘俗論之，可謂超然獨出矣。而揆之以道，蓋亦好名而蔽其實故也。好名之人，雖能讓國，未免限於名。若夫大賢以上，循乎天理，雖以舜、禹受天下，受其所當受而不爲泰。以泰伯之讓，夷、齊之讓，讓其所當讓，而不爲好名。故孔子稱舜、禹則曰『有天下而不與焉』，稱泰伯則曰『民無得而稱焉』，稱夷、齊曰『求仁而得仁』，聖人之意，蓋可見矣。」　愚按：泰伯、夷、齊之讓，與子臧、季札之讓，其讓則一，而所以讓則不同。學者所當究見其義。夷、齊之事已見甲卷求仁章，今以泰伯、子臧、季札之事附見於此。　子曰：「泰伯，其可謂至德也已矣！三以天下讓，民無得而稱焉。」朱子曰：「泰伯，周太王之長子也。至德，謂德之至極，無以復加者也。三遜，謂固遜也。無得而稱，其遜隱微，無迹可見也。蓋太王三子：長泰伯，次仲雍，次季歷。太王之時，商道寖衰，而周日强大。季歷又生子昌，有聖德。太王因有翦商之志，而泰伯不從，太王遂欲傳位季歷以及昌。泰伯知之，即與仲雍逃之荆蠻。於是太王乃立季歷，傳國至昌，而三分天下有其二，是爲文王。文王崩，子發立，遂克商而有天下，是爲武王。夫以泰伯之德，

【五七】輕千乘之國　「輕」，四庫本、《孟子集注》卷十四作「讓」。

【五八】好名之人者　「好」原作「努」，據四庫本改。

當商、周之際，固足以朝諸侯，有天下矣，乃棄不取而又泯其迹焉【五九】，則其德之至極爲如何哉！蓋其心即夷、齊叩馬之心，而事之難處有甚焉者，宜夫子之歎息而贊美之也。泰伯不從，事見《春秋傳》。按：僖五年，宫之奇曰：「泰伯、虞仲，大王之昭也。泰伯不從，是以不嗣。」杜氏注曰：「泰伯、虞仲，皆大王之子，不從父命，俱讓適吴。」或問曰：「何以言三讓之爲固讓也？」曰：「古人辭讓，以三爲節，一辭爲禮辭，再辭爲固辭，三辭爲終辭。故古註至是，但言三讓，而不解其目也。今必求其事以實之，則亦無所据矣。」曰：「何以言其讓於隱微之中也？」曰：「泰伯之讓，無揖遜辭受之跡，人但見其逃去不返而已，不知其讓也。知其讓者，見其讓國而已，而不知所以使文、武有天下者，實由於此，則是以天下讓也。」曰：「其爲至德，何也？」曰：「讓之爲德，既美矣。至於三，則其讓誠矣。以天下讓，則其所讓大矣。而又能隱晦其迹，使民無得而稱焉，則其讓也，非有爲名之累矣。此其德所以爲至極，而不可以有加也。」曰：「太王有廢長立少之意，非禮也。泰伯又探其邪志而成之，至於父死不赴，傷毁髮膚，皆非賢者之事，就使必於讓國而爲之，則亦過而不合於中庸之德矣。其爲至德，何耶？」曰：「大王之欲立賢子聖孫，爲其道足以濟天下，而非有愛憎之間利欲之私也【六〇】。是以泰伯去之而不以爲狷，王季受之而不以爲貪，父死不赴，傷毁髮膚，而不爲不孝。蓋處君臣父子之變，而不失乎中庸，此所以爲至德也。與魯隱公、吴季子之事，蓋不同矣【六一】。」曰：「逃去可矣，何必斷髮文身哉？」曰：「先儒論之多矣。蘇氏以爲讓國，盛德之事矣。然存其實而取其名者，乱之所由起，故泰伯爲此，所以使名實俱亡而乱不作也。此以利害言之，固不足以得聖賢之心。而其弟黄門又曰：『子貢言泰伯端委以治吴，則固未嘗斷髮文身也。且漢東海王以天下授顯宗，唐宋王成器以天下授玄宗，皆兄弟終身無間言，何必斷髮文身哉？』此引子貢之言，則其事固有不可考者，然以漢、唐二事例之，則亦未足以盡聖賢之心也。蓋使王季之心，但如顯宗、玄宗則可，若有叔齊之義，則亦不能以一朝居矣。使泰伯而不有以深自絶焉，則亦何以必致國於王季而安其位哉！然顯宗、玄宗之心，其厚薄又自不同也。」南軒曰：「三讓，程子曰：『不立一也，逃之二也，文身三也。』夫泰伯之讓，誠難知也。以君之元子，而棄宗國以逃，身本中夏而從夷狄之爲，不亦冒先王之大禁歟？而泰伯安然行之，非聖人，孰能明其爲至德也？至

【五九】泯其迹　「泯」原作「氓」，據四庫本改。

【六〇】非有愛憎之間　「憎」原作「僧」，據四庫本改。

【六一】蓋不同矣　「矣」原作「夫」，據四庫本改。

德，謂德之至也。泰伯知文王有聖德，天之所命，當使天下被其澤，故致國於王季，爲文王也。故曰『以天下讓』，言其至公之心，爲天下而讓也。變而止乎中，非達權樂天者，其孰能與於此乎？惟其事情深遠，故『民无得而稱』，而聖人獨知其爲至德也。或曰泰伯之心，知文王得國，則周必有天下乎？非然也。以是存心，則是利夫天下者也。泰伯知文王得國，則天下必被其澤也。至於周之有天下，則泰伯豈加毫末於此哉？此又不可以不知也。」

曹子臧者，曹成公之庶子也，名欣時。宣公之十九年，會諸侯伐秦而卒於師。曹人使公子負芻守，使欣時逆公之喪。負芻殺其世子而自立，諸侯來討，執而歸之京師。將以子臧見王而立之，子臧辭曰：「《志》有之：『聖達節，次守節，下失節。』爲君，非吾節也。雖不能聖，敢失守乎？」遂逃，奔宋。明年，曹人告於晉，請歸負芻而反欣時。晉侯謂子臧：「反，吾歸而君【六二】。」子臧反，曹伯歸。子臧盡置其邑與卿而不出。吴季札者，吴子壽夢之幼子也。兄弟四人，長曰諸樊，次曰餘祭，次曰夷昧，次曰季札。季札賢，父欲立之，季讓不可，則立諸樊。諸樊既除喪，復欲立季札。季札辭曰：「曹宣公之卒也，諸侯與曹人不義曹君，將立子臧【六三】，子臧去之，以成曹君。君子曰：『能守節。』君義嗣也，誰敢干君！有國，非吾節也。札雖不材，願自附於子臧之義，以無失節。」固立之。棄其室而耕，乃舍之。諸樊十三年卒，有命立餘祭，欲以次必致國於季子。餘祭四年卒，夷昧立。夷昧十七年卒，吴人將以先君之命立季子，季子逃去，吴人乃立夷昧之子僚，云云。

蘇氏《古史》曰：「春秋之際，世不知義，而以權利爲貴。雖齊桓、晉文，皆以爭國成名者也。如子臧之於曹，季子之於吴，皆有可取之義，棄而不顧，而況於爭乎？予高二子之義，欲考其行事，而子臧反國而致事，事不復見。季子事吴九十餘年，觀其掛劍於墓，不以死背其心；葬子嬴博，不以恩累其志；引兵避楚，不以名害其德。蓋所以養心者至矣。雖禄之天下，有所不受，而況於吴乎？彼其所養者誠重故也。」《春秋》：「吴子使札來聘。」胡氏曰：「札者，吴之公子，何以不稱『公子』，貶也。辭國而生亂者，札爲之也。故因其來聘而貶之，示法焉。按吴子壽夢有子四人：長曰諸樊，次曰餘祭，次曰夷昧，札其季子也。壽夢賢季札，欲立以爲嗣，札辭不可，然後立諸樊。既除喪，則致國於季子，季

【六二】吾歸而君　「君」原脱，據四庫本補。

【六三】將立子臧　「臧」原作「賦」，據四庫本、《春秋左傳正義》卷三十二改。

子又辞而去之。諸樊乃舍其子而立弟，約以次傳，必及季子。故諸樊卒而餘祭立，餘祭卒而夷昧立，夷昧卒則季子宜受命以安社稷，成父兄之志矣。乃徇匹夫之介節，辞位以逃。夷昧之子僚既立，諸樊之子光曰：『先君所以不與子國而與弟者，凡爲季子爾，將從先君之命歟，則季子宜有國也。如不從先君之命，則我宜立，僚烏得爲君？』於是使專諸刺僚，而致國乎季子。季子不受，去之延陵，終身不入吴國。故曰：『季子辭國以生亂，因其來聘而貶之，示法焉。』或謂子貢問於孔子曰：『伯夷、叔齊何人也？』曰：『古之賢人也。』『怨乎？』曰：『求仁而得仁，又何怨？』子貢以先聖賢夷、齊，知其惡衛輒之爭而不爲也。季子辞位，獨不爲賢，而奚貶乎？曰：叔齊之德不越伯夷，孤竹捨長而立幼，私意也。諸樊兄弟父子無及季札之賢者，其父兄所爲眷眷而欲立札，公心也。以其私意，故夷、齊讓國爲得仁。而先聖之所賢，以其公心，故季子辞位爲生亂，而《春秋》之所貶。苟比而同之，過矣。或曰：世衰道微，暴行交作，臣篡其君者有之，子篡其父者有之。季子於是焉而辞位，則將使聞其風者，貪夫廉，爭夫讓，而篡弑奪攘之禍損矣。其於名教豈不有補，何貶之深也？曰：《春秋》達節而不守者也。昔泰伯奔吴而不反，季歷嗣位而不辭，武王繼統受命作周，亦不以配天之業，讓伯邑考官天下也。彼王僚無季歷之賢、武王之聖，而季子爲泰伯之讓，豈至德乎？使爭弑禍興，覆師喪國，其誰階之也？若季子之辭位守節，立名全身，自牧則可矣，概諸聖王之道則過矣。《中庸》曰：『道之不明不行也，我知之矣。』季子所謂賢且智，過而不得其中者也。使由於季歷、武王之義，其肯附子臧之節而不受乎？惜其擇乎中庸，失時措之宜爾。此仲尼所以因其辭國生亂而貶之也。或曰：吴子使札與楚子使椒、秦伯使術一例爾，吴、楚蛮夷之國，秦介夷狄之間，其禮未同於中夏，故使人之來皆略之，而札何以獨爲貶乎？曰：《春秋》多變例，聖筆有特書。荆楚无大夫而屈完書族，王朝下士以人通而子突書字，諸侯公子以名著而季友書子，母弟之无例者不登其姓名而叔肹書氏，皆賢而特書者也。季札讓國，天下賢之，若仲尼亦賢季札，必依此例，或以字，或以氏，或以公子，特書之矣。今乃略以名紀，比於楚椒、秦術之流無異稱焉，是知仲尼不以其讓國爲賢而貶之也。噫！世之君子盛稱季札之賢於讓國之際，以爲禮之大節，不可亂也。公子喜時，春秋猶賢其後世，於季札則何獨貶之深也？曰：仲尼於季子望之深矣，責之備矣。惟與天地同德，而達乎時中，然後能與於此，非聖人莫能修之，豈不信夫！」

問：「今人陳乞恩例，於義當然否？」程子曰：「只爲今士大夫道得箇乞字慣，動不動又是乞也。」因問：「陳乞封父祖，如何？」曰：「此事體又別。」再三請益，但云「其説甚長，待別時説」。有問先生夫人不叙封因何【六四】，先生曰：「某當時起自草萊，三辭，然後受命，豈有今日乃爲妻求封之理？」　先生在講筵，嘗質錢用。諸公因問必是俸給大段不足，後乃知到任不曾請俸。諸公遂牒户部，户部索前任曆子。先生云：「某起自草萊，無前任曆子。」舊例，初入京官，下狀出給料錢曆，其意謂朝廷用人，便當廩人繼粟庖人繼肉也。遂令户部自爲出券曆，云云。後來自涪陵歸，復官半年，不曾請俸。粮料院吏人忽來索請券狀子。先生云：「自來不會寫狀子。」受事人不去，只令子弟録與受官月日。　先生初受命，便在假，欲迤邐尋醫，既而供職。門人尹焞深難之，謂供職非是。先生曰：「新君即位，首蒙大恩，自二千里放回，亦無道理不受。某在先朝，則知某者也。當時執政大臣皆相知，故不當如此受。今則皆无相知，朝廷之意只是憐某貧，不使飢餓於我土地。某須領他朝廷厚意，與受一月料錢，然官則某必做不得。既已受它告，却不供職，是與不受同。且略與供職數日，承順它朝廷善意了，然後惟所欲。」

龜山楊氏曰：「一介之與萬鍾，若論利，則有多少；論義，其理一也。伊尹惟能一介知所取與，故能禄之以天下弗顧，繫馬千駟弗視。自後世觀之，則一介不以予人爲太吝，一介不以取人爲太潔。然君子之取予，適於義而已。予之嗇，取之微，雖若不足道，然苟害於義，又何多寡之間乎？孔子於公西赤之富不恤其請，於原憲之貧不許其辭，此知所予者也。孟子言非其道則一簞食不可受於人；如其道則舜受堯之天下不以爲泰，此知所取者也。」愚謂夫子不許原憲之辭者，以其爲宰也，非以其貧也。

【六四】因何　「何」原作「依」，據四庫本改。

朱子曰：「朝廷設官求賢，故在上者不當以請託而薦人；士人當有禮義廉恥，故在下者不當自衒鬻而求薦。平生守此愚見，故爲小官時不敢求薦。後叨冒剌舉【六五】，亦不敢舉削應副人情，官吏亦不敢挾書求薦。其在閑官，非無親舊在官，亦未嘗敢爲人作書求薦。唯老成淹滯實有才德之人，衆謂當與致力者，乃以公論告之耳。」

官卑禄薄，雖不快意，然比之一介寒士，以教學仰食於人者，則已爲泰矣。若以爲不足，妄有覬覦，恐所得無幾，而終日之悔將有不可追者。

【六五】叨冒剌舉　「冒」字原脱，據《朱熹文集》卷六十四補。

校勘記

# 丁之二

《論語》：子貢曰：「貧而無諂，富而無驕，何如？」子曰：「可也，未若貧而樂，富而好禮者也。」朱子曰：「諂，卑屈也。驕，矜肆也。常人溺於貧富之中，而不知所以自守，故必有二者之病。無諂無驕，則知自守矣，而未能超乎貧富之外也。凡曰可者，僅可而有未盡之辭也。樂則心廣體胖而忘其貧，好禮則安處善、樂循理，亦不自知其富矣。子貢貨殖，蓋先貧後富，而嘗用力於自守者，故以爲問。而夫子答之如此，蓋許其所已能，而勉其所未至也。」子貢曰：「《詩》云：『如切如磋，如琢如磨。』其斯之謂與？」子貢自以無諂無驕爲至矣，聞夫子之言，又知義理之無窮，雖有得焉，而未可遽自足也。故引是詩以明之。子曰：「賜也，始可與言詩也已矣，告諸往而知來者。」往者，其所已言者。來者，其所未言者也。愚按：此章問答，其淺深高下固不待辨説而明矣。然不切則磋無所施，不琢則磨無所措，故學者雖不可安於小成，而不求造道之極致，亦不可騖於虛遠，而不察切己之實病也。南軒曰：「諂、驕，皆惡也。無諂無驕，則免於惡矣，然質美者能之。若夫樂與好禮，則非致知力行，所造日深者無此味也。」

子曰：「不仁者不可以久處約，不可以長處樂。仁者安仁，知者利仁。」朱子曰：「約，困窮也。利，猶貪也。蓋深知篤好，而必欲得之也。不仁之人失其本心，久約必濫，久樂必淫。惟仁者則安其仁而無適不然，知者則利於仁而不易所守，蓋雖深淺之不同，然皆非外物所能奪矣。」或問：「安仁、利仁之可以久處約、久處樂，何也？」曰：「胡氏於此發明，似得其本旨者。曰：『舜之飯糗茹草，若將終身，衣袗衣鼓琴，若固有之，此安仁者之久處約、長處樂也。原憲環堵，閔損汶上，魯之季文子，齊之晏平仲，此利仁者之久處約、長處樂也。』」　南軒曰：「君子之可以久處約，可以長處樂，安於理而已。不仁者勉强而暫處則有之，若差久焉，則移於約樂而無所不至矣。」　黄氏曰：「不仁之人，失其本心，久約必濫，久樂必淫。蓋本心者，天理之公；失其本心，則人欲之私爲之主矣。徇人欲之私，豈能久處約、長處樂乎？安仁利仁，則所存者天理，故安於義命所當然，而物欲不能以累其心，所以處約樂之久而不爲之動也。」　按《莊子》：「原憲居魯，環堵之室，茨以生草，蓬户不完，桑以爲樞，而甕牖二室，褐以爲塞，上漏下濕，匡坐而弦。子貢乘大馬，中紺而表素，軒車不容巷，往見原憲。原憲華冠縱履，杖藜而應門。子貢曰：『嘻！先生何病？』原憲應之曰：『憲聞之，無財謂之貧，學而不能行謂之病。今憲貧也，非病也。』子貢逡巡而有媿色。原憲笑曰：『夫希世而行，比周而友，學以爲人，教以爲己，仁義之慝，輿馬之飾，憲不忍爲也。』」　閔子事已見前篇。　《春秋傳》襄五年，季文子卒，大夫入斂。公在位，宰庀家器爲葬備，無衣帛之妾，無食粟之馬，無藏金玉，無重器備。君子是以知季文子之忠於公室也。相三君矣，而無私積，可不謂忠乎？初，文子之爲相，仲孫他諫曰：「子爲正卿，妾不衣帛，馬不食粟，人以子爲愛，且不華國也。」文子曰：「吾亦願之。然吾觀國人，其父兄之食麄而衣惡者猶多，而吾獨美妾馬，可乎？吾聞榮於德者華於國，不聞以妾與馬也。」　晏嬰字平仲，資惡淫侈。父卒，麄縗斬苴，絰帶，杖，菅屨，食鬻，居倚廬，寢苫，枕草。其老曰：「非大夫之禮也。」曰：「唯卿爲大夫。」事齊靈公、莊公、景公，食不重味，妾不衣帛。公與邶殿，其鄙六十，弗受。子尾曰：「富人之所欲也。何獨拒之？」對曰：「慶氏之邑足欲，故亡；吾邑不足欲也，益之以邶殿，乃足欲，亡無日矣。不受邶殿，非惡富也，恐失富也。」　按：令尹子文之行，與晏平仲類。《楚語》：「鬭且廷見令尹子常，子常與之語，問蓄貨聚馬。歸以語其弟曰：『楚其亡乎？不然，令尹其不免乎？吾見令尹，令尹問蓄聚積實，如餓豺狼然，殆必亡者也。昔鬭子文三舍令尹，無一日之積，卹民之故也。成王聞子文之朝不及夕也，於是乎每朝設脯一束，糗一筐，以羞子文。至于今，令尹秩之。成王每出子文之禄，必逃，王止而後復。人謂子文曰：人生求富而子逃之，何也？對曰：夫從政者以庇民也，民多曠者而我取富焉，是勤民以自封也，死無日矣。我逃死，非逃富也。故莊王之世，滅若敖氏，唯子文之族在，至今處鄖，爲楚良臣，是不先恤民而後己之富乎？今子常，先大夫之後也，而相楚君，無令名於四方，民之羸餒，日月已甚，四境盈壘，道殣相望，盜賊司目，民無所放，是之不恤，而蓄聚不厭其速【一】，怨於民多矣。積貨滋多，蓄怨滋厚，不亡何待？』」　子文，姓鬬，名穀於菟【二】，爲楚令尹四十年，緇布之衣以朝，鹿裘以居。子常，楚大夫子囊之後，名囊瓦，蓋所謂不仁而不可以處樂者也。故併見焉。

子曰：「富與貴，是人之所欲也，不以其道得之，不處也；貧與賤，是人之所惡也，不以其道得之，不去也。朱子曰：「不以其道得之，謂不當得而得之。然於富貴則不處，於貧賤則不去，君子之審富貴而安貧賤也如此。」　南軒曰：「於人之所欲而不處，於人之所惡而不去，蓋其欲惡有大於富貴貧賤者，惟道所在而已。」君子去仁，惡乎成名？言君子所以爲君子，以其仁也。若貪富貴而厭貧賤，則是自離其仁而無君子之實矣，何所成其名乎？君子無終食之間違仁，造次必於是，顛沛必於是。」終食者，一飯之頃。造次，急遽苟且之時。顛沛，傾覆流離之際。蓋君子之不去乎仁如此，不但富貴貧賤取舍之間而已也。　言君子爲仁，自富貴貧賤取舍之間，以至於終食造次顛沛之頃，無時無處而不用其力也。然取舍之分明，然後存養之功密；存養之功密，則其取舍之分蓋明矣。　餘見《甲記》。

子曰：「士志於道，而恥惡衣惡食者，未足與議也。」朱子曰：「心欲求道，而以口體之奉不若人爲恥，其識趣之卑陋甚矣。何足與議於道哉？」　程子曰：「志於道而心役乎外，何足與議也？」　或問：「恥惡衣惡食者，其爲未免於求飽求安之累者乎？」曰：「此固然也。然求飽與安，猶有以適乎口體之實，此則非以其不可衣且食也，特以其不美於觀聽而自惡焉。若謝氏所謂食前方丈則對客泰然，疏食菜羹則不出諸户者，其識趣卑凡【三】，又在求飽與安者之下矣。志於道而猶不免乎是焉，則其志亦何足言哉！」

子曰：「賢哉，回也！一簞食，一瓢飲，在陋巷，人不堪其憂，回也不改其樂。賢哉，

【一】不厭其速　「速」原作「迷」，據《國語》卷十八改。

【二】名穀於菟　「名穀」原顛倒，據四庫本乙正。

【三】其識趣卑凡　「趣」原作「致」，據四庫本改。

回也！」説已見前。　按《莊子》：「孔子謂顔子曰：『回，來！家貧居卑，胡不仕乎？』顔回對曰：『不願仕。回有郭外之田五十畝，足以給飦粥，郭内之田十畝【四】，足以爲絲麻；鼓琴足以自娱；所學夫子之道，足以自樂也。回不願仕。』孔子愀然變容曰：『善哉，回之意！丘聞之，知足者不以利自累，審自得者失之而不懼，行脩於内者無位而不怍。丘誦之久矣，今於回而後見之，是丘之得也。』」又曰：「曾子居衛，緼袍無裘，顔色腫噲，手足胼胝。三日不舉火，十年不製衣。正冠而纓絶，捉衿而肘見，納履而踵决。曳縰而歌《商頌》，声滿天地，若出金石。」　按顔、曾二子，樂道安貧，大抵相似，故附於此。

子曰：「富而可求也，雖執鞭之士，吾亦爲之；如不可求，從吾所好。」朱子曰：「執鞭，賤者之事，設言富若可求，則雖身爲賤役以求之，亦所不辭。然有命焉，非求之可得也，則安於義理而已矣。何必徒取辱哉！」　蘇氏曰：「聖人未嘗有意於求富也，豈問其可不可哉？爲此語者，特以明其决不可求爾。」楊氏曰：「君子非惡富貴而不求，以其在天，無可求之道也。」　南軒曰：「夫子謂富不可求，非特謂命有定而不可强也，正以於義不可故耳。」又曰：「所安者義，而命有所不必言者矣。」

子曰：「飯蔬食，飲水，曲肱而枕之，樂亦在其中矣。不義而富且貴，於我如浮雲。」朱子曰：「聖人之心，渾然天理，雖處困極而樂亦無不在焉。其視不義之富貴，如浮雲之無有，漠然無所動於其中也。」程子曰：「非樂疏食飲水也，雖疏食飲水，不能改其樂也。不義之富貴，視之輕如浮雲然。」又曰：「須知所樂者何事。」　或問云云。曰：「聖人之心，無時不樂，如元氣流行於天地之間，無一處之不到，無一時之或息也。豈以貧富貴賤之異，有所輕重於其間哉？夫子言此，蓋即當時所處，以明其樂之未嘗不在乎此，而無所慕乎彼耳。且曰亦在其中，則與顔子之不改者，又有間矣。必曰不義而得富貴，視如浮雲，則是以義得之者，視之亦無以異於疏食飲水，而其樂無以加爾。記此者列此以繼衛君之事，其亦不無意乎？」　南軒曰：「崇高莫大乎富貴，非可以浮雲視。惟其非義，則如浮雲

【四】郭内之田　「田」原作「日」，據《莊子注》卷九改。

耳。苟義所當得，聖賢固亦居之，特所樂不存也。」

子曰：「衣敝緼袍，與衣狐貉者立，而不恥者，其由也與！」朱子曰：「敝，壞也。緼，枲著也，袍，衣有著者也，蓋衣之賤者。狐貉，以其皮爲裘，衣之貴者。子路之志如此，則能不以貧富動其心，而可以進於道矣，故夫子稱之。」「不忮不求，何用不臧？」忮，害也。求，貪也。臧，善也。子能不忮不求，則何爲不善乎？此《衛風·雄雉》之篇，孔子引之以美子路也。呂氏曰：「貧與富交，彊者必忮，弱者必求。」子路終身誦之，子曰：「是道也，何足以臧？」終身誦之，則自喜其能而不復求進於道矣，故夫子復言此以儆之。謝氏曰：「恥惡衣惡食，學者之大病，善心不存，蓋由於此。子路之志如是，其過人遠矣。然以衆人能此，則可以爲善矣，子路之賢宜不止此，而終身誦之，則非所以進於日新也，故激而進之。」南軒曰：「衣敝緼袍，與衣狐貉者立而不恥，此不可作細事看。惟不忽於卑近，而實用力於斯者，乃知其未易耳，此非不忮不求者不能然也。蓋人惟有己而有物，有物故有忮，有己故有求。不忮不求，則私欲不行，而善道可進，將何用而不善？子路聞夫子之言，以爲道如是足矣，遂有終身誦之之意。夫不忮不求，非不善也，而終身誦之，則不足以爲善矣。蓋學之無窮，自不忮不求而勉焉，以至於聖不可知，其等級固有次第也。苟終身誦夫不忮不求而已，則亦不過於利仁之事而有所止也。聖人先後抑揚，所以成德達材之道，可謂至矣。」

「回也屢空」，見前篇。子曰：「貧而無怨難，富而無驕易。」朱子曰：「處貧難，處富易，人之常情。然人當勉其難，而不可忽其易也。」南軒曰：「富而無驕，不矜於外物者能之。至於貧而無怨，非爲内有所安者不能也。或謂世固有處貧賤而無失，至於一旦當富貴之地，則失其本心。然則難易之論，有時而不然耶？此蓋未知夫無怨之味也，所謂處貧賤而無失者，特未見其失於外耳，又焉能保其中之無怨耶？蓋一毫有所未平於中，皆怨也。故貧而無諂易，貧而無怨難，無怨則進於樂矣。」

子曰：「君子謀道不謀食。耕也，餒在其中矣；學也，祿在其中矣。君子憂道不憂貧。」朱子曰：「耕所以謀食，而未必得食；學所以謀道，而禄在其中。然其學也，憂不得乎道而已，非爲憂貧之故，而欲爲是以得禄也。」尹氏曰：「君子治其本而不卹其末，豈以在外者爲憂樂哉！」

《記·曲禮》：富貴而知好禮，則不驕不淫；貧賤而知好禮，則志不懾。

《儒行》：儒有不隕穫於貧賤，不充詘於富貴。鄭氏曰：「隕穫者，閑迫失志之貌。充詘者，歡喜失節之貌。」漢揚雄不戚戚於貧賤，不汲汲於富貴。

孟子曰：「舜之飯糗茹草也，若將終身焉；及其爲天子也，被袗衣、鼓琴，二女果，若固有之。」朱子曰：「聖人之心，不以貧賤而有慕於外，不以富貴而有動於中，隨遇而安，無預於己，所性分定故也。」南軒曰：「舜於窮通之際，果何有哉？所欲不存，樂天而安命，窮而在下，初無一毫之虧；達而在上，亦無一毫之加。故無適而不自得也。」

齊人有一妻一妾而處室者，其良人出，則必饜酒肉而後反。其妻問所與飲食者，則盡富貴也。其妻告其妾曰：「良人出，則必饜酒肉而後反，問其與飲食者，盡富貴也，而未嘗有顯者來。吾將瞷良人之所之也。」蚤起，施從良人之所之，徧國中無與立談者。卒之東郭墦間之祭者，乞其餘，不足，又顧而之他。此其爲饜足之道也。其妻歸告其妾曰：「良人者，所仰望而終身也。今若此。」與其妾訕其良人，而相泣於中庭，而良人未之知也，施施從外來，驕其妻妾。由君子觀之，則人之所以求富貴利達者，其妻妾不羞也，而不相泣者，幾希矣。孟子言自君子而觀，今之求富貴者皆若此人耳。使其妻妾見之不羞而泣者少矣，言可羞之甚也。趙氏曰：「言今之求富貴者，皆以枉曲之道，昏夜乞哀以求之，而以驕人於白日，與斯人何以異哉？」

《易・賁》初九《程氏傳》曰：君子在無位之地，無所施於天下，惟自賁飾其所行而已。趾取在下，而所以行也。君子脩飾之道，正其所行，守節處義，其行不苟，義或不當，則舍車輿而徒行。君子所賁，世俗所羞；世俗所羞，君子所貴。朱子曰：「此爻爲舍非道之車，而安於徒步之象。」

張子曰：「人多言安於貧賤，其實只是計窮、力屈、才短，不能營畫耳。若稍動得，恐未肯安之。須是誠知義理之樂於利欲也，乃能。天下事，大患只是畏人非笑。不養車馬，食麄衣惡，居貧賤，皆恐人非笑。不知當生則生，當死則死。今日萬鍾，明日棄之；今日富貴，明日饑餓亦不卹，惟義所在。」或問謝子曰：「公於外物，一切放得下否？」曰：「實就上面做工夫來，凡事須有根，屋柱無根，拆却便倒。樹木有根，雖剪枝條，相次又發。如人要富貴，要它做甚？必須有用處，尋討要用處，病根將來斬斷，便没事。」

右論處貧賤處富貴附。

《家人》六四：「富家大吉。」吕氏曰：「無好勝之心，而以和易處富，自然得吉。何者？人道惡盈而好謙，六四有處富之道，以其巽順而已。」六四以六居四，是以陰居陰，順也。又巽體亦順也。富者，人之所忌，當家道富盛之時，最爲難處。既爲富家，又迫近九五剛暴之君，正在多難之地，惟六四則可免云云。衛公叔文子朝，而請享靈公。退，見史鰌而告之，史鰌曰：「子必禍矣。子富而君貪，罪其及子乎！」文子曰：

「然。吾不先告子，是吾罪也。君既許我矣，其若之何？」史鰌曰：「然子臣可以免，富而能臣，必免於難。上下同之。」此六四之謂也。

䷜《易・習坎》：有孚，維心亨，行有尚。程子曰：「陽實在中，爲中有孚信。『維心亨』，維其心誠一，故能亨通。至誠可以通金石，蹈水火，何險難之不可亨也？『行有尚』，謂以誠一而行，則能出險，有可嘉尚，謂有功也。不行，則常在險中矣。」《象》曰：習坎，重險也。水流而不盈，行險而不失其信。習坎，謂重險也。上下皆坎，兩險相重也。初六云「坎窞」，是坎中之坎，重險也。「水流而不盈」，陽動於險中而未出於險，乃水性之流行而未盈於坎，既盈則出乎坎矣。「行險而不失其信」，陽剛中實，居險之中，行險而不失其信者也。坎中實，水就下，皆爲信義，「有孚」也。維心亨，乃以剛中也。維其心可以亨通者，乃以其剛中也。中實爲有孚之象，至誠之道無所不通，以剛中之道而行，則可以濟險難而亨通也。行有尚，往有功也。坎以能行爲功。初六：入於坎窞，凶。初以陰柔居坎險之下，柔弱無援，而處不能當，非能出乎險也，唯益陷於險耳。窞，坎中之陷處，已在習坎中，更入坎窞，其凶可知。

《象》曰：習坎入坎，失道凶也。由習坎而更入坎窞，失道也。是以能出乎險，乃不失道也。《本義》曰：「以陰柔居重險之下，其陷益深矣。」九二：坎有險，求小得。二當坎險之時，陷上下二陰之中，乃至險之地，是有險也。然其剛中之才，雖未能出乎險中，亦可小自濟，不至如初益陷入於深險，是所求小得也。君子處險艱而能自保者，剛中而已。剛則才足自衛，中則動不失宜。《象》曰：求小得，未出中也。方爲二陰所陷在至險之地，以剛中之才，不至陷於深險，是所求小得，然未能出坎中之險也。六三：來之坎坎，險且枕，入於坎窞，勿用。六三在坎陷之時，以陰柔而居不中正，其處不善，進退與居皆不可者也。來下則入於險之中之上，則重險也，退與進皆險，故曰「來之坎坎」，既進退皆險，而居亦險。枕謂支倚居險，而支倚以處，不安之甚也。所處如此，唯益入於深險耳，故云「入於坎窞。」如三所處之道，不可用也，故曰「勿用」。《本義》曰：「以陰柔不中正，而履重險之間，來往皆險，前險而後枕，其陷益深，不可用也。枕，倚著未安之意。」

《象》曰：來之坎坎，終無功也。進退皆險，處又不安。若用此道，當益入於險，豈能有功乎？以陰柔處不中正，雖平易之地，尚致悔吝，況處險乎？險者，人之所欲出也。必得其道，乃能去之。求去而失其道，其道益困窮爾。故聖人戒如三所處，不可用也。」　六四、九五，据程説皆以爲濟天下之險，故不入於此。上六：係用徽纆，寘于叢棘，三歲不得，凶。上六以陰柔而居險之極，其陷之深者也。陰柔而陷之深，其不能出矣，故云云也。《象》曰：上六失道，凶三歲也。以陰柔而自處極險之地，是其失道也，故其凶至於三歲也。　邵子曰：「《易》曰：『坎有孚，維心亨，行有尚。』中正行險，往且有功，雖危无咎，能自信故也。伊尹以之。」

䷋《否・象》曰：天地不交，否。君子以儉德辟難，不可榮以禄。天地不相交通，故爲否。否塞之時，君子道消，當觀否塞之象【五】，而以儉損之德避免禍難，不可榮居禄位也。否者，小人得志之時也。君子居顯榮之地，禍患必及其身，故宜晦處窮約也。　朱子曰：「收斂其德，不形於外，以辟小人之難，人不得以禄位榮之。」

䷛《大過・象》曰：澤滅木，大過。君子以獨立不懼，遯世無悶。澤，潤養於木者也。乃至滅没於木，則過甚矣，故爲大過。君子觀大過之象，以立其大過人之行。然而君子所以大過人者，以其能獨立不懼，遯世無悶也。天下非之而不顧，獨立不懼也。舉世不見知而不悔，遯世無悶也。如此，然後能自守，所以为大過人也。　朱子曰：「澤滅於木，大過之象，不懼無悶，大過之行也。」　又曰：「澤在下，而木在上，今澤水高漲，乃至浸没其木，是爲大過。然木雖爲水浸，而木未嘗動，故君子觀之，而獨立不懼、遯世無悶。」

【五】當觀否塞之象　「象」原作「時」，據《伊川易傳》卷一改。

䷣《明夷》爲卦坤上離下，明入地中也。反晉成明夷【六】，故義與晉正相反。晉者，明盛之卦，明君在上，羣賢並進之時也。明夷，昏暗之卦【七】，暗君在上，明者見傷之時也。日入於地中，見傷而昏暗也，故爲明夷。明夷：利艱貞。君子當明夷之時，利在知艱難而不失其貞正也。在昏暗艱難之時，而能不失其正，所以爲明（一作爲字。）君子也。《象》曰：明入地中，明夷。內文明而外柔順，以蒙大難，文王以之。明入於地，其明滅也，故爲明夷。內卦离，离者，文明之象；外卦坤，坤者，柔順之象。爲人內有文明之德，而外能柔順也。昔者文王如是，故曰「文王以之」。當紂之昏暗，乃是明夷之時，而文王內有文明之德，外柔順以事紂，蒙犯大難，而內不失其明聖，而外足以遠禍患（一作害）。此文王所用之道也，故曰「文王以之」。利艱貞，晦其明也。內難而能正其志，箕子以之。明夷之時，利於處艱阨而不失其貞正，謂能晦藏其明也。不晦其明，則被禍患；不守其正，則非賢明。箕子當紂之時，身處其國內，切近其難，故云內難。然箕子能（一無能字。）藏晦其明，而自守其正志，箕子所用之道也，故曰：「箕子以之」。六二：明夷，夷於左股，用拯馬壯，吉。六二以至明之才，得中正而體順，順時自處，處之至善也。虽君子自處之善，然當陰闇小人傷明之時，亦不免爲其所傷。但君子自處有道，故不能深相傷害，終能違避之爾。足者，所以行也【八】，股在脛足之上，於行之用爲不甚切，左又非便用者。手足之用，以右爲便，唯蹶張用左，蓋右立爲本也。夷於左股，謂傷害其行而不甚切也。雖然，亦必自免有道。拯用（一作其）壯健之馬，則獲免之速而吉也。君子爲陰闇所傷，其自處有道，故其傷不甚。自拯有道，故獲免之疾。用拯之道不莊，則被傷深矣，故云馬壯則吉也。二以明居陰闇之下，所謂吉者，得免傷害而已，非謂可以爲於斯時也。《象》曰：六二之吉，順以則也。六二得吉者，以其順處而有法則也。則，謂中正之道，能順而得中正，所以處明傷之時，而能保其吉也。六五：箕子之明夷，利貞。五爲君位，乃常也。然《易》之取義，變動隨時。上六處坤之上，而明夷之極，陰暗傷明之極

【六】反晉成明夷　「明」原作「胡」，據四庫本、《伊川易傳》卷三改。

【七】昏暗之卦　「昏」字原脱，據《伊川易傳》卷三補。

【八】所以行也　「也」原作「者」，據《伊川易傳》卷三改。

者也。五切近之，聖人因以五爲切近至暗之人，以見處之之義，故不專以君位（一作義）言。上六陰暗傷明之極，故以爲明夷之主。五切近傷明之主，若顯其明，則是傷害必矣，故當如箕子之自晦藏，則可以免於難。箕子，商之舊臣，而同姓之親，可謂切近於紂矣。若不自晦其明，被禍可必矣，故佯狂爲奴，以免於害。雖晦藏其明，而内守其正，所謂内難而能正其志，所以謂之仁與明也。若箕子，可謂貞矣。以五陰柔，故爲之戒云「利貞」，謂宜如箕子之貞固也。若以君道言，義亦如是。人君有當含晦之時，亦外晦其明，而内正其志也。

《象》曰：箕子之貞，明不可息也。箕子晦藏，不失其貞固，雖遭患難，其明自存，不可滅息也。若逼禍患，遂失其所守，則是亡其明，乃滅息也。古之人，如揚雄者是也。

䷦《蹇》：《序卦》：「睽者，乖也。乖必有難，故受之以蹇。」蹇者，難也。睽乖之時，必有蹇難，蹇所以次睽也。蹇，阻險之義，故爲蹇難。爲卦坎上艮下，坎，險也。艮，止也。險在前而止，不能進也。前有險陷，後有峻阻，故爲蹇也。蹇利西南，不利東北，利見大人，貞吉。西南，坤方。坤，地也，體順而易。東北，艮方。艮，山也，體止而險。在蹇難之時，利於順處平易之地，不利止於危險也。處順易，則難可以紓。止於險，則難益甚矣。蹇難之時，必有聖賢之人，則能濟天下之難，故利見大人也。濟難者，必以大正之道，而堅固其守，故貞則吉也。凡處難者，必在乎守貞正。設使難不解，不失正德，是亦吉也。若遇難而不能固其守，入於邪濫，雖使苟免，亦惡德也，知義命者不爲也。朱子曰：「蹇，難也，足不能進，行之難也。爲卦艮下坎上，見險而止，故爲蹇。西南平易，東北險阻，又艮方也。方在蹇中，不宜走險。又卦自小過而來，陽進則往，居五而得中，退則入於艮而不進，故其占曰『利西南，不利東北』。」《彖》曰：蹇，難也。險在前也。蹇，難也。蹇之爲難，如乾之爲健，若易之爲難【九】，則義有未足。蹇有險阻之義，屯亦難也，困亦難也，同爲難而義則異。屯者始難而未得通，困者力之窮，蹇乃險阻艱難之義，各不同也。「險在前也」，坎險在前，下止而不進，故爲蹇。見險而能止，知矣哉！以卦才言，處蹇之道也。上險而下止，「見險而能

【九】易之爲難 「易」原作「蹇」，據《伊川易傳》卷六改。

止」也。犯險而進，則有悔吝，故美其能止爲知也。方蹇難之時，唯能止爲善，故諸爻除五與二外，皆以往爲失，來爲得也。**蹇利西南，往得中也；不利東北，其道窮也。**蹇之時，利於處平易。西南坤方，爲順易；東北艮方，爲險阻。九上居五而得中正之位，是往而得平易之地，故爲利也。五居坎險之中，而謂之平易者，蓋卦本坤，由五往而成坎，故但取往而得中，不取成坎之義也。方蹇而又止危險之地，則蹇益甚矣，故「不利東北，其道窮也」，謂蹇之極也。**利見大人，往有功也。當位貞吉，以正邦也。**蹇難之時，非聖賢不能濟天下之蹇，故利於見大人也。大人當位，則成濟蹇之功矣，往而有功也。能濟天下之蹇者，唯大正之道。夫子又取卦才而言，《蹇》之諸爻，除初外，餘皆當正位，故爲貞正而吉也。初六雖以陰居陽而處下，亦陰之正也。以如此正道正其邦，可以濟於蹇矣。**蹇之時用，大矣哉！**處蹇之時，濟蹇之道，其用至大，故云「大矣哉」。天下之難，豈易平也？非聖賢不能，其用可謂大矣。順時而處，量力而行，從平易之道，由至正之理，乃蹇之時用也。**《象》曰：山上有水，蹇。君子以反身脩德。**山之峻阻，上復有水，坎水爲險陷之象，上下險阻，故爲蹇也。君子觀蹇難之象，而以「反身脩德」，君子之遇艱阻，必反求諸己而益自脩。孟子曰：「行有不得者，皆反求諸己。」故遇艱蹇，必自省於身，有失而致之乎？是反身也，有所未善則改之，無歉於心則加勉，乃自脩其德也。　或言：「蹇與困相似，致命遂志，反身脩德，亦一般。」朱子曰：「不然。《困·象》曰：『澤無水，困。』是盡底乾燥，處困之極，事無可爲者，故只得『致命遂志』。若『山上有水，蹇』，則猶可進步，豈可以困爲比？只觀澤無水與山上有水二句，便全不同。」**初六：往蹇，來譽。**六居蹇之初，往進則益入於蹇，「往蹇」也。當蹇之時，以陰柔無援而進，其蹇可知。來者，對往之辭。上進則爲往，不進則爲來。止而不進，是有見幾知時之美，來則有譽也。**《象》曰：往蹇來譽，宜待也。**方蹇之初，進則益蹇，時之未可進也，故宜見幾而止，以待時可行而後行也。諸爻皆蹇往而善來，然則無出蹇之義乎？曰：「在蹇而往則蹇也，蹇終則變矣，故上已有碩義。」六二：王臣蹇蹇，匪躬之故。二以中正之德，居艮體，止於中正者也。與五相應，是中正之人爲中正之君所信任，故謂之「王臣」。雖上下同德，而五方在大蹇之中，致力於蹇難之時，其艱蹇至甚，故爲蹇於蹇也。二雖中正，以陰柔之才，豈易勝其任，所以蹇於蹇也。志在濟君於蹇難之中，其蹇蹇者非爲身之故也。雖使不勝，志義可嘉，故稱其忠藎不爲己也。然其才不足以濟蹇也，小可濟，則聖人當盛稱以爲勸矣。朱子曰：「柔順中正，正應在上而在險中，故蹇而又蹇，以求濟之，非以其身之故也。不言吉凶者，占者但當鞠躬盡力而已，至於成敗利鈍則非所論也。」《象》曰：王臣蹇蹇，終無尤也。雖艱阨於蹇時，然其志在濟君難，雖未能成功，然終無過尤也。聖人取其志義，而謂其無尤，所以勸忠藎也。九三：往蹇來反。九三以剛居正，處下體之上，當蹇之時，在下者皆柔，必依於三，是爲下所附者也。三與上爲正應，上陰柔而無位，不足以爲援，故上往則蹇也。來，下來也。反，歸也。三爲下二陰所喜，故來爲反其所也，稍安之地也。朱子曰：「反就二陰，得其所安。」《象》曰：往蹇來反，內喜之也。內在下之陰也，方蹇之時，陰柔不能自立，故皆附於九三之陽而喜愛之。九之處三，在蹇爲得其所也。處蹇而得下之心，可以求安，故以來爲反，猶《春秋》之言歸也。六四：往蹇來連。往則益入於坎險之深，「往蹇」也。居蹇難之時，同處艱阨者，其志不謀而同也。又四居上位，而與在下者同，有得位之正，又與三相比相親者也。三與初同類，相與者也，是與下同志，衆所從附也，故曰「來連」。來則與在下之衆相連合也，能與衆合，得處蹇之道也。朱子曰：「連於九三，合力以濟。」《象》曰：往蹇來連，當位實也。四當蹇之時，居上位，不往而來，與下同志，固足以得衆矣。又以陰居陰，爲得其實，以誠實與下，故能連合。而下之二三，亦各得其實。初以陰居下，亦其實也。當同患之時，相交以實，其合可知，故來而連者，當位以實也。處蹇難，非誠實何以濟？當位不曰正而曰實，上下之交主於誠實，用各有其所也。九五：大蹇朋來。五居君位，而在蹇難之中，是天下之大蹇也。當蹇而又在險中，亦爲大蹇。大蹇之時，而二在下，以中正相應，是其朋助之來也。方天下之蹇，而得中正之臣相輔，其助豈小也？得「朋來」而無吉，何也？曰：未足以濟蹇也。以剛陽中正之君，而方在大蹇之中，非得剛陽中正之臣輔之，不能濟天下之蹇也。二之中正固有助矣，然以陰柔之助，濟天下之難，非所能也。自古聖王濟天下之蹇，未有不由賢聖之臣爲之助者，湯、武得伊、呂是也。中常之君，得剛明之臣而能濟大難者則有矣，劉禪之孔明，唐肅宗之郭子儀，德宗之李晟是也。雖賢明之君，苟無其臣，則不能濟於難也。故凡六居五、九居二者，則多由助而有功，蒙、泰之類是也。九居五、六居二，則其功多不足，屯、否之類是也。蓋臣賢於君，則輔君所不能。臣不及君，則贊助之而已，故不能成大功也。問：「九五何故爲大蹇？」朱子曰：「五是爲蹇主，凡人身之蹇，只一身事，至大蹇，須人主當之。」問「大蹇朋來」之義。曰：「處九五尊位，而居蹇之中，所以爲大蹇，所謂遺大投艱於朕身。人君當此，則須屈羣策、用羣力，乃可濟也。」《象》曰：**大蹇朋來，以中節也**。朋者，其朋類也。五有中正之德，而二亦中正，雖大蹇之時，不失其守。蹇於蹇以相應助，是以其中正之節也。上下中正而弗濟者，臣之才不足也。自古守節秉義，而才不足以濟者，豈少乎？漢李固、王允，晉周顗、王導之徒是也。**上六：往蹇來碩，吉，利見大人**。六以陰柔居蹇之極，冒極險而往，所以蹇也。不往而來，從五求三，得剛陽之助，是以碩也。蹇之道，阨塞窮蹙。碩，大也，寬裕之稱。來則寬大，其蹇舒矣。蹇之極，有出蹇之道，上六以陰柔，故不得出。得剛陽之助，可以舒蹇而已。在蹇極之時，得舒則爲吉矣。非剛陽中正，豈能出乎蹇也？「利見大人」，蹇極之時，見大德之人，則能有濟於蹇也。大人謂五，以相比發此義，五剛陽中正，而居君位，大人也。在五不言其濟蹇之功，而上六利見之，何也？曰：在五不言，以其居坎險之中，無剛陽之助，故無能濟蹇之義。在上六，蹇極而見大德之人，則能濟於蹇，故爲利也。各爻取義不同，如《屯》初九之志正，而於六二則目之爲寇也。諸爻皆不言吉，上獨言吉者，諸爻皆得正，各有所善，然皆未能出於蹇，故未足爲吉。唯上處蹇極而得寬裕，乃爲吉也。朱子曰：「已在卦極，往無所之，益以蹇耳。來就九五，與之濟蹇，則有碩大之功。大人指九五也。」**《象》曰：往蹇來**

**碩，志在内也。利見大人，以從貴也。**上六應三而從五，志在内也。蹇既極而有助，是以碩而吉也。六以陰柔當蹇之極，密近剛陽中正之君，自然其志，從附以求自濟，故「利見大人」，謂從九五之貴也。所以云「從貴」，恐人不知大人爲指九五也【一〇】。

䷧**《解》初六：无咎。**六居解初，患難既解之時，以柔居剛，以陰應陽，柔而能剛之義。既無患難，而所處得剛柔之宜。患難既解，安寧無事，唯自處得宜，則爲无咎矣。方解之初，宜安静以休息之，爻之詞寡，所以示意。

䷮**《困》：**《序卦》：「升而不已必困，故受之以困。」升者，自下而上。自下升上，以力進也，不已必困矣。故升之後，受之以困也。困者，憊乏之義。爲卦，兑上坎下。水居澤上，則澤中有水也，乃在澤下，枯涸無水之象，爲困乏之義。又兑以陰在上，坎以陽居下，與上六在二陽之上，而九二陷於二陰之中，皆陰柔揜於陽剛，所以爲困也。君子爲小人所掩蔽，窮困之時也。**困亨，貞，大人吉，无咎，有言不信。**如卦之才，則困而能亨，且得貞正，乃大人處困之道也，故能吉而无咎。大人處困，不唯其道自吉，樂天安命，乃不失其吉也。况隨時善處，復有裕乎！「有言不信」，當困而言，人誰信之？朱子曰：「困者，窮而不能自正之義。坎剛爲兑柔所揜，九二爲二陰所揜，四五爲上六所揜，所以爲困。坎險兑説，處險而説，是身雖困而道則亨也。二五剛中，又有大人之象，占者處困能亨，則得其正矣。非大人，其孰能之！故曰貞。」又曰：「大人者，明不正之小人不能當也。有言不信，又戒之以當持晦默，不可尚口，益取窮困。」《彖》曰：**困，剛揜也。**卦所以爲困，以剛爲柔所掩蔽也。陷於下而掩於上，所以困也。陷亦揜也，剛陽君子而爲陰柔小人所掩蔽，君子之道困窒之時也。**險以説，困而不失其所亨，其唯君子乎！**以卦才言，處困之道也。下險而上説，爲處險而能説。雖在困窮艱險之中，樂天安義，自得其説樂也。時雖困也，處不失義，則其道自亨，困而不失其所亨也。能如是者，其唯君子乎！若時當困而反亨，身雖亨，乃其道之困也。君子，大人通稱。**貞，大**

【一〇】指九五也　「九」字原脱，據四庫本補。

人吉，以剛中也。困而能貞，大人所以吉也。蓋其以剛中之道也，五與二是也。非剛中，則遇困而失其正矣。有言不信，尚口乃窮也。當困而言，人所不信，欲以口免困，乃所以致窮也。以説處困，故有尚口之戒。《象》曰：澤無水，困。君子以致命遂志。澤無水，困乏之象也。君子當困窮之時，既盡其防慮之道，而不得免，則命也。當推致其命，以遂其志。知命之當然也，則窮塞禍患不以動其心，行吾義而已。苟不知命，則恐懼於險難，隕穫於窮阨，所守亡矣，安能遂其爲善之志乎？朱子曰：「致命，如見危致命之義，不管生死，不顧身命，但遂其志而已，猶言置死生於度外也。」又曰：「君子道窮之時，但當委致其命，以遂吾之志。致命，猶送這命與它，不復爲我之有。雖委致其命，而志則自遂，無所回屈。伊川解作『推致其命』，雖説得通，然《論語》中『致命』都是『委致』之『致』，『見危授命』亦是此意。授亦致字之意，言將這命授與之也。」初六：臀困於株木，入於幽谷，三歲不覿。六以陰柔處於至卑，又居坎險之下，在困不能自濟者也。必得在上剛明之人爲援助，則可以濟其困矣。初與四爲正應，九四以陽而居陰，爲不正，失剛而不中，又方困於陰揜，是惡能濟人之困？猶株木之不能蔭覆於物。株木，無枝葉之木也。四近君之位，在它卦不爲無助，以居困而不能庇物，故爲株木，臀所以居也。臀困於株木，謂無所庇而不得安其居，居安則非困也。入於幽谷，陰柔之人非能安其所遇，既不能免於困，則益迷闇妄動，入於深困。幽谷，深暗之所也。方益入於困，無自出之勢，故至三歲不覿，終困者也。不覿，不遇其所亨也。朱子曰：「臀，物之底也。困於株木，傷而不能安也。」《象》曰：入於幽谷，幽不明也。幽者，不明也。謂益入昏闇，自陷於深困也，明則不至於陷矣。九二：困於酒食，朱紱方來。利用亨祀，征凶，无咎。酒食，人所欲而所以施惠也。二以剛中之才，而處困之時，君子安其所遇，雖窮阨險難，無所動其心，不恤其爲困也。所困者，唯困於所欲耳。君子之所欲者，澤天下之民，濟天下之困也。二未得遂其欲，施其惠，故爲困於酒食也。大人君子懷其道而困於下，必得有道之君，求而用之，然後能施其所蘊。二以剛中之德困於下，上有九五剛中之君，道同德合，必來相求，故云「朱紱方來」，方且來也。朱紱，王者之服，蔽膝也。以行來爲義，故以蔽膝言之。利用享祀，享祀以至誠通神明也。在困之時，利用至誠，如享祀然，其德既誠，自能感通於上。自昔賢哲困於幽遠，而德卒升聞，道卒爲用者，唯自守至誠而已。「征凶无咎」，方困之時，若不至誠處以俟命，往而求之，則犯難得凶，乃自取也。將誰咎乎？不度時而征，乃不安其所，爲困所動也。失剛中之德，自取凶悔，何所怨咎？諸卦二五以陰陽相應而吉，唯小畜與困【一一】，乃阨於陰，故同道相求。小畜，陽爲陰所畜。困，陽爲陰所揜也。《象》曰：困於酒食，中有慶也。雖困於所欲，未能施惠於人，然守其剛中之德，必能致亨而有福慶也。雖使時未亨通，守其中德，亦君子之道，亨乃有慶也。六三：困於石，據于蒺藜，入于其宮，不見其妻，凶。六三以陰柔不中正之質，處險極而用剛，居陽用剛也，不善處困之甚者也。石，堅重難勝之物。蒺藜，刺不可據之物。三以剛險而上，進則二陽在上，力不能勝，堅不可犯，益自困耳。「困于石」也，以不善之德，居九二剛中之上，其不安猶藉刺據於蒺藜也。進退既皆益困，欲安其所，益不能矣。宮，其居所安也。妻，所安之主也。知進退之不可，而欲安其居，則失其所安矣。進退與處皆不可，唯死而已，其凶可知。《繫辭》曰：「非所困而困焉，名必辱；非所據而據焉，身必危。既辱且危，死期將至，妻其可得見邪？」二陽不可犯也，而犯之以取困，是非所困而困也。名辱，其事惡也。三在二上，固爲據之，然苟能謙柔以下之，則無害矣。乃用剛險以乘之，則不安而取困，如據蒺藜也。如是死期將至，所安之主可得而見乎？《象》曰：據于蒺藜，乘剛也。入于其宮，不見其妻，不祥也。「據於蒺藜」，謂乘九二之剛，不安猶藉刺也。「不祥」者，不善之徵，失其所安者，不善之效，故云「不見其妻，不祥也」。九四：來徐徐，困于金車，吝，有終。唯力不足，故困。亨困之道，必由援助。當困之時，上下相求，理當然也。四與初爲正應，然四以不中正處困，其才不足以濟人之困。初六比二，二有剛中之才，足以拯困，則宜爲初所從矣。金，剛也。車，載物者也。二以剛在下載己，故謂之金車。四欲從初而阻於二，故其來遲疑而徐徐，是「困于金車」

【一一】唯小畜與困 「唯」原作「嗤」，據四庫本改。

也。己之所應，疑其少己而之它，將從之，則猶豫不敢遽前，豈不可羞吝乎？有終者，事之所歸者正也。初四正應，終必相從也。寒士之妻，弱國之臣，各安其正而已。苟擇勢而從，則惡之大者，不容於世矣。二與四皆以陽居陰，而二以剛中之才，所以能濟困也。居陰者，尚柔也。得中者，不失剛柔之宜也。朱子曰：「初六、九四之正應，九四處位不當，不能濟物，而初六方困於下，又爲九二所隔，故其象如此。然邪不勝正，故其占雖爲可吝，而必有終也。金車未詳，疑坎有輪象也。」《象》曰：來徐徐，志在下也。雖不當位，有與也。四應於初而隔於二，志在下求，故徐徐而來。雖居不當位，爲未善，然其正應相與，故有終也。九五：劓刖，困于赤紱，乃徐有說，利用祭祀。截鼻曰劓【一二】，傷於上也。去足爲刖，傷於下也。上下皆揜於陰，爲其傷害，劓刖之象也。五，君位也，人君之困，由上下無與也。赤紱，臣下之服，取行來之義，故以紱言。人君之困，以天下不來也，天下皆來，則非困也。五雖在困，而有剛中之德，下有九二剛中之賢，道同德合，徐必相應而來，共濟天下之困，是始困而徐有喜說也。「利用祭祀」，祭祀之事，必致其至敬而後受福。人君在困時，宜念天下之困，求天下之賢，若祭祀然。致其誠敬，則能致天下之賢，濟天下之困矣。五與二同德，而云上下無與，何也？曰：陰陽相應者，自然相應也，如夫婦骨肉分定也。五與二皆陽爻，以剛中之德，同而相應相求，而後合者也。如君臣朋友，義合也。方其始困，安有上下之與？有與則非困也，故徐合而後有說也。二云享祀，五云祭祀，大意則宜用至誠乃受福也。祭與祀享，泛言之則可通，分而言之，祭天神，祀地示，享人鬼。五君位言祭，二在下言享，各以其所當用也。朱子曰：「劓刖者，傷於上下，既傷則赤紱無所用，而反爲困矣。九五當困之時，上爲陰揜，下則乘剛，故有此象。然剛中而說體，故能遲久而有說也。占具象中，又利祭祀，久當獲福。」《象》曰：劓刖，志未得也。乃徐有說，以中直也。利用祭祀，受福也。始爲陰揜，無上下之與，方困未得志之時也。徐而有說，以中直之道，得在下之賢，共濟於困也。不曰中正與二合者，云直乃宜也。直比正意差緩。盡其誠意，如祭祀然，以求天下之賢，則能亨天下之困，而享受其福慶也。上六：困于葛藟，于臲卼，曰動悔，

【一二】截鼻曰劓　「劓」原作「鼻」，據四庫本改。

**有悔，征吉。** 物極則反，事極則變，困既極矣，理當變也。葛藟，纏束之物。臲卼，危動之狀。六處困之極，爲困所纏束，而居最高危之地，困於葛藟與臲卼也。動悔，動輒有悔，無所不困也。有悔，咎前之失也。曰，自謂也。若能曰如是，動皆得悔，當變前之所爲，有悔也。能悔，則往而得吉也。困極而征，則出於困矣，故吉。三以陰在下卦之上而凶，上居一卦之上而無凶，何也？曰：三居剛而處險，困而用剛險故凶。上以柔居説，唯爲困極耳，困極則有變困之道也。困與屯之上，皆以無應居卦終，屯則泣血漣如，困則有悔征吉，屯險極而困説體故也，以説順進，可以離乎困也。朱子曰：「以陰柔處困極，故有『困於葛藟，於臲卼，曰動悔』之象。然物窮則變，故其占曰：若能有悔，則可以征而吉矣。」

**《象》曰：困於葛藟，未當也。動悔有悔，吉行也。** 爲困所纏而不能變，未得其道也，是處之未當也。知動則得悔，遂有悔而去之，可出於困，是其行而吉也。　南軒《困齋記》云：「在《易》之《繫辭》，三陳九卦，意義深切。至於困，則曰『困，德之辯也』，又曰『困窮而通』，又曰『困以寡怨』。嗚呼！聖人發明處困之義，備盡於此，是可不盡心以體之乎！夫窮達者，在外者也；理義者，在我者也。在外者存於時命，而在我者無斯須而可離。世之惑者，於其存於時命者乃欲以人力而强移，於其不可離者則違之而忘反。居得則患失，居失則覬得【一三】。或能行於其所易，而不能行於其所難。能自保於安逸之時，而有變於危窮之際。是皆非其心之正也，窮達亂之也。君子則不然，其心日夕皇皇然，惟知在我者禮義之安而行，寧卹其它！故其處困也，致命而已，於天何怨？順義而已，於人何尤？而反諸其躬，則益念其所未至，惟恐思之不精，益勉其所未能，惟恐行之不力。是君子之處困，抑其進德深切之時也。如斯而後，庶幾爲不負聖人之訓歟！」　李公晦《困齋説》云：「困之義大矣，在《易》以德言，曰『困亨，貞大人吉』，又曰『困德之辯』是也。在《論語》、《中庸》以學言，曰『困而學之』，又曰『或困而知之』是也。《困》之爲卦，二五皆剛而得中【一四】，爲賢人君子德成於内之象，而外爲三陰所揜，蓄而不獲，施言而不見信，可謂困矣。然遯世無悶，不見是而無悶，其身可屈而其志不可奪，安於義命，頽乎其處順也。然明雖困於人，而幽可感於神，卦爻他皆無所利而獨利祭祀，

【一三】居失則覬得　「居」，四庫本作「患」。

【一四】皆剛而得中　「剛」原作「則」，據四庫本改。

豈不以人不能知而鬼神獨知之乎？是謂以德言。憤未啓，悱未發，思之而未明，行之而未得，困於心，衡於慮。若躋峻絶，陵險阻，爲力甚勞，而望道甚遠。惟竭其强有以赴之，俛焉孳孳，夙夜匪懈，則晦斯光，窒斯通，習與性成，而聖賢同歸矣，故曰『及其知之，一也』。是謂以學言。某人名某人讀書之室曰困，自爲之銘【一五】，復俾予題其後。予謝不敏而不獲，乃爲之言曰：『學然後成德，德成矣，無入而不自得焉。困不困，豈足道哉？』蓋以德言者，謂困於外者也。身困而道亨，致命以遂其志，無所用吾力之謂也。以學言者，謂困於内者也，任重而道遠，弗慮胡獲，弗爲胡成？竭吾才以從之之謂也。二者固有辨矣。孟子曰：『人之有德慧術智者，常存乎疢疾。』謂困之進人也。因其困於外，而益以進於内，是亦以學言也。嗚呼！亦楙其學而要其德之成而已。」

䷿《未濟》上九【一六】：有孚于飲酒，无咎。濡其首，有孚失是。九以剛在上，剛之極也。居明之上，明之極也。剛極而能明，則不爲躁而爲決。明能燭理，剛能斷義。居未濟之極，非得濟之位，無可濟之理，則當樂天順命而已。若否終則有傾，時之變也。未濟則無極而自濟之理，故止爲未濟之極，至誠安於義命，則可无咎。飲酒，自樂也。不樂其處，則忿躁隕穫，入於凶咎矣。若從樂而耽肆過禮，至濡其首，亦非能安其處也。有孚，自信於中也。失是，失其宜也。如是則於有孚爲失也。人之處患難，知其無可奈何，而放意不反者，豈安於義命者哉！《象》曰：飲酒濡首，亦不知節也。飲酒至於濡首，不知節之甚也。所以至如是，不能安義命也。能安則不失其常矣。

按：《易》諸卦凡言利涉大川，皆取濟險涉難之義，今附於此。「需有孚，光亨，貞吉，利涉大川。」《傳》曰：「需者，須待也。以二體言之，乾之剛健上進，而遇險未能進也，故爲需待之義。以卦才言之，五居君位，爲需之主，有剛健中正之德，而誠信充實於中，中實有孚也。有孚則能光明而亨通【一七】，得貞正而吉也。以此而需，何所不濟？雖險無難矣，故利涉大川。」《象》曰：「利涉大川，往有功也。」《傳》曰：「既有孚而貞正，雖涉險阻，往則有功也。」「同人於野，亨。利涉大川，利君子貞。」《傳》曰：「野謂曠野，取遠與外人之義。夫同人者，以天下大同之道，則聖賢大公之心

【一五】自爲之銘　「自」原作「且」，據四庫本改。

【一六】未濟上九　「未濟」前卦畫符號原缺，據四庫本補。

【一七】光明而亨通　「亨」原作「耳」，據四庫本改。

也。常人之同者，以其私意所合，乃暱比之情耳。故必於野，謂不以暱近情之所私，而於郊野曠遠之地，既不係所私，乃至公大同之道，無遠不同也，其亨可知。能與天下大同，是天下皆同之也。天下皆同，何險阻之不可濟？何艱危之不可亨？故利涉大川。」《彖》曰：「同人于野，亨，利涉大川，乾行也。」《傳》曰：「至誠無私，可以蹈險難者，乾之行也。无私，天德也。」　《謙》初六：「謙謙君子，用涉大川，吉。」《傳》曰：「初六以柔順處謙，又居一卦之下，爲自處卑下之至。謙而又謙也，故曰謙謙。能如是，君子也。自處至謙，衆所共與也，雖用涉險難亦無患害，況居平易乎？何所不吉也？」

《蠱》：「元亨，利涉大川。」《傳》曰：「既蠱則有復治之理，自古治必因亂，亂則開治，理自然也。如卦之才以治蠱，則能致元亨也。蠱之大者，濟時之艱難險阻也，故利涉大川。」《彖》曰：「利涉大川，往有事也。」《傳》曰：「方天下壞亂之際，宜涉艱險以往而濟之，是往有所事也。」　《大畜》：「利貞，不家食，吉，利涉大川。」《傳》曰：「莫大於天，而在山中，艮在上而止乾於下，皆藴畜至大之象也。在人，爲學術道德充積於内，乃所畜之大也。人之藴畜，宜得正道，故云利貞。若夫異端偏學，所畜至多，而不正者固有矣。既道德充積於内，宜在上位以享天禄，施爲於天下，則不獨一身之吉，天下之吉也。故不家食，則吉。所畜既大，宜施之於時，濟天下之艱險，乃大畜之用也，故利涉大川。」《彖》曰：「利涉大川，應乎天也。」《傳》曰：「所以能涉大川者，以應乎天也。六五下應乾之中爻，乃應乾而行也。所行能應乎天，無艱險之不可濟，況其它乎！」　《頤》上九：「由頤，厲，吉。利涉大川。」《傳》曰：「上九以剛陽之德，居師傅之任，六五之君柔順從於己，賴己之養，是當天下之任，天下由之以養也。以人臣而當是任，必常懷危厲則吉也。如伊尹、周公，何嘗不憂勤兢畏，故得終吉。夫以君之才不足而倚賴於己，身當天下大任，宜竭其才力，濟天下之艱危，成天下之治安，故曰利涉大川。」　《益》：「利有攸往，利涉大川。」《傳》曰：「益者，益天下之道也，故利有攸往。益之道可以濟險難，利涉大川也。」《彖》曰：「利涉大川，木道乃行。」《傳》曰：「益之爲道，於平常無事之際，其益猶小。當艱危險難則所益至大，故利涉大川也。於濟艱險，乃益道大行之時也。益誤作木，或以爲上巽下震，故云木道，非也。」　「渙亨，王假有廟。利涉大川，利貞。」《傳》曰：「渙，離散也。人之離散由乎中，人心離則散矣。治乎散亦本於中，能收合人心則散可聚也，故卦之義皆主於中。利貞，合渙散之道在乎正固也。」此章不解利涉一句，恐脱誤。《象》曰：「利涉大川，乘木有功也。」《傳》曰：「治渙之道，當濟於險難，而卦有乘木濟川之象。上巽，木也。下坎，水，大川也。利涉險以濟渙也。木在水上，乘木之象，乘木所以涉川也。涉則有濟渙之功矣。」《中孚》：「豚魚，吉，利涉大川，利貞。」《傳》曰：「豚躁魚冥，物之難感者也。孚信能感於豚魚，則無不至矣，所以吉也。忠信可以蹈水火，况涉川乎？守信之道在乎堅正，故利於貞也。」《象》曰：「利涉大川，乘木舟虚也。」《傳》曰：「以中孚涉險難，其利如乘木濟川而以虚舟也。虚舟則無沉覆之患，卦虚中爲虚舟之象。」

《易》之興也，其於中古乎？作《易》者，其有憂患乎？朱子曰：「夏、商之末，易道中微。文王拘於羑里而繫彖辭，易道復興。」是故《履》，德之基也。履，禮也。上天下澤，定分不易，必謹乎此，然後其德有以爲基而立也。《謙》，德之柄也。謙者，自卑而尊人，又爲禮者之所當執持而不可失者也。《復》，德之本也。《恒》，德之固也。《損》，德之脩也。《益》，德之裕也。《困》，德之辨也。《井》，德之地也。《巽》，德之制也。九卦皆反身脩德以處憂患之事也，而有序焉。基所以立，柄所以持。復者，心不外而善端存。恒者，守不變而常且久。懲忿窒欲，以脩身遷善，改過以長善。困以自驗其力，井以不變其所，然後能巽順於理，以制事變。《履》，和而至。《謙》，尊而光。《復》，小而辨於物。《恒》，雜而不厭。《損》，先難而後易。《益》，長裕而不設。《困》，窮而通。《井》，居其所而遷。《巽》，稱而隱。此如《書》之九德，禮非强世，然事皆至極，謙以自卑而尊且光，復陽微而不亂於羣陰【一八】，恒處雜而常德不厭，損欲先難習熟則易，益但充長而不造作，困身困而道亨，井不動而及物，巽稱物之宜而潛隱不露。《履》以和行，《謙》以制禮，《復》以自知，《恒》以一德，《損》以遠害，《益》以興利，《困》以寡怨，《井》以辨義，

【一八】陽微而不亂　「陽」字原脱，據四庫本改。

《巽》以行權。寡怨，謂少所怨尤。辨義，謂安而能慮。　此章三陳九卦，以明處憂患之道。《履》，德之基，是要以踐履爲本。《謙》，德之柄，只是要謙退。若處患難而矯亢自高，取禍必矣。《復》，德之本，如孟子所謂自反。《困》，德之辨，困而通則可辨其是，困而不通則可辨其非。《損》，是懲忿窒欲。《益》，是修德，益令廣大。《巽》，只是低心下意，要制事須是將心入那裏面去，順它道理，方能制事，方能行權。　三陳九卦，初無它意，觀上面其有憂患一句，便見得是聖人説處憂患之道。聖人去這裏，偶然看見這幾卦有這箇道理，所以就這箇説去。若論到底，《睽》、《蹇》皆是憂患底事，何故却不説？以此知只是聖人偶然去這裏，見得有此理，便就這裏説出。聖人視《易》如雲行水流，初無定相，不可確定。　問：「如何止取九卦？」先生曰：「聖人論處憂患，偶及此卦爾。天下道理只在聖人口頭，開口便是道理，偶説此九卦，意思自足。《易》中儘有處憂患底卦，非謂九卦之外皆非所以處憂患也。若以《困》爲處憂患底卦，則《屯》、《蹇》非處憂患而何？觀聖人之經，正不當如此。後世拘於象數者，乃以爲九陽數，聖人之舉九卦，蓋合此数，尤泥而不通矣。」問：「《巽》何以爲德之制？」曰：「《巽》爲資斧，多作斷制之象。」　《損》先難後易，謂損之初，在我亦有所勉强，在人亦有所難堪。久之當事理，順人心，這裏方易。　《益》長裕而不設，謂充長自家之德教寬裕而已。困而寡怨，是得其處困之道，故無所怨於天，無所尤於人。　《井》是不動之物【一九】，然其水却流行出去利物。　井以辨義【二〇】，謂安而能慮，蓋守得自家先定，方能辨事之是非【二一】。若自家心先不定，事到面前，安能辨其義？　問「巽稱而隱」。曰：「以『巽以行權』觀之，則。『稱』字宜作去声，爲稱物之義。」又問：「巽有優游巽入之義，權是仁精義熟於事，能優游以入之意。」曰：「巽是入細底意。」　稱而隱，是巽順恰好底道理。有隱而不能稱量者，有能稱量而不能隱伏不露形迹者，皆非巽之道。　問：「隱字何訓？」曰：「隱，不見也。如風之動物，無物不入，但見其動而不見其形。權之用亦猶是也。」　問：「井，德之地。」曰：「井有本，故澤及於物而井未嘗動，故曰居其所而遷。如人有德而後能施以及人，然其德性未嘗動也。惟井居其所，然水却流行出去而不窮，猶人心有持守不動，而應變於外則不窮也。」

【一九】不動之物　「物」原作「動」，據四庫本改。
【二〇】井以辨義　「辨」原作「下」，據四庫本改。下同。
【二一】方能辨事之是非　「辨」原作「下」，據四庫本改。

巽以行權，謂見得道理精熟後，於物之精微委曲處無所不入，所以云云。　問：「權是逶迤委折以順理否？」曰：「然。巽有入之義，如風之入物，只爲巽便能入義理之中，無細不入。」　愚按：損先難而後易，蓋忿心易發而難制，欲心易開而難塞，故其始也，懲之窒之爲甚難。然天理既明，人欲自熄，其爲力又有所不難者，故曰後易。益長裕而不設，益主利物而言長裕者，謂充廣吾寬裕之德，則其利益自然及物，不待安排做作也，故曰不設。　九卦之義，更當各就全卦反復觀之，以求其所謂處憂患者，庶乎得之。又此章之下云《易》之爲書也，不遠云云，又明於憂患與故，則《易》之一書，無非明於憂患，又不特九卦爲然也。

《易》之興也，其當殷之末世，周之盛德耶？當文王與紂之事耶？是故其辭危。危者使平，易者使傾。其道甚大，百物不廢。懼而終始，其要无咎。此之謂《易》之道也。

朱子曰：「危懼故得平安，輕易則必傾覆，易之道也。」　愚按：危平、易傾，二語最爲切至，處憂患者其深味之。

衛靈公問陳，孔子行。在陳絶糧，從者病，莫能興。見前。　按《史記》：楚使人聘孔子，陳蔡大夫謀曰：「孔子用於楚，則陳、蔡大夫危矣。」於是乃相與發徒役，圍孔子於野，不得行，絶糧，從者病，莫能興。孔子講誦弦歌不衰。子路愠見，曰：「君子亦有窮乎？」孔子曰：「君子固窮，小人窮斯濫矣。」孔子知弟子有愠心，乃召子路而問曰：「《詩》云：『匪兕匪虎，率彼曠野。』吾道非邪？吾何爲於此？」子路曰：「意者吾未仁耶，人之不我信也。」孔子曰：「有是乎？由，使仁者而必信，安有伯夷、叔齊？使智者而必行，安有王子比干？」子路出，子貢入見，曰：「夫子之道至大也，故天下莫能容。夫子蓋少貶焉？」孔子曰：「賜，良農能稼而不能爲穡，良工能巧而不能爲順。君子能脩其道，綱而紀之，統而理之，而不能爲容。今爾不脩爾道而求爲容，賜，而志不遠。」子貢出，顔回入見，曰：「夫子之道大，故天下莫能容。雖然，夫子推而行之，不容何病？不容然後見君子！夫道之不脩也，是吾醜也。夫道既已大脩而不用，有國者之醜也，不容何病？不容然後見君子。」孔子欣然而笑曰：「有是哉！顔氏之子，使爾多財，吾爲爾宰。」

於是使子貢至楚，楚昭王興師迎孔子，然後得免。

孟子曰：「舜發於畎畝之中，傅説舉於版築之間，膠鬲舉於漁鹽之中，管夷吾舉於士，孫叔敖舉於海，百里奚舉於市。故天將降大任於是人也，必先苦其心志，勞其筋骨，餓其體膚，空乏其身，行拂亂其所爲，所以動心忍性，增益其所不能。朱子曰：「降大任，使之任大事也。若舜以下是也。空，窮也。乏，絶也。拂，戾也。言使爲不遂，多背戾也。動心忍性，謂竦動其心，堅忍其性也。然所謂性，亦指氣禀食色而言耳。」程子曰：「若要熟，也須從這裏過。」人恒過，然後能改；困於心，衡於慮，而後作；徵於色，發於聲，而後喻。中人之性，常於有過，然後能改。蓋不能謹於平日，故必事勢窮蹙，以至困於心、衡於慮，然後能奮發而興起。不能燭於幾微，故必事理暴著，以至驗於人之色，發於人之聲，然後能警悟而通曉也。入則無法家拂士，出則無敵國外患者，國恒亡。此言國亦然也。法家，法度之世臣也。拂士，輔拂之賢士也。然後知生於憂患，而死於安樂也。」以上文觀之，則知人之生全出於憂患，而死亡由於安樂矣。尹氏曰：「言困窮拂鬱，能堅人之志，而熟人之仁，以安樂失之者多矣。」南軒曰：「天將以大任之於後，而憂患先之，以成其德。此豈人之所爲哉！所謂莫之爲而爲者，天也。其所遭若是，而所成就若是，乃天也。此六人者，雖有聖賢淺深之異，然始焉經履之艱，而卒焉能勝其任，則一也。以舜之生知，非有待於處憂患以成其德也。舉舜之起於畎畝，以見聖人亦由側微而興耳。若在它人，困憂患以成德，則如下所云是已。夫苦其心志，勞其筋骨，餓其體膚，空乏其身，行拂亂其所欲爲，是使之動心忍性而已。動心，言其心有所感動也。忍性，言忍其性之偏也。動心則善端日萌，而良心可存。忍性則氣禀日化，而天性可復，此所謂增益其所不能也。人恒過，然後能改，言凡人常見其有過，而後能改過。夫其漠然不察其有過【一三二】，則過將日深，何改之有？知用力則改吾過之多，而改之惟恐不暇矣。困於心，謂有所攖

【一三二】漠然不察　「漠」原作「莫」，據四庫本改。

拂於心。衡於慮，謂有所鬱塞於慮。必如是，而後有作。作者，油然有所興起於中也。徵於色，發於聲，謂憂患憤悱發見於聲色，必如是而後喻。喻者，言盎然默識其理之所在也。作也，喻也，身親乃能知之【一二三】，非言語所可盡也，則又推而言之，以謂爲國者亦然。入則無法家拂士，出則無敵國外患者，國恒亡，蓋泰然自以爲是，自以爲莫予毒，則驕怠日長，至於滅亡而不悟矣。大抵治亂興亡，常分於敬肆之間，使在内而每聞逆耳之規，在外而每有窺窬之患，則戒懼之心存。是心存，則國可爲也。然後知生於憂患，而死於安樂。生，言生之道也。在身而身泰，施之天下國家，無往而不爲福也。死，言死之道也。天命絶於其躬，而敗於乃家，凶於乃國者也。然繼體之君，公侯之裔，生而處安樂之地，無憂患之可歷，則將如之何？必也念安樂之可畏，思天命之無常，戒謹恐懼，不敢有其安樂，是乃困心衡慮之方，生之道也。然則所謂死於安樂者，非安樂之能死之也。以其溺於安樂，而自絶焉耳。故在君子，則雖處安樂，而生理未嘗不遂；在小人，則雖處憂患，而亦未嘗不死於憂患，所謂『小人窮斯濫矣』是也。」

孟子曰：「人之有德慧術知者，恒存乎疢疾。朱子曰：「德慧者，德之慧。術知者，術之知。疢疾，猶災患也。言人必有疢疾，則能動心忍性，增益其所不能也。」獨孤臣孽子，其操心也危，其慮患也深，故達。」孤臣，遠臣。孽子，庶子。皆不得於君親，而常有疢疾者也。達，謂遠於事理，即所謂德慧術知也。南軒曰：「疢疾，謂憂患也。蓋人平居無事之時，漠然不省者多矣。惟夫疢疾加焉，則動心忍性，有以感發，故德慧術知由此而生。以孤臣孽子觀之，可見孤臣孽子操心危，慮患深。危故專一而不敢肆，深故精審而不敢忽，專精之極，故於事理能有所通達也。然所謂德慧、術知，蓋有小大。所謂達者，亦有淺深。要之由憂患而有所發，是一也。然則處安樂之地者，誦斯言，可不思夫逸豫之溺人而深求所以戒懼乎？當憂患之際者，誦斯言，可不念其爲進德修業之要而自勉厲乎？」

程子曰：「蹇便是處蹇之道，困便是處困之道，道無時不可行。」

張子曰：「富貴利澤，厚吾之生也；貧賤憂戚，庸玉女於成也。」全文見甲卷張子之學。

【一二三】身親乃能知之　「身」原作「自」，據四庫本改。

## 右言處患難之道

子曰：「志士仁人，無求生以害仁，有殺身以成仁。」說見甲卷《言仁》篇。　朱子曰：「志士仁人，所以不求生以害仁者，乃其心中自有打不過處，不忍就彼以害此，且非爲恐虧其所以生者，而後殺身以成仁也。所謂成仁者，亦但以遂其良心之所安而已，非欲全其所以生而後爲之也。此解中常有一種意思，不以仁義忠孝爲吾心之不能已者，而以爲畏天命，謹天職，欲全其所以生者而後爲之，則是本心之外別有一念，計及此等利害重輕而後爲之也。誠使真能舍生取義，亦出於計較之私，而無慤實自盡之意矣。大率全所以生等說，自它人旁觀者言之，以爲我能如此則可，若挾是心以爲善，則已不妥帖，況自言之，豈不益可笑乎？《吕覽》所載直躬證父，一而載取名事，正類此爾。」

按：朱子此段係答南軒論殺身成仁之義。

子畏於匡，顏淵後。子曰：「吾以女爲死矣。」曰：「子在，回何敢死？」朱子曰：「後謂相失在後。何敢死，謂不赴鬭而必死也。」胡氏曰：「先王之制，民生於三，事之如一。惟其所在，則致死焉。況顏淵之於孔子，恩義兼盡，又非他人之爲師弟子者而已。即孔子不幸而遇難，回必捐生以赴之矣！幸而不死，則必上告天子，下告方伯，請討以復讎，不但已也。夫子而在，則回何爲而不愛其死，以犯匡人之鋒乎【二四】？」或問：「顏回親在，不得爲夫子死者，如何？」曰：「胡氏曰：程子嘗言之矣，閭巷之人辭親遠適，則同患難，有相死之理。況朋友乎？況弟子之於師乎？當預行而先斷，不可臨事而始謀也。」

子路問成人，子曰云云，已見甲卷《禮樂》篇。曰：「今之成人者何必然？見利思義，見危授命，久要不忘平生之言，亦可以爲成人矣。」朱子曰：「授命，謂不愛其生，持以與人也。」　子張曰：「士見危致命，見得思義。」已見甲卷《心思》篇【二五】。

【二四】以犯匡人之鋒　「匡」原作「康」，據四庫本改。

【二五】已見甲卷　「已」原作「曰」，據四庫本改。

子路曰：「桓公殺公子糾，召忽死之，管仲不死。」曰：「未仁乎？」子曰：「桓公九合諸侯，不以兵車，管仲之力也。如其仁！如其仁！」子貢曰：「管仲非仁者與？桓公殺公子糾，不能死，又相之。」子曰：「管仲相桓公，霸諸侯，一匡天下，民到於今受其賜。微管仲，吾其被髮左衽矣。豈若匹夫匹婦之爲諒也，自經於溝瀆而民莫之知也？」說已見甲卷《言仁》篇。其論管仲、王魏處，當熟考。

若由也，不得其死然。全章見甲卷《聖賢氣象》篇。尹氏曰：「子路剛强，有不得其死之理，故因以戒之。其後子路卒死於孔悝之難。」南軒曰：「孔悝被劫，子路死之，誠不可以不死，謂之不得其死，不可也。然其從孔悝，則有爲之死之理。始擇之未善也，則不幾於不得其死乎？若比干，則可謂得其死者矣。然則求生以害仁者，謂之不得其生可也。子路雖不得其死，而與是類固不可同日而語矣。」按《史記·仲由傳》：初，衛靈公有寵姬曰南子。靈公太子蒯聵得過南子，懼誅，出奔。及靈公卒，而欲立公子郢。郢不肯，曰：「亡人太子之子輒在。」於是衛立輒爲君，是爲出公。出公立十二年，其父蒯聵在外，不得入。子路爲衛大夫孔悝之邑宰，蒯聵乃與孔悝作亂，謀入孔悝家，遂與其徒襲攻出公。出公奔魯【二六】，而蒯聵入立，是爲莊公。方孔悝作亂，子路在外，聞之而馳往。遇子羔出衛城門，謂子路曰：「出公去矣，而門已閉，子可還矣。毋輕受其禍。」子路曰：「食其食者，不避其難。」子羔卒去。有使者入城，城門開，子路隨而入。造蒯聵，蒯聵與孔悝登臺。子路曰：「君焉用孔悝，請得而殺之。」蒯聵弗聽，於是子路欲燔臺。蒯聵懼，乃下石乞壺黶攻子路，擊斷子路之纓。子路曰：「君子死而冠不免。」遂結纓而死。孔子聞衛亂，曰：「嗟乎，由死矣！」已而果死。問：「由之死疑其甚不明於大義，豈有子而拒父，如是之逆而可以仕之乎？」朱子曰：「然仲由之死，誠未爲至當，然其誤不在致死之時，乃在於委質之始。」又曰：「子路只見下一截，不見上一截。孔悝之事，他知是食焉不避其難，而不知食出公之食爲不當也。東坡嘗論及此矣。」問：「是初仕衛時便不是否？」曰：「然。」問：「子

【二六】出公奔魯　「出公」二字原脱，據《史記》卷六十七補。

路之死是否？」曰：「非是。輒如何主，豈可仕也？孔悝亦自是个不好底人。子路但見得可仕於大夫，而不知輒之國非可仕之國。」問：「孔門弟子多仕於列國大夫，是何如？」曰：「當時仕進只有此一門，舍此無從可仕，所以顏、閔寧不仕耳。」　子路死孔悝之難，未爲不是，只是當初仕孔悝時錯了，至此不得其死。衛君不正，冉有、子貢便能疑而問，知有思量便不去事它。若子路粗率，全不信聖人説話。必也正名，亦是教子路不要仕衛，他更説夫子之迂云云。

《春秋》：宋督弒其君與夷，及其大夫孔父。《公羊傳》曰：「宋督將弒殤公，孔父生而存，則殤公不得而弒也，於是先攻孔父之家。殤公知孔父死，己必死，趨而救之，皆死焉。孔父正色而立於朝，則人莫敢過而致難於其君者，孔父可謂義形於色矣。」　胡氏曰：「按《左氏》：『宋殤公立，十年十一戰，民不堪命。』孔父爲司馬【二七】，无能改於其德，非所謂格君心之非者。然君弒死於其難，處命不渝，亦可以無愧矣。父者，名也。著其節而書『及』，不失其官而書『大夫』，是《春秋》之所賢也。賢而名之，何也？故侍讀劉敞以謂既名其君於上，則不得字其臣於下，此君前臣名，禮之大節也。督將弒殤公，孔父生而存，則不可得而弒，於是乎先攻孔父而後及其君，能爲有無，亦庶幾焉。凡亂臣賊子畜無君之心者，必先剪其所忌而後動於惡；不能剪其所忌，則有終其身而不敢動也。華督欲弒君而憚孔父，劉安欲叛漢而憚汲直，曹操欲禅位而憚孔融，此数君子者，義形於色，皆足以衛宗社而忤邪心，姦臣之所以憚也。不有君子，其能國乎？《春秋》賢孔父，示後世人主崇獎節義之臣，乃天下之大閑，有國之急務乎！」

宋萬弒其君捷及其大夫仇牧。《公羊傳》曰：「萬摶閔公，絶其脰。仇牧聞君弒，趨而至。遇之於門，手劒而叱之，萬臂摋仇牧，碎其首，齒著於門闔。仇牧可謂不畏强禦矣。」　胡氏曰：「君弒而大夫死於其難，《春秋》書之者，其所取也。大夫死於弒君之難，而有不書者，故知孔父、牧、息，皆所取也。夫仇牧可謂不畏强禦矣。然徒殺其身，不能執賊，無益於事也，亦足取乎？食焉不避其難，義也。徒殺其身不能執賊，亦足爲求利焉而逃其難者之訓矣，何名爲無益哉！夫審事物之重輕者，權也。權重輕而處之得其宜者，義也。太宰督亦死於閔公之難，削而不書者，身有罪

【二七】孔父爲司馬　「父」原作「子」，據《春秋傳》卷四改。

也。惠伯死於子惡之難，亦削而不書者，非君命也。召忽死於子糾之難，孔子比於匹夫匹婦之諒，自經於溝瀆而莫之知者，所事不正也。崔杼弑君，晏平仲曰：『人有君而人弑之，吾焉得死之，而焉得亡之？』君子不以是罪晏子者，齊莊公不爲社稷死，而晏子非其私昵之臣也。若仇牧、荀息立乎人之本朝，執國之政，而君見弑不以其私也。雖欲勿死，焉得而勿死？聖人書而弗削，以爲求利焉而逃其難者之勸也。惟此義不行，然後有視棄其君猶土梗弁髦，曾莫之省，而三綱絶矣。」

晉里克弑其君卓及其大夫荀息。《晉語》：晉獻公伐驪戎。《左氏傳》：初，獻公使荀息傅奚齊。公疾，召之曰：「以是藐諸孤，辱在大夫，其若之何？」稽首而對曰：「臣竭其股肱之力，加之以忠貞，其濟君之靈也；不濟，則以死繼之。」公曰：「何謂忠貞？」對曰：「公家之利，知無不爲，忠也。送往事居，耦俱無猜，貞也。」及里克將殺奚齊，先告荀息，曰：「三怨將作，秦、晉輔之，子將何如？」荀息曰：「將死之。」里克曰：「無益也。」荀息曰【二八】：「吾與先君言矣，不可以貳。能欲復言而愛身乎？雖無益也，將焉辟之？且人之欲善，誰不如我？我欲無貳，而能謂人已乎？」冬十月，里克殺奚齊於次，書曰：「殺其君之子。」未葬也，荀息將死之。人曰：「不如立卓子而輔之。」荀息立公子卓以葬。十一月，里克殺公子卓於朝，荀息死之。君子曰：「《詩》所謂『白圭之玷，尚可磨也。斯言之玷，不可爲也』，荀息有焉。」胡氏曰：「荀息者，奚齊、卓子之傅也。君弑而死於難，書及所以著其節，書大夫不失其官也。於荀息何取焉？若息者，可謂不食其言矣。或曰：『息既從君於昏，不食其言，庸足取乎？』世衰道微，人愛其情，私相疑貳，以成傾危之俗，至於刑牲歃血，要質鬼神，猶不能固其約也，孰有可以託六尺之孤，寄百里之命，臨死節而不可奪，如息者哉！自古皆有死，民無信不立，故聖人以信易食，而君子以信易生，息不食言，其可少乎！」

弗召。冬，懷公執狐突曰：「子來則免。」對曰：「子之能仕，父教之忠，古之制也。策名

《左氏傳》：晉懷公命無從亡人，期期而不至，無赦。狐突之子毛及偃從重耳在秦，

【二八】荀息曰　「息」原作「叔」，據四庫本改。

委質，貳乃辟也。今臣之子名在重耳，有年數矣，若又召之，教之貳也。父教子貳，何以事君？刑之不濫，君之明也，臣之願也。淫刑以逞，誰則無罪？臣聞命矣。」乃殺之。楚子圍宋，晉使解揚如宋，使無降楚，曰：「晉師悉起，將至矣。」鄭人囚而獻諸楚，楚子厚賂之，使反其言，不許，三而許之。登諸樓車，使呼宋人而告之，遂致其君命。楚子將殺之，使與之言曰：「爾既許不穀而反之，何故？非我無信，女則弃之，速即爾刑。」對曰：「臣聞之，君能制命爲義，臣能承命爲信。信載義而行之爲利，謀不失利，以衛社稷，民之主也。義無二信，欲爲義者，不行兩信。信無二命，欲行信者，不受二命。君之賂臣，不知命也。受命以出，有死無霣，霣，廢隊也。又可賂乎？臣之許君，以成命也。成其君命。死而成命，臣之禄也。寡君有信臣，己不廢命。下臣獲考，考，成也。死有何求？」楚子舍之以歸。《左氏》宣公十五年。　案：漢吳、楚之難，有中大夫者事適類此。揚幸而免，中大夫者不幸死焉，而其姓名又不幸不見於世，悲夫！

按：朱子《儀禮經傳·臣禮》篇所載：死節者孔父也，仇牧也，荀息也，狐突也，解揚也，弘演也，王蠋也。又載《晏子》一條，以見有不當死而不死者，其義備矣。今自解揚以上，已各具録，弘演、王蠋、晏子事，今附注於此。又原繁以爲臣無二心，狼瞫以死明勇，齊太史昆弟以死守官，豫讓必報其君之仇，皆臣節之大者，併附見焉。又以洩冶一條繫於末，以見國亂君昏，有當去而不當死者，庶幾臣道之常與變皆曲盡云。　衛懿公有臣曰弘演，遠使未還。翟人攻衛及懿公於滎澤，殺之，盡食其肉，獨捨其肝。弘演至，報使於肝畢，呼天而啼，尽哀而止，曰：「臣請爲襮。」襮，表也。因自殺，先出其腹，内懿公之肝。桓公聞之曰：「衛之亡也，以無道也。今有臣若此，不可不存。」於是復立衛於楚丘。弘演可謂忠矣，殺身出生以徇其君，非徒徇其君也，又令衛之宗廟復立，祭祀不絶，可謂有功矣。　樂毅破齊，聞畫邑人王蠋賢，令軍中環畫邑三十里無入，使人請蠋。蠋謝不往，燕人曰：「不來，吾且屠畫邑。」蠋曰：「忠臣不事二君，烈女不更二夫。齊王不用吾諫，故退而耕於野。國破君亡，吾不能存，而又欲刼之以兵，吾與其不義而生，不若死。」遂經其頸於樹枝，自奮絶脰而死。　齊崔杼弑其君光，晏子立於崔氏之門外，聞難而來。其人曰：「死乎？」曰：「獨吾君也哉？吾死也？」言己與衆臣無異。曰：「行乎？」曰：「吾罪也乎哉？吾亡也？」自謂無罪。曰：「歸乎？」曰：「君死安歸？言安可以歸。君民者豈以陵民，社稷是主；臣君者豈爲其口實，社稷是養。言君不徒居民上，臣不徒求禄，皆爲社稷。故君爲社稷死則死之，爲社稷亡則亡之。謂以公義死亡。若爲己亡，非其私暱，誰能任之？私暱，所親愛也，非所親暱無爲當其禍。且人有君而弑之，吾焉得死之，而焉得亡之？言己非正卿，見待無異於衆臣，故不得死其難也。將庸何歸？」門啓而入，枕尸股而哭，興三踊而出。《左氏》襄二十五年。　鄭厲公入殺傅瑕，使謂原繁曰：「傅瑕貳，言有貳心於己。周有常刑，既伏其罪矣，納我而無二心者【二九】，吾皆許之上大夫之事，吾願與伯父圖之。且寡人出，伯父無裏言，入，又不念寡人，寡人憾焉。」對曰：「先君桓公命我先人典司宗祏，社稷有主而外其心，其何貳如之？苟主社稷，國内之民其誰不爲臣？臣無二心，天之制也。子儀在位十四年矣，而謀召君者，庸非貳乎？莊公之子猶有八人，若皆以官爵行賂勸貳而可以濟事，君其若之何？臣聞命矣。」乃縊而死。莊十四年。　戰於殽也，晉梁弘御戎，萊駒爲右。戰之明日，晉襄公縛秦囚，使萊駒以戈斬之。囚呼，萊駒失戈，狼瞫取戈以斬囚，禽之以從公乘，遂以爲右。箕之役，先軫黜之，而立續簡伯。狼瞫怒，其友曰：「盍死之？」瞫曰：「吾未獲死所。」其友曰：「吾與女爲難。」瞫曰：「《周志》有之：『勇則害上，不登於明堂。』死而不義，非勇也。共用之謂勇。吾以勇求右，無勇而黜，亦其所也。謂上不我知，黜而宜，乃知我矣。子姑待之。」及彭衙，既陳，以其屬馳秦師，死焉。晉師從之，大敗秦師。君子謂狼瞫於是乎君子。《詩》曰：「君子如怒，亂庶遄沮。」又曰：「王赫斯怒，爰整其旅。」怒不作亂，而以從師，可謂君子矣。文二年。　太史書曰：「崔杼弑其君。」崔子殺之。其弟嗣書而死者二人，其弟又書，乃舍之。南史氏聞太史盡死，執簡以往，聞既書矣，乃還。襄公二十五年。　韓、魏、趙氏殺智伯，分其田。趙襄子漆智伯之頭以爲飲器，智伯之臣豫讓欲爲之報仇，乃詐爲刑人，挾匕首入襄子宫中塗厠。襄子如厠心

【二九】而無二心者　「而」原作「面」，據《春秋左傳正義》卷九改。

動，索之，獲豫讓。左右欲殺之，襄子曰：「智伯死無後，而此人欲爲報仇，真義士也。吾謹避之耳。」乃舍之。豫讓又漆身爲癩，吞炭爲啞，行乞於市，其妻不識也。行見其友，其友識之，爲之泣曰：「以子之才，臣事趙孟，必得近幸。子乃爲所欲爲，顧不易邪，何乃自苦如此？求以報仇，不亦難乎？」豫讓笑而應之曰：「不可。既已委質爲臣，而又求殺之，是二心也。且爲先知報後知，爲故君賊新君，大亂君臣之義，吾弗爲之矣。凡吾所以爲此者，所以明君臣之義，雖難不避也。」襄子出，豫讓伏於橋下，襄子至橋，馬驚，索之得豫讓，遂殺之。胡氏曰：「君子爲名譽而爲善，則其善必不誠；人臣爲利禄而効忠，則其忠必不盡。雖然，滔滔皆是也。之人也，殆庶乎美觀而不足於夷考矣。使智伯有後，而豫子奮不顧身，爲之報仇，其心未可知也。智伯無後矣，氣勢無所可倚矣，富貴無所可求矣，子孫無所可託矣，而讓也不忘國士之遇，以死許之，至三而愈篤，則無所爲而爲之者，故曰『真義士也』。此非特可以爲委質事人之法，無所爲而爲善，雖大學之道，不是過矣。襄子知其如此，獨無勉而旌之乎？終於殺之，何以爲人臣而不懷二心者之勸哉？前史列讓於俠士，淺之乎知讓矣。」

陳殺其大夫洩冶。《左氏傳》：陳靈公與孔寧、儀行父通於夏姬，皆衷其衵服，以戲於朝。洩冶諫曰：「公卿宣淫，民無效焉。且聞不令，君其納之。」公曰：「吾能改矣。」公告二子，二子請殺之。公弗禁，遂殺洩冶。孔子曰：「《詩》云：『民之多辟，無自立辟。』其洩冶之謂乎！」胡氏曰：「稱國以殺者，君與用事大臣同殺之也。稱其大夫，則不失官守而殺之者有專輒之罪矣。洩冶無罪而書名，何也？冶以諫殺身者也。殺諫臣者，必有亡國弑君之禍，故書其名，爲徵舒弑君，楚子滅陳之端，以垂後戒，此所謂義係於名而書其名者也。比干諫而死，子曰：『商有三仁焉。』洩冶諫而死，何獨無褒詞？夫語默死生，當其可而止爾。洩冶之忌言無隱，不愧乎史魚之直矣。方諸比干，自靖自獻於先王，則未可同日而語也。冶雖效忠【三〇】，其猶在宋子哀、魯叔肸之後乎？故仕於昏亂之朝，若異姓者如子哀，潔身而去可也。其貴戚耶，不食其禄，如叔肸善矣。」宣九年。

陳夏徵舒弑其君平國。胡氏曰：「陳靈公之無道也，而稱大夫之名氏以弑，何也？禍莫大於拒諫而殺直臣，忠莫顯於身見殺而其言驗。洩冶所爲，不憚斧鉞，盡言於其君者，正謂靈公君臣通於夏徵舒之家，恐其及禍，不忍坐觀，故昧死言之。靈公不能納，又從而殺之，卒以見弑而亡其國，此萬

【三〇】冶雖效忠　「忠」原脱，據四庫本補。

世之大戒也。特書『徵舒』之名氏，以見洩冶忠言之驗，靈公見弒之由，使有國者必以遠色脩身、包容狂直、開納諫諍爲心也。」宣十年。　《春秋》：「文十四年，宋子哀來奔。」《左氏傳》：「宋高哀爲蕭封人，以爲卿，不義宋公而出，遂來奔。書曰：『宋子哀來歸。』貴之也。」杜氏曰：「貴其不食汙君之祿，辟禍速也。」胡氏曰：「《易》曰：『幾者，動之微，吉之先見者也。君子見幾而作，不俟終日。』宋子哀有焉。昔微子去紂，列於三仁之首。子哀不立於危亂之邦，而《春秋》書字，謂能貴愛其身以存道也。若偷生避禍而去國出奔，亦何取之有？」按：十六年，宋人弒其君杵臼【三二】。胡氏曰：「此襄夫人使甸殺之也，而書宋人者，昭公無道，國人之所欲弒也。蕩意諸亦死職，《春秋》削之，不得班於孔父、仇牧、荀息，何也？三子閑其君而見弒，《春秋》之所取也。意諸知國人將弒其君而不能止，知昭公之將見殺而不能正，坐待其及而死之，奚得與死於其職者比乎？聖人所以獨取高哀之去，而書字以褒之也。」宣十有七年，公弟叔肸卒。《穀梁傳》：「其曰叔肸，賢之也。其賢之何也？宣弒而非之也。非之則胡爲不去也？曰：『兄弟也，何去而之？』與之財，則曰『我足矣。』織屨而食，終身不食宣公之食。君子以是爲通恩也，以取貴乎《春秋》。」胡氏曰：「論情可以明親親，言義可以厲不軌，所以取貴乎《春秋》。書曰『公弟』而稱字以表之也。」按：二人之節，誠可爲居亂邦之法，故因洩冶事附此。

《國語》：欒共子曰：「『民生於三，事之如一。』父生之，師教之，君食之。非父不生，非食不長，非教不知生之族也。故一事之，唯其所在則致死焉。在君父爲君父，在師爲師。報生以死，報賜以力，人之道也。」

孟子曰：「魚我所欲也，熊掌亦我所欲也，二者不可得兼，舍魚而取熊掌者也。生我所欲也，義亦我所欲也，二者不可得兼，舍生而取義者也。」全文見《審輕重》篇。

太史公曰：「死有重於泰山，或輕於鴻毛。」程子曰：「感慨殺身者易，從容就義者

【三二】其君杵臼　「臼」原作「春」，據《春秋左傳正義》卷二十改。

難。」又曰：「能盡飲食言語之道，則可以盡去就之道；能盡去就之道，則可以盡死生之道。飲食言語，去就死生，小大之勢一也。故君子之學，自微而顯，自小而章。」

問：「使孔子遇害，顔子死之否乎？」曰：「豈特顔子之於孔子，若二人同行，遇難固可相死也。」又問：「親在則如之何？」曰：「且譬如二人搏虎【三二】，一人力盡，一人須當同去用力。如執干戈衛社稷，到急處逃去，言我有親，是大不義也。當此時，豈問有親無親？但當預先謂吾有親，不可行則止，豈到臨時却規避也？禮言親在不許友以死者，此言亦在人用得。蓋有親在可許友以死者，如二人同行之類是也；有不可許友以死者，如戰國游俠爲親不在乃爲人復讎，甚非理也。」

《易·離》九三：日昃之離，不鼓缶而歌，則大耋之嗟，凶。《傳》曰：八純卦皆有二體之義，乾内外皆健，坤上下皆順，震威震相繼，巽上下順隨，坎重險相習，離二明繼照，艮内外皆止，兑彼己相説。離之義在人事最大，九三居下體之終，是前明將盡，後當繼之時。人之始終，時之革易也，故爲「日昃之離」，日下昃之明也，昃則將没矣。以理言之，盛必有衰，始必有終，常道也。達者順理爲樂。缶，常用之器也。「鼓缶而歌」，樂其常也。不能如是，則以大耋爲嗟憂，乃爲凶也。大耋，傾没也。人之終盡，達者則知其常理，樂天而已。遇常皆樂，如鼓缶而歌。不達者則恐怛，有將盡之悲，乃大耋之嗟，爲其凶也。此處死生之道也。「耋」，與昳同。

【三二】譬如二人搏虎　「搏」原作「捅」，據四庫本改。

**右言處死生之道**　自「志士仁人」章以下，皆言處死生之變，惟《離》九三章言處死生之常，皆學者所當知也。若曾子曰：「吾知免夫。」又曰：「吾得正而斃焉。」子張曰：「君子曰終，小人曰死，吾今日其庶幾乎！」此皆所謂處死生之常者也。程子嘗言：「堯夫臨終時，只是諧謔，須臾而去。以聖人觀之，則亦未是，蓋猶有意也。比之常人，甚懸絶矣。又諸公恐喧它，尽出外説話，他皆聞得。以它人觀之，便以爲怪，此只是心虚而明，故聽得。」問：「堯夫未病時不如此，何也？」曰：「此只是病後氣將絶，心無念慮，不昏，便如此。」又問：「釋氏臨終，便先知死，何也？」曰：「只是一個不動心。釋氏平生只學這個事，將這個做一件大事。學者不必學他，只燭理明，自能之。如堯夫，豈嘗學也？孔子：『未知生，焉知死？』人多言孔子不告子路，此乃深告之也。」曰：「『原始要終，故知死生之説』，人能原始，知得生理，便能要終，知得死理。若不明得，便雖千万般安排著，亦不濟事。」　伊川先生病革，門人有往視之者曰：「先生平生所學，正要此時用。」先生曰：「道著用便不是。」未出寢門而先生没。

《論語》：子畏於匡，曰：「文王既没，文不在兹乎？天之將喪斯文也，後死者不得與於斯文也。天之未喪斯文也，匡人其如予何？」言天欲未喪斯文，則匡人其奈我何【三二】？言不能違天害己也。　詳見甲卷。　「桓魋」章亦此意。

子曰：「莫我知也夫？」子貢曰：「何爲其莫知子也？」子曰：「不怨天，不尤人，下學而上達，知我者其天乎！」　朱子曰：「不得於天而不怨天，不合於人而不尤人，但知下學而自然上達。此但言其反己自脩，循序漸進耳，無以甚異於人而致其知也。然深味其語意，則見其中自有人不及知，而天獨知之之妙。蓋在孔門，唯子貢之智幾足以及此，故特語以發之。惜乎，其猶所未達也！」　程子曰：「下學人事，便是上達天理。然習而不察，則亦不能以上達矣。」　或問云云。曰：「學者，學夫人之事，形而下者也。而其事之理，則固天之理也，形而上者也。」　《釋》曰：「窮通榮辱，天也。用舍予奪，人也。常人之情，不得其所欲，則怨天而尤人，蓋揚己之善而歸過於

【三二】則匡人　「匡」原作「康」，據四庫本改。

天人也。下學者，所學日用常行之事也。上達者，道德性命之理也。常人之情，置事於淺近，索理於渺茫，足以惑人之耳目，而以爲能，此所以人知之也。聖人渾然天理，窮通榮辱，用舍予奪，皆理之不能無者，順而受之，又何怨尤之有？人事之中，便是天理，又何必捨人事而求之於渺茫哉！如是，則慊然若不見其所長者，然天理流行，而聖人與之無間如此，所以人不知而天知之也。」

公伯寮愬子路於季孫。子服景伯以告，曰：「夫子固有惑志於公伯寮，吾力猶能肆諸市朝。」朱子曰：「夫子，指季孫。言其有疑於寮之言也。肆，陳尸也。言欲誅寮。」子曰：「道之將行也與，命也；道之將廢也與，命也。公伯寮其如命何？」謝氏曰：「雖寮之愬行，亦命也。其實寮無如之何。」愚謂言此以曉景伯，安子路，而警伯寮耳。聖人於利害之際，則不待决於命而後泰然也。或問：「公伯寮學於孔門，而所爲若是，何也？」曰：「胡氏以爲寮非孔子弟子，特季氏之黨耳。若遊於孔門，則豈至於陷其朋友哉！」曰：「子路非王佐之才，家臣非卿相之任，其爲用捨無足言矣。而孔子以道之興廢繫焉，何也？」曰：「此隳三都、出藏甲之時也。道之興廢，固於是乎在耳。」曰：「或以命爲天理，何也？」曰：「命者，天理流行，付與萬物之謂也。然其形而上者謂之理，形而下者謂之氣。自其理而言之，則元亨利貞之德具於一時，而萬古不易。自其氣之運而言，則消息盈虚之變，如循環之無端，而不可窮也。萬物受命於天以生，而得其理之體，故仁義禮智之德根於心而爲性。其既生也，則隨其氣之運，故廢興厚薄之變，唯所遇而莫逃。此章之所謂命，蓋指氣之所運爲言，以天理釋之，則於二者之分亦不察矣。」　南軒曰：「莫之致而至者，命也。道之廢興一斷以命，公伯寮何所預於其間哉！不曰己，而直曰道之將行與廢，方之孟子『予不遇魯侯』之論，亦可以見聖賢氣象之分。」

子曰：「不知命，無以爲君子也。」程子曰：「知命者，知有命而信之也。人不知命，則見害必避，見利則趍，何以爲君子？」　胡氏曰：「一定而不可易者，命也。人不知命，常求其所不可得，避其所不可免，所以徒喪所守而爲小人也。」　南軒曰：「此所謂命，謂窮通得喪之有定也。不知命，則將徼倖而苟且，何以爲君子乎？知命則志定，然後其所當爲者，可得而爲矣。」

《中庸》：君子素其位而行，不願乎其外。朱子曰：「素，猶見在也。言君子但因見在所居之位，而行其所當爲，無慕乎其外之心也。」素富貴行乎富貴，素貧賤行乎貧賤，素夷狄行乎夷狄，素患難行乎患難，君子無入而不自得焉。此言素其位而行也。在上位不陵下，在下位不援上，正己而不求於人，則無怨。上不怨天，下不尤人，此言不願乎其外。故君子居易以俟命，小人行險以徼幸。易，平地也。居易，素位而行也。徼，求也。幸，謂不當得而得者。　吕氏曰：「達則兼善天下，得志則澤加於民，素富貴行乎富貴者也。窮則獨善其身，不得志則脩身見於世，素貧賤行乎貧賤者也。言忠信、行篤敬，雖蠻貊之邦行矣，素夷狄行乎夷狄者也。文王内文明而外柔順，以蒙大難，箕子内難而能正其志，素患難行乎患難者也。」　又曰：「心逸日休，行其所無事，如子從父命，無所往而不受，是之謂俟命。」　游氏曰：「素其位而行者，即其位而道行乎其中，如其素然也。舜之飯糗茹草，若將終身然，此非素貧賤而道行乎貧賤，不能然也。及其爲天子，被袗衣鼓琴，若固有之，此非素富貴而行乎富貴者不能然也。飯糗袗衣，其位雖不同，而此道之行一也。至於夷狄、患難，亦若此而已。道無不行，則無入而不自得矣。」　又曰：「君子爲能循理，故居易以俟命。居易未必不得，故窮通皆好。小人反是，故行險以徼幸。行險未必不失也，故窮通皆醜。」

魯平公將出，嬖人臧倉者請曰：「他日君出，則必命有司所之。今乘輿已駕矣，有司未知所之，敢請。」公曰：「將見孟子。」曰：「何哉？君所謂輕身以先於匹夫者，以爲賢乎？禮義由賢者出，而孟子之後喪踰前喪，君無見焉！」公曰：「諾。」樂正子入見，曰：

「君奚爲不見孟軻也？」「或告寡人曰『孟子之後喪踰前喪』，是以不往見也。」曰：「何哉，君所謂踰者？前以士，後以大夫；前以三鼎，而後以五鼎與？」曰：「否。謂棺槨衣衾之美也。」曰：「非所謂踰也，貧富不同也。」樂正子見孟子曰：「克告於君，君爲來見也。嬖人有臧倉者沮君，君是以不果來也。」曰：「行或使之，止或尼之。行止非人所能也。吾之不遇魯侯，天也。臧氏之子焉能使予不遇哉？」朱子曰：「此章言聖賢之出處，關時運之盛衰，乃天命之所爲，非人力之可及。」　南軒曰：「臧倉知平公之所以欲見孟子者，爲其有禮義也，則指摘其禮義之愆，使平公之意自解。小人之情狀，蓋如此。臧倉所以必沮平公者，蓋知孟子之言信用，則已不得以安於君側故也。原平公之始將見孟子，非見善之明也，特以樂正子之言而起敬耳。使其見之果明，信之必篤，何至因臧倉一言而遽止乎？樂正子則從而辯之，謂喪禮稱家之有無，前後貧富之不同，則棺椁衣衾之美，何怪其有異乎？然平公之心既已蔽矣，有莫如之何也。孟子所以答樂正子者，辭氣不迫，而理亦無不盡矣。夫魯侯之欲行，以樂正子使之也，而其中止者，以臧倉之尼之也。雖或使或尼，然其行止實非人之所能爲。予之不遇者，蓋天而已。使天而欲平治天下，則豈臧倉所得而沮之乎？蓋莫之爲而爲者，天也。衆人違之，君子順之，聖人純焉。故孟子謂吾之不遇魯侯，天也。而孔子謂天之未喪斯文也，匡人其如予何？玩其詞氣，亦可見聖賢之分矣。」

孟子去齊，充虞路問曰：「夫子若有不豫色，然前日虞聞諸夫子曰：『君子不怨天，不尤人。』」朱子曰：「路問，於路中問也。豫，悦也。尤，過也。此二句實孔子之言，蓋孟子嘗稱之以教人耳。」曰：「彼一時，此一時也。彼，前日。此，今日。五百年必有王者興，其間必有名世者。自堯、舜至湯，自湯至文、武，皆五百餘年而聖人出。名世，謂其人德業聞望，可名於一世者，爲之輔佐。若臯陶、稷、契、伊尹、萊朱、太公望、散宜生之屬。由周而來，七百有餘歲矣。以其數則過矣，以其時考之則可矣。周，謂文、武之間。數，謂五百年之期。時，謂亂極思治可以有爲之日【三四】。於是而不得一有所爲，此孟子所以不能無不豫也。夫天未欲平治天下也，如欲平治天下，當今之世，舍我其誰也？吾何爲不豫哉！」夫，音扶。舍，上聲。　言當此之時，而使我不遇於齊，是天未欲平治天下也。然天意未可知，而其責又在我，我何爲不豫哉！然則孟子雖若有不豫然者，而實未嘗不豫也。蓋聖賢憂世之志，樂天之誠，有並行而不悖者【三五】，於此見矣。　南軒曰：「充虞蓋亦察孟子顏色之間若有不豫之意，而淺心所量，遂有『不怨天，不尤人』之問也。而不知孟子之心，蓋疑王道之久曠，憂生民之不被其澤，是以若有不豫色然也。曰『彼一時，此一時也』，蓋疑辭也。謂彼亦一時，此亦一時，何彼時王者之數興，其尤闕者不過五百年，而名世間出者，亦有之矣。而乃今七百有餘歲，王政不行焉，言不應若是其久曠也。此孟子所以疑、所以憂，而未能釋也。若夫在孟子之進退去就，則何疑、何憂之有哉！天未欲平治天下，故我之道未可行，使天而欲平治天下，則舍我孰與爲之者，則何不豫之有？由前所言，在君子不得不疑，不得不憂；由後所言，在君子夫何憂【三六】，夫何疑？故王通謂：『樂天知命，吾何憂？窮理盡性，吾何疑？』又曰：『天下皆憂，吾不得不憂；天下皆疑，吾不得不疑。』蓋近此意，而心迹之論，則非也。雖然孔子所謂『天之未喪斯文也，匡人其如予何』，與孟子如『天未欲平治天下』之語，反覆玩味之，則亦可見聖賢之分矣。」

孟子曰：「求則得之，舍則失之，是求有益於得也，求在我者也。朱子曰：「在我者，謂仁義禮智，凡性之所有者。」求之有道，得之有命，是求無益於得者也，求在外者也。」有道，言不可妄求。有命，言不可必得。在外，謂富貴利達，凡外物皆是。　趙氏曰：「言爲仁由己，富貴在天，如不可求，從吾所好。」　南軒曰：「富貴利達，衆人謂己有求之之道，然不知其有命焉。固有求而得之者矣，是亦有命，而非求之能有益也。蓋亦有可求而不得者多矣，以此可見其無益於得也，然則亦可以已矣。」

【三四】謂亂極思治　「思」原作「恩」，據四庫本、《孟子集注》卷四改。

【三五】有並行而不悖者　「有」原作「爲」，據四庫本改。

【三六】君子夫何憂　「子」下原有「子」字，據四庫本刪。

邵子曰：「脩身，人也；遇不遇，天也。得失不動心，所以順天也；行險僥倖，是逆天也。求之者，人也；得之與否，天也。得失不動心，所以順天也；强取必得，是逆天理也。逆天理者，患禍必至。」又曰：「凡處失在得之先，則得亦不喜。若處得在失之先，則失難處矣，必至於隕穫。」

程子曰：「賢者惟知義而已，命在其中。中人以下，乃以命處義，如言『求之有道，得之有命，是求無益於得』，知命之不可求，故自處以不求。若賢者則求之以道，得之以義，不必言命。一本云：「聖人言命，蓋爲中人以上者設，非爲上智言。中人以上，於得喪之際，不能無惑，故有命之說，然後能安。若上智之人，更不言命，惟安於義。借使求則得之，然非義則不求，此樂天者之事也。上智之人安於義，中人以上巽於命【三七】，乃若聞命而不能安之者，又其最下者也【三八】。」人之於患難，只有一箇處置：盡人謀之後，却須泰然處之。有人遇一事，則心心念念不肯捨，畢竟何益？若不會處置了，放下便是，無義無命也。」

子貢之高識，曷嘗規於貨利哉？特於豐約之間，不能無留情爾。且貧富有命，彼乃留情於其間，多見其不知道也。故聖人謂之不受命。有志於道者，要當去此心而後可語也。門人有居太學而欲歸應鄉舉者，問其故，曰：「蔡人鮮習《禮記》【三九】，决科之利也。」先生曰：「汝之是心，已不可入於堯、舜之道矣，云云。」

孔子曰：「不知命，無以爲君子。」人苟不知命，見患難必避，遇得喪必動，見利必趨，

【三七】中人以上巽於命　「巽」，《二程遺書》卷十八作「安」。

【三八】又其最下者也　「最」，《二程遺書》卷十八作「每」。

【三九】鮮習禮記　「鮮」原作「尠」，據《二程遺書》卷四改。

何以爲君子？」問：「家貧親老，應舉求仕，不免有得失之累，何脩可以免此？」程子曰：「此只是志不勝氣，若志勝，自無此累。家貧親老，須用禄仕，然得之不得爲有命。」曰：「在己固可，爲親奈何？」曰：「爲己爲親，也只是一事。若不得，其如命何？」云云。」

孟子既知天，安用尤臧氏？問：「涪州之行，知其由來，乃族子與故人爾。」先生曰：「族子至愚【四〇】，不足責；故人至厚，不敢疑」云云。」

謝氏曰：「知命雖淺事也，要信得及，將來做田地，就上面做工夫。若信不及，風吹草動，便生恐懼憂喜，枉做却閑工夫，枉用却閑心力。信得命及，便養得氣不折挫。」又云：余初及第年，歲前夢入内庭，不見神宗而太子涕泣。及釋褐時，神宗晏駕，哲廟嗣位。如此事直不把來草草看却。萬事真實有命，人力計較不得。吾平生未嘗干人，在書局亦不謁執政。或勸之，吾對曰：「他安能陶鑄？我自有命在。」有以仕宦爲人羅織爲憂者，龜山楊氏曰：「顧吾所自爲者何如耳。苟自爲者，皆合道理而無媿，然而不免焉者，命也。不以道理爲可憑依，而徒懼其不免，則無義無命矣。」又言：「人只爲不知命，故才有些事，便自勞攘。若知得徹，便於事無不安。孔子曰：『天生德於予，桓魋其如予何？』使孔子不免於難，是亦天也，桓魋其如何哉！孟子分明爲臧倉所毁不遇，而以爲非臧氏子之力，蓋知命也。列子曰：『桓公非能用讎，不得不用管仲；非能舉賢，不得不舉。』此說得之。」

【四〇】族子至愚　「子」原作「人」，據《二程遺書》卷十九改。

## 右論安義命

《論語》：齊景公有馬千駟，死之日，民無德而稱焉。伯夷、叔齊餓於首陽之下，民到於今稱之。其斯之謂與！

孟子曰：「魚我所欲也，熊掌亦我所欲也，二者不可得兼，舍魚而取熊掌者也。生亦我所欲也，義亦我所欲也，二者不可得兼，舍生而取義者也。生亦我所欲，所欲有甚於生者，故不爲苟得也；死亦我所惡，所惡有甚於死者，故患有所不辟也。朱子曰：「欲生惡死者，雖衆人利害之常情，而欲惡有甚於生死者，乃秉彝義理之良心。」如使人之所欲莫甚於生，則凡可以得生者，何不用也？使人之所惡莫甚於死者，凡可以辟患者，何不爲也？由是則生而有不用也，由是則可以辟患而有不爲也。是故所欲有甚於生者，所惡有甚於死者，非獨賢者有是心也，人皆有之，賢者能勿喪耳。一簞食，一豆羹，得之則生，弗得則死。嘑爾而與之，行道之人弗受；蹴爾而與之，乞人不屑也。萬鍾則不辨禮義而受之，萬鍾於我何加焉？爲宫室之美、妻妾之奉、所識窮乏者得我與？此言衆人所以喪之。由此三者，蓋理義之心雖曰固有，而物欲之蔽，亦人所易昏也。鄉爲身死而不受，今爲宫室之美爲之；鄉爲身死而不受，今爲妻妾之奉爲之；鄉爲身死而不受，今爲所識窮乏者得我而爲之。是亦不可以已乎？此之謂失其本心。」言三者身外之物，其得失比生死爲甚輕。鄉爲身死猶不肯受嘑蹴之食，今乃爲此三者而受無禮義之萬鍾，是豈不可以止乎？本心，謂羞惡之心。此章言羞惡之心，人所固有。或能决死生於危迫之際，而不免計豐約於宴安之時，是以君子不可頃刻而不省察於斯焉。南軒曰：「嘑爾不受，蹴爾不屑，此其羞惡之端在者也。人之困窮，其欲未肆，故其端尚在，至於爲萬鍾所動，則有不復顧者矣。」

孟子曰：「有天爵者，有人爵者。仁義忠信，樂善不倦，此天爵也；公卿大夫，此人爵也。朱子曰：「天爵者，德義可尊，自然之貴也。」古之人脩其天爵，而人爵從之。脩其天爵，以爲吾分之所當然者耳。人爵從之，蓋不待求之而自至也。今之人脩其天爵，以要人爵；既得人爵，而棄其天爵，則惑之甚者也，終亦必亡而已矣。」南軒曰：「古之人脩其天爵而已，非有所爲而爲之耳。人爵從之者，言其理則然也。今之人脩其天爵以要人爵，夫有一毫要人爵之心，則有害於天爵。其脩之也，亦慕其名而已矣。」

孟子曰：「欲貴者，人之同心也。人人有貴於己者，弗思耳。朱子曰：「貴於己者，謂天爵也。」人之所貴者，非良貴也。趙孟之所貴，趙孟能賤之。良者，本然之善也。趙孟，晉卿也。能以爵禄與人而使之貴，則亦能奪之而使之賤矣。若良貴，則人安得而賤之哉！《詩》云：『既醉以酒，既飽以德。』言飽乎仁義也，所以不願人之膏粱之味也；令聞廣譽施於身，所以不願人之文繡也。」尹氏曰：「言在我者重，則外物輕。」

孟子曰：「説大人，則藐之，勿視其巍巍然。趙氏曰：「大人，當時尊貴者也。藐，輕之也。巍巍，富貴高顯之貌。藐焉而不畏之，則志意舒展，言語得盡也。」堂高數仞，榱題數尺，我得志弗爲也；食前方丈，侍妾數百人，我得志弗爲也；般樂飲酒，驅騁田獵，後車千乘，我得志弗爲也。在彼者，皆我所不爲也；在我者，皆古之制也。吾何畏彼哉！」榱，桷也。題，頭也。食前方丈，饌食列於前者，方一丈也。此皆其所謂巍巍然者，我雖得志，有所不爲，而所守者皆古聖賢之法，則彼之巍巍者，何足道哉！　楊氏曰：「《孟子》此章，以己之長，方人之短，猶有此等氣象，在孔子則無此矣。」

孟子曰：「廣土衆民，君子欲之，所樂不存焉。朱子曰：「地闢民聚，澤可遠施，故君子欲之，然未足以爲樂也。」中天下而立，定四海之民，君子樂之，所性不存焉。其道大行，無一夫不被其澤，故君子樂之，然其所得於天者，則不在是也。君子所性，雖大行不加焉，雖窮居不損焉，分定故也。分者，所得於天之全體，故不以窮達而有異。君子所性，仁、義、禮、智根於心。其生色也，睟然見於面，盎於背，施於四體，四體不言而喻。」上言所性之分，與所欲、所樂不同，此乃言其蘊也。仁、義、禮、智，性之四德也。根，本也。生，發見也。睟然，清和潤澤之貌。盎，豐厚盈溢之意。施於四體，謂見於動作威儀之間也。喻，曉也。四體不言而喻，言四體不待吾言，而自能曉吾意也。蓋氣稟清明，無物欲之累，則性之四德根本於心，其積之盛，則發而著見於外者，不待言而無不順也。程子曰：「睟面盎背，皆積盛致然。四體不言而喻，惟有德者能之。」　此章言君子固欲其道之大行，然其所得於天者，則不以是而有所加損也。

周子曰：「顔子一簞食，一瓢飲，在陋巷，人不堪其憂，而不改其樂。說見《論語》。夫富貴，人所愛者也。顔子不愛不求而樂乎貧者，獨何心哉？設問以發其端。天地間有至貴、至愛可求而異乎彼者，見其大而忘其小焉爾。至愛之間，當有富貴二字。所謂至貴至富、可愛可求者，即周子之教程子，每令尋仲尼、顔子樂處，所樂何事者也。然學者當深思而實體之，不可但以言語解會而已。見其大則心泰，心泰則無不足，無不足則貴富貧賤，處之一也。處之一則能化而齊，故顔子亞聖。」齊字意複，恐或有誤。或曰：「化，大而化也。齊，齊於聖也。亞，則將齊而未至之名也。」

邵子曰：「義重則内重，利重則外重。」又曰：「人必内重，内重則外輕。苟内輕必外重，好利好名，無所不至。」

程子曰：「内重則可以勝外之輕，得深則可見誘之小。」按《荀子》曰：「志意脩則驕富貴，道義重則輕王公。」夫志意脩而不羨於富貴可也，有驕之之心，則非矣。道義重而無求於王公可也，有輕之之心，亦非矣。必如程子此言，則無病矣。

張子曰：「天下之富貴，假外者皆有窮已。蓋人欲無饜，而外物有限，惟道義則無爵而貴，取之無窮矣。」

**右言審重輕之分** 昔之君子，所以處富貴、貧賤、患難、死生而不失其道者，以其安義命之正，而審重輕之分故也。故以此二者，繫於其卷之末。

# 附録【一】甲集

## 目録



**校勘記**

【一】此附録的目録原列於書首，與甲集、乙集、丁集目録不一致，今移此，以備參考。

卷十三

長幼　朋友　道上

卷十四

道下　德　德行　德業

卷十五

才德　道德　中

卷十六

一　極　誠

卷十七

敬上

卷十八

敬下　學上

卷十九

學下　師道　教法上

卷四十一

有周輔臣事業　　有周中興輔臣事業

卷四十二

春秋名卿事業

卷四十三

春秋名卿事業

卷四十四

春秋名卿事業

卷四十五

先漢輔臣事業

卷四十六

先漢輔臣事業

卷四十七

先漢輔臣事業

卷四十八

後漢輔臣事業

卷四十九

蜀漢輔臣事業

卷五十

東晉輔臣事業

卷五十一

有唐輔臣事業

卷五十二

有唐輔臣事業

卷五十三

有唐輔臣事業

卷五十四

有唐輔臣事業

卷五十五

有唐輔臣事業

卷五十六

有唐輔臣事業

卷五十七

有唐輔臣事業

卷五十八

有唐輔臣事業

卷五十九

有唐輔臣事業